«Gottes kräftiger Anspruch»

T V Z

reformiert!

herausgegeben von
Magdalene L. Frettlöh, Frank Mathwig,
Torsten Meireis, Matthias Zeindler

Bd. 3 – 2017

Magdalene L. Frettlöh (Hg.)

«Gottes kräftiger Anspruch»

Die Barmer Theologische Erklärung als reformierter Schlüsseltext

TVZ

Theologischer Verlag Zürich

Der Theologische Verlag Zürich wird vom Bundesamt für Kultur mit einem Strukturbeitrag für die Jahre 2016–2018 unterstützt.

Bibliografische Informationen der Deutschen Nationalbibliothek
Die Deutsche Nationalbibliothek verzeichnet diese Publikation in der Deutschen Nationalbibliografie; detaillierte bibliografische Daten sind im Internet über http://dnb.dnb.de abrufbar.

Umschlaggestaltung
Simone Ackermann, Zürich
Unter Verwendung eines Ausschnitts aus der Barmer Theologischen Erklärung von 1934 (Landeskirchliches Archiv der Evangelischen Kirche von Westfalen, LkA EKvW 5.1 Nr. 708 Fasc. 2).

Druck
Rosch Buch GmbH, Schesslitz

ISBN 978-3-290-17788-1

www.tvz-verlag.ch

Vorwort zur Reihe

Eine theologische Schriftenreihe mit dem Ausruf «reformiert!» zu betiteln, stellt ein gewisses Wagnis dar. Zwar bilden die Reformierten eine eigenständige Konfession, die seit der Reformation – wenn auch teilweise unter anderem Namen – auf eine globale Erfolgsgeschichte zurückblicken kann, wenn es denn unter Christinnen und Christen um Erfolge zu tun wäre. Ausgehend von Zürich und Genf haben Reformierte nicht nur weltweit theologische Akzente gesetzt, sondern auch die politischen und sozialen Strukturen moderner Gesellschaften mit geprägt.

Gleichwohl tun sich Reformierte seit jeher und im Allgemeinen schwer, hinter ihre Konfession ein bekräftigendes, gar identitätsbezeugendes Ausrufezeichen zu setzen. Sie können sich weder auf eine Stabilität garantierende Lehrautorität nach römisch-katholischem Muster berufen noch auf einen zumindest beruhigenden Schlussstrich unter die Bekenntnisbildung nach dem Vorbild der lutherischen Kirche. Stattdessen gelten im reformierten Kontext das Priestertum aller Glaubenden und eine zyklisch anschwellende und abebbende Freude am Bekennen. Das «semper reformanda» stellt sich einer Identitätsfixierung ebenso störrisch in den Weg wie das Motiv des «wandernden Gottesvolkes». Symptomatisch dafür steht der im ersten Band dieser Reihe behandelte *Heidelberger Katechismus*. Von einem Melanchthon- und einem Calvin-Schüler verfasst, zeigt dieses reformierte Schlüsseldokument eine Weite, die mit einem strikten Konfessionalismus kaum zu gewinnen wäre.

Worin aber besteht dann eine reformierte Identität, die ohne Betonung der Authentizität, Individualität und damit des je eigenen Urteils nicht zu denken ist, für die gilt, dass «es für den Christen in Beziehung auf die Kirche völlig einerlei sein muss, ob er sagt, Das halte ich für wahr, oder ob er sagt, Das ist die wirkliche Lehre der Kirche»,[1] und für die der zentrale Auftrag der theologisch Lehrenden darin besteht, «wieder Punkt für Punkt zu sagen, in welcher Weise ich die Aussagen des Bekenntnisses als heute Lebender und selbst Denkender mit verantworten muss und kann»?[2]

1 Friedrich Daniel Ernst Schleiermacher, Die christliche Sitte, nach den Grundsätzen der evangelischen Kirche im Zusammenhange dargestellt, aus Schleiermacher's handschriftlichem Nachlasse und nachgeschriebenen Vorlesungen herausgegeben von Ludwig Jonas, Berlin 1843, 4, Anm.

2 Karl Barth, Gotteserkenntnis und Gottesdienst nach reformatorischer Lehre. 20 Vorlesungen (Gifford-Lectures) über das Schottische Bekenntnis von 1560, gehalten an der Universität Aberdeen im Frühjahr 1937 und 1938, Zürich 1938, 6.

Nach der Auffassung der Herausgebenden dieser Reihe lässt sich reformierte Identität nicht anders denn als immer neue, in der Form diskursive, in der Haltung offene und nicht nur an Authentizität, sondern auch an der Wahrheit interessierte Bemühung um die Auslegung der ersten Frage des *Heidelberger Katechismus* denken. «Dass ich mit Leib und Seele im Leben und im Sterben nicht mir, sondern meinem getreuen Heiland Jesus Christus gehöre», verweist zugleich darauf, dass reformierte Identität ihr Zentrum im Aufgehobensein in Christus und seiner Kirche immer schon vorfindet.

Vor diesem Hintergrund werden in der Reihe «reformiert!» Beiträge publiziert, die sich an jenem Diskurs beteiligen, indem sie reformierte Theologie im Lichte aktueller Fragestellungen weiterentwickeln und Anstösse geben, selbst wenn ein Stoss manchmal aus der Ruhe bringen mag. Das Ausrufezeichen signalisiert auch die Bereitschaft zum deutlichen – ausrufenden – Gespräch und zugleich den Verzicht auf einen autoritär abschliessenden Punkt ...

Bern, im Oktober 2013

Magdalene L. Frettlöh
Frank Mathwig
Torsten Meireis
Matthias Zeindler

Inhalt

Vorwort

Anlässlich des 30. Jahrestages der Barmer Theologischen Erklärung weigerte sich Karl Barth, «einem sichtlich nicht interessierten Volk» den «Museumsführer» zu machen. Einschränkend fügte er hinzu: «Sollte es wieder einmal zu einer Re-Vitalisierung von Barmen kommen, dann müssten es Menschen der jüngeren Generation sein, die davon reden würden, wie ihnen Barmen [...] hilfreich und wichtig geworden»[1] ist.

Die hier dokumentierte Berner Ringvorlesung aus dem Frühjahrssemester 2014 nimmt zum 80. Jahrestag dieses Anliegen Barths mit Beiträgen von Referentinnen und Referenten aus drei Generationen auf, indem sie danach fragt, wie lebendig und wegweisend die sechs Barmer Thesen, die unstrittig zum protestantischen Traditionsgut gehören, heute noch sind. Diesseits einer blossen Verklärung des damaligen Bekenntnismutes, aber auch jenseits einer besserwisserischen Kritik an den – nicht erst heute – offenkundigen Unzulänglichkeiten der Thesen verweigern sich die Beiträge einer lediglich kirchenhistorischen Zurkenntnisnahme und re-vidieren jene als aktuelle Herausforderungen: Worin erweist sich gegenwärtig – auch und gerade in den «bekenntnisfreien» Kirchen der Schweiz – die Verbindlichkeit dieses Bekenntnistextes?

Konkret: Was heisst es für uns, dass Jesus Christus «das eine Wort Gottes» ist? Was, ihn als «Gottes kräftigen Anspruch auf unser ganzes Leben» bekennen? Was bedeutet es für unsere volkskirchliche Wirklichkeit, wenn in Barmen die Kirche als «Gemeinschaft von Schwestern und Brüdern» bezeichnet wird, aber jede theologische Stellungnahme zur Gefährdung der jüdischen Schwestern und Brüder fehlt? Wie ist der Beitrag Barmens zur politischen Ethik, zur Verhältnisbestimmung von Kirche und Staat, heute zu beurteilen? Darf es aktuell noch Verwerfungen bestimmter Glaubenspositionen geben und, wenn ja, mit welchem Anspruch?

Die sich auf das reformierte Profil der Barmer Theologischen Erklärung, ihre Kontexte, Rezeptionen und ökumenischen Fortschreibungen konzentrierenden Vorträge der Ringvorlesung wurden für diese Dokumentation erweitert durch zwei Beiträge: Peter Winzeler geht – in einer grossen Hommage an seine theologischen Berliner Lehrer – der Barmen-Rezeption bei Helmut Gollwitzer und

1 Karl Barth, Statt eines Gedenkartikels. «Die Kirche» am 31.5.1964: ders., Texte zur Barmer Theologischen Erklärung. Mit einer Einleitung von Eberhard Jüngel und einem Editionsbericht hg. von Martin Rohkrämer, Zürich 1984, 219f. (220).

Friedrich-Wilhelm Marquardt nach. Dieser Text kann mit Fug und Recht als Winzelers – in jeder Konnotation des Wortes – ungehaltene Abschiedsvorlesung als Honorarprofessor für Systematische Theologie an der Berner Theologischen Fakultät gelten. Matthias Käser-Braun vertieft in seinem Beitrag die Auslegungen der ersten und zweiten Barmer These hinsichtlich ihres entjudaisierten Christusbekenntnisses und flankiert damit auch andere Beiträge zum «Judenschweigen» der Barmer Theologischen Erklärung.

Wir danken Matthias Käser-Braun für sein vielfältiges Engagement beim Entstehen dieses dritten Bandes der Reihe «reformiert!», Stephan Jütte für aufmerksames Korrekturlesen der Beiträge und Eliane Ruef für die Erstellung des Bibelstellenregisters.

Der Schweizerische Evangelische Kirchenbund und die Reformierten Kirchen Bern–Jura–Solothurn, die gemeinsam mit dem Institut für Systematische Theologie der Theologischen Fakultät der Universität Bern die Ringvorlesungen verantworten, haben die Publikation mit namhaften Druckkostenzuschüssen unterstützt, was wir gerne und dankbar erwähnen.

Die Zusammenarbeit mit dem Theologischen Verlag Zürich, insbesondere mit Lisa Briner aus der Verlagsleitung, gestaltete sich wie gewohnt sehr angenehm und konstruktiv. Auch dafür unseren herzlichen Dank!

Ausdrücklich sei darauf aufmerksam gemacht, dass viele der Beiträge bereits im ersten Halbjahr 2015 vorlagen. Für die Verzögerung der Publikation bitte ich die Autorinnen und Autoren sowie die Hörer und Hörerinnen um Entschuldigung.

«Unser Leben währt siebzig Jahre und, wenn es hoch kommt, achtzig Jahre», bekennt nüchtern der 90. Psalm vom menschlichen Dasein. Möge der über 80-jährigen Barmer Theologischen Erklärung noch manches weitere Lebensjahr beschieden sein, in dem sie mit ihrer theologischen Klarheit, sprachlichen Prägnanz und provokativen Entschiedenheit Christenmenschen und Kirchen zu je eigenem Bekennen ihres Vertrauens in den biblischen Gott herausfordert.

Bern, im September 2017

Magdalene L. Frettlöh

I. Die sechs Barmer Thesen 1934–2014

Theologische Erklärung zur gegenwärtigen Lage der Deutschen Evangelischen Kirche

~~8. Lesung des Vorschlages des theologischen Ausschusses für die Bekenntnissynode der Deutschen Evangelischen Kirche.~~

Die Deutsche Evangelische Kirche ist nach den Eingangsworten ihrer Verfassung vom 11. Juli 1933 ein Bund der aus der Reformation erwachsenen, gleichberechtigt nebeneinanderstehenden Bekenntniskirchen. Die theologische Voraussetzung der Vereinigung dieser Kirchen ist in Art. 1 und Art. 2,1 der von der Reichsregierung am 14. Juli 1933 anerkannten Verfassung der Deutschen Evangelischen Kirche angegeben:

Art. 1: Die unantastbare Grundlage der Deutschen Evangelischen Kirche ist das Evangelium von Jesus Christus, wie es uns in der Heiligen Schrift bezeugt und in den Bekenntnissen der Reformation neu ans Licht getreten ist. Hierdurch werden die Vollmachten, deren die Kirche für ihre Sendung bedarf, bestimmt und begrenzt.

Art. 2,1: Die Deutsche Evangelische Kirche gliedert sich in Kirchen (Landeskirchen).

Wir, die zur Bekenntnissynode der Deutschen Evangelischen Kirche vereinigten Vertreter lutherischer, reformierter und unierter Kirchen, freier Synoden, Kirchentage und Gemeindekreise erklären, dass wir gemeinsam auf dem Boden der Deutschen Evangelischen Kirche als eines Bundes der deutschen Bekenntniskirchen stehen. Uns fügt dabei zusammen das Bekenntnis zu dem einen Herrn der einen, heiligen, allgemeinen und apostolischen Kirche.

Wir erklären vor der Oeffentlichkeit aller evangelischen Kirchen Deutschlands, dass die Gemeinsamkeit dieses Bekenntnisses und damit auch die Einheit der Deutschen Evangelischen Kirche aufs schwerste gefährdet ist. Sie ist bedroht durch die in dem ersten Jahr des Bestehens der Deutschen Evangelischen Kirche mehr und mehr sichtbar gewordene Lehr- und Handlungsweise der herrschenden Kirchenpartei der Deutschen Christen und des von ihr getragenen Kirchenregimentes. Diese Bedrohung besteht darin, dass die theologische Voraussetzung, in der die Deutsche Evangelische Kirche vereinigt ist, sowohl seitens der Führer und Sprecher der Deutschen Christen, als auch seitens des Kirchenregimentes dauernd und grundsätzlich durch fremde Voraussetzungen durchkreuzt und unwirksam gemacht wird. Bei deren Geltung hört die Kirche nach allen bei uns in Kraft stehenden Bekenntnissen auf, Kirche zu sein. Bei deren Geltung wird also auch die Deutsche Evangelische Kirche als Bund der Bekenntniskirchen innerlich unmöglich.

Gemeinsam dürfen und müssen wir als Glieder lutherischer, reformierter und unierter Kirchen heute in dieser Sache reden. Gerade weil wir unseren verschiedenen Bekenntnissen treu sein und bleiben wollen, dürfen wir nicht schweigen, da wir glauben, dass uns in einer Zeit gemeinsamer Not und Anfechtung ein gemeinsames Wort in den Mund gelegt ist. Wir befehlen es Gott, was dies für das Verhältnis der Bekenntniskirchen untereinander bedeuten mag.

Wir bekennen uns angesichts der die Kirche verwüstenden und damit auch die Einheit der Deutschen Evangelischen Kirche sprengenden Irrtümer der Deutschen Christen und der gegenwärtigen Reichskirchenregierung zu folgenden evangelischen Wahrheiten:

1) "Ich bin der Weg und die Wahrheit und das Leben; niemand kommt zum Vater denn durch mich." (Joh.14,6)
"Wahrlich, wahrlich ich sage euch: Wer nicht zur Tür hineingeht in den Schafstall, sondern steigt anderswo hinein, der ist ein Dieb und ein Mörder. Ich bin die Tür; so jemand durch mich eingeht, der wird selig werden." (Joh.10,1.9)
Jesus Christus, wie er uns in der heiligen Schrift bezeugt wird, ist das eine Wort Gottes, das wir zu hören, dem wir im Leben und im Sterben zu vertrauen und zu gehorchen haben.
Wir verwerfen die falsche Lehre, als könne und müsse (die Kirche als Quelle ihrer Verkündigung ausser und neben diesem einen Worte Gottes auch noch andere Ereignisse und Mächte, Gestalten und Wahrheiten als Gottes Offenbarung anerkennen.

2) "Jesus Christus ist uns gemacht von Gott zur Weisheit und zur Gerechtigkeit und zur Heiligung und zur Erlösung." (1.Kor.1,30)
Wie Jesus Christus Gottes Zuspruch der Vergebung aller unserer Sünden ist, so und mit gleichem Ernst ist er auch Gottes kräftiger Anspruch auf unser ganzes Leben; durch ihn widerfährt uns frohe Befreiung aus den gottlosen Bindungen dieser Welt zu freiem, dankbarem Dienst an seinen Geschöpfen.
Wir verwerfen die falsche Lehre, als gäbe es Bereiche unseres Lebens, in denen wir nicht Jesus Christus, sondern anderen Herren zu eigen wären, in denen wir nicht der Rechtfertigung und Heiligung durch ihn bedürften.

3) "Lasset uns aber rechtschaffen sein in der Liebe und wachsen in allen Stücken an dem, der das Haupt ist, Christus, von welchem aus der ganze Leib zusammengefügt ist." (Eph.4,15-16)
Die christliche Kirche ist die Gemeinde von Sündern, in der Jesus Christus in Wort und Sakrament durch den Heiligen Geist als der Herr gegenwärtig handelt. Sie hat mit ihrem Glauben wie mit ihrem Gehorsam, mit ihrer Botschaft wie mit ihrer Ordnung mitten in der Welt der Sünde als die Kirche der begnadigten Sünder zu bezeugen, dass sie allein sein Eigentum ist, allein von seinem Trost und von seiner Weisung in Erwartung seiner Erscheinung lebt und leben möchte.
Wir verwerfen die falsche Lehre, als dürfe die Kirche die Gestalt ihrer Botschaft und ihrer Ordnung ihrem Belieben oder dem Wechsel der jeweils herrschenden weltanschaulichen und politischen Ueberzeugungen überlassen.

4) "Ihr wisset, dass die weltlichen Fürsten herrschen und die Oberherren haben Gewalt. So soll es nicht sein unter euch; sondern so jemand will unter euch gewaltig sein, der sei euer Diener." (Matth.20,25-26)
Die verschiedenen Aemter in der Kirche begründen keine Herrschaft der einen über die anderen, sondern die Ausübung des der ganzen Gemeinde anvertrauten und befohlenen Dienstes.
Wir verwerfen die falsche Lehre, als könne und dürfe sich die Kirche abseits von diesem Dienst besondere, mit Herrschaftsbefugnissen ausgestattete Führer geben oder geben lassen.

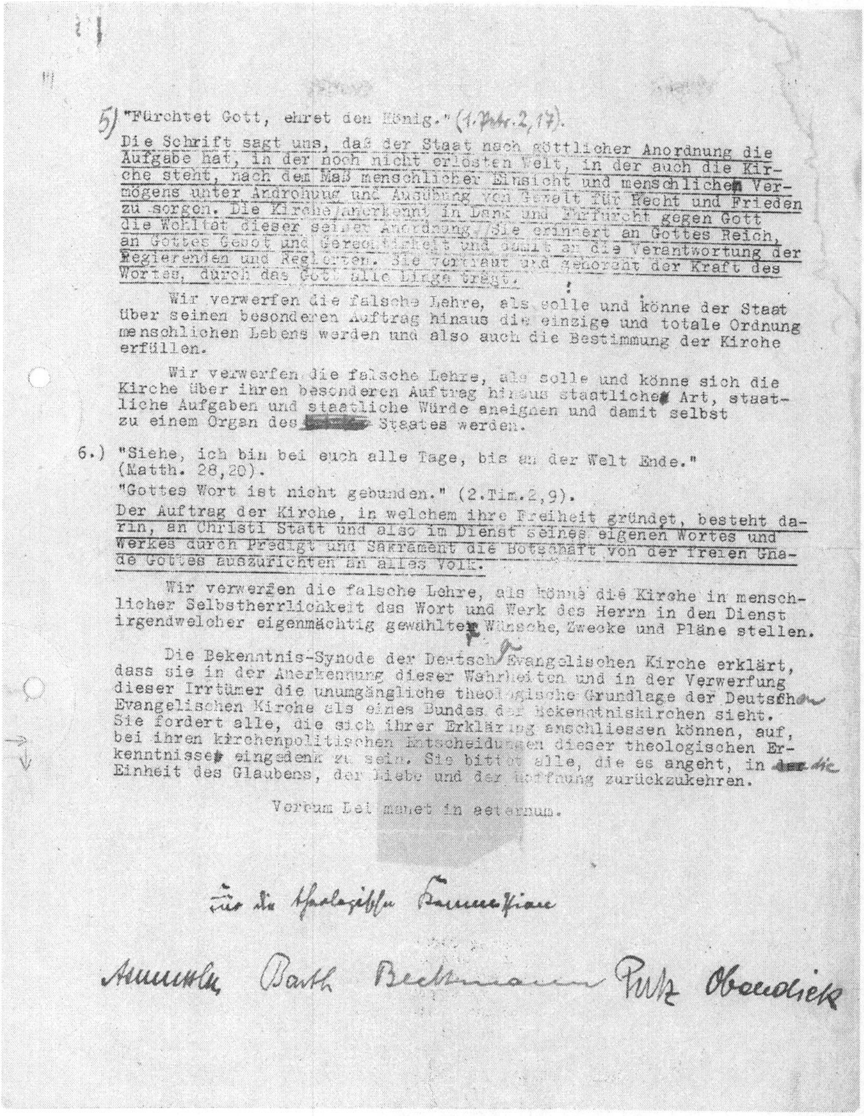

5) "Fürchtet Gott, ehret den König." (1.Petr.2,17).

Die Schrift sagt uns, daß der Staat nach göttlicher Anordnung die Aufgabe hat, in der noch nicht erlösten Welt, in der auch die Kirche steht, nach dem Maß menschlicher Einsicht und menschlichen Vermögens unter Androhung und Ausübung von Gewalt für Recht und Frieden zu sorgen. Die Kirche anerkennt in Dank und Ehrfurcht gegen Gott die Wohltat dieser seiner Anordnung. Sie erinnert an Gottes Reich, an Gottes Gebot und Gerechtigkeit und damit an die Verantwortung der Regierenden und Regierten. Sie vertraut und gehorcht der Kraft des Wortes, durch das Gott alle Dinge trägt.

Wir verwerfen die falsche Lehre, als solle und könne der Staat über seinen besonderen Auftrag hinaus die einzige und totale Ordnung menschlichen Lebens werden und also auch die Bestimmung der Kirche erfüllen.

Wir verwerfen die falsche Lehre, als solle und könne sich die Kirche über ihren besonderen Auftrag hinaus staatliche Art, staatliche Aufgaben und staatliche Würde aneignen und damit selbst zu einem Organ des Staates werden.

6.) "Siehe, ich bin bei euch alle Tage, bis an der Welt Ende." (Matth. 28,20).

"Gottes Wort ist nicht gebunden." (2.Tim.2,9).

Der Auftrag der Kirche, in welchem ihre Freiheit gründet, besteht darin, an Christi Statt und also im Dienst seines eigenen Wortes und Werkes durch Predigt und Sakrament die Botschaft von der freien Gnade Gottes auszurichten an alles Volk.

Wir verwerfen die falsche Lehre, als könne die Kirche in menschlicher Selbstherrlichkeit das Wort und Werk des Herrn in den Dienst irgendwelcher eigenmächtig gewählter Wünsche, Zwecke und Pläne stellen.

Die Bekenntnis-Synode der Deutschen Evangelischen Kirche erklärt, dass sie in der Anerkennung dieser Wahrheiten und in der Verwerfung dieser Irrtümer die unumgängliche theologische Grundlage der Deutschen Evangelischen Kirche als eines Bundes der Bekenntniskirchen sieht. Sie fordert alle, die sich ihrer Erklärung anschliessen können, auf, bei ihren kirchenpolitischen Entscheidungen dieser theologischen Erkenntnisse eingedenk zu sein. Sie bittet alle, die es angeht, in die Einheit des Glaubens, der Liebe und der Hoffnung zurückzukehren.

Verbum Dei manet in aeternum.

Für die theologische Kommission

Asmussen Barth Beckmann Putz Obendiek

Aus: Landeskirchliches Archiv der Evangelischen Kirche von Westfalen, Sammlung Wilhelm Niemöller (Bielefelder Archiv des Kirchenkampfes, Archivsignatur: LkA EKvW 5.1 Nr. 708 Fasc. 2).

Magdalene L. Frettlöh

(Un-)Gehörige Gotteszugänglichkeit

Die theologische Provokation der ersten Barmer These[1]

Propst i. R. Dr. Dr. h.c. Heino Falcke
zum 85. Geburtstag am 12. Mai 2014[2]

I. Die erste Barmer These – ein «Notschrei» und «Bussruf»

Einen «Notschrei»[3] hat Karl Barth 1937 die erste Barmer These genannt, deren Tragweite den meisten Synodalen, als sie ihm zustimmten, wohl kaum bewusst gewesen sei. Und er hat hinzugefügt, dass der erste Satz von Barmen «im Grunde nichts Anderes als eine öffentliche Rechenschaftsablage über das Wunder [sei], das wider alles Erwarten wieder einmal an der Kirche geschehen war» (83). Der Barmer Bekenntnis-Konsens verdanke sich allein dem unverfügbaren Wirken des Heiligen Geistes: «‹Barmen I› wurde nicht ohne die Bitte um den Heiligen Geist so gesagt und konnte und wollte nicht ohne sie verstanden und bejaht sein.»[4]

1 Für die Publikation wurde der Vortragsstil nur geringfügig überarbeitet. In den hinzugefügten Fussnoten hat auch die Diskussion des Vortrags ihre Spuren hinterlassen.

2 Mit dieser Widmung grüsse ich nicht nur Heino Falcke zu seinem 85. Geburtstag, sondern erinnere auch daran, dass ihm 1984 die Ehrendoktorwürde der Berner Theologischen Fakultät zuteilwurde. Vor allem mit seinem Namen verbindet sich die Rezeption der Barmer Theologischen Erklärung in den Kirchen der DDR. Etwa Falckes prominentester und bis heute höchst lesenswerter Text, sein Hauptvortrag bei der Synode des Kirchenbundes in Dresden 1972: Christus befreit – darum Kirche für andere: ders., Einmischungen. Aufsätze, Reden und Vorträge aus 40 Jahren, hg. von Veronika Albrecht-Birkner und Heinz-Günther Stobbe, Leipzig 2014, 83–103, steht unüberhörbar in der Tradition von Barmen.

3 Karl Barth, Kurze Kommentierung des ersten Satzes der Theologischen Erklärung der Barmer Synode vom 31. Mai 1934 (Vorlesung im Wintersemester 1937/38): ders., Texte zur Barmer Theologischen Erklärung. Mit einer Einleitung von Eberhard Jüngel und einem Editionsbericht hg. von Martin Rohkrämer, Zürich 1984, 67–87 (80). Die Seitenzahlen im Haupttext beziehen sich auf diesen Kommentar.

4 Karl Barth, Barmen (1952): ders., Texte (Anm. 3), 159–172 (166).

Die erste Barmer These ist demnach – so könnten wir sagen – ein Emergenzgeschehen[5], in der gegebenen Situation nicht vorhersehbar und aus ihr nicht zu begründen. Das Bekenntnis kommt den Bekennenden zuvor, ist ihnen voraus. Es ist buchstäblich vor-läufig, muss allererst durch eine entsprechende Praxis eingeholt und bewährt werden. Darum kann Barth Barmen I auch als einen «Bussruf»[6] bezeichnen, der aus der Einsicht erwächst, dass die bekennende Gemeinde mit dem eigenen Glauben und dem eigenen Leben diesen Bekenntnissätzen hinterherhinkt.

Mit der Charakterisierung von Barmen I als vom Heiligen Geist evozierten Notschrei und Bussruf verbindet sich bei Barth eine *doppelte Relativierung*: Die erste These sei weder aus der Situation der Bekennenden Kirche im Frühjahr 1934 abzuleiten noch der Überzeugungskraft einer bestimmten theologischen Position zuzuschreiben. Im Blick auf die Bekennende Kirche hält Barth nüchtern fest:

> «Will man die Genesis von Barmen verstehen, so tut man gut, zunächst überhaupt nicht auf die Bekennende Kirche zu sehen. Die theologischen Voraussetzungen, unter denen diese im Lauf des Winters 1933/34 entstanden ist und unter denen sie noch in Barmen beraten und beschlossen hat, waren notorisch so verworren und widerspruchsvoll wie nur möglich. Sie waren damals denen der Deutschen Christen zum Verwechseln ähnlich» (78).

Und hinsichtlich der Theologie heisst es lapidar:

> «Alle theologische Besinnung kam notorisch erst hinterher» (80). «Es heisst der Theologie zu viel Ehre antun, wenn man meint, dass eine Wendung wie die, die in dem ersten Satz von Barmen doch schliesslich auch nur ihren Exponenten gefunden hat, an irgend einem Schreibtisch ausgedacht und dann ganzen Kirchenkörpern sozusagen suggeriert werden könnte» (77).

Barth wendet sich hier sowohl gegen eine Überschätzung der bekennenden Synodalen und ihrer theologischen Positionierung, als seien sie überzeugte Gegner der Deutschen Christen und von deren nationalsozialistisch verseuch-

5 Zur pneumatologischen Profilierung des Emergenzbegriffs: Michael Welker, Gottes Geist. Theologie des Heiligen Geistes, Neukirchen-Vluyn 1992, 36.38f.43.48.59. 70.100f.139.170.233. «Als ‹emergent› bezeichnen wir Konstellationen, Zustände und Strukturen, deren Auftreten nicht aus vorausgehenden Konstellationen, Zuständen und Strukturen abgeleitet werden kann, obwohl sich mannigfaltige, beide Zustände bestimmende Elemente in ihnen durchhalten» (38).

6 Karl Barth, Zur Entstehungsgeschichte der Barmer Thesen. Gespräch mit Tübinger Studenten am 2. März 1964: ders., Texte (Anm. 3), 221–225 (225).

ter Theologie völlig unbeeindruckt gewesen, als auch gegen die bis heute in der Barmen-Rezeption begegnende Ansicht, dass er (als Mitverfasser der Barmer Theologischen Erklärung) die Synodalen in Barmen, allemal mit der ersten These, zugunsten seiner eigenen Theologie und seines unbedingten Widerspruchs gegen die sogenannte «Natürliche Theologie» gleichsam über den Tisch gezogen habe.

Exkurs: Notger Slenczkas polemisches Bemühen um eine für die lutherische Theologie und Kirche «unschädlich[e]» Rezeption von Barmen I

Der lutherische Dogmatiker Notger Slenczka geht bei seinen Erwägungen zur «Vereinbarkeit der Barmer Theologischen Erklärung mit Grundüberzeugungen der Lutherischen Kirche und Theologie» davon aus, dass es in Barmen zur «Selbstdurchsetzung einer Privattheologie als kirchliche Lehre» und in der Folgezeit zu einer «von Barth intensiv betriebene[n] Inanspruchnahme der Barmer Erklärung als Zeugnis für die spezifischen Anliegen seiner Theologie»[7] gekommen sei. Darum sei jene Vereinbarkeit nur gegeben «unter dem Vorbehalt einer Interpretation des Sinnes dieser Erklärung, die der ausdrücklichen Ansicht ihres Verfassers [Singular!, MLF] nicht entspricht». Nur in einer explizit und dezidiert nichtbarthianischen Interpretation der Barmer Theologischen Erklärung im Licht der Lutherischen Bekenntnisschriften sei es «nicht nur unschädlich, sondern sinnvoll und wohlgetan, die Entscheidung von Barmen als Bekenntnisgrundlage auch der lutherischen Kirchen zu übernehmen» (359).[8]

7 Notger Slenczka, Die Vereinbarkeit der Barmer Theologischen Erklärung mit Grundüberzeugungen der Lutherischen Kirche und Theologie: KuD 57 (2011), 346–359 (350). Die Seitenzahlen im Haupttext beziehen sich auf diesen Aufsatz.

8 Diese Einsicht kommt zugleich als explizite *retractatio* daher: «Die folgende Stellungnahme hat zum Hintergrund, dass ich selbst bei einer nochmaligen Beschäftigung mit der Barmer Erklärung bezüglich meiner ursprünglichen, eindeutigen und entschiedenen Ablehnung zentraler Thesen nicht nur schwankend geworden, sondern darüber hinaus zu der Einsicht gekommen bin, dass eine Rezeption der Barmer Erklärung durch die Lutherischen Kirchen als Richtschnur und Norm für ihr Leben und ihre Lehre unter bestimmten Bedingungen nicht nur unschädlich, sondern wünschenswert ist» (Slenczka, Vereinbarkeit [Anm. 7], 346f.).

Slenczkas Artikel steht im Kontext der innerhalb der EKD geführten Diskussion, ob die Confessio Augustana *und* die Barmer Theologische Erklärung als die die evangelischen Kirchen verbindenden Bekenntnisse gelten können. Dies hat zu einer vertieften Reflexion auf die konfessionell verschiedenen Begriffe von Bekennen und Bekenntnis geführt und besonders innerhalb der VELKD eine intensive Beschäftigung mit Barmen

Nun ist es eine Binsenweisheit, dass die Bedeutung eines Textes sich nicht auf die *intentiones auctoris*, auf das, was sein Autor oder seine Autorin mit ihm beabsichtigt und bewusst in ihn hineingeschrieben hat, reduzieren lässt, dass die *intentiones operis* über die Aussageabsichten des Autors bzw. der Autorin hinausgehen. Doch selbst wenn man rezeptionsästhetisch von der Mitkonstituierung des Textsinns durch die Leserinnen und Leser ausgeht, also das Gewicht der *intentiones lectorum* beim Verstehen eines Textes möglichst hoch veranschlagt,[9] weist dies noch nicht per se eine ausdrücklich gegen den Autor oder die Autorin gerichtete Lektüre eines Textes als sachgemäss aus – allemal dann nicht, wenn die *intentio auctoris* wissentlich oder unwissentlich verzeichnet wird.

Wer so ausgesprochen gern provoziert und polemisiert, wie dies N. Slenczka (hier etwa mit dem wiederholten Gebrauch des Wortes «unschädlich») tut – was ja grundsätzlich durchaus zu begrüssen ist –, und auch geradezu sophisticated zu argumentieren liebt, sollte dabei aber präziser und sorgfältiger argumentieren und den Quellentext nicht nach Belieben zurichten.

Eine solche Zurichtung liegt m. E. vor, wenn Slenczka Barmen I dahingehend versteht, «dass Jesus Christus nicht das eine Wort Gottes ist, sondern *dasjenige* eine Wort Gottes, das wir zu hören und dem wir zu vertrauen und zu gehorchen haben» (354).
Slenczka will mit dieser Lesart unaufgebbare Motive lutherischer Theologie wie die Unterscheidung des Wortes Gottes in Gesetz und Evangelium, die Differenz von *deus*

hervorgerufen. Inzwischen hat die neugegründete Nordkirche einen Bezug auf die Barmer Theologische Erklärung in die Präambel ihrer Verfassung aufgenommen; siehe dazu Heinrich Assel, «Hart am Wind segeln». Die Nordkirche als Vorreiterin im Bekenntnis: Thomas K. Kuhn (Hg.): Bekennen – Bekenntnis – Bekenntnisse. Ringvorlesung der Greifswalder Theologischen Fakultät 2013 (GThF 22), Leipzig 2014, 213–228.

Was die lutherische Rezeption der Barmer Theologischen Erklärung angeht, so fällt auf, dass Slenczka mit keinem Wort auf Bonhoeffers Rezeption von Barmen (siehe dazu etwa Wolf Krötke, Kein Zurück hinter Barmen. Die Barmer Theologische Erklärung im Denken Dietrich Bonhoeffers: ders., Barmen – Barth – Bonhoeffer. Beiträge zu einer zeitgemässen christozentrischen Theologie [Unio und Confessio 26], Bielefeld 2009, 45–62) eingeht, dafür aber umso mehr die kritischen neulutherischen Stimmen von Werner Elert und Paul Althaus zitiert, aber sich auch durch die Barmen-Interpretationen von Hans Asmussen, Hermann Sasse, Edmunk Schlink und vor allem Albrecht Peters «einen Weg zu einer unbedenklichen Lesart der Erklärung weisen» (Slenczka, Vereinbarkeit [Anm. 7], 352) lassen möchte.

9 Zur Unterscheidung dieser drei *intentiones* siehe Umberto Eco, Zwischen Autor und Text: ders., Zwischen Autor und Text. Interpretation und Überinterpretation. Mit Einwürfen von Richard Rorty u. a. Aus dem Englischen von Hans Günter Holl, München 1996, 75–98 (87): «Zwischen der unergründlichen Intention des Autors und der anfechtbaren Intention des Lesers liegt die transparente Textintention, an der unhaltbare Interpretationen scheitern.»

revelatus und *deus absconditus*, die Offenbarung Gottes in Natur und Geschichte sowie die Lehre von den Schöpfungsordnungen gewahrt wissen. Das eine Wort Gottes käme danach auf der Seite des Evangeliums und des *deus revelatus* zu stehen.
Die Formulierung «*dasjenige* eine Wort Gottes» hebt die christologische Exklusivität des Gotteswortes auf, impliziert jene doch, dass es neben diesem einen, in Jesus Christus Fleisch gewordenen, Wort Gottes auch andere Gottesworte gibt (eben etwa das Gesetz neben dem Evangelium), die allerdings nicht dasselbe Vertrauen im Leben und im Sterben, nicht dieselbe Verbindlichkeit beanspruchen können. «*Dasjenige* eine Wort Gottes» schliesst die – in der Tradition von Frageantwort 1 des Heidelberger Katechismus stehende – Lesart aus, dass Jesus Christus das einzige Wort Gottes ist. In Slenczkas Deutung bestimmt der Relativnebensatz, in welcher Hinsicht Jesus Christus als das eine Wort Gottes gelten kann. Die Einzigartigkeit dieses Wortes wird also buchstäblich *relativiert.* Eine Wendung, wie sie Slenczka vorschlägt, hätten womöglich auch die Verfasser des Ansbacher Ratschlages unterschreiben können.
Welches Gewicht trägt der Relativnebensatz? Spezifiziert er – im Sinne Slenczkas – die christologische Einzigartigkeit des Wortes Gottes oder begründet er sie, so dass sich auch formulieren liesse: «Jesus Christus [...] ist das eine Wort Gottes. Dieses haben wir zu hören, ihm haben wir im Leben und im Sterben zu vertrauen und zu gehorchen.»?
Slenczka ist es mit dem Plädoyer für natürliche Gotteserkenntnis um die Universalität der Offenbarung Gottes wie um das Ansichtigwerden «der ungeheuren Stärke, der phänomenologischen Kraft und der erschliessenden Lebensnähe» (351) der lutherischen Theologie zu tun. Warum aber müssen diese auf dem verdunkelten Hintergrund einer Verzeichnung der Theologie Barths als einer vermeintlichen «Privattheologie» (350) zum Leuchten gebracht werden?[10]

Die Provokation der ersten Barmer These liegt (nicht nur) für Slenczka darin, «dass die Barmer Theologische Erklärung nach dem Willen der führenden Verfasser und Mitverfasser eine sehr viel weiterreichende Absicht verfolgt als den [sic! MLF] einer Stellungnahme in einer bestimmten historischen Situation, nämlich die Absicht der Absage an die ‹natürliche Theologie› in jeder Gestalt» (350), und damit konstitutive Elemente lutherischer Bekenntnisbildung abgewiesen habe.

Nun hat Karl Barth in der Tat Barmen I als «das erste Dokument einer bekenntnismässigen Auseinandersetzung der evangelischen Kirche mit dem

10 Eine Verzeichnung liegt etwa vor, wenn Slenczka bei Barth den Menschen nur «als reines Objekt des göttlichen Handelns» verstanden sehen will und dabei die gerade in der Bundestheologie begründete Gottespartnerschaft des Menschen verschweigt (siehe dazu: Wolf Krötke, Gott und Mensch als «Partner». Zur Bedeutung einer zentralen Kategorie in Karl Barths Kirchlicher Dogmatik: ders., Barmen – Barth – Bonhoeffer [Anm. 8], 109–130).

Problem der natürlichen Theologie»[11] identifiziert – einer Auseinandersetzung, die sich nicht reduzieren lasse auf die Frontstellungen der 1930er Jahre, auf die Auseinandersetzung mit den Deutschen Christen und womöglich mehr noch mit denen, die innerhalb der Bekennenden Kirche in dieser Frage unentschieden sind oder den DC nahestehen.

So sehr der Verwerfungssatz von Barmen I in die konkrete Situation hineingesprochen ist, so wenig geht er nach Barths Verständnis der These in dieser auf. Vielmehr weist er über sie hinaus auf alles, was beansprucht, neben Jesus Christus als dem einen Wort Gottes für Christenmenschen in ihrer ganzen Existenz so verbindlich zu sein, dass sie darauf im Leben und im Sterben hören und vertrauen, dass sie ihm gehorchen und sich ihm vorbehaltlos anvertrauen können.[12]

Doch weder Barmen I noch Barth leugnen damit, dass es «Ereignisse und Mächte, Gestalten und Wahrheiten» gibt, die für die Gemeinde Jesu Christi bedeutsam sind, und bestreiten auch nicht, dass Gott sich in ihnen offenbaren kann. Die Verwerfung gilt vielmehr dem Anspruch, dass sich Gott in diesen Grössen, in Natur, Geschichte und Vernunft, in Institutionen und Personen so offenbare und so erkennbar sei, wie er dies in Jesus Christus sei, und dass jene darum unbedingt vertrauenswürdig und im Leben wie im Sterben verlässlich seien.

Zur Diskussion steht also, ob Christus als das eine Wort Gottes *absolut* oder *relativ* zu verstehen ist, also ob es nur dieses eine Wort Gottes gibt oder ob nur dieses Wort Gottes unser Vertrauen und unseren Gehorsam beanspruchen darf. Eine Konkurrenz verschiedener Worte Gottes ist auch für Slenczka ausgeschlossen; auch für ihn ist die Christusbindung das massgebliche Kriterium, so dass er als «eine entspannte Lesart» des Verwerfungssatzes von Barmen I festhält, «dass neben diesem einen Wort Gottes keine anderen Mächte etc. als Gottes Offenbarung gehört werden sollen, sofern diese Offenbarung den Anspruch erhebt, der Offenbarung in Christus gleichwertig und neben ihr gleichberechtigt zu sein» (355) und so einer Rezeption der Barmer Theologischen Erklärung als eines Bekenntnistextes auch in den lutherischen Texten den Weg bereitet.

***

11 Barth, Kurze Kommentierung (Anm. 3), 67; vgl. auch KD II/1, 194–200 (194).

12 Einen Überblick über Barths Interpretation der Barmer Theologischen Erklärung gibt Wolf Krötke, Christus im Zentrum. Karl Barths Verständnis der Barmer Theologischen Erklärung: ders., Barmen – Barth – Bonhoeffer (Anm. 8), 21–43.

Nun mag es hilfreicher sein, auf den konkreten Wortlaut der These und ihres nachgeordneten Verwerfungssatzes zu achten, als mit einem so plakativen und gerade darin auch ungeklärten Schlagwort, ja polemischen Begriff wie «natürliche Theologie» zu arbeiten, denn «‹Natürliche Theologie› ist ein sehr komplexer Sammelbegriff»[13] und «[m]it der ‹Verwerfung› der natürlichen Theologie ist ihr Problem offenbar keineswegs schon erledigt. Es ist das Problem der Universalität Gottes.»[14]

Barmen I ist als Vorwort zu den weiteren fünf Thesen ein eminent politisches Wort, das eine Stellungnahme nicht nur zu den Deutschen Christen, sondern auch zum nationalsozialistischen Staat beinhaltet.

Diese Lesart der *intentio operis* deckt sich nicht mit den Intentionen der Barmer Synodalen,[15] auch nicht mit der Absicht Karl Barths. Der hatte im Vorwort zu ThExh 5 vom 11. Dezember 1933 klargestellt: «Ich widerstehe einer heute beim Nationalsozialismus ihre Zuflucht suchenden *Theologie*, nicht der nationalsozialistischen Staats- und Gesellschaftsordnung.»[16] In seinem programmatischen Vortrag «Die Kirche und die politische Frage von heute», fünf Jahre später, begründet Barth, dass und warum diese Haltung auch in Barmen noch angemessen gewesen sei, während jetzt – nach der Reichspogromnacht – die durch den Nationalsozialismus gestellte Frage zugleich eine Glaubensfrage geworden sei, gegenüber der sich die Kirche nicht länger neutral verhalten dürfe. Die der Kirche in Barmen gestellte Frage sei nicht die des «politischen Experimentes» des Nationalsozialismus gewesen, «sondern das damals übermächtig sich durchsetzende Unternehmen der sogenannten Deutschen Christen, dieses Experiment

13 Martin Honecker, Grundriss der Sozialethik, Berlin/New York 1995, 61 (vgl. insgesamt § 6: Christologie und Ethik – am Beispiel der Barmer Theologischen Erklärung, 58–75).

14 Christian Link, Schöpfung. Schöpfungstheologie in reformatorischer Tradition (HST 7/1), Gütersloh 1991, 308.

15 Siehe die deutliche Verneinung einer politischen Stellungnahme bei Hans Asmussen, Vortrag über die Theologische Erklärung zur gegenwärtigen Lage der Deutschen Evangelischen Kirche: Die Barmer Theologische Erklärung. Einführung und Dokumentation, hg. von Alfred Burgsmüller und Rudolf Weth. Geleitwort von Eduard Lohse, Neukirchen-Vluyn 1984, 41–58 (48): «Man ist dauernd und nachhaltig an die Kirche und an ihre Glieder mit dem Anspruch herangetreten, die Ereignisse des Jahres 1933 als bindend für Verkündigung und Schriftauslegung, als Gehorsam heischend neben der Heiligen Schrift und über ihren Anspruch hinaus anzuerkennen. Wenn wir dagegen protestieren, dann protestieren wir nicht als Volksglieder gegen die jüngste Geschichte des Volkes, nicht als Staatsbürger gegen den neuen Staat, nicht als Untertanen gegen die Obrigkeit, sondern wir erheben Protest gegen dieselbe Erscheinung, die seit mehr als 200 Jahren die Verwüstung der Kirche schon langsam vorbereitet hat.»

16 Karl Barth, Vorwort [zu: Die Kirche Jesu Christi] 1933: ders., Vorträge und kleinere Arbeiten 1930–1933 (GA 49), hg. von Michael Beintker/Michael Hüttenhoff/Peter Zocher, Zürich 2013, 600–618 (615).

als eine neue göttliche Offenbarung auszugeben und geltend zu machen und als solche der Kirche aufzudrängen». Darum sei es 1934 ausschliesslich um «die Konsolidierung des kirchlichen Bekenntnisses in seiner Reinheit und Eigenart»[17] gegangen.

Man habe schon Visionär sein müssen, um damals zu erkennen, was jetzt offenbar sei, nämlich «dass der Nationalsozialismus als religiöse Heilsanstalt alle Merkmale einer grundsätzlich antichristlichen Gegenkirche und als politisches Experiment alle Merkmale einer grundsätzlichen Auflösung des rechten Staates»[18] zeige und darum mit dem Glauben an Jesus Christus nicht vereinbar sei. Antichristliche Gegenkirche ist der Nationalsozialismus für Barth vor allem anderen «in seinem prinzipiellen Antisemitismus». Denn: «Wer ein prinzipieller Judenfeind ist, der gibt sich als solcher [...] als prinzipieller Feind Jesu Christi zu erkennen. Antisemitismus ist Sünde gegen den Heiligen Geist. Denn Antisemitismus heisst Verwerfung der Gnade Gottes.»[19]

Barths Rückblick im Dezember 1938 auf die Situation in Barmen ist in vieler Hinsicht aufschlussreich: Zunächst unterstreicht er, dass man in Barmen so mit der Einigung der Synodalen gegen die Irrlehren der Deutschen Christen beschäftigt war, dass zur Infragestellung der Neutralität gegenüber dem NS-Staat Zeit und Kraft und vermutlich auch der Wille fehlten. Sodann bezeugt er eine damals fehlende Einsicht in das in jeder Hinsicht totalitäre Wesen des Nationalsozialismus, das sich in der Zwischenzeit selbst entlarvt hat und das Barth nun in aller Deutlichkeit benennt. Schliesslich ist es für Barth – vollends nach dem 9. November 1938 – die tödliche Bedrohung des jüdischen Volkes, mit dem der Nationalsozialismus sein wahres Gesicht zeigt. Die Entrechtung und Ermordung jüdischer Menschen erlaubt nicht länger eine Trennung der politischen von der Glaubensfrage. Vor dem Antisemitismus die Augen nicht zu verschliessen, heisst zugleich, die kirchliche Neutralität aufzugeben und sich im Widerstand gegen den Nationalsozialismus zu engagieren. Als konkretes politisches Fazit dieses Vortrags notiert Eberhard Busch: «Hitler ist der Antichrist, weil er der Antisemit ist.»[20]

17 Karl Barth, Die Kirche und die politische Frage von heute (Vortrag, gehalten an der Versammlung des Schweizerischen Evangelischen Hilfswerks für die Bekennende Kirche in Deutschland im Kirchgemeindehaus Wipkingen, am 5. Dezember 1938): ders., Eine Schweizer Stimme: 1938–1945, Zollikon-Zürich 1945, 69–107 (80f.).

18 Barth, Kirche (Anm. 17), 87.

19 Barth, Kirche (Anm. 17), 89f.

20 Eberhard Busch, Unter dem Bogen des einen Bundes. Karl Barth und die Juden 1933–1945, Neukirchen-Vluyn 1996, 330. Ich teile die Einschätzung Buschs, dass infolge der Reichspogromnacht zwei bisher bei Barth nebeneinander verlaufende Linien miteinander verknüpft wurden, nämlich «die Bemühung um die Erkenntnis, dass die Kirche in ihrer Botschaft selbst den Grund zu einem Widerspruch gegen das Dritte Reich hat, und die Bemühung um die Erkenntnis, dass die Kirche in ihrer Botschaft selbst den Grund zu ihrer Solidarität mit den verfolgten Juden hat» (313). Fragwürdig erscheint mir aber Buschs apologetisch anmutende Interpretation jener Wendungen in Barths Vortrag, in denen Stereotypen eines theologischen und kirchlichen Antijudaismus nachzuklingen scheinen. Lässt sich beides spannungsfrei systematisieren: die hellwache Wahrnehmung des staatlichen Antisemitismus und die m. E. nicht weg zu interpretie-

Offenkundig korrespondiert in Barmen das Verschweigen der Bedrohung des jüdischen Volkes der Einschätzung des nationalsozialistischen Staates als eines «politischen Experimentes», dessen Fortgang die Kirche erst einmal neutral abwarten kann.

Was genau aber wird in Barmen I bekannt, was folgerichtig verworfen? Welche Pointe liegt in den beiden Schriftzitaten? Aus welcher Not ergeht der «Notschrei» der ersten Barmer These?

Bevor ich anhand dieser Fragen die erste Barmer These durchbuchstabiere, seien die *Wortgaben* genannt, die sich in Barmen I finden lassen, und damit einige der *Intertexte*, die viel zum vertieften Verstehen der These beitragen können. Bekenntnisse sind ja keine blossen Neuerungen, keine nur neuen Worte, sondern Wiederholungen alter Worte, die aber in verändertem Kontext neu zu sprechen und Neues zu sagen vermögen.

II. Wortgaben der Väter und Mütter – Bekenntnistraditionen in Barmen I

> «Jesus Christus, wie er in uns in der Heiligen Schrift bezeugt wird,
> ist das eine Wort Gottes, das wir zu hören,
> dem wir im Leben und im Sterben zu vertrauen und zu gehorchen haben.»

Unüberhörbar klingen hier Stimmen der Tradition an. Wenigstens vier von ihnen seien knapp identifiziert:

1. *Barmen I im Licht des ersten Dekaloggebots*

In seiner «Kurze[n] Erläuterung der Barmer Theologischen Erklärung» vom 9. Juni 1934 hält Barth fest, dass Barmen I als Auslegung des ersten Gebots zu verstehen ist: «Wir müssen wirklich wieder ganz *neu* begreifen können, was das erste Gebot bedeutet.»[21]

---

renden Reste antijüdischer Motive in der eigenen Theologie – ein Phänomen, das sich ja in jener Zeit nicht nur bei Karl Barth, sondern etwa auch bei Dietrich Bonhoeffer, Wilhelm Vischer u. a. zeigt? Die islamfeindlichen Äusserungen Barths in diesem Text, wenn er etwa den Nationalsozialismus pauschal als «neuen Islam» (86) identifiziert, lässt Busch unerwähnt.

21 Karl Barth, Kurze Erläuterung der Barmer Theologischen Erklärung (9. Juni 1934): ders., Texte (Anm. 3), 9–24 (18).

«Ich bin Adonaj, dein Gott,
weil[22] ich dich herausgeführt habe aus Ägyptenland, dem Sklavenhaus.
Nicht sollst du für dich andere Gottheiten haben – neben mir.»

Mag die Theologie der Deutschen Christen und die Einführung nationalsozialistischer Ideologien in die Kirche auch der konkrete Anlass für das Bekenntnis von Barmen I sein, der Grund, auf dem diese These steht, ist das erste Gebot, das für Barth von Anfang des Kirchenkampfes an nicht nur innerkirchlich, sondern auch dem nationalsozialistischen Staat gegenüber als «theologisches Axiom»[23] fungiert: «In der Sache des ersten Gebots ist heute Streit in der Kirche und haben wir heute zu ‹bekennen›.»[24]

Lesen wir aber die erste Barmer These vom ersten Gebot her, dann begegnen jene «andere[n] Ereignisse und Mächte, Gestalten und Wahrheiten» in der Rolle von Gottheiten neben dem einen Gott, neben dem einen Wort Gottes. Verworfen wird also – so liesse sich im Licht dieses ersten Intertextes sagen – die Vergötterung dieser Phänomene dadurch, dass ihnen ein totaler Anspruch auf das eigene Leben eingeräumt wird, dass man auf sie hört, ihnen vertraut und gehorcht und damit von ihnen abhängig wird. Der Gott dagegen, der sich in diesem einen Wort ausspricht, ist die Gottheit, die aus dem Frondienst in die Freiheit führt, die todesmächtige Gottheit, die den Gekreuzigten aus dem Tod ins Leben gerufen hat. Das eine Wort Gottes ist im Alten wie im Neuen Testament befreiungstheologisch profiliert.

Wenn aber das erste Gebot derart leitend für die Formulierung von Barmen I gewesen ist, warum wurde dieser Bezug nicht deutlich(er) zum Ausdruck gebracht? Warum nicht auch das erste Gebot als vorangestelltes Schriftzitat? Warum keine ausdrückliche Erwähnung des Alten Testaments? Warum – zudem in lateinischer Sprache – nur das nicht ausgewiesene Jesaja-Zitat[25] am Ende der Erklärung?

22 Die hebräische Relativpartikel, die als Maskulinum, Femininum und/oder Neutrum zu übersetzen ist, lässt eine solche kausale Übersetzung, die eine einseitig männliche Selbstvorstellung Gottes überwindet, zu.

23 Karl Barth, Das erste Gebot als theologisches Axiom (1933): ders., Vorträge und kleinere Arbeiten 1930–1933 (Anm. 16), 209–241.

24 Karl Barth, Gottes Wille und unsere Wünsche (ThExh 7), München 1934, 6.

25 Vgl. dazu die Beiträge von Klaus Wengst und Matthias Käser-Braun in diesem Band.

2. *Barmen I als Aktualisierung von Frageantwort 1 des Heidelberger Katechismus*

«... das eine Wort Gottes [...], dem wir im Leben und im Sterben zu vertrauen und zu gehorchen haben» – damit schreibt sich Frageantwort 1 des Heidelberger Katechismus in die erste Barmer These ein: «Was ist dein einziger Trost im Leben und im Sterben? Dass ich nicht mir, sondern meinem treuen Heiland Jesus Christus gehöre ...» «Hören auf», «gehorchen» und «gehören zu» sind ebenso konstitutiv miteinander verknüpft wie «Vertrauen» und «Treue». Wie Frageantwort 1 den gesamten Katechismus programmatisch vorwegnimmt[26], so stellt auch Barmen I die Weichen für das Verständnis der Barmer Theologischen Erklärung. Entscheidend ist für beide das Bekenntnis zu dem in Jesus von Nazareth Mensch gewordenen Wort Gottes, auf das wir uns im Leben wie im Sterben unbedingt verlassen können.

3. *Barmen I als Fortschreibung der ersten Berner These (1528) und der ersten drei Düsseldorfer Thesen (1933)*

Im Mai 1933 wird in Düsseldorf «Eine theologische Erklärung zur Gestalt der Kirche von Professoren, Pastoren, Ältesten und Diakonen im Rheinland»[27] verabschiedet, die sogenannten «Düsseldorfer Thesen», die in der Situation, in der auch innerkirchlich überschwänglich der Sieg der NSDAP und Hitler als von Gott geschickte Führerfigur begrüsst werden, schlicht fragen: «Was heisst evangelische Kirche?»[28], die in 14 Thesen Jesus Christus als den einen Herrn

26 Zur Begründung: Magdalene L. Frettlöh, Heilsame Zueignung. Frageantworten 1 und 2: das Therapieprogramm des Heidelberger Katechismus für befreite Menschen auf dem Weg zur Mündigkeit: Martin Ernst Hirzel/Frank Mathwig/Matthias Zeindler (Hg.), Der Heidelberger Katechismus – ein reformierter Schlüsseltext (reformiert! Bd. 1), Zürich 2013, 51–82.

27 Die Bekenntnisse und grundsätzlichen Äusserungen zur Kirchenfrage des Jahres 1933, gesammelt und eingeleitet von Kurt Dietrich Schmidt, Göttingen 1934, 149f.

28 In bewusster Antithese zu Hitlers Inszenierung als personifizierter Vorsehung heisst es einleitend: «Die Vorsehung Gottes hat uns in eine Stunde geführt, in der wir uns erneut die Frage vorzulegen haben: Was heisst evangelische Kirche?» (Bekenntnisse 1933 [Anm. 27], 149). Damit wird die Bekenntnissituation von 1933 theologisch als gottgegeben qualifiziert und die Aktualität früherer Bekenntnisse, in diesem Fall der ersten Berner These, unterstrichen. Nicht die NSDAP und Hitler oder die Deutschen Christen, sondern Gott selbst hat die Besinnung auf Wesen und Auftrag evangelischer Kirche auf die Tagesordnung gesetzt. Die Düsseldorfer Thesen folgen ihrerseits mit diesem Selbstverständnis keiner fremden Stimme.

der Kirche bekennen und die Ämter der Kirche als Dienstgemeinschaft entfalten. Die erste Düsseldorfer These zitiert die erste Berner These von 1528:[29]

> «1. Die heilige christliche Kirche, deren einiges Haupt Christus ist, ist aus dem Wort Gottes geboren, in demselben bleibt sie und hört nicht die Stimme eines Fremden.»

Und sie fährt fort:

> «2. Das Wort Gottes wird uns gesagt durch die Heilige Schrift Alten und Neuen Testamentes.
> 3. Das uns gesagte Wort Gottes ist unser Herr Jesus Christus.»

Mit dem «Nichthören auf die Stimme eines Fremden» wird wie in Barmen I mit den Schriftzitaten von Joh 10,1.9 die johanneische Bildrede vom guten Hirten aufgerufen. Auf das *eine* Wort Gottes hören, ihm gehorchen und vertrauen, heisst, auf die Stimme des guten Hirten hören, ihr vertrauen und ihr gehorchen. Der gute Hirte aber ist nach Joh 10,11 derjenige, der sein Leben für die Schafe einsetzt. Auch dieser Vers ist in Barmen I mitzuhören. Hans Asmussen hat in seinem Vortrag auf der Synode ausdrücklich darauf hingewiesen, dass die einzelnen Schriftzitate immer auch den biblischen Kontext mitaufrufen.[30] Auf das eine Wort Gottes zu hören, impliziert Vertrauens- und Gehorsamsverweigerung gegenüber dem, der anstatt sein eigenes Leben für die ihm Anvertrauten zu riskieren, diese um ihr Leben bringt und damit nicht nur ein «Dieb und Räuber», sondern ein Mörder, ein Massenmörder ist.

Die Abweisung der «Stimme des Fremden» wird m. E. darüber hinaus zum hermeneutischen Schlüssel für die Verwerfungssätze des gesamten Bekenntnistextes. Was in Joh 10,5 als Faktum benannt scheint[31] – «Einem Fremden aber werden sie gewiss nicht folgen, sondern sie werden vor ihm fliehen, weil sie die Stimme der Fremden [Plural!, MLF] nicht kennen.» – wird in Barmen zu einer Selbstverpflichtung der Bekennenden, ist doch auch für manche der dort versammelten Synodalen die Stimme dieses Fremden in vieler Hinsicht verlockend und attraktiv. Es ist die Stimme, die unüberhörbar auch inmitten

29 Dazu Ruth Hess, «... und hört nicht die Stimme eines Fremden.» Von Bern 1528 nach Düsseldorf 1933: Der Weg der ersten Berner These ‹zwischen den Zeiten›: Magdalene L. Frettlöh/Hans P. Lichtenberger (Hg.), Gott wahr nehmen. Festschrift für Christian Link, Neukirchen-Vluyn 2003, 3–26.

30 Vgl. Asmussen, Vortrag (Anm. 15), 47.

31 Allerdings gibt Klaus Wengst zu bedenken: «Die Formulierung als Gewissheitsaussage im Futur weist darauf hin, dass das damit Gemeinte feste Hoffnung des Evangelisten ist, es möge so sein» (Das Johannesevangelium. 1. Teilband: Kapitel 1–10, ThKNT 4,1, Stuttgart u. a. 2000, 375f.).

der Gemeinde Jesu Christi laut wird und Gefolgschaft fordert. Die Stimme des Fremden ist nicht nur ein Geraune oder Gebrüll von aussen, sondern auch eine verführerische Stimme im Innern.

Nicht übersehen werden darf, dass es sich beim Fremden, der in Joh 10,5 anders als der Dieb und Räuber in V. 1 als Kontrastfigur zum Hirten nicht näher in seinem Verhalten und Wesen identifiziert wird, nicht um den *xenos*, sondern um den *allotrios*, also um den handelt, der mit den Schafen Allotria treibt. Es geht also nicht um eine Disqualifizierung des Fremden, wie er in gegenwärtigen Phänomenologien des Fremden[32] begegnet. Die johanneische Bildrede vom Hirten und den Schafen ist der Ruf in die Nachfolge des Hirten, dessen Stimme ihnen vertraut ist. Seinem Rufen, Hinausführen und Vorausgehen entsprechen ihr Hören, Folgen und Kennen.[33] Der Gemeinde wird zugetraut, zwischen der Stimme des Hirten und der des Fremden unterscheiden zu können, ist ihr doch die Stimme ihres Hirten, der jede/n beim Namen nennt, vertraut, während sie die des Fremden nicht kennt und ihm darum auch nicht folgt bzw. folgen sollte. Der *allotrios* wird hier also allein über das Verhalten der Gemeinde ihm gegenüber bestimmt.

Liest man die beiden Mottoverse Joh 10,1.9 in ihrem johanneischen Kontext, kann m. E. kein Zweifel daran bestehen, dass sie eine implizite, aber unverkennbare Absage an den bedeuten, der nicht – wie der Hirte – die Gemeinde führt, sondern sie verführt. Auf diesen Führer, der kein Hirte ist, soll sie nicht hören, ihm nicht folgen, sondern vor ihm fliehen.

4. Barmen I im Einklang mit dem ersten Artikel der Verfassung der Deutschen Evangelischen Kirche vom 14. Juli 1933

Ausdrücklich hat sich die Barmer Theologische Erklärung in ihrer Präambel auf den Boden der Deutschen Evangelischen Kirche gestellt, was Hans Asmussen wiederholt unterstrichen hat[34], und Artikel 1 der DEK-Verfassung vom

32 Vgl. insbesondere Bernhard Waldenfels, Der Stachel des Fremden, Frankfurt a. M. ^{2}1991; ders., Grundmotive einer Phänomenologie des Fremden, Frankfurt a. M. 2006; sowie dessen vierbändige «Studien zur Phänomenologie des Fremden»: Topographie des Fremden; Grenzen der Normalisierung; Sinnesschwellen; Vielstimmigkeit der Rede, Frankfurt a. M. 1997–1999; dazu: Vernunft im Zeichen des Fremden. Zur Philosophie von Bernhard Waldenfels, hg. von Matthias Fischer/Hans-Dieter Gondek/Burkhard Liebsch, Frankfurt a. M. 2001.

33 Dazu Beate Kowalski, Ruf in die Nachfolge (Vom Hirt und den Schafen) Joh 10,1–5: Kompendium der Gleichnisse Jesu, hg. von Ruben Zimmermann, Gütersloh 2007, 768–780, und die dort (780) angegebene Literatur.

34 Siehe Asmussen, Vortrag (Anm. 15), 41–47; Hans von Soden, Artikel I der Verfassung der DEK vom Juli 1933 und die Barmer Theologische Erklärung: ders., Ur-

14. Juli 1933 zitiert: «Die unantastbare Grundlage der Deutschen Evangelischen Kirche ist das Evangelium von Jesus Christus, wie es uns in der Heiligen Schrift bezeugt und in den Bekenntnissen der Reformation neu ans Licht getreten ist. Hierdurch werden die Vollmachten, deren die Kirche für ihre Sendung bedarf, bestimmt und begrenzt.»

Die Grenze, die Barmen I zieht, ist denkbar eng und denkbar weit, indem die These die *Universalität* der Offenbarung Gottes in der *Partikularität* des einen in Israel gesprochenen Wortes erkennt, anerkennt und bekennt.

III. «Das *eine* Wort Gottes» – eine antitotalitäre Totalität

Was bis heute den deutlichsten Protest gegen die erste Barmer These hervorruft und was etwa bei Notger Slenczka zu einer buchstäblich relativierenden Änderung ihres Wortlauts geführt hat, ist die Exklusivität, mit der hier Jesus Christus als das *eine* Wort Gottes bekannt wird. Dieses Bekenntnis geht aufs Ganze. Es wird als totalitär empfunden und ist auch so gemeint: Die Offenbarung Gottes in Jesus Christus «verlangt im Leben und im Sterben die Totalität des Menschen, der sich ihm ergeben will»[35]. Doch diese christologisch profilierte Totalität trägt Protestcharakter. Sie ist – dialektisch gesprochen – eine antitotalitäre Totalität. Ihr eignet ein immenses Widerstandspotenzial in Gestalt der Absage an den Totalitätsanspruch des nationalsozialistischen Staates, wie er sich auch in der Kirche Raum verschafft: mit der Einführung des Arierparagraphen, der Gestaltung kirchlicher Strukturen nach dem Führerprinzip und der Schaffung einer deutschen Nationalkirche. Das Bekenntnis zu dem *einen* Wort Gottes widerspricht der sich in der zunehmenden Gleichschaltung aller Lebensbereiche aussprechenden Uniformierung durch den nationalsozialistischen Staat. Unüberhörbar kommt dies in der kämpferischen deutschchristlichen Bekenntnisparole zum Ausdruck: «Ein Führer – Ein Volk – Ein Reich – Eine Kirche»[36]. Der Vereinnahmung des gesamten Lebens für die nationalsozialistische Ideologie, wie sie in der Theologie der Deutschen Christen sich der Kirche bemächtigt, wird das eine Wort Gottes entgegengesetzt.

Helmut Gollwitzer hat 1984 diese politische Brisanz von Barmen I auf den Punkt gebracht:

christentum und Geschichte. Gesammelte Aufsätze und Vorträge II, Tübingen 1956, 272–293.

35 Barth, Kurze Erläuterung (Anm. 21), 18.

36 Was wir «Deutschen Christen» wollen. 6 Thesen für «Deutsche Christen» (März 1934): Bekenntnisse 1933 (Anm. 27), 178f. (179).

«In diesem Jahre 1934 hatte eine politische Bewegung ihre Macht über Deutschland etabliert, die die Rettung des deutschen Volkes dadurch verwirklichen wollte, dass alle Deutschen nur noch auf eine Stimme hören und dieser Stimme vertrauen und gehorchen im Leben und im Sterben – und von diesem ‹im Sterben› sollte sich dann im Schützengraben und in den Bombenkellern zeigen, wie wörtlich es zu nehmen war. Jetzt sagt eine Gruppe von Deutschen öffentlich: Wir machen das nicht mit, für uns ist der Platz der höchsten Instanz schon besetzt. Wir vertrauen und gehorchen im Leben und im Sterben nur einer ganz anderen Stimme und stehen von daher kritisch zu jeder anderen Stimme, die von uns das Hören verlangt. Das ist Absage an den totalen Staat und an das Führerprinzip, Absage an die eine Stimme, durch die Deutschland geeint und gerettet werden soll, Aufkündigung des Vertrauens und des Gehorsams gegenüber dieser einen Stimme des Führers und seiner Partei, ein schriller Misston im nationalen Aufbruch des deutschen Volkes, dessen Spaltung, auch die konfessionelle, soeben im Interesse der Einheit der Nation überwunden werden sollte. Dass sie spalten, wo Einigung das Gebot der Stunde ist, das mussten sich die Bekenner von Barmen sofort vorwerfen lassen.»[37]

IV. Hören – vertrauen – gehorchen: die Antwort der Bekenntnissynode auf das eine Wort Gottes als vorweggenommene Absage an den Führereid

Eine sachgemässe Interpretation der ersten Barmer These, die diese nicht allein vom Verwerfungssatz her liest, müsste in ihrem Zentrum eine Auslegung der Trias «hören – vertrauen – gehorchen» sein, die deutlich macht, warum dies die dem *einen* Wort Gottes entsprechende menschliche Antwort ist und warum es keiner anderen Instanz gegenüber ein *ungeteiltes Hören*, ein *vorbehaltloses Vertrauen* und einen *unbedingten Gehorsam* geben kann.

Ich beschränke mich hier auf einige Sätze zum dritten Motiv, dem Gehorchen:[38] Gehorchen ist die Intensiv-Form von Horchen, also ein besonders aufmerksames Hin- und Zu- und Anhören. Wer horcht, ist ganz Ohr oder auch ganz Herz (1Kön 3,9). Gegenüber dem Horchen schliesst das Gehorchen als Hören auf jemanden ein, dass das Gehörte auch in einem ihm entsprechenden

37 Helmut Gollwitzer, Das eine Wort für alle. Zur 1. und 6. These der Theologischen Erklärung von Barmen: JK 45, 1984, 451–461 (453).

38 Vgl. zum Folgenden Magdalene L. Frettlöh, Ganz Ohr und nicht minder mündig sein. Ein nachdenklicher Brief zum schwierigen Nachfolge-Motiv «Gehorsam»: JK 74/1 (2013), 18–21.

Tun und Lassen beachtet, dass also dem Rat entsprochen, die Bitte erfüllt, dem Befehl Folge geleistet wird.

«Gehorchen» korrespondiert zudem mit «gehören». Auf jemanden hören impliziert also zu jemandem gehören, jemandem zu- oder angehörig sein. Es markiert eine verbindliche Beziehung oder zumindest den Wunsch nach dieser. Wem ich Gehör schenke und Gehorsam leiste, zu dem möchte ich gehören.

Mit dem Petruswort in Apg 5,29: «Man muss Gott mehr gehorchen als den Menschen», das dem Widerstand gegen menschliche Befehle, sofern sie dem Willen und Wort Gottes widersprechen, statt gibt, scheint zumindest eine quantitative Differenz zwischen dem Hören auf Gott und dem Hören auf Menschen gegeben zu sein, die einen unbedingten und letzten, einen «einfältigen» zwischenmenschlichen Gehorsam ausschliesst. Doch reicht diese Unterscheidung aus? Sind der Gehorsam gegenüber dem einen Wort Gottes und der Gehorsam gegenüber menschlichen Weisungen nicht qualitativ voneinander zu unterscheiden?

Petrus begründet seine Überzeugung damit, dass Gott den Gekreuzigten von den Toten auferweckt habe (Apg 5,30). Es ist also die Todesmächtigkeit Gottes, die die Gehorsamsforderung gegenüber dem Wort Gottes begründet, weil sie allein Gott im Leben wie im Sterben vertrauenswürdig macht. Nur wer stark wie der Tod ist, verdient unbedingten Gehorsam. Kein Mensch aber ist stark wie der Tod. Sollte darum der Begriff des Gehorsams nicht auf die Beziehung zwischen Gott und Mensch beschränkt werden?

Ich neige zu dieser Beschränkung und gebe zudem zu bedenken, dass auch der Gehorsam gegenüber dem todesmächtigen Gott, so unbedingt er auch sein mag, kein frageloser, sondern ein in Freiheit sich ereignender Gehorsam ist. Der in Ex 3,6 auf den Ruf Gottes mit «Hier hast du mich!» antwortende Mose nimmt seine Berufung keineswegs unhinterfragt hin (vgl. 3,11ff.). Dagegen muss einem Abraham, der sich mit demselben Wort Gott zur Verfügung stellt, aber dem Befehl Gottes (*Elohim*) ohne nachzufragen Folge leistet, der Engel *Adonajs* in den Arm fallen, um ihn von der Schlachtung des eigenen Sohnes abzuhalten (Gen 22,1–14). Ein biblisches Gehorchen, das ganz Ohr und ganz Herz ist, schliesst die *Mündigkeit der Hörenden* ein.

Der Dreiklang von Hören, Vertrauen und Gehorchen in Barmen I geht davon aus, dass allererst das, was da zu hören ist, Vertrauen bei den Hörenden wirkt und dass das Gehörte als Wahrgenommenes so vertrauenswürdig ist, dass aus ihm Gehorsam erwächst. Es gibt also keine unmittelbare und keine kurzschlüssige Knüpfung von Hören und Gehorchen, sondern nur eine über das Vertrauen vermittelte.

Blicken wir demgegenüber auf die Formulierungen der gegenüber Hitler ab August 1934 auch von Geistlichen und anderen Kirchenbeamten geforderten Eide, fällt auf, dass hier durchgängig vom Gehorsam und der Treue der zu Vereidigenden die Rede ist, dass dem aber keinerlei Verpflichtungen auf Seiten dessen entsprechen, an dessen Person der Eid bindet. Gegenüber der wechselseitigen Bindung, wie sie hinter der bundes- und toratheologischen Auslegung von Barmen I steht, geht es hier um eine gänzlich einseitige Verpflichtung, die die Bereitschaft, dafür mit dem Leben einzustehen, einschliesst. Von Vertrauen ist dabei mit keinem Wort die Rede.

> Nach § 1 des Kirchengesetzes der Deutschen Evangelischen Nationalsynode vom 9. August 1934 haben die Geistlichen zusätzlich zu ihrem Ordinationsgelübde den folgenden Diensteid zu leisten:
> «Ich, NN, schwöre einen Eid zu Gott dem Allwissenden und Heiligen, dass ich als berufener Diener im Amt der Verkündigung sowohl in meinem gegenwärtigen wie in jedem anderen geistlichen Amte, so wie es einem Diener des Evangeliums in der Deutschen Evangelischen Kirche geziemt, dem Führer des Deutschen Volkes und Staates Adolf Hitler treu und gehorsam sein und für das deutsche Volk mit jedem Opfer und jedem Dienst, der einem deutschen evangelischen Manne gebührt, mich einsetzen werde; weiter, dass ich die mir anvertrauten Pflichten des geistlichen Amtes gemäss den Ordnungen der Deutschen Evangelischen Kirche und den in diesen Ordnungen an mich ergehenden Weisungen gewissenhaft wahrnehmen werde; endlich, dass ich als rechter Verkündiger und Seelsorger allezeit der Gemeinde, in die ich gestellt werde, mit allen meinen Kräften in Treue und Liebe dienen werde. So wahr mir Gott helfe!»[39]

In einer Weisung vom 15. August 1934 hat der Bruderrat der Bekenntnissynode der Deutschen Evangelischen Kirche dazu unmissverständlich festgehalten:

> «Der im Kirchengesetz vom 9. August 1934 geforderte Diensteid der Geistlichen ist nicht zu leisten.»[40]

39 Die Bekenntnisse und grundsätzlichen Äusserungen zur Kirchenfrage. Bd. 2: Das Jahr 1934. Gesammelt und eingeleitet von Kurt Dietrich Schmidt, Göttingen 1935, 128. § 2 enthält die Formulierung des Diensteides für die übrigen Beamten der DEK und der Landeskirchen.

40 Weisung des Bruderrates der Bekenntnissynode betr. den Diensteid der Geistlichen: Bekenntnisse 1934 (Anm. 39), 129f. (129).

Ich lese die erste Barmer These als diesen und andere Führereide antizipierende fundamentale Bestreitung dessen, dass Adolf Hitler, dass überhaupt ein Mensch *unbedingte* Gefolgschaft, Gehorsam und Treue fordern darf.

V. Vom «Christus und ...» zur Verdrängung des Christus

Die exklusive Formulierung von Barmen I wurde nötig, weil das geläufige und auch für BK-Mitglieder nicht fremde «Christus und ...» dort, wo sich diese zweite Grösse neben Christus absolut setzte, faktisch den Christus verdrängte und sich an seine Stelle setzte.

Ich nenne einige Identifizierungen des «Christus und ...» anhand ausgewählter Beispiele und deute dabei jeweils auch an, was in Barmen womöglich deutlicher hätte gesagt werden müssen. Allerdings geht es mir dabei auch darum, diesen Bekenntnistext und vor allem die erste These nicht überzustrapazieren. Die Barmer Theologische Erklärung kann und will nicht alles sagen, was in dieser Situation zu sagen wäre. Sie darf darum m. E. nicht isoliert von der kaum zu überblickenden Vielzahl von zeitgenössischen Bekenntnissen gesehen, sondern muss auch komplementär zu diesen gelesen werden. Die Prominenz des Barmer Bekenntnisses (in Zustimmung, kritischer Würdigung und Ablehnung) darf nicht auf Kosten anderer Bekenntnisse gehen, die in mancher Hinsicht ein deutlicheres Wort sagen und zu Unrecht im Schatten von «Barmen» stehen oder kaum bekannt sind wie eben die Düsseldorfer Thesen[41], das sogenannte Betheler Bekenntnis[42] oder die deutlichen Gegenstimmen[43] zu den deutschchristlichen Rengsdorfer Thesen vom Oktober 1933[44], um nur drei zu nennen.

41 Bekenntnisse 1933 (Anm. 27), 149f.

42 Bekenntnisse 1933 (Anm. 27), 105–131. Ein kurzer Überblick «Zur Entstehungsgeschichte des Betheler Bekenntnisses» findet sich in: Dietrich Bonhoeffer, Berlin 1932–1933 (DBW 12), hg. von Carsten Nicolaisen und Ernst-Albert Scharffenorth, Gütersloh 1997, 503–507. Ausführlich informiert: Christoph Strohm, Theologische Ethik im Kampf gegen den Nationalsozialismus. Der Weg Dietrich Bonhoeffers mit den Juristen Hans von Dohnanyi und Gerhard Leibholz in den Widerstand (Heidelberger Untersuchungen zu Widerstand, Judenverfolgung und Kirchenkampf im Dritten Reich 1), München 1989, 202–230. Zur kritischen Auseinandersetzung mit der Darstellung der Rolle Dietrich Bonhoeffers siehe von Christine-Ruth Müller, Bekenntnis und Bekennen. Dietrich Bonhoeffer in Bethel (1933). Ein lutherischer Versuch, München 1989, und von Eberhard Busch, «Die Kirche und die Juden». Der Beitrag Wilhelm Vischers zum sog. Betheler Bekenntnis: Frettlöh/Lichtenberger (Hg.), Gott wahr nehmen (Anm. 29), 41–52.

43 Bekenntnisse 1933 (Anm. 27), 92–96.

44 Bekenntnisse 1933 (Anm. 27), 91.

1. «Christus und ...» – der andere Christus

Nicht nur die Trias «Hören – Vertrauen – Gehorchen» ist widerständig gegen die Heilslehren der DC, sondern auch die Präzisierung «Jesus Christus, wie er uns in der Heiligen Schrift bezeugt wird». Die Schriftgemässheit des Christuszeugnisses widerspricht einem Christusprinzip nach eigenen Bedürfnissen, einer Christusidee und deren Verwirklichung in einer konkreten geschichtlichen Gestalt. Ich sehe hier den Widerspruch zu vor allem zwei Entwicklungen: der Entjudung und Arisierung des biblischen Christus und der Identifikation Hitlers als einer Christusgestalt.

1.1 Die Entjudung und Arisierung des biblischen Christus

Vor allem der Paderborner Bibelwissenschaftler Martin Leutzsch ist dem Mythos vom «arischen Christus» nachgegangen. Leutzsch unterscheidet fünf Phasen dieses rassistischen und antisemitischen Jesusbildes:

> «Eine Idee kommt auf (bis etwa 1870), ein Diskurs wird organisiert (bis etwa 1918), ein Mythos wird organisiert verbreitet (bis etwa 1933), Konflikte an der Basis werden inszeniert (1933–1945), der arische Jesus lebt weiter in rassistisch grundierten religiösen Subkulturen der Gegenwart (ab 1945).»[45]

Dass mit Johann Gottlieb Fichte nicht nur einer der renommiertesten Philosophen des 19. Jahrhunderts am Beginn dieser Entwicklung steht, sondern dass es immer wieder Intellektuelle, vor allem Philosophen, Künstler, Schriftsteller, Publizisten, Theologen und Religionswissenschaftler, waren, die das Judesein Jesu bestritten haben und sein Ariersein meinten beweisen zu können, und dass der Mythos sich bis heute (vornehmlich in esoterischen Kreisen) hält, zeigt, dass es sich bei diesem Topos keineswegs nur um ein Randphänomen nationalsozialistischer Ideologie handelt, sondern dass die Entjudung und Arisierung Jesu in einem weiteren Horizont der neuzeitlichen Konstruktion von Jesusbildern jenseits seiner Göttlichkeit und im Zusammenhang der Suche nach einer neuen Religion jenseits des überlieferten Christentums steht.

45 Martin Leutzsch, Der Mythos vom arischen Jesus: Lucia Scherzberg (Hg.), Vergangenheitsbewältigung im französischen Katholizismus und deutschen Protestantismus, Paderborn u. a. 2008, 173–186 (173f.). Zu diesem Artikel gibt es ein Abstract unter http://universaar.uni-saarland.de/journals/index.php/tg/article/view/113 /125 – aufgerufen am 25.03.2014; ders., Karrieren des arischen Jesus zwischen 1918 und 1945: Uwe Puschner/Clemens Vollnhals (Hg.), Die völkisch-religiöse Bewegung im Nationalsozialismus. Eine Beziehungs- und Konfliktgeschichte, Göttingen 2012, 195–218. Siehe auch Wolfgang Fenske, Wie Jesus zum «Arier» wurde. Auswirkungen der Entjudaisierung Christi im 19. und zu Beginn des 20. Jahrhunderts, Darmstadt 2005.

Auf der Grundlage der materialreichen Forschungen von Leutzsch hat Hajo Goertz unter dem Titel «Der Mythos vom arischen Christus» einen Beitrag im Deutschlandradio verfasst, der eine anschauliche Auswahl von Zitaten zum arischen Helden Jesus bietet.[46] Aufmerksamkeit verdient dabei auch, welche Menschen-, insbesondere welche Männlichkeitsbilder mit der entjudeten Christusgestalt transportiert werden:

> «Die Karriere des arischen Christus geht einher mit einem Wandel des Männlichkeitsideals. Seit der Reichsgründung wächst der Bedarf an einer aggressiven Männlichkeit, die dem Winckelmannschen Ideal von edler Einfalt und stiller Grösse und kosmopolitischer Ausrichtung eine Absage erteilt. Im gleichen Zuge wird den Juden in miteinander vernetzten politisch-militärisch-medizinischen Diskursen Männlichkeit abgesprochen. In diesem neuen Männlichkeitsideal spielt ein generalisierter Heroismus eine grosse Rolle, und Heldentum wird zunehmend aggressiv definiert.»[47]

So lautet die fünfte der sechs Thesen einer «Entschliessung des Gaues Gross-Berlin der Glaubensbewegung ‹Deutsche Christen›» vom 13. November 1933 auf der berühmt-berüchtigten Sportpalast-Kundgebung:

> «Wir fordern, dass eine deutsche Volkskirche ernst macht mit der Verkündigung der von aller orientalischen Entstellung gereinigten schlichten Frohbotschaft und einer heldischen Jesus-Gestalt als Grundlage eines artgemässen Christentums, in dem an die Stelle der zerbrochenen Knechtsseele der stolze Mensch tritt, der sich als Gotteskind dem Göttlichen in sich und in seinem Volk verpflichtet weiss.»[48]

Die Pervertierung des biblischen Christuszeugnisses lässt sich besonders anschaulich im deutsch-christlichen Religionsunterricht der 1920er und 1930er Jahre erkennen, in dem der «arische Christus» ein Top-Thema ist und keine noch so abstrusen Thesen gescheut werden, um das Nicht-Judesein Jesu (und damit auch Marias) zu begründen. Ich zitiere aus der Antwort eines DC-Religionslehrers auf die Frage «War Jesus Jude?»:

> «Die Bevölkerung Galiläas, der Heimat Jesu, war nicht jüdisch. Sie bestand grösstenteils aus assyrischen Einwanderern, die in ihrer Mehrheit Arier waren. Erst 104 vor Christus konnten die Juden Galiläa erobern und zur jüdischen Religion bekehren; von nun an kamen jüdische Beamte, Priester und Händler dorthin, doch blieben die galiläischen Bauern, Fischer und Handwerker nach wie vor unjüdisch. Dies be-

46 Hajo Goertz, Der Mythos vom arischen Jesus. Beitrag vom 4.07.2009 im Deutschlandradio Kultur – Religionen: http://www.deutschlandradiokultur.de/der-mythos-vom-arischen-jesus.1278.de.html?dram:article_id=192376 aufgerufen am 25.03. 2014.

47 Leutzsch, Mythos (Anm. 45), 186.

48 Bekenntnisse 1933 (Anm. 27), 133f. (134).

weist schon der Name Galiläa = Gau der Heiden. Jesus steht in seiner ganzen Art zu denken und zu handeln im schärfsten Gegensatz zum Judentum […].»[49]

1.2 Der politische Messianismus: Hitler als Christusgestalt

Nicht nur hat Hitler sich selbst als Christus inszeniert, sondern er wurde auch als solcher von Seiten der Deutschen Christen annonciert. So lauten die ersten beiden der «6 Thesen für ‹Deutsche Christen›» unter dem Titel «Was wir ‹Deutschen Christen› wollen» vom März 1934:

> «1. In Hitler ist die Zeit erfüllt für das deutsche Volk. *Denn durch Hitler ist Christus, Gott, der Helfer und Erlöser, unter uns mächtig geworden. Darum ist der Nationalsozialismus positives Christentum der Tat.*
> 2. *Hitler* (der Nationalsozialismus) *ist jetzt der Weg des Geistes und Willens Gottes zur Christuskirche deutscher Nation.* Mit lutherischem Glaubensmut wagen wir ‹Deutschen Christen› darum, mit bewährten alten Steinen (Bibel und Bekenntnis) und neuen Steinen (Rasse und Volkstum) im Glauben diese Kirche zu bauen.»[50]

2. *Das geschichtstheologische «und»: die Predigt der «Deutschen Stunde»*

Mit der politischen Messianisierung Hitlers eng verknüpft ist die Identifikation der sogenannten «Deutschen Stunde», der Ernennung Adolf Hitlers zum Reichskanzler am 30. Januar 1933, als eines direkten Eingreifens Gottes in die Geschichte.[51] Es ist – nicht zum ersten Mal[52] – Martin Rinckarts Choral «Nun

49 Evangelische Kirche zwischen Kreuz und Hakenkreuz. Bilder und Texte einer Ausstellung. Zusammengestellt und kommentiert von Eberhard Röhm und Jörg Thierfelder für die Evangelische Arbeitsgemeinschaft für kirchliche Zeitgeschichte im Auftrag des Rates der Evangelischen Kirche in Deutschland. Mit einer Einführung von Klaus Scholder, Stuttgart ²1982, 78f.

50 Bekenntnisse 1934 (Anm. 39), 178f.

51 Eindrückliche Beispiele liefert Günter Brakelmann, Hoffnungen und Illusionen evangelischer Prediger am Beginn des Dritten Reiches am Beispiel gottesdienstlicher Feiern aus politischen Anlässen: Evangelische Kirche und Drittes Reich. Ein Arbeitsbuch für Lehrer der Sekundarstufen I und II, hg. vom Dozentenkollegium des religionspädagogischen Instituts Loccum, Göttingen 1983, 27–45.

52 Über die (Missbrauchs-)Geschichte dieses Chorals informieren: Siegfried Keil, Der «Choral von Leuthen». Ein preussisch-deutscher Mythos: Die Tonkunst 3 (2007), 442–449; Curt Stauss, Nun danket alle Gott? Wozu ein Choral nicht gut ist – eine ostdeutsche Perspektive: Fragen wider die Antworten. Festschrift für Jürgen Ebach zum 65. Geburtstag, hg. von Kerstin Schiffner u. a., Gütersloh 2010, 19–34; Andreas Marti, Nun danket alle Gott: Wolfgang Herbst/Ilsabe Seibt (Hg.): Liederkunde zum Evangelischen Gesangbuch. Heft 16, Göttingen 2011, 35–43.

danket alle Gott», in dem diese Identifikation eucharistischen Ausdruck findet. So heisst es – um nur ein Beispiel zu nennen – in der Einladung zu einem DC-Dankgottesdienst am 3. Februar 1933 mit Reichsleiter Pfr. Hossenfelder:

> «Jawohl, wir glaubten an den Sieg, wir kämpften um den Sieg, und unser Herrgott gab uns den Sieg. Heute steht unser Führer Adolf Hitler als Reichskanzler an der Spitze des Deutschen Reiches. Nach all dem Kampf, nach all den blutigen Opfern der hinter uns liegenden 14 Jahre, falten sich für einen Augenblick nun unsere Hände und stille zieht durch unsere dankerfüllten Herzen des alten Martin Rinckart's schlichtes Dankgebet: ‹Nun danket alle Gott mit Herzen, Mund und Händen, / Der grosse Dinge tut an uns und allen Enden.› Wer so denkt und mit uns Gott danken will, der komme zu unserem nachstehend angezeigten Gottesdienst [...]»[53].

Aber auch in der DEK wird die sogenannte Machtergreifung Hitlers als gottgewirkt verstanden, wenn es gleich zu Beginn der Präambel der DEK-Verfassung vom 11. Juli 1933 heisst:

> «In der Stunde, da Gott unser deutsches Volk eine grosse geschichtliche Wende erleben lässt, verbinden sich die deutschen evangelischen Kirchen in Fortführung und Vollendung der durch den Deutschen Evangelischen Kirchenbund eingeleiteten Einigung zu einer einigen Deutschen Evangelischen Kirche.»[54]

Worin besteht hier das Problem des «Christus und ...»? Es ist die unmittelbare Identifikation eines geschichtlichen Ereignisses als einer Gotteserfahrung, die sich hier zu Wort meldet, als gäbe es eindeutige Spuren, an denen sich die Präsenz Gottes in diesem Geschehen verbindlich ablesen lasse. Demgegenüber wäre mit Psalm 77,20 daran zu erinnern, dass selbst von der Befreiung des Gottesvolkes aus dem Frondienst in Ägypten, dem grundlegenden Datum der Geschichte Israels mit seinem Gott, zu bekennen ist: «Aber deine Spuren waren nicht zu erkennen.»

3. Das ordnungstheologisch-nomistische «und»: Gesetz (als Volksnomos und Schöpfungsordnung) und Evangelium

Ebenso wirkmächtig wie in der unmittelbaren Identifizierung des Sieges der NSDAP als eines rettenden Eingriffs Gottes in die Geschichte des deutschen

53 Evangelische Kirche zwischen Kreuz und Hakenkreuz (Anm. 49), 24.

54 Aus der Verfassung der DEK vom 11. Juli 1933: Kirchen- und Theologiegeschichte in Quellen. Bd. IV/2, hg. von Hans-Walter Krumwiede u. a., Neukirchen-Vluyn 1980, 124–127 (124).

Volkes und der überschwänglichen Begrüssung Adolf Hitlers als einer Christus-Gestalt zeigen sich die zur Quelle kirchlicher Verkündigung avancierten «Ereignisse und Mächte, Gestalten und Wahrheiten» in der neulutherischen Applikation der Unterscheidung von Gesetz und Evangelium auf die Situation der Kirche 1934.

Ich veranschauliche dies an der zweiten und dritten These des «Ansbacher Ratschlag[s]», dem Protestschreiben gegen die Barmer Theologische Erklärung, das am 11. Juni 1934, unterschrieben von sechs fränkischen Pfarrern und den Theologieprofessoren Werner Elert und Paul Althaus, veröffentlicht wurde.

> «2. Das Wort Gottes redet zu uns als Gesetz und Evangelium. Die kirchliche Verkündigung hat sich danach zu richten. Das Evangelium ist die Botschaft von dem für unsere Sünde gestorbenen und um unserer Gerechtigkeit willen auferweckten Herrn Jesus Christus.
> 3. Das Gesetz, ‹nämlich der unwandelbare Wille Gottes› […], begegnet uns in der Gesamtwirklichkeit unseres Lebens, wie sie durch die Offenbarung Gottes ins Licht gesetzt wird. Es bindet jeden an den Stand, in den er von Gott berufen ist, und verpflichtet uns auf die natürlichen Ordnungen, denen wir unterworfen sind, wie Familie, Volk, Rasse, (d. h. Blutszusammenhang). Und zwar sind wir einer bestimmten Familie, einem bestimmten Volk und einer bestimmten Rasse zugeordnet. Indem uns der Wille Gottes ferner stets in unserem Heute und Hier trifft, bindet er uns auch an den bestimmten historischen Augenblick der Familie, des Volkes, der Rasse, d. h. an einen bestimmten Moment ihrer Geschichte.»[55]

Während man das Evangelium mit nur einem Satz – unter Bezugnahme auf Röm 4,25 – christologisch bestimmt, wird das Gesetz – *unter völliger Absehung von Christus* – breit entfaltet als der mit den natürlichen Ordnungen vorgegebene unwandelbare Wille Gottes, der in konkreten natürlichen und geschichtlichen Bindungen verpflichtet.

Nicht aus dem Evangelium, sondern aus dem Gesetz folgt hier in These 5 der Gott abgestattete Dank für den Führer:

> «In dieser Erkenntnis danken wir als glaubende Christen Gott dem Herrn, dass er unserem Volk in seiner Not den Führer als ‹frommen und getreuen Oberherrn› geschenkt hat und in der nationalsozialistischen Staatsordnung ‹gut Regiment›, ein Regiment mit ‹Zucht und Ehre› bereiten will. Wir wissen uns daher vor Gott verantwortlich, zu dem Werk des Führers in unserem Beruf und Stand mitzuhelfen.»[56]

55 Bekenntnisse 1934 (Anm. 39), 103.
56 Bekenntnisse 1934 (Anm. 39), 103.

Es ist die Diastase von Gesetz und Evangelium und damit auch von Gesetz und Christus, die Identifikation des göttlichen Gesetzes mit unabänderlichen natürlichen Ordnungen und deren Manifestation in bestimmten geschichtlichen Momenten, die hier das «Christus und ...» prägen, dabei aber faktisch das Christus-Evangelium dominieren.

K. Barth hat dem mit seiner Schrift «Evangelium und Gesetz»[57], in der er das Gesetz selbst als eine Gestalt des Evangeliums versteht, und dann noch einmal ausführlicher in der bundes- und erwählungstheologischen Begründung der theologischen Ethik[58] widersprochen. Es bleibt aber zu fragen, ob die blosse Umkehrung der Reihenfolge unter Beibehaltung des «und» im Titel schon ein hinreichendes Signal ist, ob nicht auch der Titel schon den qualitativ anderen Gesetzesbegriff hätte sichtbar machen müssen.

Wo das Gebot Gottes als Evangelium verstanden wird, geht es um die Teilhabe an der jüdischen *Simchat Tora* (Freude an der Tora) im dritten Gebrauch des Gesetzes, also um das Verständnis der Gebote Gottes als Wegweisungen zur Bewahrung und Bewährung der in Christus geschenkten Freiheit, die in erster Linie jene Menschen und Mitgeschöpfe im Blick haben, deren Lebensrechte und Lebensmittel gefährdet sind, und die dem ins Recht eingeschriebenen Erbarmen das Wort reden.

Für mich sind es vor allem Äusserungen zur Aufgabe der «inneren Mission», in denen sich die fehlende Einsicht in die Tora als Evangelium, zeigt. So heisst es in den «Richtlinien der Glaubensbewegung ‹Deutsche Christen›» vom 26. Mai (6. Juni) 1932:

> «8. Wir sehen in der recht verstandenen *Inneren Mission* das lebendige Tat-Christentum, das nach unserer Auffassung nicht im blossen Mitleid, sondern im Gehorsam gegen Gottes Willen und im Dank gegen Christi Kreuzestod wurzelt. Blosses Mitleid ist Wohltätigkeit und wird zur Überheblichkeit, gepaart mit schlechtem Gewissen, und verweichlicht ein Volk. Wir wissen etwas von der christlichen Pflicht und Liebe den Hilflosen gegenüber, wir fordern aber auch Schutz des Volkes vor den Untüchtigen und Minderwertigen. Die Innere Mission darf keinesfalls zur Entartung unseres Volkes beitragen. Sie hat sich im übrigen von wirtschaftlichen Abenteuern fernzuhalten und darf nicht zum Krämer werden.»[59]

57 Karl Barth, Evangelium und Gesetz (ThExh 32), München 1935.
58 Karl Barth, KD II/2, Zollikon-Zürich 1942, 564–875.
59 Bekenntnisse 1933 (Anm. 27), 135f. (136).

4. Die mediale Inszenierung: das eine Wort Gottes und die Macht der Bilder

Es wäre zu kurz gegriffen, die in Barmen I als Quelle kirchlicher Verkündigung genannten «Ereignisse und Mächte, Gestalten und Wahrheiten» nur über theologische, kirchliche und andere *Texte* zu identifizieren. Gerade, was die mit quasireligiösem Anspruch auftretenden Mächte angeht, muss die Macht der Bilder, müssen Rituale, mediale Inszenierungen, Liturgien von Massenveranstaltungen, Propagandafilme und anderes mehr aus der Kunst und den Medien mitberücksichtigt werden. All dies erweist sich zur Internalisierung einer Ideologie ja oft als so viel wirksamer als das gesprochene Wort. Zu denken ist etwa an die Filme Leni Riefenstahls, an antijüdische Propagandafilme wie Veit Harlans «Jud Süss», an die Fackelzug-Aufmärsche der NSDAP, an die Organisation der Olympischen Sommerspiele 1936 in Berlin, an die Wochenschau-Bilder, an Beflaggungen und Plakatierungen, an die Karikaturen, mit denen alle, die sich nicht den NS-Idealen fügten, diffamiert wurden. Nicht zufällig gehörten zu den ersten, die mit Berufsverbot belegt wurden und deren Arbeit als «entartet» gegeisselt wurde, Künstler und Künstlerinnen. Die Faszination des Nationalsozialismus gründete vor allem in den Bildwelten, in die er die Menschen lockte, in seiner Bilderpolitik, mit denen er sie in seinen Bann schlug und zur Idololatrie verführte.

Petra Bahr, Kulturbeauftragte des Rates der EKD 2006–2014, hat in einem differenziert argumentierenden Vortrag die ikonoklastische Kraft von Barmen I im Horizont des nationalsozialistischen Bildkultes entfaltet:

> «Vor dem Hintergrund der Bildermacht des Nationalsozialismus erhebt die erste Barmer Theologische These einen bilderkritischen, ja ikonoklastischen Einspruch. Die theologische Frage nach den Bildern muss also gar nicht künstlich an sie herangetragen werden, sie ist immer schon im Spiel. [...] Die ins Bild gesetzte politische Theologie des Nationalsozialismus wird in Barmen ihrem Anspruch nach entlarvt als Konkurrenz zum einen Wort Gottes. Die brutale Manipulation der Gefühle und der inneren Bilder vom anderen und von sich selbst ist in der Regel gefährlicher als ein absurdes politisches Programm.»[60]

So verstanden aber fordert Barmen I auch dazu heraus, in der Verkündigung des einen Wortes Gottes über das Verhältnis von Wort und Bild nachzudenken. Denn dieses eine Wort Gottes ist ja zugleich die göttliche Ikone und lädt

60 Petra Bahr, Barmen I: Worauf hören? Die Kirche des Wortes und die Macht der Bilder: Martin Heimbucher (Hg.), Begründete Freiheit – Die Aktualität der Barmer Theologischen Erklärung. Vortragsreihe zum 75. Jahrestag im Berliner Dom (Evangelische Impulse 1), Neukirchen-Vluyn 2009, 13–28.

als solche zu einer Visualisierung des Wortes ein. So ist es auch für Petra Bahr eine offene Frage, «ob wir auf die grassierende Bilderflut mit guten Bildern oder mit dem Luxus bilderfreier Orte antworten sollten». Allemal empfiehlt sie einen «professionellen Umgang mit Medien im weitesten Sinne – denn auch die Sprache ist ein Medium – wie auch einen theologischen Sinn für die Grenzen medialer Inszenierungen»[61].

5. «Juden unerwünscht» – *die Verdrängung des Christus*

Deutlicher als theologische Argumente sprechen bisweilen literarische Texte. Zur Veranschaulichung der Verdrängung des Christus als letzter Steigerung des «Christus und ...» wechsle ich darum das Genre. Es gibt eine Kurzgeschichte von Elisabeth Langgässer aus dem Jahr 1947, die den Titel «Saisonbeginn» trägt.[62] Ich lese diesen Text – von der *intentio operis* her – als einen literarischen Kommentar zu Barmen I. Überhaupt gilt es ja wahrzunehmen, dass längst vor der *theologischen* Auseinandersetzung mit der Schoa sich Schriftsteller und Dichterinnen dieses Themas angenommen haben, und zwar bereits unmittelbar nach 1945[63], so dass Theologie gut daran täte, auch für dieses Thema öfter den «Raum der Poesie»[64] zu betreten.

In «Saisonbeginn» beschreibt Elisabeth Langgässer den letzten Akt der Vorbereitung eines idyllischen Kurortes in den Bergen auf die bald eintreffenden Sommerfrischler. Und sie beschreibt den Beginn der Judenverfolgung im Dritten Reich, einen Beginn, der sein geplantes Ziel, die sogenannte «Endlösung der Judenfrage», bereits in sich trägt. Denn Elisabeth Langgässer (1899–1950), die katholische Volksschullehrerin, die nach den nationalsozialistischen Rassegesetzen als Halbjüdin galt, erzählt die Geschichte einer Kreuzigung. Jesus

61 Bahr, Barmen I (Anm. 60), 27.

62 Elisabeth Langgässer, Der Torso, Hamburg 1947, 15–18. Die Kurzgeschichte sowie zahlreiche Interpretationen und Materialien zum Gebrauch in der Schule sind im Internet leicht zugänglich.

63 Dazu gehören auch die Texte Ilse Aichingers, wie Friedrich-Christian Delius in seiner Würdigung ihres Romans «Die grössere Hoffnung» (Amsterdam 1948) eindrücklich zeigt: http://www.fcdelius.de/lobreden/lob_aichinger.html aufgerufen am 8.09.2014.

64 Ottmar Fuchs, Im Raum der Poesie. Theologie auf den Wegen der Literatur (Theologie und Literatur 23), Ostfildern 2011. Zur hermeneutischen Vergewisserung auf diesen Wegen leitet an: Jan-Bauke Rüegg, Theologische Poetik und literarische Theologie? Systematisch-theologische Streifzüge, Zürich 2004.

wird noch einmal gekreuzigt, indem nun seine jüdischen Schwestern und Brüder an den Holzpfahl genagelt, ausgegrenzt und bald auch ausgemerzt werden.

Erst mit dem letzten Satz der Geschichte erfahren wir die Inschrift des Schildes, das da im Schilderwald, der die Sommergäste willkommen heisst oder vor Gefahren warnt, als letztes, als *das* Aushängeschild dieses alpinen Kurortes, angebracht wird. Doch wir merken förmlich mit der wachsenden Spannung, die die Geschichte aufbaut, dass die beiden Inschriften, das berühmte J. N. R. J. über dem hingerichteten Christus und die Worte des Schildes, das nun zu seiner Linken steht, miteinander zu tun haben. Doch das merkt in der Geschichte niemand ausser dem Gekreuzigten selbst.

Er spürt, dass diese Inschrift, die den einladenden Charakter des blitzblank herausgeputzten Dorfes noch unterstreichen soll, fortan zwischen ihm und den Dorfbewohnern stehen wird. Nun kann, nun wird er nicht länger einer der Ihren sein, denn sie schliessen mit seinen Brüdern und Schwestern auch ihn aus.

Doch weder die geschäftigen Arbeiter, die nur ihren Auftrag erfüllen, noch jene, die sich zu ihnen gesellen oder vorübergehen, merken, dass sie nicht beides haben können: das Wegekreuz mit ihrem Christus *und* den judenreinen Kurort, denn Jesus, der Christus, ist Jude. Sind die jüdischen Sommergäste nicht länger willkommen, dann hat auch der Gekreuzigte keine Heimat mehr in diesem Dorf. Die Idylle trügt. Der Gekreuzigte ist verstossen.

Dabei sind es für Langgässer nicht so sehr die eifrigen Arbeiter mit ihren Kreuzigungswerkzeugen, sondern mehr noch die anderen, die beflissen behilflich sind oder nur Hohn und Spott übrighaben angesichts dessen, was sie da lesen; die schweigend zuschauen oder achtlos vorübergehen, die verunsichert sind und dennoch nicht widersprechen. Es ist diese Gleichgültigkeit, die nicht einmal fragt, geschweige denn protestiert, die den Gekreuzigten mit Blumen schmückt, aber zulassen wird, dass seine jüdischen Schwestern und Brüder in die Gaskammern geschickt werden.

Elisabeth Langgässer hat mit dem Verhalten der unbeteiligt Beteiligten nicht nur die anderen, sondern auch ihre eigene Haltung während der NS-Zeit kritisiert. Mit Schreibverbot belegt, als Zwangsarbeiterin in eine Munitionsfabrik geschickt und an multipler Sklerose erkrankt, hat sie sich in die innere Emigration geflüchtet,[65] während ihre Tochter Cordelia nach Theresienstadt

---

65 Zur Lebensgeschichte Elisabeth Langgässers siehe Sonja Hilzinger, Elisabeth Langgässer – Eine Biografie, Berlin 2009; Frederik Hetmann, Schlafe, meine Rose. Die Lebensgeschichte der Elisabeth Langgässer, Weinheim ^{3}1990.

und Auschwitz verschleppt wurde und die Schoa nur knapp überlebte – im Transport eines «weissen Busses» nach Schweden 1945.[66]

VI. Aufgaben, vor die Barmen I uns heute stellt. Vorläufige Notizen

Es ist leicht, aus heutiger Perspektive Unzulänglichkeiten des Barmer Bekenntnisses, auch und gerade der ersten Barmer These, zu benennen. Es käme aber viel mehr darauf an zu fragen, welche Aufgaben die erste Barmer These heute an evangelische Theologie und Kirche stellt. Dabei wäre nicht zuletzt zu lernen von der Rezeptionsgeschichte der Barmer Theologischen Erklärung, etwa im Bund Evangelischer Kirchen in der DDR[67] oder auch in der Ökumene[68], besonders in Südafrika[69].

Im Vorfeld der 50-Jahr-Feiern der Barmer Theologischen Erklärung war eine Kommission aus Mitgliedern der Evangelischen Kirche in Deutschland und des Bundes der Evangelischen Kirchen in der DDR mit der Aufgabe «Barmen 1934/1984. Zur gegenwärtigen Bedeutung der Theologischen Erklärung von Barmen» betraut. Im gemeinsamen Text zur ersten These, die als «Ruf zur Sache» charakterisiert wird, heisst es dort:

> «Dieser Ruf zur Sache durch die erste Barmer These ist auslegungsfähig, aber auch auslegungsbedürftig in den Grundfragen heutiger Theologie und Verkündigung: in

66 Cordelia Edvardson hat ihre traumatische Lebensgeschichte später in dem bewegenden Roman «Gebranntes Kind sucht das Feuer» (Deutsch von Anna-Liese Kornitzky, München/Wien 1986; München [8]2005) erinnert; siehe auch Corinne Susanek, Neue Heimat Schweden. Cordelia Edvardsons und Ebba Sörboms Autobiografik zur Shoah (Jüdische Moderne 5), Köln 2008.

67 Siehe etwa Heino Falcke, Was hatte die Barmer Theologische Erklärung den Kirchen in der DDR zu sagen?: Heimbucher (Hg.), Begründete Freiheit (Anm. 60), 137–150; Friedrich Winter, Die Geltungsformel der Barmer Theologischen Erklärung in den Ordnungen der evangelischen Kirchen in der DDR. Ein Beitrag zum Dialog um Barmen, in: Barmer Theologische Erklärung 1934–1984: Geschichte – Wirkung – Defizite. Vorträge und Podiumsgespräch des Barmen-Symposions in Arnoldshain vom 9. bis 11. April 1983. Bearbeitet im Auftrag der Arnoldshainer Konferenz und der Evangelischen Akademie Arnoldshain von Wilhelm Hüffmeier und Martin Stöhr (Unio und Confessio 10), Bielefeld 1984, 100–123.

68 Siehe Lothar Schreiner, Stimmen aus der Ökumene zur Barmer Theologischen Erklärung: Barmer Theologische Erklärung 1934–1984 (Anm. 67), 185–208.

69 Vgl. den Beitrag von Katrin Kusmierz in diesem Band und Rudolf Weth, «Barmen» – eine ökumenische Herausforderung – am holländischen und südafrikanischen Beispiel: Barmer Theologische Erklärung 1934–1984 (Anm. 67), 152–184.

der Gottesfrage und den Bemühungen um eine trinitarische Gotteslehre in Aufnahme des altkirchlichen Bekenntnisses; in der hermeneutischen Diskussion und Aufgabe einer biblischen Theologie, die auch das Gespräch zwischen Christen und Juden einbezieht; in den Fragen des Verhältnisses von Gesetz und Evangelium, von Glaube und Erfahrung, von Theologie und Humanwissenschaften, von Christentum und Religionen wie Ideologien.»[70]

Zur aktuellen Bedeutsamkeit der ersten Barmer These und zu ihren unerledigten Aufgaben notiere ich auf dem Hintergrund der so markierten Auslegungsbedürftigkeit von Barmen I in aller Vorläufigkeit nur einige Thesen und Fragen:

1. Barmen I stellt uns heute wieder – wie schon die erste Frage des Heidelberger Katechismus – die *Vertrauensfrage*: Auf wen hören, wem vertrauen, wessen Wort gehorchen wir? Auf wen verlassen wir uns und wem wissen wir uns zugehörig im Leben und Sterben?

2. Als Kehrseite dazu fordert Barmen I dazu heraus, heute jene «Ereignisse und Mächte, Gestalten und Gewalten» zu identifizieren, die einen quasigöttlichen Anspruch auf unser ganzes Leben erheben. Was sind die totalitären Instanzen in unserem Leben, die sich religiös gebärden und denen wir Einfluss auf alle unsere Lebensbereiche einräumen? Mit dem ersten Gebot gesprochen: Welchen Gottheiten geben wir Macht über uns?

3. Barmen erinnert uns über diese beiden Grundsatzaufgaben hinaus an eine ganze Reihe von theologischen und kirchlichen Herausforderungen, mit denen wir nie fertig werden, die wir aber darum umso gründlicher und achtsamer zu bedenken und zu verantworten haben:

3.1 Welchen Christus predigen wir, welche Christologie lehren wir? Zum Barmen-Jubiläum 1984 hat Wolfgang Schrage aufgezeigt, dass, wer sich auf das biblische Christuszeugnis beruft, konkret ausführen muss, «*wer* und *was* dieser biblische Christus ist, was uns an ihm zu Vertrauen und Gehorsam bestimmt. Dass er das eine Wort Gottes *ist* und es nicht nur hat und verkündigt, entbindet nicht davon, genauer zu sagen, was das inhaltlich besagt»[71]. Bar-

70 Barmen 1934/1984. Zur gegenwärtigen Bedeutung der Theologischen Erklärung von Barmen. Gemeinsamer Text aus der Evangelischen Kirche in Deutschland und dem Bund der Evangelischen Kirchen in der DDR: Die Barmer Theologische Erklärung. Einführung und Dokumentation (Anm. 15), 78–87 (82).

71 Wolfgang Schrage, Barmen I und das Neue Testament, in: Barmer Theologische Erklärung 1934–1984 (Anm. 67), 66–90 (71).

men I ist vor allem an der johanneischen Christologie orientiert. Die These hätte anders akzentuiert werden können, wäre ihr biblischer Bezugstext etwa das Simeon-Bekenntnis in Lk 2,32 gewesen, das Jesus preist als «Licht zur Erleuchtung der Völker und zum Glanz deines Volkes Israel».

3.2 Der Rekurs auf die messianische Doppelaufgabe in Lk 2,32 hätte das explizite Israelschweigen der Erklärung unmöglich gemacht. Er könnte dazu anleiten, heute Barmen I hinsichtlich des Verhältnisses zum Judentum neu zu durchdenken,[72] was für mich nicht eine interreligiöse Aufgabe unter vielen, sondern die ökumenische Frage schlechthin ist.[73]

Bekanntlich hat Franz Rosenzweig 1913 seine Entscheidung, sich nicht taufen zu lassen, sondern Jude zu bleiben, unter Verweis auf Joh 14,6 begründet, einem der beiden Schriftzitate von Barmen I:

> Am 1.11.1913 schreibt er an Rudolf Ehrenberg:
> «Was Christus und seine Kirche in der Welt bedeuten, darüber sind wir einig: es *kommt* niemand zum Vater denn durch ihn. [...] Es kommt niemand zum Vater – anders aber wenn einer nicht mehr zum Vater zu kommen braucht, weil er schon bei ihm ist. Und dies ist nun der Fall des Volkes Israel (nicht des einzelnen Juden).»[74]

3.3 Damit eng zusammen gehört die Aufgabe einer Besinnung auf die Bedeutung des Alten Testaments für christliche Theologie und Kirche. Verstehen wir das Alte Testament als «Wahrheitsraum des Neuen»[75] oder gehen wir

72 Während die einen mit Barmen I in dieser Hinsicht eine deutliche Defizitanzeige verbinden – vgl. etwa Eberhard Bethge, Christologisches Bekenntnis und Antijudaismus – Zum Defizit von Barmen I: Barmer Theologische Erklärung 1934–1984 (Anm. 67), 47–66 – lesen andere die These inklusiv und erkennen in ihr eine implizite Erinnerung an die bleibende Erwählung Israels; eingeräumt wird aber, dass es einer unmissverständlichen expliziten Bezugnahme auf das jüdische Volk bedurft hätte – so vor allem Eberhard Busch, Die Barmer Thesen. 1934–2004, 24–38; ders., Unter dem Bogen (Anm. 20), 214–222; ders., Von Anfang an verbunden. Die 1. Barmer These und das Verhältnis zum Judentum: Lutherische Monatshefte 33/6, 1994, 6–9 (9): «Die Barmer Erklärung lässt trotz der Nichterwähnung der Juden die christliche Stellung zu ihnen nicht offen; sie lässt zu ihnen nur noch eine Stellung offen, die auf dem Grund der in Jesus Christus gegebenen unlöslichen Verbundenheit» steht. Vgl. auch Bertold Klappert, Barmen I und die Juden: Bekennende Kirche wagen. Barmen 1934–84, hg. von Jürgen Moltmann, München 1984, 59–125.

73 Vgl. Dietrich Ritschl, Zur Logik der Theologie. Kurze Darstellung der Zusammenhänge theologischer Grundgedanken, München ^{2}1988, 73–76.159–175.

74 Franz Rosenzweig, Briefe und Tagebücher, hg. von Rachel Rosenzweig/Edith-Rosenzweig-Scheinmann unter Mitwirkung von Bernhard Caspar. Bd. 1: 1900–1918 (GS I), Haag 1979, 134f.

75 Frank Crüsemann, Das Alte Testament als Wahrheitsraum des Neuen. Die neue Sicht der christlichen Bibel, Gütersloh 2011.

davon aus, dass das Alte Testament faktisch in der Kirche keinen kanonischen Rang mehr geniesst?[76]

3.4 Und auch eine Neubesinnung auf den *tertius usus legis*, dem der *Simchat Tora* entsprechenden Verständnis und Gebrauch göttlicher Gebote, ist von Barmen I her geboten. Dabei geht es um ein befreiungstheologisch-soteriologisches Verständnis der Weisungen Gottes, nicht um Schöpfungsordnungen. Die Lehre von den Schöpfungsordnungen erfreut sich gegenwärtig wieder besonderer Beliebtheit. Vor allem in der Frage des kirchlichen Umgangs mit gleichgeschlechtlich liebenden Menschen und in der Auseinandersetzung um die Orientierungshilfe der EKD «Zwischen Autonomie und Angewiesenheit. Familien als verlässliche Gemeinschaft stärken»[77] wird die heterosexuelle Ehe als Schöpfungsordnung beschworen.

> Altbischof Ulrich Wilckens nimmt sogar seinen Nachruf auf Wolfhart Pannenberg zum Anlass, diesen als Kampfgenossen für seinen eigenen Feldzug gegen die kirchliche Anerkennung homosexueller Lebenspartnerschaften, für den er sich auf Schöpfungsordnungen beruft, zu würdigen. Unter der Überschrift «Die Verteidigung der Ehe wurde sein Hauptkampffeld» heisst es: «Ein Hauptkampffeld ist die Verteidigung der Ehe zwischen Mann und Frau gegen massive Tendenzen, gleiches Recht und Ansehen vielerlei anderen ‹Lebensformen› zu verschaffen. Pannenberg war einer der Ersten, die öffentlich gegen erste Beschlüsse evangelischer Landeskirchen zur Anerkennung homosexuell lebender Paare protestiert haben. Immer mehr in die Mitte seiner ethischen Arbeit trat das Thema der Bewahrung des Lebens im Gefüge der guten Ordnungen der Schöpfung. Dabei wurde ihm immer wichtiger, diesen Kampf zusammen mit der katholischen Kirche aufzunehmen und auszufechten.»[78]

3.5 Ein der theologischen Besinnung aufgegebenes Dauerthema, das alle kirchlichen Handlungsfelder betrifft, ist die Frage nach der Erkennbarkeit des Wir-

76 Notger Slenczka erachtet es als «durchaus wohlgetan», wenigstens darüber nachzudenken, ob nicht die Feststellung Harnacks – dass die Texte des AT zwar selektiv Wertschätzung und auch religiösen Gebrauch, nicht aber kanonischen Rang verdienen – lediglich die Art und Weise ratifizierte, in der wir mit den Texten im kirchlichen Gebrauch faktisch umgehen» (Die Kirche und das Alte Testament: Das Alte Testament in der Theologie, Marburger Jahrbuch Theologie 25, hg. von Elisabeth Gräb-Schmidt/Reiner Preul, Leipzig 2013, 83–119 [119]).

77 Zwischen Autonomie und Angewiesenheit. Familie als verlässliche Gemeinschaft stärken. Eine Orientierungshilfe des Rates der Evangelischen Kirche in Deutschland (EKD), im Auftrag des Rates der Evangelischen Kirche in Deutschland hg. vom Kirchenamt der EKD, Gütersloh ^{3}2013.

78 Ulrich Wilckens, Die Auferstehung Jesu ist eine historische Tatsache. Nachruf: http://www.idea.de/nachrichten/detail/spektrum/detail/die-auferstehung-jesu-ist-eine-historische-tatsache-87850.html aufgerufen am 9.09.2014.

kens Gottes in der Geschichte. Sind uns hier von Barmen I her alle kurzschlüssigen Identifikationen verboten und jede vollmundige Rede von der Geschichtsmächtigkeit Gottes fragwürdig geworden, so ist damit aber die Aufgabe noch nicht obsolet: Was meinen wir, wenn wir sagen «Gott handelt»? Alte Themen wie «Offenbarung und Geschichte», «Glaube und Erfahrung», die Providenzlehre mit der Figur der *cooperatio Dei* ... und nicht zuletzt, wie immer, die Theodizeefrage stehen damit auf der Tagesordnung. Es geht eben in Barmen I ums Ganze!

4. Das Bekenntnis zu Jesus Christus als dem einen Wort Gottes muss mit der *Universalität* der Offenbarung Gottes zusammengedacht werden. Das hat Konsequenzen auch für die Entfaltung der Schöpfungstheologie und für die Würdigung des Natürlichen. Nach meiner Wahrnehmung wären hier die Inkarnationschristologie und eine eschatologische Profilierung der Schöpfungslehre[79] neu zu gewichten.

5. Mit alldem ist das weite Feld einer Theologie der Religionen nur mehr gestreift. Die meist exklusivistisch gelesene erste Barmer These leugnet, wie bereits gesagt, mitnichten Offenbarungen des biblischen Gottes ausserhalb des Christusgeschehens. Und Barth selbst hat in späteren Texten, vor allem in Zusammenhang mit der Auslegung des prophetischen Amtes in KD IV/3[80], aber auch in dem in der Schöpfungslehre der KD ausgelassenen grossen Vorlesungs-Abschnitt «Gott und die Götter»[81] durchaus inklusivistisch zu deutende

79 Vgl. dazu etwa Christian Link, Schöpfung. Ein theologischer Entwurf im Gegenüber von Naturwissenschaft und Ökologie, Neukirchen-Vluyn 2012, bes. 254–372; Günter Thomas, Neue Schöpfung. Systematisch-theologische Untersuchungen zur Hoffnung auf das «Leben in der zukünftigen Welt», Neukirchen-Vluyn 2009.

80 Siehe die sog. «Lichterlehre» bzw. «Lehre von den Gleichnissen des Himmelreiches» im § 69.2: «Das Licht des Lebens»: KD IV/3,1, Zollikon-Zürich 1959, 40–188, bes. 122–188; dazu: Christian Link, Die Welt als Gleichnis. Studien zum Problem der natürlichen Theologie, BET 73, München 1982, 286–310.

81 «Gott und die Götter» ist der in KD III/1 ausgelassene erste Teil des ursprünglichen § 42 «Der Schöpfer und seine Offenbarung». Der Text findet sich mit anderen in der KD nicht publizierten Vorlesungstexten auf der folgenden CD: Karl Barth, Unveröffentlichte Texte zur Kirchlichen Dogmatik. Supplemente zur Karl Barth-Gesamtausgabe I, hg. von Hans-Anton Drewes, Zürich 2005. Zur Interpretation dieses Textes siehe Martin Hailer, Gott und die Götzen. Über Gottes Macht angesichts der lebensbestimmenden Mächte, Göttingen 2006, bes. 332–366; ders., Gott und die Götter. Zum nachgelassenen § 42 KD: ders., Die Unbegreiflichkeit des Reiches Gottes. Studien zur Theologie Karl Barths, Neukirchen-Vluyn 2004, 11–33; Hinrich Stoevesandt, Gott und die Götter: ders., Gottes Freiheit und die Grenze der Theologie. Gesammelte Aufsätze,

Positionen vertreten, einem Religionspluralismus aber nie das Wort geredet. Die real existierenden anderen Religionen waren für ihn auch kaum im Blick.

Und auch in Barmen I ist die Herausforderung eine andere: nämlich jene Mächte und Gewalten zu entlarven, die sich quasigöttlich gebärden und Menschen mit trügerischen Heilsversprechen locken, die sich, wenn's darauf ankommt, als haltlos erweisen. Über den Wahrheitsanspruch anderer Religionen ist damit keine Aussage gemacht.

Sie könnten von Barmen I her so in den Blick kommen, dass komparatistisch danach gefragt wird, wo die jeweiligen Religionen Widerstandspotenziale in sich bergen gegen Totalitätsansprüche und Selbst- wie Fremdvergötterungen irdischer Mächte und Gewalten.

6. Die Barmer Theologische Erklärung ist – ob die Synodalen das nun wollten oder nicht – keineswegs nur ein innerkirchliches Wort, sondern ein prophetisches Wort, das – zumindest indirekt – auch an den nationalsozialistischen Staat adressiert ist, und sie ist auch als solches in einigen Kontexten rezipiert worden, im Sinne einer Wahrnehmung des prophetischen Auftrags der Kirche. Barmen I lässt uns nach dem prophetischen Amt der Kirche heute fragen.[82] Wozu muss Kirche (und die sie kritisch begleitende Theologie) heute in wacher Zeitgenossenschaft öffentlich Stellung nehmen, will sie das eine Wort Gottes nicht verleugnen, sondern als unbedingt vertrauenswürdig bekennen?

> Barth selbst hat klar gesehen: «[...] wenn die Kirche ein Bekenntnis ausspricht, dann kann das nicht nur innerkirchliche Bedeutung haben. Dann redet sie in der Welt zur Welt und zu ihren Problemen, ob sie diese beim Namen nennt oder nicht.»[83] Und gefragt: «Müsste es nicht von einem solchen Akt, wie Barmen es war, notwendig zu Wirkungen kommen, welche weit über die Mauern der Kirche hinaus einen Appell an die Welt bieten würden, eine Welt, die sich mit Recht oder Unrecht für [...] eine mündige Welt hält.»[84]

Das ist selbstredend eine rhetorische Frage. Rhetorische Fragen aber zielen darauf, dass die bekannte Antwort auch getan wird.

Zürich 1992, 186–188; Wolf Krötke, Impulse für eine Theologie der Religionen im Denken Karl Barths: ders., Barmen – Barth – Bonhoeffer (Anm. 8), 269–289.

82 Siehe Annelore Siller, Kirche für die Welt. Karl Barths Lehre vom prophetischen Amt Jesu Christi in ihrer Bedeutung für das Verhältnis von Kirche und Welt unter den Bedingungen der Moderne, Zürich 2009.

83 Karl Barth, Der Ruf aus Gemarke. Aus einer Rundfunksendung vom 31. Mai 1964: ders., Texte (Anm. 3), 227–231 (231).

84 Barth, Ruf (Anm. 83), 231.

Matthias Wüthrich

«Gottes kräftiger Anspruch auf unser ganzes Leben»: Barmen II

> «Das Befehlswort: ‹Rufe mich an!› (Ps. 50,15) verstehen wir nun als den Grundsinn alles göttlichen Gebietens und die nach diesem Befehlswort sich richtende Anrufung als den Grundsinn alles menschlichen Gehorsams. […] Eben dieses Leben in der Anrufung wird des Menschen christliches Leben sein».[1]

Der folgende Beitrag unterzieht die zweite These der Barmer Theologischen Erklärung einer systematisch-theologischen Lektüre in vier Schritten: In einem ersten einführenden Teil sollen zwei Grundintentionen von Barmen II herausgearbeitet werden (I.). In einem zweiten Schritt möchte ich der Frage nachgehen, worin denn eigentlich der in Barmen II formulierte Anspruch Gottes besteht (II.). Diese Frage wird dann in einem dritten Kapitel in den Resonanzraum der Kirchlichen Dogmatik gestellt und dort weiterverfolgt (III.). In einem letzten Schritt wird schliesslich der Ertrag dieses kirchlich-dogmatischen Exkurses im Blick auf Barmen II eingeholt (IV.). Während ich mich zuerst im Rahmen der einschlägigen Diskurse zu Barmen II bewege, versuche ich in den Kapiteln drei und vier eine eigenständige Interpretation vor dem Hintergrund der Barth'schen *Gebetstheologie* vorzulegen, mit der man Barmen II *retrospektiv* eine weitere Tiefendimension abgewinnen kann.

I. Grundintentionen

Wie alle Barmer Thesen, so ist auch die zweite These dicht formuliert und es ist in diesem Beitrag nicht möglich, alle ihre systematisch-theologisch interessanten Aspekte auszuleuchten. Im Folgenden soll lediglich versucht werden, wichtige Grundintentionen zu profilieren. Ich möchte mich ihnen anhand des Einbrin-

1 Karl Barth, Das christliche Leben. Die Kirchliche Dogmatik IV/4, Fragmente aus dem Nachlass, Vorlesungen 1959–1961 (GA 7), hg. von Hans-Anton Drewes und Eberhard Jüngel, Zürich 1976, 69. – Dieser Band wird im Folgenden abgekürzt mit «CL».

gungsreferates von Hans Asmussen annähern, das er in Barmen gehalten hat. Asmussen kommentiert darin die zweite Barmer These mit den Worten:

> «Was wir aber fürchten mehr als den Tod, ist die Tatsache, dass die Kreaturen Gottes und Geschehnisse der Geschichte uns in Versuchung führen, wie sie im Lauf der Geschichte alle Menschen in Versuchung geführt haben. Diese wurden zu Heiden, wenn sie der Versuchung unterlagen, aus ihnen und in ihnen Gott *ohne Christus* zu suchen. Wo immer das geschieht, ob unter heidnischen oder christlichen Bezeichnungen, vollzieht sich eigene Weisheit, eigene Gerechtigkeit, eigene Heiligung, eigene Erlösung. Es gewinnen andere Herren als Jesus Christus, andere Gebote als seine Gebote über uns Gewalt. Sie bieten sich uns an als Erlöser, aber sie erweisen sich als Folterknechte einer unerlösten Welt. Darum ermahnen wir alle Christen, sich mit äusserstem Fleiss vor der Irrlehre zu hüten, als könne man Rechtfertigung und Heiligung auseinanderreissen. Wir warnen alle vor dem Missbrauch des göttlichen Angebotes, in welchem man Zuspruch der Sündenvergebung will, aber Gottes Anspruch auf Grund der Sündenvergebung verweigert.»[2]

Es sind zwei Grundintentionen, die ich anhand von Asmussens Vortrag aufzeigen möchte:

1. Dass Asmussen in seinem Vortrag im Blick auf Barmen II noch einmal auf die grosse Versuchung zu sprechen kommt, Gott «ohne Christus» zu suchen, macht deutlich, wie eng für ihn die zweite Barmer These mit der ersten These verbunden ist. Beide wurzeln in einer Abwehrbewegung gegenüber einer natürlichen Theologie. Es gibt keine Gottesoffenbarung ausser oder neben Jesus Christus. Diese Aussage erfährt in Barmen II nun aber eine *soteriologische* Entfaltung und Zuspitzung:

Denn es ist dieses *eine* Wort Gottes, es ist dieser Jesus Christus, der uns nach Barmen II zur Weisheit, Gerechtigkeit, Heiligung und Erlösung gemacht ist. Das heisst: In ihm *allein* ist unser *ganzes* Heil beschlossen. Darum ist der in ihm ergehende Zuspruch und Anspruch an uns auch ein totaler, radikaler und unbedingter: sein Zuspruch der Vergebung aller unserer Sünden und sein Anspruch auf unser ganzes Leben. Der Zuspruch und Anspruch wäre nicht ein totaler, radikaler und unbedingter, gäbe es «ausser und neben diesem einen Worte Gottes auch noch andere Ereignisse und Mächte, Gestalten und Wahr-

2 Gerhard Niemöller (Hg.), Die erste Bekenntnissynode der Deutschen Evangelischen Kirche zu Barmen. I. Geschichte, Kritik und Bedeutung der Synode und ihre theologische Erklärung, Göttingen 1959, 58.

heiten»[3], die uns als Gottes Offenbarung beanspruchen könnten. Der Zuspruch und Anspruch wäre nicht ein totaler, radikaler und unbedingter, würde er nicht in dem *einen* Wort ausgesprochen, von dem bereits Barmen I handelt.[4]

2. Barmen II betont also, dass uns Jesus Christus als das eine Wort so anspricht, dass er sich uns nicht nur zuspricht, sondern uns auch für sich beansprucht. Asmussen unterstreicht darum: Wo man Gott ohne Jesus Christus sucht, da gewinnen nicht nur andere Herren Gewalt, sondern gelten auch andere *Gebote* als diejenigen Jesu Christi. In der Frankfurter Konkordie vom 16. Mai 1934, dem Vorentwurf der Barmer Theologischen Erklärung, wird das mit dem traditionellen Begriff des *Gesetzes* ausgedrückt. Es heisst dort im Verwerfungssatz der zweiten These:

> «Wir verwerfen die falsche Lehre, als gäbe es Gebiete unseres Lebens, auf denen wir nicht Jesus Christus, sondern Herren ausser ihm gehören, nicht seinem, sondern einem ihm *unabhängigen Gesetz* verantwortlich wären.»[5]

Wie ist dieses unabhängige Gesetz näherhin zu verstehen? Das Gesetz (in seinem ersten Gebrauch) wurde im Neuluthertum zu einer Lehre von den natürlichen Ordnungen (wie Familie, Volk, Rasse) ausgeweitet, es konnte als Volksnomos, als völkisches Gesetz, verstanden werden und bildete so einen zentralen Bezugspunkt der Ethik. Mit der Annahme eines Wirkens des göttlichen Willens in jenen Ordnungen wurde den nationalsozialistischen Ideologien der Deutschen Christen theologisch Tür und Tor geöffnet. Wie Asmussen und die Frankfurter Konkordie zeigen, schliesst Barmen II dieses Gesetzesverständnis vehement aus. Die Legitimierung eines dem Evangelium widersprechenden Handelns von Christinnen und Christen unter Berufung auf ein solches Gesetz ist nach Barmen II ausgeschlossen.

Es fällt auf, dass Barmen II keine expliziten und umfassenden Aussagen zum Gesetz vornimmt. Der Begriff des Gesetzes wird in der Endfassung gar nicht mehr erwähnt und der Sache nach kommt das Gesetz weder in seinem ersten Gebrauch *(usus civilis)*

3 So Barmen I, zitiert nach Karl Barth, Texte zur Barmer Theologischen Erklärung. Mit einer Einleitung von Eberhard Jüngel und einem Editionsbericht hg. von Martin Rohkrämer, Zürich 1984, 3.

4 Vgl. zum engen Sachzusammenhang von Barmen I und II auch: Dieter Schellong, Barmen II und die Grundlegung der Ethik: Eberhard Busch/Jürgen Fangmeier/Max Geiger (Hg.), Parrhesia. Karl Barth zum achtzigsten Geburtstag, Zürich 1966, 491–521 (491).

5 Niemöller, Bekenntnissynode I (Anm. 2), 199 (Kleindruck Nr. 14; Hervorhebung MW).

noch in seinem zweiten Gebrauch *(usus theologicus)* positiv zur Sprache. Das Gesetz kommt im Begriff des Anspruches nur gerade unter dem Gesichtspunkt der Befreiung der Gerechtfertigten zum freien, dankbaren Dienst in den Blick.[6] Barmen II bietet also keine interkonfessionell ausgewogene und umfassende Beschreibung des Gesetzes und auch nicht des Verhältnisses von Gesetz und Evangelium (bzw. des Verhältnisses von Zuspruch und Anspruch).[7]

Man kann die Rede vom «unabhängigen Gesetz» aus der Frankfurter Konkordie jedoch auch noch weiter fassen: In der Ablehnung eines von Jesus Christus unabhängigen Gesetzes schwingt auch eine grundsätzliche Ablehnung mit, eine *Eigengesetzlichkeit*[8] der Lebensbereiche ausserhalb des Herrschaftsbereiches Jesu Christi zu proklamieren. Es gibt keine eigengesetzlichen Gesellschaftsbereiche und keine Rationalität gesellschaftlichen Handelns, die von der christlichen Glaubensorientierung an Jesus Christus ausgenommen werden könnten. Man könnte mit Dietrich Bonhoeffer sagen, dass sich die zweite These gegen eine Tendenz richtet, «die Sache Christi zu einer partiellen, provinziellen Angelegenheit innerhalb des Wirklichkeitsganzen»[9] zu machen. Deshalb warnt Asmussen in seinem Vortrag so eindringlich davor, Rechtfertigung und Heiligung auseinanderzureissen. Und deshalb formuliert Barmen II im Verwerfungssatz kompromisslos:

> «Wir verwerfen die falsche Lehre, als gebe es Bereiche unseres Lebens, in denen wir nicht Jesus Christus, sondern anderen Herren zu eigen wären, Bereiche, in denen wir nicht der Rechtfertigung und Heiligung durch ihn bedürften.»

6 Es ist darum auch fraglich, ob man von einem *tertius usus legis* sprechen kann. Zumindest im Blick auf den federführenden Autoren von Barmen, Karl Barth, ist diese Terminologie unzureichend. Dazu Wolf Krötke, Christus im Zentrum. Karl Barths Verständnis der Barmer Theologischen Erklärung: ders., Barmen – Barth – Bonhoeffer. Beiträge zu einer zeitgemässen christozentrischen Theologie (Unio und Confessio 26), Bielefeld 2009, 21–43 (36–39). – Dass es mit der Proklamation Jesu Christi als des einen Wortes Gottes in Barmen I faktisch zur Suspendierung der Unterscheidung von Evangelium und Gesetz in Barmen II gekommen ist (so Hermann Fischer, Protestantische Theologie im 20. Jahrhundert, Stuttgart 2002, 65), darf man jedoch selbst im Blick auf Karl Barth nicht behaupten.

7 Dieter Schellong hat zur Recht darauf hingewiesen, dass die Formulierung im Thesensatz von Barmen II «so und mit gleichem Ernst» den Zusammenhang von Zuspruch und Anspruch lediglich postuliere, aber nicht dogmatisch expliziere: ders., Barmen II (Anm. 4), 491. Vgl. die hier exemplarisch vorgenommene Präzisierung jenes Zusammenhanges unten in Kapitel IV/2.

8 Dazu genauer: Wolfgang Huber, Folgen christlicher Freiheit. Ethik und Theorie der Kirche im Horizont der Barmer Theologischen Erklärung (NBST 4), Neukirchen-Vluyn 1983, bes. 38.43f.

9 Dietrich Bonhoeffer, Ethik (DBW 6), hg. von Ilse Tödt u. a., Gütersloh 21998, 42.

Wo Christinnen und Christen, wo die Kirche an Christus vorbei dem Weltlichen eine Eigengesetzlichkeit zubilligen, da gewinnen eben – wie Asmussen sagt – «andere Herren» und «andere Gebote» Macht über uns, scheinbare Erlöser, in Wirklichkeit aber «Folterknechte einer unerlösten Welt». Das gilt erst recht dann, wenn dieses Weltliche mit religiöser Potenz aufgeladen wird – und zum Beispiel in der Gestalt Adolf Hitlers messianische Züge bekommt. Die von Barmen II ins Auge gefasste und abgelehnte Eigengesetzlichkeit erhält gerade durch die mit ihr einhergehende Tendenz zur Säkularisierung und Privatisierung[10] des Religiösen ein religiöses Gefahrenpotenzial. Es ist freilich wichtig zu betonen, dass mit der Ablehnung einer Eigengesetzlichkeit der Lebensbereiche ausserhalb des Herrschaftsanspruches Jesu Christi nicht einfach *die* lutherische Zwei-Reiche-Lehre kritisiert wird, sondern höchstens eine *abstrakte* Fassung der Zwei-Reiche-Lehre[11].

Es steht tatsächlich zu vermuten, dass gerade Barmen II von reformierter und lutherischer Seite faktisch verschieden interpretiert wurde und tatsächlich verschieden ausgelegt werden kann. Dass es zwischen Reformierten und Lutheranern in Barmen zu einem gemeinsamen Bekenntnis gekommen ist, liegt auf alle Fälle nicht daran, dass man neben eine reformierte zweite These von der Königsherrschaft Christi später auch noch eine die lutherische Zwei-Reiche-Lehre vertretende fünfte These gestellt hat, um das Spannungsgleichgewicht aufrechtzuerhalten.[12] Barmen II lässt genug Interpretationsspielraum auch für eine lutherische Lesart[13]. Und das gilt erst recht, wenn man dem *Genre* der Barmer Theologischen Erklärung Rechnung trägt. Ihr Ziel war ja das Bekennen evangelischer Wahrheiten gegenüber den Irrtümern der Deutschen Christen. Es handelt sich dabei nicht um einen ausführlichen und ausgeführten Lehrkonsens im Blick auf ein ganzes Lehrkorpus. Es handelt sich vielmehr um ein spannungsvolles

10 Vgl. Ernst Wolf, Barmen. Kirche zwischen Versuchung und Gnade (BEvTh 27), München 1957, 114.

11 Zu beachten ist zudem, dass der Begriff «Zwei-Reiche-Lehre» erst nach Barmen geprägt wurde. Systematisch ausgearbeitet wird er erstmals von Harald Diem in seiner Dissertation «Luthers Lehre von den zwei Reichen, untersucht von seinem Verständnis der Bergpredigt aus» (1938).

12 So Fischer, Protestantische Theologie (Anm. 6), 66f.

13 Darauf wurde von verschiedener Seite hingewiesen: etwa von Ernst Wolf in Diskussion der lutherischen Kritikpunkte an Barmen II; ders., Barmen (Anm. 10) 113–123, zu den Kritikpunkten: 114f.120f. – Was die Zwei-Reiche-Lehre angeht, so weist Wolfgang Huber darauf hin, dass Barmen II sie nicht *per se* ausschliesst, wenn man davon ausgeht, dass es in ihr gerade um die «Einheit von Unterscheiden und Zuordnen» der Reiche geht, wie das zumindest bei Luther noch der Fall ist: Huber, Folgen (Anm. 8), 33–51, bes. 41. Vgl. auch Krötke, Christus (Anm. 6), 21–43 (37).

Geflecht von positiven und negativen regulativen Lehraussagen, das hinreichend war, um eine interkonfessionelle «Bekennbarkeit»[14] zu ermöglichen.

Ich blicke zurück: Anhand des Vortrages von Asmussen wurden zwei Grundintentionen von Barmen II herausgehoben: Die erste Intention bezieht sich auf den Umstand, dass sich die Brisanz von Barmen II bruchlos und sachlogisch aus Barmen I ergibt, und die zweite besteht darin, dass Barmen II von da her gegen eine eigengesetzliche Ablösung der Lebensbereiche aus dem Bereich des Zuspruchs und Anspruchs Jesu Christi an uns streitet.

Barmen II nimmt die Christinnen und Christen und die Kirche in die Verantwortung – und zwar nicht nur für die Kirche, sondern auch und gerade für die Welt. Ernst Wolf hat das Anliegen von Barmen II so auf den Punkt gebracht:

> «Der *Öffentlichkeitsauftrag* der Kirche und des Christenmenschen, das Handeln als Mitarbeiter Gottes in seinem Werk der Versöhnung der Welt mit sich selbst in der Sorge um die Menschlichkeit des Menschen und um eine relative Ordnung in der Unordnung der Welt, vor allem aber, dass der Christ gerade in der Welt ganz seinem Herrn gehört, *das* soll hier ausgesprochen werden.»[15]

II. Worin besteht Gottes Anspruch?

Das Wirken Gottes in Jesus Christus wird in Barmen II als *Zuspruch* wie *Anspruch* charakterisiert. Der besondere Akzent von Barmen II liegt jedoch auf dem letzteren, dem Herrschaftsanspruch Jesu Christi auf unser ganzes Leben. Beim Begriff des *Zuspruchs* fällt die inhaltliche Bestimmung einigermassen leicht: Er beinhaltet Jesus Christus als die «Vergebung aller unserer Sünden» und widerfährt uns als «frohe Befreiung aus den gottlosen Bindungen dieser Welt». Worin aber besteht der *Anspruch* Gottes? Was soll man inhaltlich darunter verstehen?

Ich möchte die Frage zunächst im Kontext der zweiten These beantworten und in einem zweiten Schritt semantisch und pragmatisch auf die ganze Barmer Theologische Erklärung ausweiten:

14 Zur Frage, ob und inwiefern Barmen als ein Bekenntnis verstanden werden kann, vgl. Eberhard Jüngel, Einleitung: Die Barmer Theologische Erklärung als Bekenntnis der Kirche: Barth, Texte (Anm. 3), XX–XXII.

15 Wolf, Barmen (Anm. 10), 114.

1. Was in Barmen II inhaltlich unter «Anspruch» zu verstehen ist, ist schnell eruiert. *Jesus Christus* selbst ist Gottes kräftiger Anspruch auf unser ganzes Leben. Das klingt nun doch reichlich abstrakt und formelhaft – ist zumindest eine dogmatisch hoch verdichtete Aussage, die erläutert werden müsste. Doch das geschieht nicht. Barmen II bleibt äusserst karg im Blick auf die inhaltliche Bestimmung der Rede vom Anspruch Gottes an uns. Immerhin können wir Barmen II Folgendes entnehmen:

1. dass Jesus Christus dieser Anspruch an uns ist,
2. dass er unser ganzes Leben betrifft,
3. dass der Anspruch seine Konkretion im freien, dankbaren Dienst an den Geschöpfen Gottes findet und
4. dass es in ihm um unsere Heiligung durch Jesus Christus geht.

Bezieht man das Bibelzitat von 1Kor 1,30 mit ein, so legt sich von der Begrifflichkeit im Verwerfungssatz her nahe, «Zuspruch» als Auslegung von «Gerechtigkeit» und «Anspruch» als Auslegung von «Heiligung» zu verstehen. Es bliebe dann aber im Blick auf 1Kor 1,30 ein gewisser Sinnüberschuss gegenüber den folgenden positiven und negativen Aussagen der zweiten Barmer These. Denn es bliebe ungeklärt, welche Bedeutung den Begriffen «Weisheit» und «Erlösung» hinsichtlich der zweiten These zukäme.

2. Es fällt also nicht leicht zu bestimmen, was Barmen II unter Gottes Anspruch genau versteht. Man kann deshalb versuchen, von den anderen Thesen der Barmer Theologischen Erklärung her eine Präzisierung vorzunehmen. Auch in ihren Formulierungen geht es ja um ein von Gott gebotenes Tun und steht also explizit oder implizit Gottes Anspruch zur Debatte. Man kann leicht zeigen, wie die differenzierte Einheit von Zuspruch und Anspruch sich in jeder der sechs Thesen wiederfindet und die ganze Barmer Theologische Erklärung strukturiert. Man denke etwa an Barmen I, wo betont wird, dass wir dem einen Wort Gottes nicht nur zu vertrauen, sondern auch zu *gehorchen* haben. Oder man denke an Barmen IV, wo im Blick auf die Ämter nicht nur von dem der Gemeinde anvertrauten, sondern auch *befohlenen Dienst* gesprochen wird.

Analysiert man den Text in dieser Weise, so lässt sich der Begriff des Anspruches Gottes v. a. anhand der ekklesiologischen Aussagen besser konturieren. Er konkretisiert sich als vielfältiger Dienst des Zeugnisses von Jesus Christus – und zwar als *freier* Dienst.

Man kann also sagen: Gottes Anspruch bedeutet im Bereich der Kirche den Zeugendienst für diesen Jesus Christus. Darüber hinaus bleibt aber die markante Rede von Gottes Anspruch deutlich unterbestimmt. Was Jesus Christus als Gottes Anspruch nicht nur im Bereich der Kirche, sondern im Blick auf unser ganzes Leben bedeutet, lässt sich rein *semantisch* anhand der Barmer Theologischen Erklärung nicht tiefer ergründen.

Spannender ist ihre *Pragmatik*: Die differenzierte Einheit von Zuspruch und Anspruch durchzieht und strukturiert nicht nur alle sechs Thesen, sondern manifestiert sich auch im Sprachgestus. So fällt auf, dass die für alle anderen Thesen zentrale erste These selber kohortativisch formuliert ist und so einen imperativen Charakter bekommt: Höre, vertraue und gehorche! Die erste These ist Gebot – wenngleich sie vor dem Hintergrund der biblischen Eingangszitate auch als Zuspruch gedeutet werden muss. Interessant wäre es, die indikativischen und imperativen Sprachformen der Bibelzitate ins Verhältnis zu Sprachform und Sprachinhalt der ihnen folgenden Thesen zu setzen.[16] Die Barmer Theologische Erklärung ist auf sprachpragmatischer Ebene sehr fein gestrickt. Sie macht auch auf dieser Ebene deutlich, dass sie ihre «Bekenner» beansprucht. Selbst wenn v. a. aus lutherischer Sicht die Barmer Theologische Erklärung ihrer ausgeschriebenen Form nach kein Bekenntnis ist, so muss doch der Akt der Zustimmung zu ihr auf der Barmer Bekenntnissynode als Bekenntnisakt verstanden werden.[17] Man kann die sprachliche Performanz der Barmer Theologischen Erklärung nicht anders deuten: Sie verstand sich selbst als Artikulation eines göttlichen Zuspruchs wie Anspruchs![18] Schon in ihrer Einleitung heisst es: «Gemeinsam *dürfen* und *müssen* wir als Glieder lutherischer, reformierter und unierter Kirchen heute in dieser Sache reden.»[19] Die Barmer Theologische Erklärung ist ein Dokument intensivster Inanspruchnahme. Wir Heutigen können es wohl nur noch schwach erahnen, aber es war schon so: In den stürmischen Zeiten des Kirchenkampfes war der von Barmen ausgehende Zuspruch zwangsläufig auch ein Anspruch und zwar *Gottes Anspruch auf das ganze Leben* derer, die sich zu ihr bekannt hatten.

Diese sprachpragmatischen Überlegungen können helfen, den Richtungssinn einzugrenzen, was Anspruch Gottes im Kontext von Barmen meint. Die Unterbestimmtheit bleibt aber. Man sollte diese Unterbestimmtheit der Barmer

16 Der Imperativ aus 1Petr 2,17 wird in Barmen V zum Beispiel auch im Blick auf das der Kirche dem Staat gegenüber Gebotene nicht aufgenommen, sondern ihm wird durch konstatierende, indikativische Sprache respondiert.

17 Vgl. Jüngel, Einleitung (Anm. 14), XXIf.

18 Dem entspricht auch ihre nachträgliche Deutung als «geistliches Ereignis», vgl. mit Barth selbst z. B. Jüngel, Einleitung (Anm. 14), XXII, und Krötke, Christus (Anm. 6), 21–29.

19 Barth, Texte (Anm. 3), 2. Hervorhebung MW.

Theologischen Erklärung nicht vorhalten. Sie hatte ihren guten kirchenpolitisch-strategischen Sinn. Denn sie ermöglichte den Synodenmitgliedern, im Blick auf den Modus und Inhalt ihrer Beanspruchung jeweils ihre konfessionellen Prägungen in die Thesen hineinzulesen.

Die strategische Zurückhaltung der Barmer Theologischen Erklärung macht es für uns Spätere aber nicht weniger dringlich, genauer zu verstehen, was theologisch mit «Gottes Anspruch» gemeint sein könnte. Ich frage darum noch einmal: Worin besteht der Anspruch Gottes?

III. Gottes Anspruch – eine Resonanz in der Kirchlichen Dogmatik

Es ist naheliegend, dazu den federführenden Theologen in Barmen selbst zu konsultieren: *Karl Barth.*[20] Man kann die Barmer Theologische Erklärung in der Tat als «Grundtext der Theologie Barths» lesen[21] und man liegt darum sicher nicht falsch, wenn man zum besseren Verständnis dessen, was Gottes Anspruch in Barmen II heisst, Barths Hauptwerk, die Kirchliche Dogmatik[22], herbeizieht.[23]

Mir geht es bei diesem Unterfangen wohlgemerkt nicht um eine historische Exegese von Barmen II. Mein Anliegen ist vielmehr, die zweite Barmer These retrospektiv so mit Sinn anzureichern, dass ihre systematisch-theologische Relevanz auch noch für uns Heutige sichtbar wird.

Stellt man den Begriff des Anspruches Gottes aus Barmen II in den Makrokontext der KD, so lassen sich vielfältige Sinnresonanzen registrieren. Eine dieser Resonanzen möchte ich herausgreifen. Ihre hohe Schwingungsintensität ist meines Erachtens in der Literatur noch nicht hinreichend beachtet worden: Es geht um die Resonanz mit der *Gebetsthematik.*

20 Im Blick auf die Ausformulierung der differenzierten Einheit von Zuspruch und Anspruch in Barmen II ist das umso mehr gerechtfertigt, als Barth den Thesensatz selber abgefasst hat (in dem der Begriff des Anspruches auftaucht), während der Verwerfungssatz auf Asmussen zurückgeht. Vgl. den Hinweis bei Huber, Folgen (Anm. 8), 33.

21 Eberhard Jüngel, Art. Barth, Karl: TRE, Bd. 5, 1980, 251–268 (263).

22 Karl Barth, Die Kirchliche Dogmatik, Bde I/1–IV/4, Zürich 1932–1967, im Folgenden abgekürzt als «KD».

23 Ein ähnliches Verfahren wählt Dieter Schellong, der Barmen II im Licht von Barths Lehre vom prophetischen Amt Jesu Christi interpretiert: ders., Barmen II (Anm. 4), bes. 494ff.

Es ist richtig, Barth hat in der KD keine explizierte Lehre vom Gebet entfaltet und das Thema Gebet taucht dort in ganz unterschiedlichen Sachkontexten auf.[24] Ebenso richtig – und dazu nicht in Widerspruch stehend – ist auch die Beobachtung, dass man in der Entwicklung der Theologie Barths von einem «Bedeutungszuwachs» des Gebets sprechen kann[25], wobei ich diesen nicht als sukzessiv kontinuierlichen, sondern eher als sprunghaften Bedeutungszuwachs beschreiben möchte (der Sprung setzt mit den einschlägigen, sich inhaltlich zum Teil überschneidenden Passagen in KD III/3 und III/4 ein[26]).

Der Weg des gebetstheologischen Bedeutungszuwachses in der KD führt (auch) über den zweiten Band der Gotteslehre, KD II/2. Barth spricht darin vom Anspruch Gottes. Natürlich tut Barth das an ganz verschiedenen Stellen in der KD, er tut es hier aber explizit und konzentriert, nämlich in der Ethik seiner Gotteslehre, die er überschrieben hat mit «Gottes Gebot». Barth versteht hier Gottes Gebot als Gottes Anspruch[27]. Gottes Gebot wird daneben auch als Gottes Entscheidung und Gericht verstanden, es ist aber in dem allem auch Gottes Anspruch. Was versteht Barth hier unter dem Anspruch Gottes?

Gottes Anspruch besteht nach KD II/2 darin, «dass das Tun des Menschen das Tun eines solchen werde, sei und bleibe, der sich das Tun Gottes recht sein lässt»[28]. – In Jesus Christus hat Gott das Gesetz ein für allemal uns zugute erfüllt. Der Anspruch Gottes in Jesus Christus besteht darin, dass der Mensch sich das in seinem Tun recht sein lässt. Der Anspruch Gottes besteht darin, dass der Mensch das in freiem Gehorsam glaubt und in diesem Glauben Jesus Christus gleichförmig[29] wird. Wo das geschieht, widerfährt ihm Heiligung. Denn Jesus Christus ist nicht nur der erwählende Gott und der erwählte Mensch, sondern auch der heiligende Gott und geheiligte Mensch in einem.[30] Und so ist Jesus Christus nach Barth auch «die vollendete Tatsache unserer Heiligung»[31]. Unsere Erwählung in ihm findet ihre Konkretisierung in unserer Heiligung in ihm. Um es mit dem in Barmen II zitierten Vers aus 1Kor 1,30 zu

24 Vgl. Okko Herlyn, Religion oder Gebet. Karl Barths Bedeutung für ein «religionsloses Christentum», Neukirchen Vluyn 1979, 67.

25 Hans-Jürgen Luibl, Des Fremden Sprachgestalt. Beobachtungen zum Bedeutungswandel des Gebets in der Geschichte der Neuzeit (HUTh 30), Tübingen 1993, 224.

26 Es handelt sich näherhin um die Passagen in KD III/3, §49.4, bes. 301–326, und um KD III/4, 95–127.

27 KD II/2, §37.

28 KD II/2, 638. Hervorhebung gelöscht.

29 Vgl. KD II/2, 641.

30 KD II/2, 564.

31 KD II/2, 871.

sagen: Jesus Christus ist uns gemacht zur Heiligung. Gottes Anspruch besteht vereinfacht gesagt darin, dass wir uns diese Heiligung recht sein lassen und uns in freiem Gehorsam in ihren Dienst stellen.

In KD II/2 zeigt sich, dass man Gottes Anspruch nicht anhand von ethischen Prinzipien oder verallgemeinerbaren Deduktionen aus dem Dekalog oder der Bergpredigt bestimmen kann. Gottes Gebot ist Anspruch an uns nicht dadurch, dass Gott *etwas* gebietet. Gottes Gebot ist Anspruch vielmehr dadurch, dass Gott sich uns in Jesus Christus selbst zum Gebieter macht und uns im Zusammensein mit Jesus Christus heiligt und zur Verantwortung freisetzt. Gottes Gebot ist darum *Ereignis*, das Ereignis einer von Gott initiierten Begegnung![32] Diesem konkreten Ereignis kann nicht durch die Angabe allgemeiner ethischer Forderungen vorgegriffen werden. – So besehen macht die Unterbestimmtheit von Barmen II hinsichtlich des Anspruches Gottes durchaus Sinn – die Unterbestimmtheit ist nicht nur eine kirchenpolitisch-strategische, sondern eine theologisch gefüllte, eine *christologisch bestimmte Unterbestimmtheit.*[33]

Für Barth gilt das ganz grundsätzlich: Ethik *beantwortet* nicht die Frage: «Was sollen wir tun?», sondern sie ist eine theologische Theorie der Sicherung des Ereignischarakters von Gottes gnädigem Gebot.[34] Ethische Besinnung muss darum nach Barths Auskunft in KD II/2 ein «Akt unserer tiefsten aufrichtigen Demut sein, die nicht weiss, sondern die wirklich und unermüdlich *fragt*: Was sollen wir tun?»[35] – Doch an wen richtet sich diese Frage eigentlich? Barth sagt es nach seitenlangen Ausführungen erstaunlicherweise nur ganz kurz und nebenbei: Der Adressat der Frage muss letztlich Gott selbst sein![36] Wenn sie sich aber an ihn selbst richtet, dann kann sie nur die Form des Gebetes haben, die Form einer Anrufung Gottes!

32 Ich habe mich hier an KD II/2, 608f., orientiert.

33 Es dürfte mitunter diese Unterbestimmtheit sein, die Dieter Schellong dazu gebracht hat zu behaupten, dass der Ethik Barths «etwas Schwebendes», ja «ein ungeheuer spirituelles Moment» eigne (Schellong, Barmen II [Anm. 4], 516.518). Es geht hier wohlgemerkt nicht um die Infragestellung der Bestimmtheit des konkreten Gebotes Gottes selbst, sondern der ihm zuvorkommenden Versuche seiner theoretisch-ethischen Kategorisierung.

34 Vgl. CL, 51.

35 KD II/2, 718. Hervorhebung MW.

36 Barth biegt die Konsequenz im Blick auf das Gebet jedoch sogleich wieder ab, indem er die Frage an Gott als Frage an die heilige Schrift präzisiert: «Wir haben sie [sc. die Frage: Was sollen wir tun?] wohl selbst aufzuwerfen, wir haben sie aber nicht an uns selbst zu richten. Und wir haben sie wohl an Gott, aber an den Gott, der sich uns offenbart und der uns die Zeugnisse seiner Offenbarung gegeben hat: wir haben sie, wie sie eine durch die heilige Schrift gestellte Frage ist, wieder an die heilige Schrift als an das Zeugnis von Gottes Offenbarung zu richten.» (KD II/2, 737).

Auf der letzten Seite von KD II/2 kann man dann lesen, dass wir gerade im Vollzug des Gebets die «Tatsächlichkeit unserer Heiligung»[37] in Jesus Christus erfahren. Nach allem bisher Gesagten kann das nur heissen, dass das Gebet der Vollzug des Anspruches Gottes ist.

Es ist darum kein Zufall, dass Barth seine Ethik in KD II/2 mit der Bitte um den Heiligen Geist abschliesst: «Veni Creator Spiritus!» Es ist die Bitte um den Schöpfergeist, die Bitte darum, dass wir immer wieder in die Gnade des Betens eingeholt werden[38], in dem wir die Tatsache unserer Heiligung erfahren und dem Anspruch Gottes entsprechen. – Es sind wenige Andeutungen, die Barth da am Ende seiner Ethik von KD II/2 macht, aber es sind folgenschwere Andeutungen ...

– Folgenschwer sind sie, weil Barth bereits in seiner Ethik der Schöpfungslehre in KD III/4 dem Gebet in §53 einen eigenen Absatz widmet.[39] Das Gebot Gottes des Schöpfers beinhaltet nicht nur das Gebet, das Gebet ist aber doch eine zentrale Komponente des gebotenen Gehorsams im Verhältnis zu Gott.

– Die ihm von KD II/2 her eigentlich gebührende ethische Prominenz erhält das Gebet bei Barth jedoch erst in seiner Versöhnungslehre. Barth stellt die gesamte Ethik der Versöhnungslehre in KD IV/4 unter das Generalthema des Gebets. Das soll hier kurz erläutert werden:

Bekanntlich ist KD IV/4 Fragment geblieben. Der Band war unter dem Titel «Das Gebot des Versöhners»[40] geplant. Barth hat nur noch die Tauflehre publiziert. Postum sind jedoch unter dem Titel «Das christliche Leben» weitere Fragmente aus dem Nachlass veröffentlicht worden, anhand derer sich Aufbau und Inhalt der Ethik der Versöhnungslehre einigermassen scharf rekonstruieren lassen. Barth reflektiert darin zu Beginn auf die Frage nach dem in der Begegnungssituation von Gott und Mensch dem Menschen Gebotenen. Was ist das in dieser Begegnung, in diesem Ereignis von Gott Gebotene? Was ist der Inhalt des Gebots?

Barth sucht die Frage mittels terminologischer Erwägungen zu beantworten, indem er Begriffe diskutiert, die das christlich gebotene Tun am besten kennzeichnen. Diskutiert werden die Begriffe christliches Leben, Freiheit, Busse, Entscheidung, Glaube, Dankbarkeit, Treue Gottes – wobei sich Barth

37 KD II/2 875.
38 KD II/2, 875.
39 KD III/4, 95–127.
40 CL, VII.

endlich für den relativ angemessensten Begriff entscheidet, der das Eine in diesen vielen Begriffen ausmacht: *die Anrufung Gottes*![41]

Die Anrufung Gottes bildet den Inhalt des Gebotes Gottes. «Rufe mich an!» – um dieses Befehlswort aus Ps 50,15 geht es im Gebot Gottes des Versöhners. Barth bestimmt die Bitte «Rufe mich an!» als den «Grundsinn alles göttlichen *Gebietens* und die nach diesem Befehlswort sich richtende Anrufung als den Grundsinn alles menschlichen *Gehorsams*»[42].

Die Anrufung Gottes bildet gemäss Barth also die Grundthematik seiner Versöhnungsethik – und diese ist wiederum die Mitte sowohl der Schöpfungsethik wie der (nie geschriebenen) Erlösungsethik.[43] Das Gebet bildet darum – zumindest aus dieser späten Retrospektive – alles andere als ein peripheres Phänomen für die Barth'sche Ethik. Es legt sich vielmehr nahe, «das Gebet als die deutlichste und umfassendste Bezeichnung nicht nur des im Lichte des Versöhnungsgeschehens zu vollziehenden Tuns, sondern des christlichen Tuns überhaupt anzusehen»[44].

Laut Plan hätte sich die Grundthematik des Gebets in IV/4 in einer dreifachen Gliederung niedergeschlagen: 1. In einem Abschnitt über die Taufe als der Begründung des christlichen Lebens in der Bitte um den Heiligen Geist, 2. in einem Abschnitt, in dem Barth das Unservater als das von Jesus selbst gebotene Gebet auslegt und 3. in einem Abschnitt über das Abendmahl als der Erneuerung des christlichen Lebens in der Danksagung (*eucharistia*).

Es ist hier nicht der Ort, um näher auszuführen, was Barth in diesen ausschweifenden Passagen sagt oder zu sagen geplant hat. Ich will nur einem Missverständnis wehren, das an dieser Stelle vielleicht aufkommen könnte: Das Missverständnis, als bestünde Gottes Gebot und Anspruch nun darin, dass sich der Mensch aus der Welt zurückziehen und in seinem stillen Kämmerlein ohne Unterlass beten müsste, das quietistische Missverständnis, als gehörte zum *ora* kein diesem entsprechendes weltliches *labora*. Wohl ist das Gebet für Barth ein von allem menschlichen und auch christlichen Tun gesonderter Akt, doch diese Aussonderung dient allein dem Umstand, dieses menschliche und

41 Die Konzentration auf den Begriff der Anrufung Gottes entspricht einer Selbstkorrektur Barths hinsichtlich des ganzen Ethikkapitels in KD IV/4. Zuerst war nämlich als Oberbegriff der Begriff der Treue Gottes vorgesehen. Vgl. das Vorwort der Herausgeber, CL, VIII–XII. – Die zentrale Bedeutung des Gebets scheint sich bei Barth auch in KD IV/4 nicht sofort eingestellt zu haben.

42 CL, 69.

43 CL, 16.

44 So Herlyn, Religion (Anm. 24), 76.

christliche Tun insgesamt im Sinne dieses Betens zu qualifizieren. «Gerade *damit* das Gebet der tragende Ton und Grund alles menschlichen Tuns werde und sei, will es je und je auch *besonders* geübt sein».[45]

Es ist schon bemerkenswert, dass Barth in seinen Ausführungen gar nicht zwischen dem Gebet als einem gesonderten gemeinschaftlichen oder privatreligiösen Akt und als einer Qualifikation des christlichen Tuns im Gesamten unterscheidet.[46] Man muss diese Unentschiedenheit dahingehend verstehen, dass das Gebet *den hermeneutischen Horizont, den voluntativen Richtungssinn und die existentielle Grundgestimmtheit aller freien Verantwortungsübernahme* bildet. Es ist der «Grundakt des christlichen *Ethos*»[47], des christlichen Lebens schlechthin. Alle Freisetzung und Indienstnahme des Menschen durch Gott ist seitens des Menschen begleitet, umgeben und getragen durch seine Anrufung Gottes.[48] Das Gebet bildet eben nicht den Rückzug aus der Welt, sondern die Bedingung der Möglichkeit, in ihr je und je im Sinne Gottes in Anspruch genommen werden zu können. Mit dem Gebet geht es in ursprünglichster Weise um das Ganze unserer christlichen Existenz in der Welt. In ihm sitzt die ganze subversive Sprengkraft des Christlichen, denn in ihm geschieht unsere bundesgemässe Ermächtigung zu Mitarbeiterinnen und Mitarbeitern Gottes.

Wie ganz anders hatte doch *Immanuel Kant* in seiner Religionsschrift die Funktion des Gebets im Blick auf das moralische Handeln bestimmt:

> «Das *Beten* [...] ist ein abergläubischer Wahn (ein Fetischmachen); denn es ist ein bloss *erklärtes Wünschen*, gegen ein Wesen, das keiner Erklärung der inneren Gesinnung des Wünschenden bedarf, wodurch also nichts getan, und also keine von den Pflichten, die uns als Gebote Gottes obliegen, ausgeübt, mithin Gott wirklich gedient wird.»[49]

45 KD III/4, 97.

46 Das hat bereits Herlyn, Religion (Anm. 24), 78–82, herausgearbeitet.

47 CL, 167.

48 In CL, 67, erwähnt Barth das Voran-Eilen, Zur-Seite-Gehen und Folgen des Gebets gegenüber allem sonstigen Tun des Menschen. Eine ähnliche Grund- und Begründungsstruktur zeigt sich in Barths Verhältnisbestimmung von Gebet und theologischer Arbeit. Auch hier bildet das Gebet den in allem Theologietreiben nie verklingenden «Grundton aller theologischen Arbeit»: ders., Einführung in die evangelische Theologie, Zürich 1962, 126.

49 Immanuel Kant, Die Religion innerhalb der Grenzen der blossen Vernunft: ders., Werke in sechs Bänden, hg. von Wilhelm Weischedel, Bd. IV, Schriften zur Ethik und Religionsphilosophie, Darmstadt ^{5}1983, 645–879 (870).

Man mag geneigt sein, Barths ethischen Ansatz beim Gebet als kritische Antwort auf Kants Gebetskritik zu lesen. Doch gilt es bei aller grundsätzlichen Differenz zu beachten, dass gerade auch für Kant wenn nicht das in Worte und Formeln eingekleidete, artikulierte Gebet, so zumindest der «*Geist des Gebets*, der ‹ohne Unterlass› in uns statt finden kann und soll», ebenso «die alle unsere Handlungen begleitende Gesinnung» darstellt. Denn die Gesinnung, die im Geist des Gebets liegt, widersteht dem Ungeist der Pflichtverweigerung.[50]

Die Frage der Valenz des Barth'schen Ethikansatzes beim Gebet und seine Vermittelbarkeit gegenüber heutigen ethischen Diskursen scheinen mir auch heute alles andere als obsolet zu sein und bedürfen weiteren Nachdenkens! Und ebenso bedarf auch Barths Gebetsverständnis weiterer Reflexion. Im Folgenden seien zwei kritische Rückfragen daran formuliert:

1. Angesichts des theologischen Gewichts, das Barth in KD IV/4 dem Gebet einräumt und das ihm retrospektiv betrachtet für die Ethik zukommt, ist es erstaunlich, wie marginal es auf den Hunderten von Seiten der KD *vor* KD IV/4 behandelt wird. Wenn das Gebet tatsächlich die «intimste und kräftigste Form der christlichen *Tat*»[51] ist – wie Barth behauptet –, warum handelt er nicht schon in der Gotteslehre ausführlich von ihm (wie das später unter anderen Voraussetzungen etwa Gerhard Ebeling getan hat[52])?

Wolf Krötke hat diesbezüglich zu Recht von einer methodischen Schwäche der KD gesprochen und vermutet, dass Barth erst spät Klarheit über die dogmatische Lozierung des Gebets gewonnen habe.[53]

50 Luibl weist mehrfach auf die gebetsrelevanten Bezüge zwischen Kant und Barth hin (Luibl, Des Fremden [Anm. 25], 214–216.218.220f), arbeitet dabei aber die Barth'sche Innensicht gegenüber der aufschlussreichen neuzeitlichen Deutung des Barth'schen Gebetsverständnisses zu wenig heraus.

51 KD III/3, 300.

52 Gerhard Ebeling, Dogmatik des christlichen Glaubens Bd. I, Tübingen 1979, 192–244.

53 Wolf Krötke, Der Eifer um Gottes Ehre. Die Bedeutung des Gebets für die Gotteslehre Karl Barths: ders., Barmen – Barth – Bonhoeffer (Anm. 6), 291–312 (294). Wie bereits erwähnt, war selbst die Entscheidung, KD IV/4 in einem gebetstheologischen Rahmen abzuhandeln, das Ergebnis einer Selbstkorrektur Barths (s. o. Anm. 41). – Übrigens wird auch Luibls These vom Bedeutungszuwachs des Gebets in der Barth'schen Theologie so entfaltet, dass dabei auf eine gewisse Unabgeglichenheit der Lehre von der Begründung der Gotteserkenntnis im Gebet (z. B. KD III/4, 96) gegenüber dem offenbarungstheologischen Ansatz in KD I hingewiesen wird (Luibl, Des Fremden [Anm. 25], 217–220).

2. Meines Erachtens muss man nicht nur die späte Lozierung des Gebets kritisieren, sondern auch seine gattungsmässige Engführung. Die von Gott gebotene Anrufung Gottes durch den Menschen konzentriert sich für Barth nicht nur, aber doch vornehmlich in der Bitte.[54] Das Gebet ist «*entscheidend*, es ist in seiner *Mitte*, es ist in dem, was es zum Gebet macht *Bitte*, und nur als Bitte dann auch Dank, Busse und Anbetung»[55]. Barths Konzentration aller Gebetsformen in der Bitte wird meines Erachtens der Vielfalt biblischen Betens nicht gerecht. Das zeigt sich schon daran, dass im letzten Zitat die Gattungen «Lob» und «Klage» fehlen.

Ich habe die Beobachtung, dass Barth insbesondere die Gebetsgattung der Klage in seiner KD deutlich unterbestimmt, schon an anderer Stelle geäussert und diskutiert.[56] Die Kritik wiegt insofern schwer, als die jüdisch-christliche Klagespiritualität ein zentrales Frömmigkeitselement des neutestamentlichen Auferstehungsglaubens bildet.[57] Im Blick auf unseren Argumentationskontext sei zumindest angedeutet, dass der weitgehende Ausfall der Klage mit Barths Neuinterpretation des Verhältnisses von Evangelium und Gesetz zusammenhängen dürfte – wie sie bereits in Barmen I und II zum Ausdruck kommt!

IV. Der theologische Ertrag für Barmen II

Ich habe den Begriff des Anspruches Gottes aus Barmen II in den Makrokontext der KD gestellt und bin dabei auf eine späte, jedoch ungemein intensive Resonanz beim Gebet gestossen. Was ist mit dem Aufweis dieser Resonanz für das Verständnis des Anspruches Gottes und die theologische Bedeutung von Barmen II gewonnen? Ich nenne vier Punkte:

1. Es konnte anhand dieser Schwingung genauer bestimmt werden, worin Gottes Gebot, Gottes Anspruch inhaltlich besteht: Er besteht in der Aufforderung zur Anrufung Gottes, er ergeht als Befehlswort: «Rufe mich an!». – Wir

54 Vgl. KD III/4, 106–112, vgl. auch Krötke, Der Eifer (Anm. 53), 303f.

55 KD III/4, 110, vgl. 106–112, vgl. auch KD III/3, 301ff.

56 Vgl. Matthias Wüthrich, Gott und das Nichtige. Eine Untersuchung zur Rede vom Nichtigen ausgehend von §50 der Kirchlichen Dogmatik Karl Barths, Zürich 2006, 343–377. – Meine Kritik an Barth berührt sich ein Stück weit mit Luibls (jedoch überzogenem) Vorwurf der «theologischen Verabschiedung des allzu menschlichen Gebetsphänomens» (Luibl, des Fremden [Anm. 25], 226, vgl. 227f).

57 Das wurde von Seiten der Exegese schon verschiedentlich betont, vgl. z. B. Bernd Janowski, Konfliktgespräche mit Gott. Eine Anthropologie der Psalmen, Neukirchen-Vluyn 2003, 365.

hatten jedoch gesagt: Der Anspruch Gottes ist gemäss Barmen II Jesus Christus selbst. Was hat nun dieser Anspruch sachlich mit jenem zu tun?

Im Rahmen der Barth'schen Theologie ist das kein Widerspruch. Denn für Barth gilt: «Er, Jesus Christus, ist der eigentliche und eine wirkliche Beter.»[58] Er ist es, der uns gebietet, zum Vater zu beten, und durch seinen Mund und in seinem Namen sollen und dürfen wir den Vater bitten.

> «Denn eben Jesus Christus ist durch seinen *Geist* in uns, sodass wir um seinetwillen, ihm als unserem Vorbeter nachbetend, unsererseits beten, Gott als Vater anrufen dürfen, aber auch müssen. Und eben der Geist, der uns dazu frei macht und antreibt, ist der Geist *Jesu Christi*, die Macht [...] seines Gebotes».[59]

Dass Jesus Christus der Anspruch Gottes auf unser ganzes Leben ist, lässt sich vor diesem Hintergrund ohne Probleme dahingehend so präzisieren, dass dieser Anspruch in der christologisch vermittelten Anrufung Gottes besteht.

2. Vor diesem gebetstheologischen Hintergrund lässt sich auch das in Barmen II unterbestimmte Verhältnis von Zuspruch und Anspruch genauer denken:

Auch *Martin Luther* hat in seinem Grossen Katechismus das Gebet als Gebot, als Werk des Gehorsams ausgelegt. Er hat es im dritten Dekaloggebot begründet gesehen: Das Missbrauchsverbot des Namens Gottes bedinge auch, dass wir aufgefordert seien, den heiligen Namen Gottes zu preisen und in aller Not anzurufen.[60] Und dieses Gebot sei nicht weniger zu achten als alle anderen Gebote des Dekalogs. Für Luther ist das Gebot der Anrufung Gottes also Teil des Gesetzes.[61] – Anders Barth (im Gefolge Calvins und des Heidelberger Katechismus): Wohl bildet bei ihm das Gebet das begründende Zentrum der Ethik, aber das Gebot zu beten ist selber nicht ethisch, sondern christologisch bzw. pneumatologisch begründet. Das zeigt das obige, letzte Zitat unter Punkt 1. Das Gebet wird ermöglicht durch den Geist Jesu Christi, der in unsere Herzen gesandt ist und da ruft «Abba, Vater!» und es wird vorgebetet und getragen durch Jesus Christus, den Mittler unseres Gebets, den Fürsprecher

58 KD III/4, 103.

59 KD III/4, 104, vgl. 119.

60 So Martin Luther im Grossen Katechismus in den einleitenden Worten zum Vaterunser, vgl. Bekenntnisschriften der evangelisch-lutherischen Kirche, hg. im Gedenkjahr der Augsburgischen Konfession 1930, Göttingen [12]1998, bes. 663f. Vgl. dazu auch KD III/4, 102f. u. CL, 68.

61 Wobei für Luther gilt, dass um die Erfüllung der zehn Gebote (und insofern auch des Gebotes zu beten) wiederum immerdar gebetet werden muss: Luther, Der grosse Katechismus (Anm. 60), 662.

unseres Betens vor dem Vater.[62] Unser Beten ist von da her nur insofern ein Müssen, als es zuerst ein christologisch-pneumatologisch freigesetztes Dürfen ist. Dieser Grundton beherrscht Barths ganze Gebetstheologie:

> «Der *Grund*, aus dem der Mensch betet, wenn er recht betet, ist seine *Freiheit vor Gott.* […] Er betet, weil es ihm von Gott *erlaubt* ist, zu beten, weil er beten *darf* und weil ihm eben diese Erlaubnis, dieses Dürfen zum *Gebot* geworden ist.»[63]

Auch im Blick auf das Gebet – und hier vielleicht besonders deutlich – gilt, «dass das Evangelium und das Gesetz nicht zweierlei, sondern Eines sind»[64]. Gerade im Blick auf das Gebet gilt darum, dass der Anspruch als Gestalt und Form des Zuspruchs gedacht werden muss.

3. Unser kurzer Durchgang durch die KD ermöglicht auch eine präzisere Artikulation der Aussage aus Barmen II, dass sich der Anspruch Gottes in Jesus Christus *«auf unser ganzes Leben»* bezieht, und lässt verstehen, warum er als *«kräftig»* beschrieben wird.

Ernst Wolf hatte durchaus Recht: Es geht in Barmen II mit dem Anspruch Gottes sachlich um den Öffentlichkeitsauftrag der Kirche und des Christenmenschen in der Welt[65]. Doch dieser Interpretation fehlt eine Dimension, der man erst retrospektiv von der KD her ganz ansichtig wird: Nämlich die vorzüglich im Gebet realisierte geistliche Dimension, die Dimension des Gottesverhältnisses im menschlichen Handeln in der Welt.

Dass des Menschen Gottesverhältnis selbst «in den Kreis des Sittlichen» gehört, ist alles andere als selbstverständlich und wurde zum Beispiel von *Emil Brunner* vehement bestritten. Die Gottesliebe sei die Quelle und Begründung der Menschenliebe, unserer Nächstenliebe. Gott könne aber nicht selbst Gegenstand menschlicher Liebeswerke sein. Es könne keine Pflichten gegenüber Gott geben in der Art, wie es Pflichten gegenüber Menschen gebe. Das müsse sonst zu werkgerechter Frömmigkeitsübung, Mystik oder Askese führen.[66]

62 KD III/4, 103.

63 KD III/4, 99.

64 Das gilt übrigens auch für die Erhörungsgewissheit des Betens (in deren Darlegung sich dieses Zitat findet: KD III/4, 121), sofern Bittgebot und Zusage der Erhörung gleichermassen in Jesus Christus verankert sind. Er ist als erwählter Mensch der (für und mit uns) Bittende und als erwählender Sohn der die Bitten Erhörende (KD III/4, 119–121).

65 S. o. das Zitat Wolfs am Ende des ersten Kapitels.

66 Emil Brunner, Das Gebot und die Ordnungen. Entwurf einer protestantisch-theologischen Ethik, Zürich [4]1939, 293–298. Zu Barths Kritik an Brunner und in ähnlicher Weise auch an Albrecht Ritschl vgl. KD III/4, 52f.

Durch Barths Verhältnisbestimmung von Evangelium und Gesetz wird solche Werkgerechtigkeit im Gottesverhältnis von Anfang an unterbunden. Es ist darum nur konsequent, dass sich das von Gott gebotene und auch erst ermöglichte Tun des Menschen nicht nur auf den Menschen richtet, sondern auch auf Gott selbst. Der Mensch wird so nicht nur in seinem Menschen- und Weltbezug, sondern eben auch in seinem Gottesbezug beansprucht, in Anspruch genommen.[67] Es gibt keine Dimension menschlichen Daseins und Lebens, in die hinein nicht auch Gottes Anspruch reichte. Gottes Anspruch bezieht sich gerade darum auf unser *ganzes Leben*, weil dieses Leben in allen Vollzügen essenziell eine geistliche, eine spirituelle Dimension hat. Und genau das ist es, was diesen Anspruch auch so *kräftig* macht. Es gibt tatsächlich *keinen Bereich* in unserem Leben und Sterben, in dem wir nicht Jesu Christi *eigen* wären.[68]

4. Der gebetstheologische Exkurs zur KD eröffnet schliesslich auch eine zusätzliche Interpretationsperspektive im Blick darauf, wie Barmen I und II aufeinander bezogen sind. Schon in der ersten Fassung seines Römerbriefes hat Barth gesagt:

> «Denn wenn der Mensch sich selber Gott wird, so *muss* sich seine herrenlos gewordene Welt mit Götzen füllen, und wenn die Welt voll von Götzen ist, dann *muss* sich der Mensch je länger je mehr als der alleinige Gott unter seinen Abgöttern, als die einzige Wahrheit unter den Schattenbildern fühlen.»[69]

Der Mensch kann nicht zu den Abgöttern beten, deren Gott er selber ist und er kann auch nicht zu sich selbst beten. Beten heisst für Barth zentral bitten und bitten kann man nur, wenn man mit leeren Händen, ganz bedürftig, menschlich, allzu menschlich zu einem Gegenüber betet, das einem ganz und allein Gott ist. Beten heisst jüdischer- und christlicherseits: Aktualisierung des ersten

67 Darauf hat von Barths Gebetsverständnis her und im Blick auf Barmen II schon Wolf Krötke hingewiesen: ders., Der Eifer (Anm. 53), 308.

68 Mit den in Barmen II auftauchenden Formulierungen: «unser ganzes Leben», «dankbare(r) Dienst» und Jesu Christi «eigen», wird man unmittelbar an den Heidelberger Katechismus erinnert (vgl. Fr. 1 und 86). Von KD IV/4 her retrospektiv geurteilt dürfte zu dieser Erinnerung auch der innere Zusammenhang von Gebet und Gebot im Heidelberger Katechismus gehören. Bildet doch das Gebet «das vornehmste Stück der Dankbarkeit», «welche Gott von uns fordert» (Fr. 116), derjenigen Dankbarkeit, die sich schon im Halten der zehn Gebote zeigt (Fr. 92ff) (zitiert nach Matthias Freudenberg/Aleida Siller [Hg.], Was ist dein einiger Trost? Der Heidelberger Katechismus in der Urfassung, Neukirchen-Vluyn 2012, 60).

69 Karl Barth, Der Römerbrief (1919), (GA 16), hg. von Hermann Schmidt, 27. Barth handelt von diesen herrenlosen Götzen und Gewalten ausführlich und nicht zufällig in der erwähnten Auslegung des Unservaters in CL, 363–399.

Gebotes, Beten ist Vollzug der Unterscheidung Gottes von den Götzen. Beten ist der performative Erweis des ersten Gebotes als theologisches Axiom.[70] Magdalene Frettlöh hat in ihrem Beitrag das erste Dekaloggebot zu Recht als Begründungszusammenhang von Barmen I verstanden. Man muss Barmen I auch vor dem Hintergrund des alttestamentlichen ersten Gebots lesen. Es ist dieses erste Gebot, das sich aktualisiert im Gebetsgebot: «Rufe mich an!». Und so ist es denn sicher nicht verfehlt zu behaupten, dass man Jesus Christus, das eine Wort, gerade da hört, ihm dort vertraut und gehorcht, wo man sich durch dieses Wort ganz in Anspruch nehmen lässt: nämlich im Gebet!

70 Vgl. Karl Barth, Das erste Gebot als theologisches Axiom: ders., Theologische Fragen und Antworten, Gesammelte Vorträge, Bd. III, Zürich 1957, 127–143 (127).

Christiane Tietz

Barmen III: Die Kirche als Gemeinde von Brüdern und Schwestern

I. Hinführung

«Jesus hatte das Reich Gottes angekündigt, gekommen ist dafür die Kirche.»[1] Dieses gut 100 Jahre alte Bonmot[2] bringt auf den Punkt, wie die Kirche in der Moderne gern gesehen wird: Sie ist eine von Jesus und seiner Verkündigung weit entfernte, nur ihrer Macht und ihrem Reichtum frönende Institution. Die lebendige Zuwendung Jesu zu den Armen und Ausgegrenzten ist einer verkrusteten, unflexiblen und mit dem Staat verbandelten Anstalt gewichen. Die Dynamik und Unkonventionalität der Botschaft Jesu wurde durch das kirchliche Klammern an längst veraltete Privilegien ersetzt. Vor dem Hintergrund dieser grundsätzlichen Kirchenkritik mag die Beschäftigung mit Barmen III und der dort vorgetragenen Charakterisierung von Kirche als restaurativ und letztlich unchristlich erscheinen. «Kirche» – das hat mit Jesus doch gar nichts zu tun. Dass dem nicht so ist, will dieser Beitrag zeigen. Wenn das gelingt, kann auch nach der Relevanz der Barmer Kirchen-These für heute gefragt werden.

Eine zweite Schwierigkeit kommt bei einer Beschäftigung mit Barmen III in Zielrichtung auf das Heute hinzu. Der Text ist in einer anderen Situation als

1 Alfred Firmin Loisy, Evangelium und Kirche: Carl-Friedrich Geyer, Wahrheit und Absolutheit des Christentums – Geschichte und Utopie. «L'Évangile et l'Église» von Alfred F. Loisy in Text und Kontext, Göttingen 2010, 97–219 (169).

2 Bei Loisy ist dies freilich als notwendige Entwicklung gemeint. Er fährt fort: «Sie [die Kirche] kam und erweiterte die Form des Evangeliums, die unmöglich hätte erhalten werden können, wie sie vielleicht ursprünglich einmal gewesen war, seitdem Jesu Aufgabe mit seinem Leiden abgeschlossen worden ist. Wenn man zum Prinzip erhebt, dass alles nur in seinem ursprünglichen Zustand eine Existenzberechtigung haben darf, dann gibt es keine Einrichtung auf der Erde und in der menschlichen Geschichte, deren Legitimität und Wert nicht bestritten werden könnten. Ein solches Prinzip läuft dem Gesetz des Lebens zuwider, das eine Bewegung und ein beständiges Streben nach Anpassung an ewig einander abwechselnde neue Bedingungen ist. Das Christentum hat sich diesem Gesetz nicht entzogen; es darf nicht getadelt werden, weil es sich ihm gefügt hat. Es hat gar nicht anders handeln können.» Loisy, Evangelium (Anm. 1), 169. Vgl. zur Rezeption des Satzes «gegen Loisys Intention» Peter Neuner, Art. Loisy, Alfred (1857–1940): TRE 21, Berlin/New York 1991, 453–456 (454).

der unsrigen geschrieben. Das betrifft nicht nur die nationalsozialistisch-deutschchristliche Bedrohung der Kirche, das betrifft auch die Akzeptanz der Kirche in der Bevölkerung. Zur Zeit der Barmer Theologischen Erklärung gehörten in Deutschland noch starke 90 % der Menschen einer der beiden christlichen Kirchen an; gegenwärtig sind noch 62 % Mitglied einer christlichen Kirche oder Gemeinschaft.[3] In der Schweiz sieht es kaum anders aus. Zur Zeit von Barmen gehörten fast alle Schweizer einer christlichen Kirche an, gegenwärtig sind es noch etwas über 70 %. 21 % der Schweizer gehören zu keiner Religionsgemeinschaft.[4] Es ist durchaus strittig, wie der gegenwärtige Stand zu bewerten ist, denn immerhin sind noch gut zwei Drittel der Bevölkerung Mitglied der Kirche und gibt es auch positive Entwicklungen, z. B. beim «Interesse [...] an Vermittlung von religiösen Werten an die eigenen Kinder»[5]. In der jüngsten Volksabstimmung zur Abschaffung der Kirchensteuer von Firmen im Kanton Zürich haben sich 72 % gegen die Abschaffung ausgesprochen, was eine positive Haltung gegenüber der gesellschaftlichen Rolle der Kirche belegt.

Es gilt doch wohl: Christ oder Christin zu sein, ist in der Schweiz nur noch *eine* mögliche Option. Die Schweiz ist in dem Sinne ein *säkulares* Land, in dem der kanadische Philosoph Charles Taylor in seiner Säkularitätsstudie den Begriff verwendet: «[...] der Wandel hin zur Säkularität [besteht] [...] darin, dass man sich von einer Gesellschaft entfernt, in der der Glaube an Gott unangefochten ist, ja ausser Frage steht, und dass man zu einer Gesellschaft übergeht, in der dieser Glaube eine von mehreren Optionen neben anderen darstellt».[6] Es ist «ein Wandel, der von einer Gesellschaft, in der es praktisch unmöglich war, nicht an Gott zu glauben, zu einer Gesellschaft führt, in der dieser Glaube auch für besonders religiöse Menschen nur *eine* menschliche Möglichkeit neben anderen ist. Es mag mir zwar undenkbar vorkommen, den eigenen Glauben fallenzulassen, doch es gibt andere Menschen, zu denen vielleicht auch solche gehören, die mir überaus nahestehen, deren Lebensweise ich, wenn ich ganz aufrichtig bin, nicht einfach als verkommen, verblendet oder unwürdig abtun kann, obwohl diese Menschen keinen Glauben haben (jedenfalls keinen Glauben an Gott oder das Transzendente). Der Glaube an Gott ist

3 Evangelische Kirche in Deutschland, Zahlen und Fakten zum kirchlichen Leben 2014, Hannover 2014, 4.

4 Quelle: http://www.bfs.admin.ch/bfs/portal/de/index/themen/01/05/blank/key/religionen.html aufgerufen am 30.09.2014.

5 Jörg Stolz/Edmée Ballif, Die Zukunft der Reformierten. Gesellschaftliche Megatrends – kirchliche Reaktionen, Zürich ^{2}2010, 13.

6 Charles Taylor, Ein säkulares Zeitalter. Wissenschaftliche Sonderausgabe der 1. Auflage von 2009, Frankfurt am Main 2012, 14.

heute keine unabdingbare Voraussetzung mehr. Es gibt Alternativen.»[7] Charles Taylor lässt diesen Wandel in seinen ersten Anfängen bereits im 17. und 18. Jahrhundert beginnen. Seit dem 19. Jahrhundert expandiert in seinen Augen das «Universum des Unglaubens».[8] In den 1960er Jahren führt der religiöse Niedergang «steil abwärts».[9] Das ist nach Taylor die Situation, in der wir uns vorfinden.

Auch über diese Diagnose mag man im Detail streiten. Klar aber ist: Die religiöse Lage in unserer Gesellschaft ist heute eine andere als noch vor 80 Jahren. Damals fragten die in Barmen versammelten Christen, wie die in ihrer Existenz unstrittige Kirche *ihrem Wesen gemäss* leben kann, wie sie denn «Kirche sein» kann. Was macht die Kirche zur Kirche? – war damals die Frage. Wir Heutigen hingegen fragen vor allem danach, wie man den Bestand der Kirche einigermassen sichern kann.[10] Wie überlebt die Kirche? – drängt sich heute als Frage auf. Dazu muss sie sich, so scheint es, an die Überlebensbedingungen unserer Zeit anpassen. Die Frage, wie die Kirche wirklich «Kirche sein» kann, wird demgegenüber nachgeordnet. Wenn in diesem Beitrag dennoch im Anschluss an Barmen III danach gefragt wird, was Kirche zur Kirche macht, dann aufgrund der Überzeugung, dass die Kirche nur dann überlebt – und das heisst: immer wieder neue Menschen gewinnt –, wenn sie ihr Wesen nicht verleugnet, wenn sie wirklich «Kirche ist». Nur so gewinnt sie Menschen für eben *die Kirche*. Analog hatte 1934 schon Hans Asmussen geurteilt: «Es muss die Kirche Kirche bleiben, sonst kann sie nicht missionarisch wirken.»[11] Die These Taylors, die heutige Säkularität bestehe darin, dass es zum christlichen Glauben Alternativen gibt, bedeutet eben nicht, dass der christliche Glaube und somit die Kirche profillos darauf verzichten müssten, sich als eine solche Alternative darzustellen. Die Kirche darf deutlich machen, worin ihre alternative Sicht besteht, und darf diese als Option *schmackhaft* machen.

In eins damit ist die nachfolgende Beschäftigung mit Barmen III von dem Vorurteil getrieben, auch in der gegenwärtigen religiösen Rahmensituation sei

7 Taylor, Zeitalter (Anm. 6), 15.

8 Taylor, Zeitalter (Anm. 6), 591.

9 Taylor, Zeitalter (Anm. 6), 705.

10 Vgl. Wolfgang Huber, Die wirkliche Kirche. Das Verhältnis zwischen Botschaft und Ordnung als Grundproblem evangelischen Kirchenverständnisses im Anschluss an die III. Barmer These: Rudolf Schulze (Hg.), Barmen 1934–1984. Beiträge zur Diskussion um die Theologische Erklärung von Barmen, [Ost-]Berlin 1983, 74–104 (74).

11 Hans Asmussen, Vortrag über die Theologische Erklärung zur gegenwärtigen Lage der Deutschen Evangelischen Kirche: Martin Heimbucher/Rudolf Weth (Hg.), Die Barmer Theologische Erklärung. Einführung und Dokumentation, Neukirchen-Vluyn [7]2009, 44–63 (57).

die Frage nach der Kirche noch wichtig. Lange meinte man, Religiosität vermöchte sich auch ohne religiöse Institutionen zu halten, die Kirche sei überflüssig. Das schien die besondere neue Entwicklung zu sein: Zwar hätten die Kirche und andere religiöse Institutionen keine grosse Relevanz mehr, aber beim Einzelnen spiele Religiosität nach wie vor eine wichtige Rolle. Der Rückgang von Religion in den industrialisierten Ländern betreffe nur die Kirchen, im persönlichen, nicht-organisationsförmigen Bereich komme es hingegen zu einer «Renaissance der Religion». Eine gerade veröffentlichte sozialwissenschaftliche Studie zeigt, dass diese These so nicht zu halten ist. «Im Gegensatz zu einer weit verbreiteten Annahme ist der Glaube jedoch kein von der Institution Kirche isolierter rein individueller Akt. Er bedarf vielmehr der institutionellen Unterstützung, und er verkümmert, wenn ihm die kommunikative Unterstützung durch Interaktionen im Raum der Kirche, durch Kontakte zum Pfarrer, durch den Gottesdienst fehlt. [...] Intensive kirchliche Praxis und das Bekenntnis zum Glauben an Gott korrelieren hoch.»[12] Wer sich für Religion interessiert, tut mithin gut daran, über die Kirche nachzudenken.

Dies geschieht im Folgenden in zwei Schritten: Zunächst wird nach dem Handeln Gottes gefragt: Inwiefern ist die Kirche durch Gottes Handeln in Jesus Christus begründet? Anschliessend wird nach dem Handeln der Kirche gefragt: Inwiefern ist das Handeln der Kirche ein Zeugnis von Gottes Handeln in Jesus Christus? Die dabei vorgenommene *christologische* Pointierung der Fragen entspricht dem Fokus der ersten These aus Barmen von Jesus Christus als dem einen Wort Gottes.[13]

Die dritte These der Barmer Theologischen Erklärung lautet:

«‹Lasset uns aber rechtschaffen sein in der Liebe und wachsen in allen Stücken an dem, der das Haupt ist, Christus, von welchem aus der ganze Leib zusammengefügt ist.› (Eph 4,15.16.)

Die christliche Kirche ist die Gemeinde von Brüdern, in der Jesus Christus in Wort und Sakrament durch den Heiligen Geist als der Herr gegenwärtig handelt. Sie hat mit ihrem Glauben wie mit ihrem Gehorsam, mit ihrer Botschaft wie mit ihrer Ordnung

12 Detlef Pollack, Statement bei der Vorstellung der Fünften Kirchenmitgliedschaftsuntersuchung «Engagement und Indifferenz», Berlin 6. März 2014: Engagement und Indifferenz. Kirchenmitgliedschaft als soziale Praxis. V. EKD-Erhebung über Kirchenmitgliedschaft: epd-Dokumentation 13/2014 (25. März 2014), 43.

13 Vgl. Rudolf Weth, «Barmen» als Herausforderung der Kirche. Beiträge zum Kirchenverständnis im Licht der Barmer Theologischen Erklärung (ThExh 220), München 1984, 16: «Somit ist nicht die Kirche für sich und nicht Christus für sich, sondern die unumkehrbare Beziehung zwischen beiden: ‹Christus und die Kirche› das Grundthema von ‹Barmen›, das sich durch alle Thesen hindurchzieht, das sich insbesondere aber im Verhältnis zwischen der ersten und der dritten These zu erkennen gibt.»

mitten in der Welt der Sünde als die Kirche der begnadigten Sünder zu bezeugen, dass sie allein sein Eigentum ist, allein von seinem Trost und von seiner Weisung in Erwartung seiner Erscheinung lebt und leben möchte.

Wir verwerfen die falsche Lehre, als dürfe die Kirche die Gestalt ihrer Botschaft und ihrer Ordnung ihrem Belieben oder dem Wechsel der jeweils herrschenden weltanschaulichen und politischen Überzeugungen überlassen.»[14]

II. Gottes Handeln in Jesus Christus als die Kirche begründend[15]

1. Die Gemeinde ist von Jesus Christus aus zusammengefügt

Zunächst ist auf ein mögliches Missverständnis der dritten Barmer These hinzuweisen. Die These bestimmt die Kirche als «Gemeinde von Brüdern». Was zunächst nach einem reinen Männerverein klingt und – zu Recht – die Kritik moderner Frauen hervorrufen würde, folgt der Sprache des Neuen Testaments: Wenn das Neue Testament das griechische Wort ἀδελφοί verwendet, welches in seiner primären Bedeutung «Brüder» heisst, dann benutzt es einen Ausdruck, der schon damals auch «*Geschwister* verschied.[enen] Geschlechtes» benennen konnte.[16] Der Text verweist auf diesen biblischen Sprachgebrauch. Auch wenn damals Frauen noch nicht zum Pfarramt zugelassen wurden: Unter den Synodalen in Barmen war immerhin eine Frau: Stephanie von Mackensen, Mitglied des Pommerschen «Bruderrates». Und «es sind Männer und Frauen gewesen, die sich zur Bekennenden Kirche hielten und ihrer Leitung den Rückhalt in den Gemeinden gaben»[17]. Diesen Sachverhalt würdigend und von der heutigen Sprachregelung ausgehend, spreche ich im Folgenden stets ausdrücklich von «Brüdern und Schwestern».

---

14 Theologische Erklärung zur gegenwärtigen Lage der Deutschen Evangelischen Kirche: Heimbucher/Weth, Barmer Theologische Erklärung (Anm. 11), 33–43 (39).

15 Vgl. dazu Huber, Kirche (Anm. 10), 75: «Die Kirche kann nur wirkliche Kirche sein, wenn dieses göttliche Handeln als grundlegendes Handeln anerkannt und bezeugt, wenn also das menschliche Handeln in der Kirche als auf diesem Grund beruhendes und von ihm abgeleitetes Handeln betrachtet wird.»

16 Walter Bauer, Art. ἀδελφός: ders., Griechisch-deutsches Wörterbuch zu den Schriften des Neuen Testaments und der übrigen urchristlichen Literatur, Berlin/New York ⁵1971, 30–32 (31).

17 Alfred Burgsmüller, Vorwort: ders. (Hg.), Kirche als «Gemeinde von Brüdern» (Barmen III). Bd. 1: Vorträge aus dem Theologischen Ausschuss der Evangelischen Kirche der Union, Gütersloh 1980, 7f. (8).

Die Situation der Kirche in Barmen ist eine Situation der Gefahr. In der Einleitung zu den Thesen erklären die versammelten «Vertreter lutherischer, reformierter und unierter Kirchen»[18], dass die «Gemeinsamkeit» des evangelischen Bekenntnisses[19] und die «Einheit» der Kirche «aufs schwerste gefährdet ist. Sie ist bedroht [...].»[20] Wie reagiert man in der Situation der Gefahr? Bei Tieren gibt es drei Typen von Reaktionsformen: Tiere stellen sich tot, sie laufen weg oder sie kämpfen. Ähnliches wird, wer genau hinsieht, auch bei den Menschen beobachten. Sie stellen sich in Gefahr tot wie ein Opossum, rennen weg wie ein Hase oder kämpfen wie ein Nashorn. Die in Barmen Versammelten hingegen machen *zunächst* weder das Erste noch das Zweite noch das Dritte. Ihr Blick wendet sich zunächst weg von der eigenen Situation, hin zu Jesus Christus, wenn in der dritten These aus Epheser 4 zitiert wird: «Lasset uns [...] wachsen in allen Stücken an dem, der das Haupt ist,[21] Christus, von welchem aus der ganze Leib zusammengefügt ist». Die Barmer Christen anerkennen damit, «dass Jesus Christus vor allem menschlichen Tun und Versagen der Herr seiner Gemeinde ist»[22].

Was ist mit dieser Blickwende, von der Wahrnehmung der Gefährdung der Kirche hin zu Jesus Christus, gewonnen? Zunächst rufen die Synodalen damit in Erinnerung, wodurch Kirche konstituiert wird: durch den Glauben an Christus. Die Kirche ist kein «religiöse[r] Verein», in dem Menschen «zusammenkommen, die glauben und gemeinsame Lebenseinstellungen und Probleme ha-

18 Theologische Erklärung (Anm. 14), 34.

19 Gemeint ist «das Bekenntnis zu dem einen Herrn der einen, heiligen, allgemeinen und apostolischen Kirche» (Theologische Erklärung [Anm. 14], 34), wie es in der Verfassung der Deutschen Evangelischen Kirche festgehalten wurde: «Die unantastbare Grundlage der Deutschen Evangelischen Kirche ist das Evangelium von Jesus Christus, wie es uns in der Heiligen Schrift bezeugt und in den Bekenntnissen der Reformation neu ans Licht getreten ist.» (Zitiert nach Theologische Erklärung [Anm. 14], 33).

20 Theologische Erklärung (Anm. 14), 33f.

21 Zur Kritik an dieser Abmilderung der «dynamische[n] Spannung zwischen Haupt und Gliedern» im biblischen Text vgl. Michael Welker, Barmen III: Woran orientieren? Die Gestalt der Kirche in gesellschaftlichen Umbrüchen: Martin Heimbucher (Hg.), Begründete Freiheit. Die Aktualität der Barmer Theologischen Erklärung (Evangelische Impulse Bd. 1), Neukirchen-Vluyn 2009, 59–75 (69), der ein «subtileres Verständnis der Herrschaft Jesu Christi, vor allem ein Verständnis seiner Gegenwart in der Kraft des Heiligen Geistes» gegenüber jeder «Barmen-Orthodoxie» anmahnt (75).

22 Alfred Burgsmüller (Hg.), Kirche als «Gemeinde von Brüdern» (Barmen III) (Bd. 2: Votum des Theologischen Ausschusses der Evangelischen Kirche der Union), Gütersloh ^{2}1981, 37.

ben»[23]. Nicht die religiösen Interessen der Menschen verbinden die Kirchenglieder, sondern der Glaube an Christus. Weil alle auf Christus bezogen sind – durch ihren durch den Heiligen Geist gewirkten Glauben an Jesus Christus –, deshalb sind sie es auch aufeinander. Wichtig an dieser Bestimmung ist, dass diese Verbundenheit immer schon gegeben ist. Die Metapher der «Geschwister» trifft dies genau, insofern man sich auch seine biologischen Geschwister nicht aussucht, sondern, mit Martin Heidegger gesprochen, in die Geschwisterlichkeit «geworfen» ist. Ob Christen und Christinnen es wollen oder nicht, sie sind und haben immer schon Geschwister. «Es charakterisiert den Glaubenden, dass er sofort und unmittelbar ein [... Geschwister] ist. Er würde sich der Gegenwart Christi entziehen, wenn er sich den anderen Brüdern [und Schwestern] entziehen würde.»[24]

Die Bibel beschreibt diese Verbundenheit durch das Bild des Leibes, der vom Haupt her lebt. Die dritte Barmer These rekurriert darauf. Der Zürcher Reformator Huldrych Zwingli hat beobachtet, dass die Bibel damit eine Verfremdung des natürlichen Verständnisses vom Leib unternimmt: «Diese Glieder beziehen ihre Nahrung nicht vom Bauch wie die natürlichen Körperglieder, sondern vom Haupt»,[25] eben von Christus, her.

Ist damit gesagt, dass die Konstitution der Gemeinde in Jesus Christus liegt, so ist als Zweites darauf zu verweisen, dass diese durch Christus konstituierte Kirche sich geschichtlich und konkret vollzieht, zwischen konkreten Menschen. Dafür steht der in Barmen III verwendete *Gemeindebegriff* gut. Gegenüber dem Kirchenbegriff akzentuiert er, dass Kirche sich immer dort ereignet, wo reale Menschen aufeinandertreffen. Zwingli hat auch dies herausgestellt: Gemeinden sind derart, «dass sie von der Zahl her ohne Schwierigkeiten zusammenkommen können, um miteinander das Wort Gottes zu hören und zu lernen»[26]. Karl Barth schärft ein: «Es wäre viel gewonnen, wenn das dringende Anliegen Luthers sich durchgesetzt hätte und an die Stelle des Wortes Kirche das Wort *Gemeinde* getreten wäre. [...] Gemeinde ist die Zusammenkunft [!] derer, die durch den Heiligen Geist mit Jesus Christus zusammengehö-

23 So in kritischer Abwehr dieser Position Wolf Krötke, Die christliche Gemeinde im Dienst Jesu Christi. Zur III., IV. und VI. These der Barmer Theologischen Erklärung: BThZ 2 (1985), 53–63 (57).

24 Krötke, Gemeinde (Anm. 23), 57.

25 Huldrych Zwingli, Auslegung und Begründung der Thesen oder Artikel. 1523: ders., Schriften, Bd. II, hg. von Thomas Brunnschweiler und Samuel Lutz, Zürich 1995, 13–499 (63).

26 Zwingli, Auslegung (Anm. 25), 66.

ren.»[27] Barth wendet sich deshalb entschieden dagegen, die Kirche als «unsichtbar» zu bezeichnen, wie es in Abgrenzung zu einer Identifikation der Kirche mit der Institution der Kirche bei den Reformatoren üblich war. Mit der Rede von der «unsichtbaren Kirche» haben wir, so Barth, «alle Neigung, damit abzugleiten in der Richtung einer *civitas platonica* oder irgend eines Wolkenkuckucksheims, in dem die Christen innerlich und unsichtbar vereinigt sind, während die sichtbare Kirche abgeschätzt wird.»[28] Die theologische Pointe bestehe aber darin, «je *diese* [konkrete] Gemeinde als Gemeinde Christi» zu glauben, zu glauben, «dass in *dieser* [...] Gemeinde mit diesen Männern und Frauen, alten Weiblein und Kindern die Gemeinde Christi existiert».[29]

Wichtig ist also die doppelte Bestimmung der Gemeinde: Christen und Christinnen gehören zusammen durch ihre Zugehörigkeit zu Jesus Christus, die durch den Heiligen Geist bewirkt wird; dadurch sind sie schon *eine* Kirche. Und: Diese Zusammengehörigkeit realisiert sich ganz konkret dort, wo die Glaubenden zusammenkommen. In der Gemeinde «werden Menschen, die von Gott bei ihrem Namen gerufen sind, füreinander namentlich wichtig. Sie können einander nicht verraten, verachten und verloren geben.»[30]

In dieser doppelten Bestimmung liegt eine Herausforderung für die Kirche heute. Die erste der eben genannten Dimensionen – die bereits gegebene Einheit der Christen und Christinnen in Christus – hat Relevanz im Bereich der ökumenischen und weltweiten Verständigung der Kirchen. Immer wieder besteht die Gefahr, zwischen den Konfessionen inhaltliche Differenzen höher zu gewichten als die Einheit in Christus. Die verschiedenen Konfessionen sind keineswegs überholt, denn sie sind konkrete Prägungen des christlichen Glaubens, die aus geschichtlichen, kulturellen und regionalen Gründen so geworden sind, wie sie sind. Sie geben dem christlichen Glauben konkrete Gestalt. Aber: Diese konfessionellen Prägungen dürfen nicht dazu führen, den anderen an Christus Glaubenden das Christsein oder das Kirchesein abzusprechen.

Die zweite der eben genannten Dimensionen hat Relevanz für das konkrete kirchliche Leben vor Ort. Zur Kirche gehört es, dass Menschen konkret zusammenkommen, im Gemeindegottesdienst, aber auch in anderen Veranstaltungen der Gemeinde. Wo dies nicht mehr stattfindet, ist es schlecht um die Kirche bestellt. Nun hat dieser «Rückzug auf eine vermeintlich rein geistliche Gemeinschaft oder [... die] Flucht in eine nur individuelle Beziehung zu Jesus

27 Karl Barth, Dogmatik im Grundriss, Zürich [11]2013, 165.
28 Barth, Dogmatik (Anm. 27), 166.
29 Barth, Dogmatik (Anm. 27), 167.
30 Votum des Theologischen Ausschusses (Anm. 22), 34.

Christus»[31] nicht selten einen betrüblichen Anlass: Menschen können nicht vergessen, dass sie mit einer konkreten Gemeinde negative Erfahrungen gemacht haben. Sie haben unter Menschen einer konkreten Gemeinde gelitten, kommen nicht damit zurecht, dass sich das, was die Gemeinde eigentlich sein soll: ein Ort von Rechtschaffenheit und Liebe, so wenig in dem wiederfinden lässt, was sie konkret erfahren haben. Hier zeigt sich eine ernüchternde Differenz zwischen geglaubter und erfahrener Kirche: «Geglaubt wird die eine Kirche, erfahren dagegen eine zerrissene und zerstrittene Christenheit. Geglaubt wird eine heilige Kirche; erfahren wird dagegen ein eigenmächtiges menschliches Unternehmen. Geglaubt wird eine allgemeine Kirche; erfahren werden dagegen vielfältig abgegrenzte Kirchen. Geglaubt wird eine apostolische Kirche; erfahren werden dagegen von sich selbst redende und auf sich selbst bezogene Menschen.»[32] Wie mit dieser Differenz umgehen? Herausfordernd hat es Cyprian, Bischof in Karthago im 3. Jahrhundert, ausgedrückt: «Selbst wenn es in der Kirche Unkraut zu geben scheint, sollten unser Glaube bzw. unsere Liebe nicht behindert werden, so dass wir, weil wir sehen, dass Unkraut in der Kirche ist, uns von der Kirche entfernen. Wir müssen einfach danach streben, das gute Getreide sein zu können.»[33]

2. *Jesus Christus handelt in der Gemeinde*

Karl Barth berichtet, wie aus seiner Sicht der erste Satz der dritten These entstanden ist: Er habe «von vielen (theologischen) Ärzten» «viel zu erleiden» gehabt: «‹In Wort und Sakrament› verlangte z. B. ein Lutheraner – ‹durch den Heiligen Geist› wusste ein Reformierter prompt und mit Erfolg hinzuzusetzen. Was von den alten Schläuchen zu retten war, sollte eben mit Fleiss gerettet werden.»[34]

Nun, ganz so alt, gar veraltet sind die Schläuche nicht. Wenn es in der These heisst, dass in der Gemeinde «Jesus Christus in Wort und Sakrament durch den Heiligen Geist als der Herr gegenwärtig handelt»,[35] dann sind damit die Grundelemente von Kirchesein nach *evangelischem* Verständnis benannt. Die

31 Votum des Theologischen Ausschusses (Anm. 22), 38.

32 Votum des Theologischen Ausschusses (Anm. 22), 37f.

33 Cyprian, Epistula 54, 3, zitiert nach Pamela Bright, Art. Ekklesiologie und Sakramentenlehre: Volker Henning Drecoll (Hg.), Augustin Handbuch, Tübingen 2007, 506–518 (512).

34 Karl Barth, Barmen: Schulze (Hg.), Barmen 1934–1984 (Anm. 10), 8–17 (15).

35 Theologische Erklärung (Anm. 14), 39.

von Lutheranern wie Reformierten gemeinsam unterzeichnete Leuenberger Konkordie von 1973 formuliert immerhin ganz analog: «In Verkündigung, Taufe und Abendmahl ist Jesus Christus durch den Heiligen Geist gegenwärtig.»[36] Insofern können auch für eine reformierte Auslegung von Barmen III beide Hinzusetzungen berücksichtigt werden und muss keine Beschränkung auf den Heiligen Geist stattfinden.

Dafür ist zunächst wichtig: In der Gemeinde handeln nach Barmen III nicht einfach Menschen, auch nicht der Pfarrer oder die Pfarrerin. In der Gemeinde handelt Jesus Christus – ein Gedanke, der in besonderer Weise den reformierten Bekenntnissen entspricht.[37] Wie ist dies zu verstehen? Es ist ja ein menschlicher Mund, der predigt, und eine menschliche Hand, die die Sakramente austeilt. Die Aussage hat eine normative und eine dogmatische Dimension.[38]

Zunächst beschreibt sie die erforderliche *inhaltliche Orientierung* des Handelns der Menschen in der Kirche. Denn im Handeln der Menschen in der Kirche geht es nicht darum, dass sie sich selbst darstellen, geht es nicht um ihre eigene argumentative oder liturgische Kompetenz. Das Handeln der Menschen, wenn es denn kirchliches Handeln ist, soll in seinem Kern und Wesen auf Jesus Christus verweisen, soll das göttliche Wirken in ihm darstellen, erinnern, zum Ausdruck bringen.[39]

Und die Behauptung bringt den *Glauben* zum Ausdruck, dass in diesem Christus darstellenden Handeln der menschlichen Subjekte tatsächlich Jesus Christus selbst handelt. *Wort* und *Sakrament*, das sind nach reformatorischem Verständnis[40] – und Barmen wiederholt dies –, die Orte, an denen Jesus Christus in besonderer Weise in der Kirche gegenwärtig ist und Menschen begegnet. Hier kommt Jesus Christus heute dem Menschen immer noch nahe. Diese Nähe ist nicht mehr so wie damals, vor 2000 Jahren, als Menschen diesem Menschen leibhaftig begegnen konnten. Und sie ist noch nicht so, wie es die Kirche erhofft: als alle zurechtbringende, eschatologische Gegenwart Jesu Christi. Aber diese Nähe ist so, dass Menschen erleben: Dieser Jesus Christus ist nicht tot, er lebt.[41]

36 Die Konkordie reformatorischer Kirchen in Europa: Leuenberger Konkordie. Eine Einführung mit dem vollen Text, hg. von Wenzel Lohff, Frankfurt a. M. 1985, 16.

37 Vgl. Weth, «Barmen» (Anm. 13), 25f. Anm. 24.

38 Vgl. dazu Votum des Theologischen Ausschusses (Anm. 22), 39.

39 Vgl. Karl Barth, Die Kirchliche Dogmatik, Bd. IV/2, Zollikon-Zürich 1955, 698.

40 Barmen nimmt hier Confessio Augustana, Art. VII, auf (vgl. Welker, Barmen [Anm. 21], 68).

41 Vgl. für Taufe und Abendmahl die Leuenberger Konkordie: «In ihr [der Taufe] nimmt Jesus Christus den der Sünde und dem Sterben verfallenen Menschen unwiderruflich in seine Heilsgemeinschaft auf, damit er eine neue Kreatur sei. Er beruft ihn

Warum muss man dafür konkret in der Gemeinde zusammenkommen, warum die Predigt dort hören und die Sakramente feiern? Weil mir das Evangelium von aussen *gesagt* werden muss. Dass[42] Gott mir in Jesus Christus bedingungslos nahegekommen ist, dass er mich ohne Vorbedingungen annimmt, d. h. mit mir, so wie ich bin, zusammen sein will, das ist nichts, was ich in mir als Lebensweisheit vorfinde, sondern es ist etwas, das mir *von anderen* durch Auslegung des Christusgeschehens gesagt werden muss. In mir selbst finde ich wohl eher Selbstzweifel, ob ich Gott genüge, ob ich so bin, dass Gott das Zusammensein mit mir ertragen kann, ob nicht andere viel brauchbarer sind für Gott. ... Und was ist mit all den Versäumnissen in meinem Leben oder mit dem, was ich anderen angetan habe? In mir selbst finde ich weder Grund noch Mut anzunehmen, dass mir dies vergeben werden kann und ich trotz alledem in Gemeinschaft mit Gott leben darf. Es muss mir von aussen zugesagt werden. Dietrich Bonhoeffer, Pfarrer der Bekennenden Kirche und beteiligt am politischen Widerstand gegen Hitler, hat dies so ausgedrückt: «[...] der Christ [braucht] den Christen, der ihm Gottes Wort sagt, er braucht ihn immer wieder, wenn er ungewiss und verzagt wird [...] Der Christus im eigenen Herzen ist schwächer als der Christus im Worte des Bruders [und der Schwester]».[43] Dafür sind Wort und Sakrament nötig, dafür braucht es die Gemeinde, die kirchliche Institution, die die Möglichkeit des Angesprochenwerdens auf Dauer setzt.[44]

---

in der Kraft des Heiligen Geistes in seine Gemeinde und zu einem Leben aus Glauben, zur täglichen Umkehr und Nachfolge. [...] Im Abendmahl schenkt sich der auferstandene Jesus Christus in seinem für alle dahingegebenen Leib und Blut durch sein verheissendes Wort mit Brot und Wein. Er gewährt uns dadurch Vergebung der Sünden und befreit uns zu einem neuen Leben aus Glauben. Er lässt uns neu erfahren, dass wir Glieder an seinem Leibe sind. Er stärkt uns zum Dienst an den Menschen.» (Leuenberger Konkordie [Anm. 36], 16.)

42 Das Folgende aus Christiane Tietz, Da wird auch deine Kirche sein. Welche Schätze birgt der Glauben?: Rüdiger Runge/Ellen Ueberschär (Hg.), ... da wird auch dein Herz sein (Matthäus 6,21). Theologie und Glaube. Gesellschaft und Politik, Welt und Umwelt. 33. Deutscher Evangelischer Kirchentag Dresden 1.–5. Juni 2011, Gütersloh 2011, 24–44 (29f.); auch leicht verändert aufgenommen in: Kirchenamt der EKD (Hg.), Rechtfertigung und Freiheit. 500 Jahre Reformation 2017. Ein Grundlagentext des Rates der Evangelischen Kirche in Deutschland (EKD), Gütersloh 2014, 73.

43 Dietrich Bonhoeffer, Gemeinsames Leben/Das Gebetbuch der Bibel (DBW 5), hg. von Gerhard Ludwig Müller und Albrecht Schönherr, München 1987, 13–102 (19f.).

44 Vgl. Votum des Theologischen Ausschusses (Anm. 22), 42.

Aber[45] kann ich Gott nicht auch an anderer Stelle entdecken, zum Beispiel, wenn ich bei einem Sonnenaufgang im Berner Oberland von der Schönheit der Schöpfung und der Herrlichkeit Gottes überwältigt werde? Natürlich ist das möglich; wer könnte es Gott verbieten, auch so Menschen anzurühren! Allerdings: In der Schöpfung begegnet dem Menschen nicht nur die Heiligkeit Gottes, sondern auch Härte und Grausamkeit; man denke nur an die Bilder vom furchtbaren Tsunami von 2004. Wer nur auf die Schöpfung blickt, muss sich fragen lassen: Kann, muss ich auch aus solchen Ereignissen Rückschlüsse auf Gott ziehen, also den, dass Gott ein willkürlicher, grausamer Gott ist?

In Jesus Christus und dem, was von ihm zeugt, hingegen handelt Gott eindeutig, d. h. hier zeigt er klar, wer er ist: ein dem Menschen zugewandter, ihn trotz allem treu liebender Gott. Deshalb ist der Gottesdienst mit seiner Predigt und den Sakramenten der Orientierungspunkt christlicher Existenz. Hier bekommt der Mensch einen Auslegungsschlüssel in die Hand, der ihn auch an anderen Orten die Zuwendung Gottes entdecken lässt. Wäre ich für mein Wissen um Gottes Liebe allein auf die ambivalenten Eindrücke aus der Schöpfung angewiesen, dann wüsste ich mal von Gottes Liebe – und dann müsste ich sie wieder in Frage stellen. Nur weil ich durch Verkündigung und Sakrament um Gottes verlässliche, treue Zuwendung in Jesus Christus weiss, kann ich in der Schönheit der Schöpfung die Gnade Gottes entdecken, ohne dass sie sofort durch die Ungnädigkeit der Schöpfung in Frage gestellt wird. Analoges wird man für die Begegnung mit anderen Menschen sagen. In ihr kann ich die Liebe und Treue Gottes erleben, aber wenn Menschen einander mit Hass und Ablehnung begegnen, kann man nicht darauf schliessen, dass auch Gott den Menschen so sieht. Wort und Sakrament haben für das christliche Leben eine derartige hermeneutische «Schlüssel-Bedeutung». Deshalb ist es angemessen, wenn Pfarrer und Pfarrerinnen auf die Gottesdienstvorbereitung viel Zeit verwenden – und wenn die Glaubenden ihn so oft wie möglich besuchen.

Gegen die Einladung zum Gottesdienstbesuch mag man vielleicht den Einwand formulieren, dass das Gemeindeglied im Gottesdienst doch unerträglich passiv ist. Nur sitzen und hören – das sind doch frontale, monolithische Kommunikationsformen, die sich überholt haben. Sicher ist es schön, wenn sich auch andere Gemeindeglieder neben dem Pfarrer oder der Pfarrerin an der Gestaltung des Gottesdienstes beteiligen. Aber man könnte auch auf einen Aspekt hinweisen, an den zu denken noch einmal Wolf Krötke anregt: Das Charakteristische des Gottesdienstes ist, dass in ihm «Menschen zu *Hörenden*

45 Dieser und der folgende Abschnitt leicht verändert aus Tietz, Kirche (Anm. 42), 32ff.

[werden]. Sie müssen hier nichts leisten. Das Wort Gottes unterbricht vielmehr den Zwang zur Leistung, aus dem heraus so viele Menschen in unserer Zeit leben. Es unterbricht auch den Zwang zur religiösen Leistung, indem es zum heilsamen Müssiggang des Glaubens und des Hörens einlädt. Indem sie nichts tun als hören und sich freuen an Gottes Gegenwart, sind die Christen eine Gemeinschaft, die allein durch das Evangelium begründet wird.»[46]

Auf einen Aspekt sei am Ende dieses Abschnittes noch gesondert hingewiesen: Während die Glaubenden untereinander Geschwister sind, ist nach Barmen III Christus *der Herr*. «Er ist das begründende und bestimmende Subjekt der Kirche, insofern er in ihr als der Herr gegenwärtig handelt und sie durch dieses Handeln je neu schafft und erhält.»[47] Das bedeutet, dass die Kirche darauf vertraut, aber zugleich auch je und je davon abhängig ist, dass Jesus Christus in ihr handelt und in ihr spricht. «Jede fraglos vorausgesetzte Selbstwirksamkeit der kirchlichen Wortverkündigung und Sakramentsverwaltung, als seien sie mit dem ‹Wort Christi› ohne weiteres identisch, ist damit ausgeschlossen.»[48] Dafür steht die Rede *vom Heiligen Geist* gut. Gott hat sich in Jesus Christus nicht so verfügbar gemacht und gebunden, dass der Mensch ihn nun in seiner Hand hätte. Die Gemeinde ist vielmehr stets darauf angewiesen, dass der Heilige Geist dem Menschen das Wort und das Sakrament so aufschliesst, dass sein Herz berührt wird und er merkt: Hier, in diesem Bibelvers, ist von mir die Rede; das Sakrament gilt mir.

Weil Wort und Sakrament die zentralen Orte sind, an denen Jesus Christus in der Kirche gegenwärtig handelt, deshalb braucht es Menschen, die in besonderer Weise dazu ausgebildet sind, das Wort zu verkündigen und die Sakramente zu verwalten. Es ist eine gute Tradition in der evangelischen Kirche, dass dafür eine solide akademische Ausbildung vonnöten ist. Um ein guter Pfarrer und eine gute Pfarrerin zu sein, ist auch Herzensbildung wichtig. Aber es benötigt eben auch eine langjährige akademische Bildung, weil sie dazu hilft, die Breite der biblischen Texte wahrzunehmen, bei der Predigt nicht immer nur den eigenen theologischen Lieblingsgedanken zu folgen, sich der eigenen Vorurteile beim Lesen der biblischen Texte bewusst zu sein und die christlichen Einsichten angesichts gegenwärtigen Problembewusstseins zu verantworten. Eine umfangreiche theologische Bildung der Pfarrpersonen war von Anfang an ein Zeichen evangelischer Identität. Dieses hohe Gut sollte man nicht aufgeben.

46 Krötke, Gemeinde (Anm. 23), 58.
47 Votum des Theologischen Ausschusses (Anm. 22), 39f.
48 Votum des Theologischen Ausschusses (Anm. 22), 44.

III. Das Zeugnis der Kirche von Gottes Handeln in Jesus Christus

Die Kirche soll Zeugnis ablegen. Sie ist nach Barmen III nicht um ihrer selbst willen da, sondern um der sogenannten «Welt» willen, der sie die Botschaft von Jesus Christus bezeugen soll. Barmen III entfaltet diesen Auftrag der Kirche unter verschiedenen Aspekten, denen ich im Folgenden nachgehen will.

«[...] mitten in der Welt der Sünde [...] bezeugen» – das geht uns kaum über die Lippen. Das sind doch vergangene Zeiten, in denen die Welt als sündig und die Kirche als heilig beschrieben wurde. Ja natürlich, im damaligen Kontext, im Dunkel der NS-Diktatur, war diese Beschreibung zutreffend. Heute, so scheint es, kann man die Menschen nur ansprechen, wenn man sie als immer schon von Gott geliebte Kinder anspricht und die Rede von der Sünde schlicht – weglässt.

Nun lebt aber die evangelische Predigt von der Liebe Gottes davon, dass diese Liebe Gottes Gnade ist. Das bedeutet: Der Mensch kann sie nicht selbst bewirken. An ihm selbst gibt es keinen Grund dafür, dass Gott ihn liebt. Gott liebt den Menschen nicht deshalb, weil er so liebenswert wäre. Nein, Gottes Liebe richtet sich auf den, an dem sich nichts findet, das Liebe entstehen lassen könnte. Sie richtet sich auf den, der ohne Gott leben will, auf den Menschen, der sich durch seine Leistungen vor Gott Ansehen verschaffen will, so als ob Gott nur noch der ist, der ihn gezwungenermassen anzuerkennen hat für das, was er selbst getan hat. Die frohe Botschaft sagt: Diese Selbstrechtfertigung des Menschen vor Gott geht nicht. Insofern ist sie immer damit verbunden, den Menschen damit zu konfrontieren, was er *nicht* kann, was er *nicht* ist. Dies gilt für jeden Menschen, so dass für das evangelische Sündenverständnis ganz wesentlich ist, dass alle Menschen gleichermassen in dieser grundlegenden Weise Sünder sind, der Dieb genauso wie der mildtätige Arzt. Sie unterscheiden sich «nur» in ihren Tatsünden.

Was soll die Kirche bezeugen? Nicht ihre eigene Sündlosigkeit oder Macht, sondern sie soll «als die Kirche der begnadigten Sünder [...] bezeugen, dass sie allein sein Eigentum ist». Die Kirche unterscheidet sich nicht in ihrem Sündersein von der Welt. Auch sie ist durch Sünde gekennzeichnet, immer wieder nur um sich selbst besorgt. Aber sie lebt gleichzeitig von der Versöhnung her. Sie versteht sich letztlich von Jesus Christus her, von seinem Trost und seiner Weisung. Die Kirche zeigt damit der Welt an, dass auch für die Welt das Angebot der Versöhnung gilt.

Und die Kirche soll bezeugen – und das ist vielleicht die die *gegenwärtigen* kirchlichen Verhältnisse am meisten provozierende Aussage[49] –, dass sie «in Erwartung seiner [nämlich Jesu Christi] Erscheinung lebt und leben möchte». Das Zeugnis der Kirche hat wesentlich eine eschatologische Perspektive.

Provozierend ist dies zunächst auf individueller Ebene, insofern sich die Kirche nicht selten scheut, noch von einem Leben nach dem Tod zu sprechen. Analog wird dann die Auferstehung Jesu Christi entweder als Mythos verstanden, der eine innere Veränderung in den Jüngern zum Ausdruck bringt. Oder sie gilt als Metapher für den «Sieg der Hoffnung über den Augenschein»,[50] ist Ausdruck dessen, dass nach jedem Winter ein Frühling kommt oder nach jeder Nacht ein Tag. Aber was hat eine solche Auffassung am Grab eines Menschen zu sagen? Bleibt, wenn man den Glauben an die Auferstehung Jesu und die Hoffnung auf die Auferstehung aller Toten aufgibt, dann nicht nur die nüchterne Einsicht Gerd Lüdemanns: «[...] das Aussterben der Menschheit bedeutet für den Kosmos etwa das gleiche wie das Ende eines Ameisenhaufens für unsere Erde»? Muss der «echte christliche Glaube [...] endlich wahrhaftig zu reden beginnen und unverzagt der Vergänglichkeit alles Irdischen ins Auge blicken»?[51] Aber ohne die Hoffnung auf die Auferstehung aller bleibt der Glaube an Jesus Christus der Glaube an einen Toten. Schon Paulus hat die Gemeinde in Korinth darüber aufgeklärt, was das bedeutet: «Wenn Tote nämlich nicht auferweckt werden, dann ist auch Christus nicht auferweckt worden. Ist aber Christus nicht auferweckt worden, dann ist euer Glaube nichtig, dann seid ihr noch in euren Sünden [...]. Wenn wir allein für dieses Leben unsere Hoffnung auf Christus gesetzt haben, dann sind wir erbärmlicher dran als alle anderen Menschen.» (1Kor 15,19) Der Glaube an die Auferstehung gehört zum unaufgebbaren Grundbestand des christlichen Glaubens. Woher aber gewinnt der christliche Glaube die Hoffnung auf die Auferstehung der Toten? Grund der Hoffnung ist die Erfahrung mit dem Auferstandenen. Sie war zunächst, bei den Jüngern, die Erfahrung, dass Jesus «ihnen als lebender Herr wirkkräftig erschienen war» und dass sie den Widerspruch zwischen der Erfahrung «Er ist tot» und «Er lebt» nur dadurch lösen konnten, dass sie sagten: er wurde auf-

49 Vgl. Krötke, Gemeinde (Anm. 23), 60.

50 http://www.bayern-evangelisch.de/www/download/wort-zum-feiertag-2009.pdf aufgerufen am 20.1.2012.

51 Gerd Lüdemann, Zwischen Karfreitag und Ostern: Hansjürgen Verweyen (Hg.), Osterglaube ohne Auferstehung? Diskussion mit Gerd Lüdemann (QD 155), Freiburg/Basel/Wien 1995, 13–46 (45f.).

erweckt durch Gott.[52] Für die Nachgeborenen geschieht dies dadurch, dass Gott in ihnen den Glauben an den Auferstandenen wirkt. Weil Gott diesen einen Menschen nicht im Tod gelassen hat und Menschen durch den Glauben in seine Geschichte hineingenommen sind, dürfen auch sie darauf hoffen, nicht im Tode gelassen zu werden.

Aber diese eschatologische Perspektive enthält auch die Hoffnung auf Gottes universales Reich,[53] für das in Barmen III die Rede von der Wiederkunft Jesu Christi stellvertretend steht. Sie gilt der Hoffnung, dass dereinst *alle* Tränen abgewischt werden, Tod, Leid, Schmerz nicht mehr sein wird (Offb 21,4) und ein Reich des Friedens und der Gerechtigkeit herrschen wird. Diese Hoffnung und die Orientierung an diesem zukünftigen Reich soll jetzt schon das Handeln der Kirche bestimmen. Die Kirche kann dieses Reich zwar nicht herbeiführen. Aber sie kann und soll sich in ihrem Handeln an ihm orientieren.

Die These fügt hinzu, dass die Kirche Zeugnis sein soll «mit ihrem Glauben wie mit ihrem Gehorsam, mit ihrer Botschaft wie mit ihren Ordnungen». In der damaligen Zeit ging es beim Stichwort *Ordnungen* besonders um die Frage der Gleichschaltung der Kirche mit den staatlichen Organen und die Einführung nationalsozialistischer Gesetzgebung auch in kirchliche Institutionen. Besonders umkämpft war die Frage nach der Einführung des sogenannten «Arierparagraphen» in der Kirche. Am 7. April 1933 hatte die nationalsozialistische Regierung ihn für die staatlichen Stellen erlassen: Alle Beamten mit einem jüdischen Eltern- oder Grosselternteil waren in den Ruhestand zu versetzen oder aus dem Staatsdienst zu entlassen. Im September 1933 wurde er auf der sogenannten «Braunen Synode» (braun, weil so viele Synodale in der braunen Parteiuniform kamen) auch für die Kirche der Altpreussischen Union beschlossen, so dass alle Pfarrer mit einem jüdischen Eltern- oder Grosselternteil aus dem kirchlichen Dienst entlassen wurden. Deshalb wurde von Martin Niemöller, Dietrich Bonhoeffer und anderen der «Pfarrernotbund» gegründet. Die Frage des Ausschlusses der Judenchristen aus dem Pfarramt durch die Einführung des «Arierparagraphen» ist bei den hier genannten Ordnungen ohne Zweifel mitgemeint. Aber dass dies nicht explizit gemacht wurde, wurde der Barmer Theologischen Erklärung, auch von ihrem Hauptautor Karl Barth, später nachdrücklich vorgeworfen: «Ich empfinde es [...] als eine Schuld meinerseits, dass ich sie [die Judenfrage] im Kirchenkampf jedenfalls öffentlich (z. B.

52 Ingolf U. Dalferth, Volles Grab, leerer Glaube? Zum Streit um die Auferweckung des Gekreuzigten: ZThK 95, 1998, 379–409 (390).

53 Vgl. Krötke, Gemeinde (Anm. 23), 60.

in den beiden von mir verfassten Barmer Erklärungen von 1934) nicht ebenfalls als entscheidend geltend gemacht habe.»[54]

Auch später ging es in der Bekennenden Kirche immer wieder um die Frage nach den rechten Ordnungen. Auf der Synode im Oktober 1934 in Dahlem wurde eine eigene kirchliche «Notordnung» eingerichtet. Die Bekenntnissynode vom 17. bis 22. Februar 1936 in Bad Oeynhausen lehnte die Mitarbeit in den vom Staat eingesetzten Ausschüssen zwar ab, verbot sie aber auch nicht. Gegen ein Verbot der Mitarbeit in den staatlichen Ausschüssen wurde innerhalb der Bekennenden Kirche eingewandt, dies wäre «reformierte ‹Gesetzlichkeit›»[55], aus lutherischer Sicht könnten kirchliche Ordnungen so oder anders gestaltet werden. Dietrich Bonhoeffer hielt – unter Berufung auf Barmen III – dagegen, dass die Ordnungen der Kirche um der Verkündigung willen da sind und allein am Bekenntnis der Kirche ausgerichtet sein müssen.[56]

Dieser Streit um die Ordnungen wurde in der Bekennenden Kirche mannigfach ausgetragen. Für heute wird man davon wohl Folgendes festhalten können: Die Kirche hat ihre Ordnungen so zu gestalten, dass sie damit Zeugnis von Jesus Christus ablegt. Gleichzeitig sind die Ordnungen der Kirche nicht die Sache selbst.[57] Sie sollen Zeugnis ablegen, aber sie sind nicht der Inhalt dieses Zeugnisses. Sie sind immer weltliche, historisch geprägte, kontextuell geformte Strukturen. Sie sind nicht mit einem unhistorischen Absolutheitsanspruch zu versehen. Vielmehr muss und darf gefragt werden, wie die Ordnungen in der *jeweils konkreten geschichtlichen* Wirklichkeit so ausgestaltet werden können, dass sie Zeugnis von Jesus Christus sein können. Mir scheint, der Versuch der Einrichtung einer – wie auch immer strukturell genauer zu bestimmenden – «Evangelischen Kirche in der Schweiz» verfolgt dieses Anlie-

54 Karl Barth, An Rektor D. Eberhard Bethge, Rengsdorf bei Neuwied, 1967: ders., Briefe 1961–1968 (GA 6), hg. von Jürgen Fangmeier und Hinrich Stoevesandt, Zürich 1979, 403–406 (403).

55 So das Referat dieser Position bei Dietrich Bonhoeffer, Irrlehre in der Bekennenden Kirche? (DBW 14), hg. von Otto Dudzus und Jürgen Henkys in Zusammenarbeit mit Sabine Bobert-Stützel, Dirk Schulz und Ilse Tödt, Gütersloh 1996, 700–713 (701).

56 Vgl. Bonhoeffer, Irrlehre (Anm. 55), 707.

57 Krötke nennt die lutherische Kritik an dieser Passage von Barmen III, weil sie der «Schwärmerei» Vorschub leiste, denn «sie habe die Tendenz, aus dem Evangelium die Ordnung ableiten zu wollen. Sie verletzte damit die Freiheit, in der Kirchenordnungen nach Luther als rein ‹weltliche Ordnungen› verstanden werden müssen. Sie mache damit das Evangelium zum Gesetz». Krötke sieht den Wahrheitsaspekt dieser Kritik, stellt aber die Frage, «ob die Freiheit der Kirche zur Ordnung so verstanden werden darf, dass diese Ordnung keine *innere Beziehung* zum Evangelium aufweisen muss» (Krötke, Gemeinde [Anm. 23], 59).

gen. Diesem Versuch geht es darum, eine Ordnung zu gestalten, in der die Kirche in der gegenwärtigen gesellschaftlichen Situation gegenüber der Politik und der Gesellschaft gemeinsames Zeugnis von ihrer Botschaft ablegen kann.[58]

Zum Schluss sei noch ein Blick auf die Verwerfung von Barmen III geworfen und gefragt: Was heisst es, sich in Botschaft und Ordnung nicht dem Wechsel der jeweiligen weltanschaulichen und politischen Überzeugungen zu überlassen? Das bedeutet zunächst, dass das primäre Kriterium für Botschaft und Ordnung nicht die Überzeugungen des Umfelds, sondern die Bezeugung der Botschaft von Jesus Christus sein soll. Es kann nicht darum gehen, Kirche so zu sein, dass man möglichst vielen Menschen dadurch zu Gefallen ist, möglichst wenig Anstoss erregt oder sich von den in der Gesellschaft gepflegten Überzeugungen die eigene kirchliche Position diktieren lässt (als Beispiele seien genannt die tunliche Vermeidung der Rede von Gott oder Jesus Christus in christlichen Predigten, weil man das Gefühl hat, dies sei zu fromm; oder Positionierungen in Fragen der Medizin- und Bioethik).

Dass die Kirche ihre Botschaft und Ordnung nicht dem Wechsel der jeweiligen weltanschaulichen und politischen Überzeugungen überlassen soll, bedeutet aber auch, dass die Kirche das, was sie verkündigt, immer wieder daraufhin überprüfen muss, ob die Botschaft – mehr als sie es sein sollte – durch bestimmte weltanschauliche Überzeugungen bereits überformt ist. Die Kirche muss ihre eingebürgerten Positionen immer wieder daraufhin befragen, ob in ihnen wirklich auch heute noch die Orientierung an Jesus Christus zum Ausdruck gebracht werden kann. Wolf Krötke beschreibt diese Herausforderung so: «Die Art der Botschaft und die Struktur und Ordnung der Kirche ist *nicht zeitlos*. Sie bleibt sich nicht immer gleich. Sie partizipiert an den Problemen der Zeit. Sie ist faktisch mannigfach hineinverwickelt in die konkreten Verhältnisse eines Landes, einer Kultur, einer Geschichte. Die Kirche kann aus diesen Verhältnissen nicht auswandern, wenn sie mitten in der Welt da ist. Darum begleitet die kritische Frage, wie die Kirche unter diesen Verhältnissen das *Eigentum* Jesu Christi bleiben kann, im Grunde jede konkrete Kirche.»[59] Karl Barth fasst dies so zusammen: Barmen ging es um «die fröhliche, trotzige, die verantwortliche, aber zuversichtliche Eigenexistenz der Kirche in der Ausrichtung dieser Botschaft [...] von Gottes freier Gnade».[60]

58 Vgl. das Interview mit Gottfried Locher, http://www.reformiert.info/artikel_13277.html aufgerufen am 24.3.2014.

59 Krötke, Gemeinde (Anm. 23), 55.

60 Barth, Barmen (Anm. 34), 16.

Martin Heimbucher

Gebändigte Macht in der Freiheit des Dienstes

Die Ämter in der Kirche nach These IV der Barmer Theologischen Erklärung[1]

Es gibt im Deutschen einen Begriff, in dem sich vieles bündelt, was heute kritisch gegen die Kirche in unseren Breiten eingewendet werden kann. Das ist der Begriff der «Amtskirche». Mit diesem auch in den Medien gern verwendeten Begriff werden Phänomene assoziiert wie: Bürokratie, Hierarchie, Machtmissbrauch, mangelnde Mitbestimmung und Intransparenz, insbesondere in Fragen kirchlicher Finanzen. Mit dem Ausdruck «Amtskirche» verbindet sich das Bild eines Gegensatzes zwischen «Oben» und «Unten» in der Kirche; oben die «Amtsträger», unten das «Kirchenvolk».

In dem negativ besetzten Begriff der «Amtskirche» ist vermutlich ein Gegenbild verborgen. Wenn man die Konnotationen, die mit «Amtskirche» verbunden werden, ins Positive wendet, was könnte dieses Gegenbild dann sein? Eine Kirche, die mit einem Minimum an Verwaltung auskommt, die keine Hierarchien kennt, in der Entscheidungen auf demokratische Weise getroffen werden (etwa per «Kirchenvolksentscheid»?) und in der mit den Finanzen kontrolliert und transparent umgegangen wird? Wie sollen wir sie nennen? «Gemeindekirche»? «Freikirche»? «Kirche des Volkes»? Mit einem solchen Gegenbild wären allerdings die Probleme, die mit der Vorstellung einer «Amtskirche» verbunden sind, noch nicht gelöst: Auch eine «Gemeindekirche» kommt nicht aus ohne Ämter. Auch eine «Freikirche» ist durchaus keine Kirche ohne Entscheidungsbefugnisse und Machtausübung. Auch eine «Kirche des Volkes» bedürfte der Organisation.

Schon die Genitivverbindung zwischen Amt und Kirche signalisiert ein grundsätzlicheres Problem: Sie setzt eine vorgegebene oder angemasste Leitfunktion des Amtes für die Kirche voraus. Aber sind solche Genitivverbindungen dem Wesen der Kirche überhaupt angemessen? Bischofskirche als Kirche der Bischöfe, Landeskirche als Kirche eines Landes, Basiskirche als Kirche einer Basis? Wem ist die Kirche verpflichtet und wer leitet sie eigentlich?

1 Der Vortragscharakter wurde beibehalten.

Die vierte These der Barmer Theologischen Erklärung hilft dazu, die Probleme, die mit dem Begriff der «Amtskirche» kritisch fokussiert werden, theologisch zu durchdenken. In ihren Aussagen über die Kirche werden einige der hier in Spannung zueinander stehenden Begriffe kritisch aufeinander bezogen: der Begriff der Gemeinde, der Begriff der Freiheit und der Begriff des Amtes oder der Ämter, aber auch der Begriff des Volkes. Diese essenziellen theologischen Bestimmungen der Kirche wurden 1934 formuliert, in einer Situation akuter Bedrängnis. Manchmal hilft auch eine Notlage dazu, Grundlegendes zu erkennen und zu sagen. Das war bei der Barmer Bekenntnissynode der Fall. Wir werden sehen, ob und inwieweit die Aussagen der Barmer Theologischen Erklärung in diesen Fragen auch für die Gegenwart und Zukunft der Kirche wegweisend sind.

I. Zum historischen Kontext von Barmen IV

Es gibt Situationen, da reicht ein Zitat und schon ist das Entscheidende gesagt. So ist es auch mit den beiden Bibelversen aus dem Matthäusevangelium, die der vierten These der Barmer Theologischen Erklärung als Leitmotiv vorangestellt sind. Sie präludieren die Stossrichtung der ganzen These:

> «Ihr wisset, dass die weltlichen Fürsten herrschen, und die Oberherren haben Gewalt. So soll es nicht sein unter euch; sondern so jemand will unter euch gewaltig sein, der sei euer Diener.»[2]

«Weltliche Fürsten herrschen ... Oberherren haben Gewalt»: Diese lakonische Feststellung aus dem Matthäusevangelium bedurfte im Mai 1934 keiner Erläuterung. Was diese anscheinend zeitlose Beobachtung konkret bedeuten kann,

2 Es kommt bei der Interpretation dieses Verses im Kontext der Barmer Theologischen Erklärung darauf an, den originalen Wortlaut der Lutherbibel von 1912 zu zitieren – anders als dies leider bei der Präsentation der Barmer Thesen im Evangelischen Gesangbuch geschah. Dort wurde anachronistisch und den Sinn ändernd die Fassung der revidierten Lutherbibel von 1984 eingesetzt. Der Originaltext der Barmer Theologischen Erklärung zusammen mit dem Einführungsreferat von Hans Asmussen ist zuverlässig greifbar in: Evangelische Bekenntnisse. Bekenntnisschriften der Reformation und neuere Theologische Erklärungen (Bd. 2), hg. im Auftrag der Union Evangelischer Kirchen in der EKD von Rudolf Mau, Bielefeld [2]2008, 255–279. Zusammen mit anderen Entschliessungen der Synode, begleitet von Informationen zum historischen Kontext und zur ökumenischen Wirkungsgeschichte, ist die Erklärung ebenfalls dokumentiert in: Martin Heimbucher/Rudolf Weth (Hg.), Die Barmer Theologische Erklärung. Einführung und Dokumentation, Neukirchen-Vluyn [7]2009.

stand den Zeitgenossen im Frühjahr 1934, ein Jahr nach der von den Nationalsozialisten gefeierten «Machtergreifung» drastisch vor Augen: Uniformierte Truppen marschierten durch Deutschland. Im Reichstag hatte eine braungewandete Mehrheit am 23. März 1933 mit einem «Ermächtigungsgesetz» die Weimarer Verfassung ausser Kraft gesetzt und der nationalsozialistischen Diktatur den Weg bereitet. Das Regime machte sich daran, alle gesellschaftlichen Bereiche gemäss dem Führerprinzip «gleichzuschalten». Kritische Zeitgenossen wurden bedrängt, verdrängt und aus ihren Stellen entlassen. Es gab erste Internierungen in «Konzentrationslagern».

Bald sollten auch die Kirchen in diese Uniformierung einer Gesellschaft gewaltsam eingeschlossen werden. Während sich die römisch-katholische Kirche kulturell eher als resistent gegen eine nationalsozialistische Überformung oder Unterwanderung erwies, liessen sich die Türen der evangelischen Landeskirchen für die braune Bewegung leicht aufstossen. Dafür standen vor allem die von den Nationalsozialisten unterstützten Deutschen Christen mit dem von Hitler zu seinem «Bevollmächtigten für die Angelegenheiten der Evangelischen Kirche» ernannten Königsberger Wehrkreispfarrer Ludwig Müller.

Anfang September 1933 hatte die Altpreussische Generalsynode, später «Braune Synode» genannt, mit ihrer in SA-Uniformen gewandeten deutschchristlichen Mehrheit den staatlichen «Arierparagraphen» für den Bereich der Kirche adaptiert, also den Ausschluss von «Nichtariern» aus den Beamtenverhältnissen. Im Protest dagegen konstituierte sich der Pfarrernotbund um Martin Niemöller. In den von den Nationalsozialisten auf diese Weise «zerstörten» Kirchen bildeten sich Bekenntnisgemeinschaften. Bekenntnissynoden traten zusammen, die wichtigste dann am 29. Mai 1934 in Wuppertal-Barmen.

Mit Emphase und grundsätzlicher Entschiedenheit wandte sich die Barmer Synode gegen den Versuch, die Kirche in das Hitlersystem einzugliedern. In seinem die Theologische Erklärung einführenden und interpretierenden Vortrag verurteilte der lutherische Theologe Hans Asmussen aus Hamburg die Gewaltpolitik der Deutschen Christen mit Worten, die an Eindeutigkeit kaum zu überbieten waren: Es handele sich nicht um gelegentliche Versehen Einzelner, sondern um «falsche Lehre auf der ganzen Front» und um ein Verhalten, das nicht nur gelegentlich, sondern grundsätzlich und in seiner ganzen Breite dem Evangelium, den in Kraft stehenden Bekenntnissen und der Verfassung der Deutschen Evangelischen Kirche widerstreite:

> «Wir müssten dicke Bände schreiben, um die Unsumme von Gewalttaten, Unrecht, Rechtsbeugung und Rechtsbruch aufzuzählen, in welcher diese Handlungsweise sichtbar geworden ist.»[3]

Wenn man heute diese klaren Worte des Protestes und der Anklage hört, wundert man sich, warum die Barmer Synode einerseits mit solcher Deutlichkeit die Herrschaftsmethoden der Nationalsozialisten in der Kirche anprangerte, zugleich aber zu den doch ebenso offenkundigen «Unsummen von Gewalttaten, Unrecht, Rechtsbeugung und Rechtsbruch» im politischen und staatlichen Bereich so beredt geschwiegen hat. Hier enthielt man sich betont und ausdrücklich jeder Stellungnahme. Asmussen erklärte das in aller Knappheit so: Christus wende sich ja gerade nicht dagegen, dass im Raum der Welt die Fürsten herrschen und die Oberherren Gewalt haben; über das Recht und den Wert bestimmter Staatsformen stehe der Kirche kein Urteil zu.[4]

Auch in der kirchlichen Opposition war eine Mehrheit darüber verunsichert, ob überhaupt und wenn ja wie die Kirche auf die politischen Vorgänge im Land öffentlich reagieren sollte. Allzu viele, auch in der Kirche, marschierten wenigstens im Geiste mit und flochten dem neuen Führer und seiner Bewegung öffentlich Kränze. Allzu viele, auch in der Kirche, fühlten sich nicht zuständig und zogen sich, oft unter Berufung auf eine diastatisch verstandene Zwei-Reiche-Lehre, erschrocken von den Fragen der Politik zurück. Und nur allzu wenige, auch in der Kirche allzu wenige Männer und Frauen, machten nicht mit, verweigerten sich, wurden renitent, leisteten zivilen Ungehorsam – und hatten in aller Regel dafür zu bezahlen.

Ich möchte in der folgenden Auslegung zeigen, dass die in der vierten These der Barmer Theologischen Erklärung aufgewiesene Polarität zwischen weltlicher Herrschaft und kirchlicher Struktur konsequent durchdacht keineswegs zu einer unpolitischen, weltliches Unrecht und Gewalt schweigend hinnehmenden und sich selbst genügenden Kirche führen kann. Vielmehr wird in der konsistenten theologischen Beschreibung des besonderen Wesens der Kirche aus dem Gegensatz zur politischen Herrschaft eine Spannung aufgebaut, die eine grundlegende Kritik an weltlichen Herrschaftsformen einschliesst und die darum, konsequent durchgehalten, auch zu einer expliziten Resistenz gegen die Gewaltherrschaft eines Staates führen muss.[5] Umgekehrt aber ist zu fra-

3 Heimbucher/Weth (Hg.), Barmer Theologische Erklärung (Anm. 2), 49.

4 So ausdrücklich in einem später gestrichenen Zusatz zur Verwerfung der These 3; vgl. Heimbucher/Weth (Hg.), Barmer Theologische Erklärung (Anm. 2), 60.

5 Karl Barth und Dietrich Bonhoeffer haben, jeder auf seine Weise, diese Konsequenz gezogen, während Hans Asmussen sein diastatisches Verständnis des Verhältnisses von Kirche und Staat ausdrücklich beibehielt. Dieses unterschiedliche Verständ-

gen, welche Konsequenzen sich aus diesem Gegensatz für den besonderen Charakter und die Ausgestaltung des Miteinanders innerhalb der Kirche in ihrer Struktur und unter den verschiedenen kirchlichen Ämtern ergeben.

II. Die dynamische Polarität von weltlicher Herrschaft und kirchlicher Ordnung

Die Entgegensetzung von politischer Herrschaft und kirchlicher Struktur bedeutet 1934 zunächst einen Widerspruch gegen staatliche Übergriffe auf die Kirche. Die These IV reklamiert für die Kirche einen gegenüber weltlicher Herrschaft und Gewalt geschützten Raum, bzw. eine gegenüber weltlichem Zugriff zu schützende und weltlichem Zugriff entzogene Eigenstruktur der Kirche. Das wird dann in These V auch ausdrücklich benannt:

> «Wir verwerfen die falsche Lehre, als solle und könne der Staat über seinen besonderen Auftrag hinaus die einzige und totale Ordnung menschlichen Lebens werden und also auch die Bestimmung der Kirche erfüllen.»

Diese vom Staat zu respektierende Eigenstruktur der Kirche aber folgt auch einer anderen Logik als die staatliche Ordnung. Dies zeigt *via negationis* bereits der biblische Leitvers vor der These IV an:

> «So soll es nicht sein unter euch».

Dieser kleine Satz wurde zur entscheidenden Losung, unter der sich die «Bekenntnisfront» als Kirche der gewaltsamen Gleichschaltung mit dem Nationalsozialismus widersetzte. Dies geschah ausdrücklich nicht aufgrund einer politischen Opposition gegen die aktuelle Staatsführung, sondern aus theologischen Motiven, um des Bekenntnisses der Kirche willen. Gewaltherrschaft, Diktatur, Führerprinzip mögen im staatlichen Bereich vorkommen – mit dem biblischen Text enthält sich die Barmer Theologische Erklärung einer direkten Kritik an den politischen Verhältnissen. Im Raum der Kirche aber, so sagt die Barmer Synode, widersprechen Herrschaft und Gewaltanwendung dem Bekenntnis.

Sie erneuert dabei den reformatorischen Grundsatz *sine vi sed verbo*. Die der Kirche entsprechende Handlungsweise ist das Wort, nicht aber der gewalt-

---

nis der Zusammenhänge in der Barmer Theologischen Erklärung kam spätestens 1938 verhängnisvoll zum Tragen, als sich die Wege derer trennten, die zuvor gemeinsam für die Position der Barmer Theologischen Erklärung standen.

same Zugriff. Dieser Grundsatz wird in der Barmer Theologischen Erklärung dadurch als bekenntnisrelevant aufgewiesen, dass die Kirche wesenhaft auf das «eine Wort Gottes» als der Quelle ihres Lebens zurückgeführt wird. Die Kirche des Wortes handelt durch das Wort, andernfalls handelt sie nicht als Kirche.

Damit ist für die Situation von 1934 schon viel erreicht. Die Kirche wird von vornherein und grundsätzlich herausgenommen aus allen Herrschaftsansprüchen, mit Ausnahme jenes einzigen: dem Herrschaftsanspruch Jesu Christi. «So soll es nicht sein unter euch» – angesichts brauner Synoden ist das immerhin ein klares Signal, den Trommeln des Führerstaates nicht auch in der Kirche Gehör zu schenken oder gar im Gleichtakt mitzumarschieren.

Damit werden jedoch Herrschaft und Gewalt noch nicht grundsätzlich in Frage gestellt, zumal die fünfte Barmer These Gewalt ausdrücklich als den gegebenen und «in der noch nicht erlösten Welt» notwendigen Modus weltlicher Herrschaft bestätigt: «unter Androhung und Ausübung von Gewalt» habe der Staat «in der noch nicht erlösten Welt, in der auch die Kirche steht» für Recht und Frieden zu sorgen.[6]

Noch schärfer gefragt – und dies wurde schon in den 1930er Jahren von einigen Kritikern der Theologie Karl Barths behauptet: Wird hier nicht bloss ein Herrschaftsanspruch durch einen anderen ersetzt? Wird also in Wirklichkeit gar nicht das Wesen der Herrschaft kritisiert und in Frage gestellt? Wird hier in Barmen gegen den Totalanspruch der nationalsozialistischen Weltanschauung einfach ein anderer Totalanspruch erhoben, ja wird hier nicht geradezu spiegelbildlich eine totalitäre Ideologie gegen eine andere in Stellung gebracht?

Wenn der Gegensatz zwischen kirchlichem und staatlichem Wesen auch im Sinne einer diastatischen Zwei-Reiche-Lehre deutbar war, konnte er der Illusion einer «unpolitischen» Kirche Vorschub leisten, einer Kirche, die gegenüber dem Staat zwar den Eigensinn ihrer Ordnung behauptete, die aber nichts wissen wollte von der kritischen Wechselwirkung, die die Polarität zwischen staatlicher und kirchlicher Aufgabe in beide Richtungen freisetzt. Dass es sich hierbei im Sinne der Barmer Theologischen Erklärung aber nicht um einen statischen Gegensatz handelt, sondern um eine höchst dynamische Polarität, erschliesst sich nur, wenn man die einzelnen Thesen in ihrem systematischen Zusammenhang mit dem Ganzen zu verstehen sucht.

6 Freilich besteht auch hier, in der fünften These, die Pointe in der gegenseitigen Klärung, Unterscheidung und Begrenzung des staatlichen und des kirchlichen Auftrags.

III. Die einzigartige «Herrschaft» Jesu Christi als Quelle der kirchlichen Dienststruktur

«So jemand will unter euch gewaltig sein, der sei euer Diener.»

Einmal im Jahr geht der Bischof von Rom, der Papst, öffentlich, auf dem Petersplatz, vor einigen Menschen in die Knie; er wäscht ihnen die Füsse, so wie einst Jesus seinen Jüngern die Füsse wusch. Das ist ein starkes Zeichen – und ein hochproblematisches dazu: Der Papst wäscht einem Armen die Füsse. Das Zeichen wird ja erst dort nötig und als Geste der Demut wirkungsvoll, wo einem kirchlichen Amtsträger im Übrigen ganzjährig wie einem König gehuldigt wird. Zugleich aber impliziert es eine doppelte Amts-Anmassung: Sichtbar will der Papst an der königlichen Würde Christi teilhaben, ja sie stellvertretend darstellen; sichtbar will er aber dann auch die Erniedrigung Christi verkörpern. Auch wenn das Bild das Publikum in aller Welt bewegt und erfreut; diese sympathische Geste ist, so fürchte ich doch, Ausdruck der Überforderung eines kirchlichen Amtes und seines Trägers.

Die vierte Barmer These will mehr als eine Geste sein. Sie behauptet fundamental die Struktur der Kirche als eine alternative, ja als Gegenstruktur zur weltlichen Herrschaft. In dieser Abgrenzung bedeutet das zunächst: Die Ordnung der Kirche kann nicht in Analogie, nicht in Entsprechung zur staatlichen Ordnung gebildet werden – sei es, wie in der Vergangenheit: eine Monarchie, sei es, wie in der Gegenwart: eine Demokratie.

Positiv bedeutet es: Die Struktur der Kirche muss in Analogie, in Entsprechung zu ihrem Auftrag gebildet werden. Der berühmte Grundsatz der Moderne (und insbesondere des Bauhaus-Designs): «form follows function» lässt sich in eminenter Weise auf die Kirchenordnung anwenden.

Wir haben von der historisch orientierten Exegese gelernt, dass der urchristliche Hoheitstitel «Kyrios Christos» – «Christus ist HERR» durchaus einen Gegensatz, einen Kontrast aufruft zu den *kyrioi* des Römischen Reiches, denen, die sich als Caesaren verehren, huldigen und dienen liessen. Auch hier stellt sich freilich die Frage, ob es sich beim christlichen Bekenntnis zur «Königsherrschaft Christi» lediglich um einen auf gleicher Ebene konkurrierenden Herrschaftsanspruch handelt (worauf die Kirchengeschichte des Mittelalters hindeuten könnte), oder ob damit tatsächlich eine grundlegende Infragestellung weltlicher Herrschaft gegeben ist, insbesondere und zuallererst eine Infragestellung weltlicher Herrschaftsweisen in der Kirche.

Schon der biblische Ausgangsvers identifiziert als allgemeingültiges Prinzip weltlicher Herrschaft die Kraft der Unterdrückung, eine formierende Gewalt von oben nach unten. Mit dem Begriff des «Dienens» stellt das Evangelium dem ein anderes Strukturprinzip entgegen: Bei solchem «Dienen» geht es um eine Kraft, die eine Struktur in ihrem gesamten Horizont stärkt. Es geht um die «allem Volk» dienende, es aufrichtende und ihm helfende Kraft Gottes, die uns in Jesus Christus begegnet.

Nun hat auch dieser Gegensatz an sich noch nicht unbedingt eine verändernde Wirkung. Zum einen kann der scheinbar schnell plausible Grundsatz: «Gut ist, was dem Volke dient» mühelos absorbiert werden von einem politischen Totalitarismus und also ideologisch in die Formierung eines Führerstaates oder einer entsprechend aufgebauten Kirche integriert werden. Dann entspricht jenes scheinbar alternative «Dienen» nur dem herkömmlichen weltlichen Herrschaftsverhältnis, indem es sich scheinbar selbstlos in eine weiter bestehende Hierarchie einordnet. Schnell ist mit einem solchen «Dienen» dann auch ein heimliches «Herrschen» verbunden. Auch ist man mit diesem Gegensatz noch nicht davor gefeit, dass sich ein absolutistischer Fürst wie Friedrich II. als «erster Diener seines Staates» inszeniert.

Die Barmer Theologische Erklärung gibt dazu einen wichtigen Hinweis, indem sie das «Dienen» und den «Dienst» notorisch verbindet mit dem Adjektiv «frei». So zunächst Barmen II: Durch Jesus Christus «widerfährt uns frohe Befreiung aus den gottlosen Bindungen dieser Welt zu *freiem*, dankbarem Dienst an seinen Geschöpfen». Jenes Dienen als alternatives Strukturprinzip der Kirche setzt also eine grundlegende Befreiung voraus. Nur als ein grundlegend freier Dienst wird also das «Dienen» zu einem angemessenen Ausdruck des Lebens der Kirche aus dem Zuspruch und Anspruch Gottes.[7]

Dieses notwendige Moment der Freiheit verdankt sich nach der Theologik der Barmer Thesen wurzelhaft der freien Bewegung Gottes, der sich in Jesus Christus in «freier Gnade» (vgl. Barmen VI) und souveräner Selbsthingabe den Menschen zuwendet und sie befreit. Der in Gottes Selbsthingabe zum Ausdruck kommenden Freiheit Gottes entspricht dann jener «freie, dankbare Dienst an allen seinen Geschöpfen», zu dem die Kirche berufen ist.

Gut reformatorisch (genauer gesagt: gut reformiert!) wird hier in Barmen also Kirche definiert als die Gemeinde derer, deren «einziges Haupt» Jesus Christus ist, auf dessen Stimme allein sie zu hören, dem allein sie zu vertrauen und zu gehorchen hat. Die Bekennende Kirche hat hier eine kritische Grundbestimmung der Kirche aufgenommen, die ihr als Erbe aus der Schweizerischen Reformation zugefallen ist: so schon in Zwinglis «Christliche[r] Ant-

7 Hier nimmt Barmen die Dialektik von Luthers Schrift «Von der Freiheit eines Christenmenschen» auf.

wort auf Bischof Hugo» (1524), sodann als Erster These der Reformation in Graubünden 1526 und in Bern 1528.[8]

«Christi eigen sein» ist auch nach Frage 1 des Heidelberger Katechismus bekanntlich ein Trost, eine Aufrichtung, Stärkung und Orientierung im Leben und im Sterben. Sogleich erhebt sich die Frage: Wie kann «Herrschaft» als Kategorie überhaupt «Trost» sein? Ist sie nicht nur die Ersetzung einer Abhängigkeit durch eine andere? Die Antwort lautet: Nein, sofern diese Herrschaft Christi zwar durchaus in Konkurrenz tritt zu anderen Herrschaftsansprüchen, aber eben gerade so in Konkurrenz zu ihnen tritt, dass sie eine genuin andere Art von «Herrschaft» darstellt. So konkretisiert z. B. der biblische Leitvers vor These 2 (1Kor 1,30) den Charakter des Dienens Christi mit den Begriffen: Weisheit, Gerechtigkeit, Heiligung und Erlösung.

Es handelt sich dabei um eine christologische Variation des ersten Gebots: Keine anderen Götter neben dem einen, wahrhaftigen und lebendigen Gott. Entsprechend heisst es in Barmen II als Konsequenz aus dem Bekenntnis zu Christus als dem einen Haupt und Herrn der Kirche: «Wir verwerfen die falsche Lehre, als gäbe es Bereiche unseres Lebens, in denen wir nicht Jesus Christus, sondern anderen Herren zu eigen wären».

Es wird eine Überlegenheit Gottes vor und über andere Götter vorausgesetzt und entsprechend eine Überlegenheit und Souveränität Jesu Christi gegenüber allen anderen Herren. Diese Souveränität zeigt sich aber gerade in seiner Freiheit, sich selber zum Diener aller zu machen. «Er wird ein Knecht und ich ein Herr, das mag ein Wechsel sein.» (EG 27,5)

Man verwechsle hier also nicht die Ebenen! Aus der Überlegenheit Gottes gegenüber anderen Göttern und aus der Souveränität Jesu Christi gegenüber anderen Herren und Herrschaftsformen darf keineswegs eine Überlegenheit des Christentums über andere Religionen, keine Überlegenheit der Kirche über andere religiöse Gemeinschaften und eben auch keine Überlegenheit von Christen über Angehörige anderer Religionen abgeleitet werden.

Es ist viel Unheil in der Geschichte daraus erwachsen, dass Menschen und menschliche Organisationen sich aufgrund ihrer besonderen Glaubensweise anderen Glaubensweisen überlegen fühlten. Und dies betraf und betrifft leider immer wieder auch die Christen und die Kirche. In Wahrheit ist es aber so, dass das Erste Gebot und die christologischen Hoheitsaussagen die schärfste Kritik an einer kirchlichen oder christlichen Überlegenheitsattitüde darstellen, die man sich denken kann.

8 Vgl. dazu Eberhard Busch, Die Barmer Thesen. 1934–2004, Göttingen 2004, 26.

Das bedeutet: Es gibt keine grundlegendere Kritik an Phänomenen, wie sie mit dem Begriff der «Amtskirche» verbunden sind, als die Bestimmung der Kirche als Kirche Jesu Christi.[9] Hierarchie und Bürokratie, Machtmissbrauch und Geheimniskrämerei vertragen sich allesamt nicht mit jener einzigartigen Herrschaft Christi, unter der die Kirche sich birgt und von der sie sich herausfordern lässt. «Zuspruch und Anspruch» ist ihr nach Barmen II diese Herrschaft, also: Befreiung und Verpflichtung, Trost und Ermahnung, Orientierung und kritischer Spiegel.

Die Polarität von weltlicher Herrschaft und kirchlicher Ordnung impliziert aber auch eine (in Barmen noch kaum erkannte und später nur von wenigen verstandene und entfaltete) grundlegende Kritik am Führerstaat und am totalen Staat. Je mehr der Führerstaat seine Tendenz zur absoluten Ausrichtung auf die Figur des Führers offenbarte, desto stärker musste aus der dezidierten Gegenwelt der Kirche Protest gegen die geradezu religiöse Überhöhung des «Führers» und seiner absoluten Befehlsgewalt kommen.

Ein Schibbolet wurde bereits 1934 der Streit um den Eid von Professoren, später auch von Pfarrern und Kirchenbeamten, der auf Hitler als Person geleistet werden sollte. Ein Staat aber, der sich in der Uniformierung eines Volkes eine Totalbestimmung über die Menschen anmasste, musste auf die zunächst implizite, später notwendig explizite Kritik durch die Kirche stossen. In der Denkschrift der Bekennenden Kirche von 1936 wurde diese Kritik tatsächlich formuliert.

IV. Der Dienst der ganzen Gemeinde als Prinzip kirchlicher Ordnung

Was bedeutet das aber positiv? Wenn nicht mit Herrschaft von oben nach unten, wie denn sonst?

«So jemand will unter euch gewaltig sein, der sei euer Diener.» Das Jesuswort setzt durchaus voraus, dass es auch in der Kirche «Gewaltige» (wörtlich: «Grosse») bzw. «Vornehme» (wörtlich: «Erste») gibt.[10] Aber es formuliert zugleich eine Paradoxie: «Während bei den Völkern ‹die Gewaltigen› ihrem

9 Siehe die grundlegende Ekklesiologiestudie der GEKE: Die Kirche Jesu Christi/The Church of Jesus Christ. Der reformatorische Beitrag zum ökumenischen Dialog über die kirchliche Einheit (Leuenberger Texte Nr. 1), Leipzig ^{4}2012.

10 Vgl. Der Dienst der ganzen Gemeinde Jesu Christi und das Problem der Herrschaft. Barmen IV (Bd. 2) des Theologischen Ausschusses der Evangelischen Kirche der Union, Gütersloh 1999, 56.

Status entsprechend Macht ausüben und dabei auch Gewalt anwenden, müssen die in der Kirche ‹Grossen› ein Verhalten praktizieren, das hierzu gerade im Widerspruch steht: Sie sollen als ‹Diener› handeln, ‹der Erste› soll ‹euer Knecht› sein.»[11]

Auch hier ist der Schlüssel zum Verständnis ein christologischer. Denn jener Aufruf zum Dienen hat bei Matthäus (20,28) eine Fortsetzung, indem er hinweist und vergleicht: «[...] so wie der Menschensohn nicht gekommen ist, um sich dienen zu lassen, sondern um zu dienen und sein Leben hinzugeben als Lösegeld für viele.» Wenn wir verstanden haben, dass und inwiefern die Herrschaft Christi ein *Dienst* Gottes an allen Menschen ist, dann verstehen wir auch, warum in der Kirche andere Regeln der Herrschaft gelten müssen als anderswo.

«Dienen» ist die in der Kirche geforderte andere Form des «Gewaltigseins»[12], sofern sie Teilhabe ist an der in Christus aufgerichteten Gottesherrschaft, die in nichts anderem besteht als in Gottes Dienst an der Welt. Darum ist solches Dienen in der Kirche auch nicht als Hinweis auf die Kirche selbst möglich («Seht her, wie gut wir einander dienen!»), sondern nur als Hinweis auf Christus selbst, seinen einzigartigen, ein für allemal geschehenen Dienst der Hingabe für alle Menschen.

Es handelt sich aber bei diesem «Dienen», wie die vierte These der Barmer Erklärung betont, um einen «der ganzen Gemeinde» anvertrauten und befohlenen Dienst. Alle Ämter der Kirche sind Funktionen dieses der Gemeinde aufgegebenen Dienstes.

Darum sind die Ämter von jenem Dienst her zu bestimmen. Die kirchlichen Ämter stehen im Dienst jenes umfassenden Dienstes, der der Gemeinde als Ganzer aufgetragen ist, jenes Dienstes nämlich, wie er in der sechsten Barmer These benannt wird: «die Botschaft von der freien Gnade Gottes auszurichten an alles Volk».

Damit ist ein Zweifaches gesagt:

Träger und Beauftragter dieses Dienstes ist jeder getaufte Mensch, Mann oder Frau, und er ist dies in der Gemeinschaft aller seiner getauften Schwestern und Brüder. Karl Barth hat einmal geschrieben, in diesem Sinne sei die Taufe zugleich als eine Ordination zu verstehen.[13] Das halte ich eine der Sache angemessene Variante der reformatorischen Erkenntnis vom «Priestertum

11 Der Dienst der Gemeinde (Anm. 10), 56.
12 Vgl. Busch, Barmer Thesen (Anm. 8), 61.
13 Hinweis nach Busch, Barmer Thesen (Anm. 8), 67.

aller Glaubenden». Das bedeutet aber, dass allen Getauften zur Mündigkeit in Sachen dieses Dienstes verholfen werden muss. Das wiederum ist nun eine hervorragende Aufgabe für die von der Gemeinde dazu bestellten Amtsträger.

Weil sich die Botschaft und der Auftrag der Kirche nicht etwa nur an ihre Glieder, sondern, wie es in Barmen heisst: «an alles Volk» richtet, darum ist der Dienst der Gemeinde und ihrer Ämter eben nicht auf den Horizont der Gemeinde zu beschränken. Vielmehr reicht dieser Dienst wesenhaft und bestimmungsgemäss über den Horizont der Gemeinde hinaus.

Wenn sich die Mitarbeitenden meines Kirchenamtes bewusst als «Dienstleister» der Gemeinden verstehen, ist dies durchaus ein der Sache der Kirche angemessenes Zeichen. Freilich ist der Dienst, den wir einander in der Kirche erweisen, bestenfalls ein Hinweis auf den umfassenden Dienst, zu dem wir allesamt berufen sind. Diesem Dienst der Gemeinde sind alle Dienste und Ämter in der Kirche zuzuordnen.

Die kirchlichen Ämter sind Funktionen des einen Dienstes der ganzen Gemeinde. Insofern sind sie alle gleichermassen bezogen auf das, was der Gemeinde gemeinsam ist. Das entspricht einer nicht-hierarchischen Konstellation der verschiedenen Ämter.

V. Das Miteinander verschiedener Ämter in der Kirche

Bemerkenswert ist bereits der Plural: «die verschiedenen Ämter». Dies greift neutestamentliche Formulierungen auf, so vor allem 1Kor 12,5, wo Paulus ebenfalls in einer spezifischen Polarität formuliert: «es sind verschiedene Ämter/Dienste, aber es ist ein Herr». Schon dieser Plural widerstrebt der Hierarchie; eine Mehrzahl an Ämtern widerstrebt dem Zulaufen auf ein einziges Spitzenamt in der Kirche. Der Plural entspricht auch dem ekklesiologischen Ansatz von Barmen III: Die Kirche als «Gemeinde von Schwestern und Brüdern» ist ganz grundsätzlich, nämlich aus ihrem Gegenüber zu dem einen Herrn aller, egalitär strukturiert. Egalitär aber definiere ich als gleichrangig, nicht als «egal» im Sinne von beliebig, ob «so oder so». Gegen eine dem «Belieben» einer Kirche überlassene Ordnung wendet sich der Verwerfungssatz der These IV ebenso wie gegen eine dem «Belieben» anheimgestellte Verkündigung. Beliebigkeit in der kirchlichen Ordnung bedeutet Willkür. Umso mehr fordert eine egalitäre Gleichordnung verschiedener Ämter zueinander eine klare Zuschreibung und das Zueinanderordnen der jeweiligen Aufgaben.

Die verschiedenen Ämter konstituieren[14] also «keine Herrschaft der einen über die anderen». Auch hier werden ein reformatorischer und wiederum besonders ein reformierter Grundsatz aktualisiert. Klassisch formuliert das der erste Satz der Emder Synode von 1571:

> «Keine Gemeinde soll über andere Gemeinden, kein Pastor über andere Pastoren, kein Ältester über andere Älteste, kein Diakon über andere Diakone den Vorrang oder die Herrschaft beanspruchen.»[15]

Seine Begründung findet dieser Grundsatz sowohl in der Reformationszeit als auch 1934 in Barmen in der exklusiven Christusherrschaft, durch welche die Kirche vor dem Zugriff «anderer Herren» bewahrt wird. Dieser Schutz soll nach der Barmer Theologischen Erklärung nicht nur nach aussen, also in Abwehr fremder politischer Herrschaftsansprüche über die Kirche wirksam werden, sondern genauso nach innen, als Schutz gegenüber verderblichen Herrschaftsattitüden innerhalb der Kirche selbst.

Die christologische Fundierung der Ämterlehre von Barmen entspricht dem Vorrang, den in Barmen III die Botschaft vor der Ordnung der Kirche hat. Darum ist auch Barmen IV von Barmen I und II her auszulegen, die Ämter in der Kirche sind von dem besonderen Amt Christi her zu bestimmen, grundlegend von seinem Wort-Amt her, «Zuspruch und Anspruch» zu sein «auf unser ganzes Leben». Von diesem einzigartigen Dienst Christi her («frohe Befreiung aus den gottlosen Bindungen») sind auch die Ämter bzw. die Dienste in der Gemeinde zu bestimmen.

Insbesondere Johannes Calvin hat theologische Modelle für eine Ausgestaltung und für das Miteinander der verschiedenen Ämter in der Kirche entworfen. In Ableitung aus den verschiedenen «Ämtern» Jesu Christi als Prophet, Priester und König entwirft er vier besonders zu definierende Dienste in der Gemeinde: die Predigt, die Lehre, die Diakonie sowie die presbyteriale Ordnung.

Ohne dass daraus eine für alle Zeiten brauchbare Dienstbeschreibung einzelner Ämter abzuleiten wäre, können wir doch als Hinweis auch für die Kirche heute festhalten: Die Gemeinde Jesu Christi benötigt eine auch personell differenzierte Ausgestaltung dieser Grundfunktionen in der Kirche; sie braucht

14 Auf die problematische Mehrdeutigkeit der Formulierung «begründen keine Herrschaft» weist das Votum des Theologischen Ausschusses der EKU zu Recht hin (Barmen IV [Anm. 10], 65).

15 Synode von Emden: Generalia, Paragraph 1; deutscher Text in: Emder Synode 1571–1971. Beiträge zur Geschichte und zum 400jährigen Jubiläum, hg. von der Evangelisch-reformierten Kirche in Norwestdeutschland, Neukirchen-Vluyn 1973, 49.

dafür auch besonders befähigte und dafür besonders ausgebildete Leute – ohne dass damit die grundlegende Beauftragung eines jeden Gemeindeglieds zur Teilhabe an diesen Diensten in Frage gestellt wäre.

So werden die besonders ausgebildeten und dazu berufenen Amtsträger vor allem auch Multiplikatoren sein: Die Predigenden befähigen eine Gemeinde, selber das Evangelium weiterzusagen. Die Lehrenden befähigen die Gemeinde, selber vernünftig Auskunft zu geben über ihren Glauben. Die Diakone befähigen eine Gemeinde zum sozialen und barmherzigen Handeln. Die Presbyter schliesslich sorgen für die Einhaltung der «Spielregeln» und für ein der Botschaft angemessenes Miteinander in der Gemeinde und sie trainieren diese Spielregeln immer neu.

Als untauglich abgelehnt wird jedoch in der Barmer Theologischen Erklärung im Miteinander der kirchlichen Ämter dezidiert die Rolle des «Führers». Dies ist schnell verständlich vor dem Hintergrund eines totalitären Systems, dessen Führerkult eine ganze Gesellschaft erfassen und eine Nation auf einen Führer hin formieren wollte. Heute verstehen wir leicht, dass das Ziel dieser Formierung der Krieg war, zu dem der «Führer» sein ganzes Volk abrichten und hinreissen wollte.

Wenn heute auch in der Kirche wieder positiv von «Führung» – oder ökumenisch und ökonomisch vornehmer – von *leadership* die Rede ist, fordert die Barmer Theologische Erklärung kritische Vorsicht. Im Gefälle ihrer Systematik kann «Führung» allenfalls ein kooperatives Führen sein, das die Führungsverantwortung der ganzen Gemeinde stärkt und damit das Vertrauen und den Gehorsam allein gegenüber jenem ganz anderen «Führer», der der einzige wirklich «gute Hirte» ist. Ganz entsprechend fordert und stärkt diese Logik auch im politischen Bereich eben keine «Führungskräfte» isoliert, sondern die Verantwortung aller, «der Regierenden und der Regierten» (vgl. These V).[16]

Nicht *ein* Amt, nicht *eine* Funktion, nicht *ein* Dienst darf in der Kirche die anderen beherrschen. Manchmal beschleicht einen das Gefühl als wären es heute die Haushalts- und Finanzgremien der Kirche, die sehr weitgehend zumindest Vorentscheidungen treffen.

Dann kommt es darauf an: Wie sind sie besetzt? Sitzen hier allein die Rechner, oder machen sie ihre Haushaltsvorschläge im Gespräch mit den Ver-

16 Vgl. Busch, Barmer Thesen (Anm. 8), 63, der die Gemeinde trefflich als «eine Gegengesellschaft gegen das Modell einer verantwortungslosen Gesellschaft» bezeichnet.

antwortlichen der verschiedenen Arbeitsbereiche einer Gemeinde oder einer Landeskirche?

In meiner noch relativ jungen Praxis als Kirchenpräsident ist es mir Orientierung und Hilfe, dass meine Kirchenleitung «Moderamen» genannt wird. Kirchenleitung wird von mehreren Menschen mit unterschiedlicher Profession in einem mehrköpfigen Gremium wahrgenommen. Das Moderamen hat nach meinem Verständnis, ebenso wie auch der Kirchenpräsident, der die Sitzungen leitet, zunächst eine *moderierende* Aufgabe. Dabei geht es nicht allein um einen geordneten Ablauf im Austausch der Positionen und Argumente. Es geht zugleich auch um die notwendige Relativierung einzelner Ansprüche. Wo sie konkurrieren, sind sie moderat, massvoll zueinander in Beziehung zu setzen. Moderation heisst aber zuletzt auch in einem profilierten Sinne, die unterschiedlichen Verantwortungsebenen deutlich werden zu lassen: Es gibt eine gemeindliche, es gibt eine regionale und es gibt eine gesamtkirchliche Verantwortung. Und diese Verantwortungsebenen sind miteinander in ein verbindliches Gespräch zu bringen. Das geschieht in der Erwartung, dass wir jeweils nicht nur als Interessenvertreter einer bestimmten Ebene auftreten, sondern miteinander – im Gespräch, im Disput und in der möglichst einmütigen Entscheidung – Verantwortung übernehmen für das Einzelne wie für das Ganze.

Schluss: Erinnerung an die eschatologische Überholung von Staat und Kirche

Die Ämter der Kirche haben mit ihrem Miteinander ihre Befreiung von der gottlosen Bindung durch Herrschaft und Gewalt zu bezeugen. «Mitten in der Welt der Sünde» lebt sie (wie in These II und V eigens betont wird) «als die Kirche der begnadigten Sünder»: Sie hat anderen Menschen nichts voraus.

Auch in der Kirche gibt es Interessen, Konflikte, Politik, Machtkämpfe. Daran sieht man, dass sie «mitten in der Welt der Sünde» lebt. Aber darum ist noch keineswegs gerechtfertigt, dass es in der Kirche zugehe wie überall. Im Gegenteil: Darin besteht die Herausforderung, dass die Kirche in jener Welt, in der sie lebt, und trotz allem Menschlich-Allzumenschlichen, das auch in ihr begegnet, mit ihrer Botschaft und Ordnung ein Zeugnis für jene ganz andere Herrschaft Christi zu geben hat.

Sofern die Kirche allein der Kraft des Wortes vertraut und gehorcht, «durch das Gott alle Dinge trägt», orientiert sie sich selber gerade nicht mehr am Beispiel der staatlichen Herrschaft. Sie orientiert sich vielmehr in ihrem Tun und Lassen an der ihr von Gott zugesprochenen «frohen Befreiung aus den gottlosen Bindungen dieser Welt». Auch damit erinnert sie sich selber und andere «an Gottes Reich, an Gottes Gebot und Gerechtigkeit» (vgl. These V).

Torsten Meireis

Recht, Frieden und Gewalt nach göttlicher Anordnung?

Zur Revision der politischen Theologie in der fünften Barmer These

> «Fürchtet Gott, ehrt den König. (1. Petr 2,17) Die Schrift sagt uns, dass der Staat nach göttlicher Anordnung die Aufgabe hat, in der noch nicht erlösten Welt, in der auch die Kirche steht, nach dem Mass menschlicher Einsicht und menschlichen Vermögens unter Androhung und Ausübung von Gewalt für Recht und Frieden zu sorgen. Die Kirche erkennt in Dank und Ehrfurcht gegen Gott die Wohltat dieser seiner Anordnung an. Sie erinnert an Gottes Reich, an Gottes Gebot und Gerechtigkeit und damit an die Verantwortung der Regierenden und Regierten. Sie vertraut und gehorcht der Kraft des Wortes, durch das Gott alle Dinge trägt.
> Wir verwerfen die falsche Lehre, als solle und könne der Staat über seinen besonderen Auftrag hinaus die einzige und totale Ordnung menschlichen Lebens werden und also auch die Bestimmung der Kirche erfüllen. Wir verwerfen die falsche Lehre, als solle und könne sich die Kirche über ihren besonderen Auftrag hinaus staatliche Art, staatliche Aufgaben und staatliche Würde aneignen und damit selbst zu einem Organ des Staates werden.»[1]

Die negative historische Stossrichtung der berühmten fünften Barmer These, die inhaltlich zwischen der Ablehnung einer hierarchisch-autoritären, nach dem «Führerprinzip» organisierten Kirchenordnung (IV) und der Verpflichtung der Kirche auf die Botschaft der freien Gnade in Christus (VI) zu stehen kommt, ist nur wenig umstritten. Gegen den Totalitarismus des nationalsozialistischen Staates werden hier die Eigenständigkeit der Kirche und die Differenz von Kirche und Staat betont.

Wiewohl dies in der Zeit des Nationalsozialismus von hoher Bedeutung war, lässt sich fragen, ob ein solches Votum in einer Zeit selbstverständlichen gesellschaftlichen Pluralismus noch relevant sein kann. Denn die theologischen Streitigkeiten in der Folge – etwa die Kontroverse um die Verhältnisbestimmungen von Kirche und Staat im Kontext von Zwei-Regimenten-Lehre und prophetischem Wächteramt der Kirche, die sich dann im Streit um die

1 Alfred Burgsmüller/Rudolf Weth (Hg.), Die Barmer Theologische Erklärung. Einführung und Dokumentation, Neukirchen-Vluyn ³1984, 38.

Wiederbewaffnung Deutschlands oder die Atomrüstung konkretisierte[2] – sind abgeebbt. Eine zivilgesellschaftliche Beteiligung an der politischen Meinungsbildung – in der Regel auf verschiedenen Seiten – im Rahmen eines durch die mehr oder weniger hinkende Trennung von Kirchen und säkularem Staat gekennzeichneten Gemeinwesens wurde zum protestantischen Normalfall: und dies sowohl in den Regimen, die Religions- und Versammlungsfreiheit grundsätzlich zugestanden als auch in jenen, die dies zu verhindern trachteten. Zudem scheint die öffentliche Bedeutung der Kirchen und Religionsgemeinschaften ohnehin rückläufig[3] und so könnte man vermuten, dass die Frage nach der Beziehung von Theologie, Glaube und Kirche zur Politik, nach politischer Theologie, ihre Relevanz eingebüsst hat.

Allerdings lehrt schon ein oberflächlicher Blick in die Tagespresse, dass diese Vermutung nur wenig Anhalt an der Wirklichkeit hat. Denn nach wie vor sind religiöse Fragen auch solche der Identität und damit für diejenigen, die sie betreffen, von höchster Brisanz: etwa, wenn Menschen den Eindruck gewinnen, als die, die sie sind, nicht gewünscht oder auch nur anerkannt zu sein und vom Zugang zu den materiellen und partizipativen Ressourcen ausgeschlossen zu werden. Man denke an die Kontroversen um den europäischen Islam, die sich an Konflikten um Kopftücher und Minarette festmachen,[4] um die Frage nach öffentlicher Finanzierung der christlichen Kirchen,[5] den Streit um den staatlichen Umgang mit der Beschneidung,[6] um den Militärdienst der

2 Vgl. hierzu bereits Hans Walter Schütte, Zwei-Reiche-Lehre und Königsherrschaft Christi. Handbuch der Christlichen Ethik, Bd. 1, Freiburg u. a. 1982, 339–353; vgl. weiterhin Martin Honecker, Grundriss der Sozialethik, Berlin u. a. 1995, 14–31; vgl. Eberhard Busch/Bernd Wannenwetsch, Königsherrschaft Christi: RGG^4, 4, 2001, 1586–1589 sowie Eilert Herms, Zwei-Reiche-Lehre/Zwei-Regimenten-Lehre: RGG^4, 8, 2005, 1936–1941. Zur Konkretion vgl. Wolfgang Huber/Hans-Richard Reuter, Friedensethik, Stuttgart u. a. 1990, 158–186.

3 Vgl. etwa für die Schweiz Jörg Stolz/Edmée Balliff, Die Zukunft der Reformierten. Gesellschaftliche Megatrends, kirchliche Reaktionen, Zürich 2010, 75–79.

4 Vgl. hierzu etwa Mathias Tanner u. a. (Hg.), Streit um das Minarett: Zusammenleben in der religiös pluralistischen Gesellschaft, Zürich 2009; Christian Danz/ André Ritter (Hg.), Zwischen Kruzifix und Minarett. Religion im Fokus der Öffentlichkeit, Münster 2012.

5 Vgl. hierzu etwa Rudolf K. Höfer, Kirchenfinanzierung in Europa. Modelle und Trends, Innsbruck 2014; Stefan Streiff, Kirchenfinanzen in der pluralistischen Gesellschaft. Die Einnahmen reformierter Kirchen in der Schweiz aus theologischer Perspektive, Zürich u. a. 2008.

6 Vgl. hierzu etwa Alfred Bodenheimer, Haut ab! Die Juden in der Beschneidungsdebatte, Göttingen 2012 (dort findet sich auch das Gerichtsurteil des Landgerichts Köln vom 07.05.12, das die Beschneidung als Misshandlung eingeschätzt hatte, vgl. dazu auch die Debatte im Deutschen Ethikrat (online zugänglich unter: http://www. ethik-

Orthodoxen in Israel[7] oder um die Frage nach der politischen Bedeutung des Islam für Europa[8]. Weiterhin liessen sich der erbitterte Streit um die *invocatio Dei* in einer projektierten europäischen Verfassung,[9] die Debatte um die Theologoumena in der Schweizer Bundesverfassung[10] und natürlich die Problematisierung der Plausibilität der politischen Trennung von Säkularität und Religion anführen, die der postkoloniale Politologe Talal Asad vornimmt.[11] Schliesslich ist als Beispiel der bleibenden Bedeutung der Religion im politischen Kontext auch die Frage nach dem religiösen Stellenwert des modernen Nationalstaates zu nennen, der Opfer fordern und Schwüre annehmen darf, wie sie für die USA zuletzt Paul Kahn aufgeworfen hat[12] und die sowohl in den Bürgerdemonstrationen der ehemaligen DDR als auch – wenngleich in anderer Weise – in den aktuellen Kontroversen um die Ukraine neben den wirtschaftlichen Fragen für alle Beteiligten nicht ganz ohne Bedeutung sein dürfte.

Da die Frage nach dem Verhältnis von Religion und politischem Gemeinwesen sich auch unter veränderten Bedingungen so brennend stellt wie eh und je, möchte ich eine synchrone Perspektive einnehmen und die systematische Bedeutung der fünften Barmer These untersuchen, also die Frage aufwerfen, ob diese These auch unter den veränderten zeitgenössischen Bedingungen von Belang sein kann.

Die These, die ich in dieser Frage vertreten möchte, lautet, dass die Barmer Theologische Erklärung in der Tat nach wie vor bedeutsam ist, weil die systematische Relevanz von Barmen V in einer Revision der Konstitution politischer Theologie besteht, die auch die materiale Fassung der Theologie in der theologischen Erklärung selbst transzendiert.

---

rat.org/dateien/pdf/plenarsitzung-23-08-2012-simultanmitschrift.pdf aufgerufen am 19.10.2012).

7 Vgl. http://www.bbc.com/news/world-middle-east-26542316 aufgerufen am 15.03.2014.

8 Vgl. etwa Bülent Ucar (Hg.), Islam im europäischen Kontext. Selbstwahrnehmungen und Aussensichten, Frankfurt a. M. 2013; Hans-Jörg Schmid, Islam im europäischen Haus. Wege zu einer interreligiösen Sozialethik, Freiburg i. Br. 2012.

9 Vgl. hierzu etwa Jan Schmidt, Religion, Gott, Verfassung. Der Religions- und Gottesbezug in der Verfassung pluralistischer Staaten, Frankfurt a. M. 2010.

10 Zum Begriff der Würde der Kreatur in der schweizerischen Bundesverfassung vgl. etwa Heike Baranzke, Würde der Kreatur? Die Idee der Würde im Horizont der Bioethik, Würzburg 2002, 15–52.

11 Vgl. Talal Asad, Formations of the Secular. Christianity, Islam, Modernity, Stanford 2003.

12 Vgl. Paul Kahn, Political Theology. Four New Chapters on the Concept of Sovereignty, New York 2011.

Dieser Deutungsvorschlag soll in einem ersten Abschnitt erläutert werden, um in einem zweiten einige von dort aus gewonnene Anfragen an die materialen Parameter der in der fünften Barmer These gebotenen politischen Theologie zu skizzieren. Im dritten Teil soll diese auf die Aufgabe protestantischer Kirchen im politischen Kontext zugespitzt werden, um schliesslich die behauptete Revision der Konstitution politischer Theologie in ein ihr angemessenes Konzept einzubetten – es wird dies das Konzept der öffentlichen Theologie sein.

I. Barmen als Revision politischer Theologie

Zunächst ist die These etwas näher zu erläutern. Wer revidiert hier eigentlich, was wird revidiert – und was ist das Ergebnis der Revision?

Knapp zusammengefasst revidieren der hier vorgelegten Argumentation nach die *Bekennenden im Namen der Kirche* die bis dato *geltenden Verhältnisbestimmungen von Glaube, Kirche und dem Politischen* – mit dem Ergebnis eines christlich motivierten Programms, das die unauflösliche *Spannung von Theologie, Glaube und Politik zum konstitutiven Kern* des Verhältnisses von Glaubensgemeinschaften und politischen Gemeinwesen erklärt.

Auch wenn die Theologische Erklärung von Barmen selbst den Begriff nicht verwendet, erscheint es plausibel zu sagen, dass es in den genannten Bestimmungen um politische Theologie geht, also den Bezug der Theologie auf den Bereich des Politischen. Im Text der Erklärung lassen sich zwei gegenläufige Bedeutungslinien des Begriffs der politischen Theologie identifizieren. Indem sie beide in Spannung zueinander aufgenommen werden, ergibt sich eine dritte Bestimmung dessen, was politische Theologie bedeuten kann. Im Folgenden werden nun zunächst die beiden grundlegenden Bedeutungslinien erläutert (1., 2.), um dann die dritte zu skizzieren (3.).

1. *Klassische politische Theologie: Vom Kaiserkult zu Carl Schmitt*

Dass das Gemeinwesen, die Polis, nicht irgendwie, sondern *nach göttlicher Anordnung* durch die Anwendung von Gewalt für Recht und Frieden sorge, ist bereits die Grundlage vorchristlich-antiker politischer Theologie. Gleichwohl findet sich bekanntlich auch bei Paulus in Röm 13 ein Nachhall dieser Idee, der freilich zu den Vorstellungen aus Phil 3,20 (πολίτευμα ἐν οὐρανοῖς) durchaus in einer gewissen Spannung steht. Augustin beschreibt (und kritisiert) im Rückgriff auf Varro drei Arten der nichtchristlichen Theologie, die *theologia tripartita*, und, für uns besonders bedeutsam, die *theologia civile*: «Die dritte Art, sagt Varro, ist die, die in den Städten die Bürger und vorab die Priester wissen und handhaben sollen. Dahin gehört, welche Götter jeder zu verehren gehalten sei und durch welche Dienste und Opfer die Verehrung zu betätigen sei.»[13] Die dahinterstehende Grundvorstellung ist natürlich, dass der Kult stabilitäts- und damit herrschaftserhaltend wirkt – paradigmatisch dafür ist der Kaiserkult, der nach der konstantinisch-theodosischen Wende in die Fürbitte für die Regierung überführt wird und subsequent zu einem nie spannungsfreien, aber gleichwohl engen Verhältnis von geistlicher und weltlicher Hierarchie wird, wie sie sich etwa auch in den unterschiedlichen Versionen der mittelalterlichen Zwei-Schwerter-Lehre manifestiert. An diese Tradition, die nur kurz durch die Reformation, nachhaltig aber durch die Französische Revolution unterbrochen wird, gegen deren Wirkungen kirchliche Kreise intensiv agitieren, knüpft der katholische Jurist Carl Schmitt in wirkungsvoller Weise an, indem er postuliert, dass jede politische Gestalt eine spezifische Metaphysik impliziere: «Das metaphysische Bild, das sich ein bestimmtes Zeitalter von der Welt macht, hat dieselbe Struktur wie das, was ihr als Form ihrer politischen Organisation ohne weiteres einleuchtet.»[14] Der Monarchie entspreche der klassische Monotheismus, dem modernen Rechtsstaat, der keine Ausnahmen vom Recht zulasse, der Deismus. Dieser führe die Welt zwar noch auf Gott zurück, aber akzeptiere keine weiteren Einflussmöglichkeiten durch Wunder mehr. Er schreibe der liberalen Demokratie aber hier eine Leerstelle zu, die letztlich auf einen menschlichen Dezisionismus hinauslaufen müsse.[15] Worauf Schmitt in seiner problematischen, Politik auf das Freund-Feind-Schema reduzierenden Analyse reagiert, ist die auch durch die Religionskriege etablierte Tatsache der unhintergehbaren kulturell-religiösen Pluralität moderner Gemeinwesen, die nicht mehr unter Verweis auf eine allein gültige religiöse oder sonstige Weltanschauung stillgestellt werden kann. Die im deutschen Kontext auch durch die erzwungene Abdankung des Monarchen und Summepiskopus erzeugte Orientierungslücke der überwiegend konservativen Protestanten suchen Ordnungstheologien durch die Postulate göttlicher Ordnun-

13 Augustin, De Civitate Dei, VI, 5.

14 Carl Schmitt, Politische Theologie. Vier Kapitel zur Lehre von der Souveränität, Berlin [8]2004, 50–51.

15 Vgl. Schmitt, Politische Theologie (Anm. 14), 50–55.

gen[16] zu füllen, wie sie dann im bekannten Ansbacher Ratschlag aus dem Neuluthertum als Gegenentwurf zu Barmen formuliert wurden.[17]

Die Barmer Theologische Erklärung entwirft hier freilich eine interessante Strategie. Sie nimmt die alte Tradition der den Bestand der Herrschaft affirmierenden politischen Theologie auf, aber so, dass sie – ebenfalls traditionelle – Bestimmungen der Sorge für Recht und Frieden so einfügt, dass sie kriteriologisch gelesen werden können. So gesehen ist dann nämlich zu fragen, was eigentlich geschieht, wenn der Staat nicht für Recht und Frieden sorgt. Damit lässt sich an die vertragstheoretischen Konzeptionen des Staates anknüpfen, wie sie in der amerikanischen *Declaration of Independence* und der französischen *Declaration des droits de l'homme et du citoyen* gegeben sind, in denen der Staat konditional zu den Zielen der ihn konstituierenden Bürger gedacht wird: Dort ist es nicht eine höhere Macht, die den Staat als gefügten Organismus stiftet und damit dem Einfluss der Bürger letztlich entzieht, sondern der auf die Bewahrung der Menschenrechte gerichtete Zusammenschluss der freien Bürger, sodass der Staat eine Berechtigung hat, solange er diese Rechte zu sichern hilft.[18] Der Hinweis, dass die Sorge für Recht und Frieden nach menschlichem Mass und menschlicher Einsicht geschehen soll, verschärft natürlich den Aspekt der Kritikbedürftigkeit dieser Herrschaft, weil menschliches Mass und Einsicht stets Erwägungssache sind.

2. Die Kontroverse zwischen Zwei-Reiche-Lehre und Königsherrschaft Christi und die Intervention der neuen politischen Theologie

Doch aufgenommen und revidiert wird nicht nur die traditioneller Herrschaft affine Gestalt politischer Theologie. Bereits das einleitende Schriftzitat nämlich eröffnet eine Differenz von Furcht, die allein Gott, und Ehre, die dem Kö-

16 Vgl. hierzu etwa Paul Althaus, Theologie der Ordnungen, Gütersloh ^{2}1935; für ein reformiertes Beispiel Emil Brunner, Das Gebot und die Ordnungen. Entwurf einer protestantisch-theologischen Ethik, Zürich ^{4}1939.

17 Vgl. Ansbacher Ratschlag 1934, in: Gerhard Niemöller, Die erste Bekenntnissynode der Deutschen Evangelischen Kirche zu Barmen, Bd. 1, Göttingen ^{2}1984, 144–148.

18 Vgl. hierzu etwa die Amerikanische Unabhängigkeitserklärung, leicht zugänglich in: Karl-Peter Fritzsche, Menschenrechte, Paderborn u. a. 2004, 187–191 (187): «Folgende Wahrheiten erachten wir als selbstverständlich: dass alle Menschen gleich geschaffen sind; dass sie von ihrem Schöpfer mit gewissen unveräusserlichen Rechten ausgestattet sind; dass dazu Leben, Freiheit und das Streben nach Glück gehören; dass zur Sicherung dieser Rechte Regierungen unter den Menschen eingesetzt werden, die ihre rechtmässige Macht aus der Zustimmung der Regierten herleiten; ...»

nig gelten soll, die noch in eine andere Richtung weist. Liest man das Zitat aus dem ersten Petrusbrief im Kontext, so lassen sich zwei interessante Beobachtungen machen. Dort heisst es: «πάντας τιμήσατε, τὴν ἀδελφότητα ἀγαπᾶτε, τὸν θεὸν φοβεῖσθε, τὸν βασιλέα τιμᾶτε». «Ehrt alle, liebt die Bruderschaft, fürchtet Gott, ehrt den König.» Erstens wird also eine Trias angemessener Anerkennung eröffnet, in der Gott die Furcht, der Gemeinde die Liebe und dem König sowie «allen» die Ehre zugewiesen wird – der König soll so offensichtlich weder gefürchtet noch geliebt werden: ersteres kommt nur Gott, zweiteres nur den Geschwistern in Christo zu. Zweitens aber gebührt dem König ganz offensichtlich nicht mehr, als allen anderen Menschen zugestanden wird, nämlich Ehre.

Weitergehend – und über das Zeugnis auch des Petrusbriefes hinaus, der 2,13–14 die Bestimmungen aus Röm 13 aufnimmt – wird nun eine besondere Aufgabe der Kirche benannt, die gegenüber der klassischen Idee der politischen Theologie durchaus neue Aspekte zur Geltung bringt und auch keineswegs ohne weiteres auf den Nenner der Zwei-Regimenten-Lehre in der Rezeption des 19. Jahrhunderts gebracht werden kann, wie sie in der Verwerfung angedeutet wird: «*Sie erinnert an Gottes Reich, an Gottes Gebot und Gerechtigkeit und damit an die Verantwortung der Regierenden und Regierten.*»

Mit dieser Aufgabenbestimmung wird ein doppelter kritischer Impetus gesetzt. Erstens werden so Reich Gottes, Gebot und Gerechtigkeit als Kriterien menschlicher Herrschaft eingeführt – und dies lässt natürlich unter anderem die religiös-soziale Kritik assoziieren, wie sie etwa in Leonhard Ragaz' theotopischer Reich-Gottes-Theologie zum Tragen kommt.[19] Zweitens aber werden nicht nur Regierende, sondern auch Regierte auf die Massgaben von Gottes Gebot, Gerechtigkeit und Reich verpflichtet: Indem auch die Regierten in der Pflicht für das Ganze stehen, wird ein rein obrigkeitliches, autoritäres Regierungs- und Staatsverständnis vermieden, denn eine Einschränkung der Verpflichtung der Regierten auf den blossen Gehorsam findet sich nicht.

Allerdings bringt auch diese kritische Bedeutungslinie politischer Theologie Probleme mit sich. Denn Gehalt und Gestalt der Erinnerung an Gottes Reich, Gebot und Gerechtigkeit werden in der fünften These der Barmer Theologischen Erklärung schlicht nicht erläutert, bilden also eine Leerstelle. Wenn es nämlich nicht nur um Recht und Frieden nach menschlichem Mass und

19 Vgl. hierzu etwa Leonhard Ragaz, Nicht Religion, sondern Reich Gottes!: Neue Wege 11, 1917, 295–306. Auch wenn Barth sich bereits in der ersten Auflage des Römerbrief (GA 16, 40–65) von Ragaz' Theologie distanziert, lassen sich die Spuren dieses Denkens in seinem Werk unschwer ausmachen, vgl. Torsten Meireis, Der Blick nach unten. Provokationen zur Gerechtigkeit bei Karl Barth: ZDTh 28 (2012), 24–43.

menschlicher Einsicht geht, sondern ein diese transzendierendes Moment – Gottes Reich, Gottes Gebot, Gottes Gerechtigkeit – eingeführt wird, dann ist zu klären, was das eigentlich genau bedeuten soll, wenn es doch immer wieder nur Menschen sind, die Politik machen.

Bekanntlich hatte bereits Barth selbst genau zur Erläuterung dieses Aspekts der Barmer Theologischen Erklärung später die Überlegungen entwickelt, die er dann in «Rechtfertigung und Recht»[20] sowie in «Christengemeinde und Bürgergemeinde»[21] vortrug, und in denen er – bei aller prinzipiellen Unterscheidung von Kirche und Staat – die Vorstellung einer Gleichnisbedürftigkeit und -fähigkeit des Staates zum Reich Gottes behauptete, die das staatsbürgerliche Handeln der Christinnen und Christen orientieren solle, wobei die von ihm präsentierten Analogieschlüsse mehr oder weniger überzeugende Qualität hatten: Dass die Vorstellung der bevorzugten Sendung Christi zu den scheinbar Verlorenen Konsequenzen für die grundlegende Gerechtigkeitsperspektive haben könne,[22] vermochte vielen mehr einzuleuchten als die Behauptung, dass die biblische Bezeichnung Christi als «Licht der Welt» die Absage an jegliche Geheimdiplomatie impliziere.[23] Die in den folgenden Jahrzehnten virulenten Kontroversen zwischen einer eher in der Tradition des Luthertums zu verstehenden Zwei-Reiche-und-Regimenten-Lehre und der stärker von Zwingli («Der Hirt») und Calvin (Institutio II, 15,2) stammenden Tradition eines prophetischen Wächteramts der Kirche, in der man Staatsvergottungs- (z. B. Ernst Wolf)[24] und Christokratievorwürfe (z. B. Franz Lau)[25] austauschte,

20 Karl Barth, Rechtfertigung und Recht: ders., Rechtfertigung und Recht/Christengemeinde und Bürgergemeinde/Evangelium und Gesetz, Zürich 1998, 5–45 (Orig. 1938, zitiert wird die Paginierung der Originalausgabe).

21 Karl Barth, Christengemeinde und Bürgergemeinde: ders., Rechtfertigung (Anm. 20), 47–80 (Orig. 1946, zitiert wird die Paginierung der Originalausgabe).

22 Vgl. Barth, Christengemeinde (Anm. 21), Abs. 17, 26–27.

23 Vgl. Barth, Christengemeinde (Anm. 21), Abs. 22, 30.

24 Vgl. Ernst Wolf, Sozialethik. Theologische Grundfragen, Göttingen 1975, 246 u. ö. sowie ders., Die «lutherische Lehre» von den zwei Reichen in der gegenwärtigen Forschung: Heinz-Horst Schrey (Hg.), Reich Gottes und Welt. Die Lehre Luthers von den zwei Reichen, Darmstadt 1969, 142–164, und ders., Königsherrschaft Christi und lutherische Zwei-Reiche-Lehre: Hans G. Ulrich (Hg.), Evangelische Ethik. Diskussionsbeiträge zu ihrer Grundlegung und zu ihren Aufgaben, München 1990, 75–97. Dabei gerät die Frage zur Debatte um das Selbstverständnis des Luthertums.

25 Vgl. Franz Lau, Die Königsherrschaft Jesu Christi und die lutherische Zwei-Reiche-Lehre: Schrey (Hg.), Reich Gottes (Anm. 24), 484–514, bes. 511: «Wo der Wahn herrscht, dass im politischen Raum Christusherrschaft aufgerichtet werden könne oder müsse, liegt dem die Meinung zugrunde, dass uns ein gewisses Wort auch zu den Problemen des politischen Lebens gegeben ist.»

wurden in den sechziger und siebziger Jahren durch die in ökumenischer Eintracht vorgebrachten Einwände der neuen politischen Theologie Johann Baptist Metz', Dorothee Sölles und Jürgen Moltmanns sowie durch das Zeugnis unterschiedlicher Befreiungstheologien unterbrochen und reformuliert.[26] Sölle, die ich hier paradigmatisch erwähne, weil sie eine Fortführung dieses kritischen Strangs aus einer stärker hermeneutisch geprägten Perspektive vornahm, suchte dabei den Begriff der «politischen Theologie» eingedenk seiner problematischen Geschichte durch die Vorstellung einer «politischen Interpretation des Evangeliums» zu deuten:

> «Politische Theologie ist [...] theologische Hermeneutik, die in Abgrenzung von einer ontologischen oder einer existenzial interpretierenden Theologie einen Interpretationshorizont offen hält, in dem Politik als der umfassende und entscheidende Raum, in dem die christliche Wahrheit zur Praxis werden soll, verstanden wird. [...] Ihr leitendes hermeneutisches Prinzip ist die Frage eines authentischen Lebens für alle Menschen. [...] Als Verstehen kann nun nur das gelten, was politisch angeeignet und vermittelt wird, was für das Leben aller in der Gesellschaft relevant ist. Das mitgebrachte Vorverständnis vom möglichen Leben aller Menschen in der Gesellschaft wird in der Begegnung mit der Botschaft kritisiert und verändert.»[27]

Sölle sucht dabei den Rückbezug auf den historischen Jesus. Es komme darauf an, «die Tendenz seines Verhaltens zu erkennen und seine Ziele in unserer Welt neu zu realisieren»[28]. Aus dieser politischen Interpretation des Evangeliums folgt: «Das Verifikationskriterium jedes theologischen Satzes ist die zukünftig ermöglichte Praxis. [...] Der Satz ‹Ihr sollt mein Volk sein› wird wahr, wenn er auch die Auftraggeber, Produzenten und Verkäufer von Napalm betrifft, wenn er also Menschen die Augen öffnet über die von ihnen mitgetragene Zerstörung des Lebens, das ihnen doch gemeinsam versprochen war.»[29]

---

26 Vgl. etwa Johann Baptist Metz, Weltverständnis im Glauben. Christliche Orientierung in der Weltlichkeit der Welt heute: ders., Zur Theologie der Welt, Mainz u. a. 1968, 11–45; vgl. auch ders., Zum Begriff der neuen Politischen Theologie 1967–1997, Mainz 1997; vgl. weiterhin Jürgen Moltmann, Theologie der Hoffnung. Untersuchungen zur Begründung und zu den Konsequenzen einer christlichen Eschatologie, München [3]1965; für die lateinamerikanische Befreiungstheologie vgl. exemplarisch Gustavo Gutiérrez, Teología de la liberación, Lima 1971; ders., Nachfolge Jesu und Option für die Armen. Beiträge zur Theologie der Befreiung im Zeitalter der Globalisierung, Fribourg 2009.

27 Dorothee Sölle, Politische Theologie. Eine Auseinandersetzung mit Rudolf Bultmann: dies., Gesammelte Werke, hg. von Ursula Baltz-Otto/Fulbert Steffensky, Sprache der Freiheit, Bd. 1, Stuttgart 2006, 35–116 (78f.).

28 Sölle, Politische Theologie (Anm. 27), 82.

29 Sölle, Politische Theologie (Anm. 27), 91–92.

Die theologischen Kategorien von Sünde und Versöhnung werden dabei politisch und gesellschaftlich interpretiert, es geht um die «Befreiung aus den zerstörenden Strukturen», um «Verlockungsmodelle der Menschwerdung des Menschen [...] Dass Gott uns alle und sogar jeden einzelnen liebt, ist eine allgemeine theologische Wahrheit, die ohne Übersetzung zur allgemeinen Lüge wird. Die Übersetzung dieses Satzes ist die weltverändernde Praxis.»[30] Die Beantwortung der Frage, worin genau der Gehalt der Erinnerung an Gottes Gerechtigkeit, Gebot und Reich und die Gestalt der christlichen ermahnenden Erinnerung liegen könne, wird hier einerseits in der Tendenz des Verhaltens des historischen Jesus, andererseits in der politisch-praktischen Umsetzung der göttlichen Verheissung gesucht. Weder die Praxis Jesu freilich noch ihre Konsequenzen sind eindeutig oder gar unumstritten. Und auch sympathisch-plausible Formulierungen wie die der Abwendung der Zerstörung des Lebens ermöglichen keine eindeutigen Antworten. Kurz vor den Interventionen Sölles formulierte Frantz Fanon im Kontext des algerischen, von beiden Seiten mit grosser Grausamkeit geführten Unabhängigkeitskriegs: «Denn wenn die letzten die ersten sein sollen, so kann das nur als Folge eines entscheidenden und tödlichen Zusammenstosses der beiden Protagonisten geschehen.»[31] Darin zeigt sich die Schwierigkeit, die weltverändernde Praxis bruchlos mit der Verheissung des Lebens zu identifizieren – Weltveränderung kann nämlich durchaus auch mit einer hochproblematischen Metaphysik der Gewalt verbunden werden.[32] Mit analogen Schwierigkeiten der Uneindeutigkeit hatte schon Karl Barth zu kämpfen, als ihm die politische Differenz zwischen dem Brief an Josef Hromadka,[33] in dem er zum bewaffneten Kampf gegen die nationalsozialistische Diktatur aufrief, und den eher deeskalierenden Äusserungen zum Sowjetregime vorgeworfen wurde.[34] Zudem bringt die Bindung göttlicher Verheissung an konkrete politische Praxis Probleme prinzipieller und prakti-

30 Sölle, Politische Theologie (Anm. 27), 115.

31 Frantz Fanon, Die Verdammten dieser Erde, Frankfurt a. M. 1981 (frz. Original 1961), 30.

32 Die berüchtigte Formulierung «... einen Europäer erschlagen heisst zwei Fliegen auf einmal treffen, nämlich gleichzeitig einen Unterdrücker und einen Unterdrückten aus der Welt schaffen. Was übrigbleibt, ist ein toter Mensch und ein freier Mensch» stammt aus dem Vorwort von Jean-Paul Sartre: Fanon, Die Verdammten (Anm. 31), 7–28 (20).

33 Vgl. Karl Barth, Brief an Prof. Hromadka in Prag, 1938: ders., Eine Schweizer Stimme: 1938–1945, Zürich 1945, 58f.

34 Vgl. Karl Barth, An Pfarrer Wolf-Dieter Zimmermann, «Unterwegs», Berlin(-West) 1950: ders., Offene Briefe 1945–1968 (GA 15), hg. von Diether Koch, Zürich 1984, 202–214.

scher Überforderung mit sich, die in der christlichen Tradition klassisch mit dem Sündenbegriff markiert werden.

Nicht nur die traditioneller Herrschaft affine, sondern auch die kritische Version politischer Theologie, die die Barmer Theologische Erklärung in ihrer fünften These präformiert und die ich hier in ihrem systematischen Anschluss, wenn auch anachronistisch, präsentiert habe, ist also keineswegs ohne Probleme: Sie liegen einerseits in der Erhebung der Gehalte möglicher Kriterien politischen Wirkens, andererseits in der Bestimmung der Form ihrer Applikation, sofern sie ein utopisches, oder besser: theotopisches[35], Moment mit sich tragen.

3. Die Revision politischer Theologie

Die fünfte Barmer These nimmt also sowohl eine eher traditionell-herrschaftsaffirmierende wie eine herrschaftskritische und unsere Realität theotopisch überschiessende Tendenz politischer Theologie auf. Die herrschaftsaffirmierende Tendenz wird dabei bereits selbst mit Attributen versehen, die eine kritische Lesart möglich machen. Die herrschaftskritisch-theotopische Tendenz freilich bleibt hinsichtlich ihres Gehalts und ihrer Form weitgehend unbestimmt. Probleme verbinden sich nun nicht nur mit der Frage, wie eigentlich die kritische Tendenz plausibel zu konkretisieren sei, sondern auch mit derjenigen, die die Kunst des Unterscheidens betrifft: Wann genau ist die Anerkennung der Wohltat existenter Herrschaft im Dienst von Recht und Frieden nach menschlicher Einsicht angemessen, wann die Erinnerung an Gottes Gebot, Reich und Gerechtigkeit?

Nun möchte ich behaupten, dass gerade die Spannung, die die Barmer Theologische Erklärung in ihrer fünften These zwischen Affirmation und Kritik aufbaut, selbst als prozedurales Kriterium expliziert werden kann, wenn wir die letzte Aussage der Affirmation hinzunehmen: «Sie [die Kirche] vertraut und gehorcht der Kraft des Wortes, durch das Gott alle Dinge trägt.» Dazu ist zunächst zu klären, was hier eigentlich mit Kirche gemeint sein könnte, die damit als Subjekt der Revision politischer Theologie in den Blick kommt, sofern sie ja in der fünften These der BTE prinzipiell als Subjekt der Bestimmungen genannt wird. Was also ist die Kirche?

35 Vgl. zum Begriff Torsten Meireis, Tätigkeit und Erfüllung. Protestantische Ethik im Umbruch der Arbeitsgesellschaft, Tübingen 2008, 288, Anm. 52.

Die dritte These der BTE erläutert die Kirche als «Gemeinde von Brüdern» und der «begnadigten Sünder», in der «Jesus Christus durch den Heiligen Geist handelt». Die Präambel benennt darüber hinaus die Kirche als im Medium des Rechts verfasste Organisation. Sowohl als Gemeinde von Geschwistern als auch in der Gestalt der durch eine Verfassung rechtlich konstituierte Organisation ist die Kirche empirisch wahrnehmbar und insofern verfügbar; diese Verfügbarkeit aber gilt nicht ohne weiteres für das im Heiligen Geist geschehende Wirken Jesu Christi in Wort und Sakrament. An dieser Stelle will ich auf die Subtilitäten der Behauptung der Bindung des Geistes an Wort und Sakrament – die gleichwohl keinen Automatismus, keine Wirkung *ex opere operato* implizieren soll – nicht eingehen.[36] Deutlich scheint jedoch, dass mit «Kirche» hier weder allein die juridisch verfasste Organisation noch bloss die Handlungsgemeinschaft der Gemeinde von Geschwistern gemeint ist, sondern beide stets in Abhängigkeit von dem unverfügbaren Handeln Christi durch den Geist gedacht werden. Diese – in der Barmer Theologischen Erklärung aufweisbare, aber nicht ausdrücklich erläuterte – Fassung des Kirchenbegriffs explizierend und präzisierend lässt sich die Kirche als geistliche und soziale Grösse beschreiben, in der – mit Albrecht Ritschl und Hans-Richard Reuter[37] – stets drei unterschiedlich gewichtete Dimensionen zu unterscheiden sind: Fundierend ist das Handeln Christi, ihm sucht die Gemeinde der Geschwister zu entsprechen, der Verstetigung und Sicherung dieses Handelns der Gemeinde von Geschwistern dient die juridisch verfasste Kirchenorganisation. Diese Ausrichtung ist – nebenbei – auch in der Verwerfung der dritten These verdeutlicht: Sowohl in der durch die Handlungsgemeinschaft von Brüdern und Schwestern ausgerichteten Botschaft wie in der rechtlichen Ordnung ist die Kirche in Christus fundiert, sodass auch die Ordnung von der Botschaft keineswegs unabhängig sein kann. Das in der Präambel genannte inklusive «wir», das auf die Kirchengliedschaft der Bekennenden abhebt, macht deutlich, dass hier auf der Ebene der Handlungsgemeinschaft von Christus her («in den Mund gelegt») der Geltungsanspruch erhoben wird, für die Kirche als Ganze zu sprechen. So verstanden, besteht Kirche nach ihrer menschlichen, verfügbaren Seite hin zentral aus derjenigen Gemeinde von Geschwistern, die dem fundierenden Wort Gottes in Christus zu entsprechen suchen. Es ist diese Suchbewegung, auf die der Schlusssatz der Affirmation zu beziehen ist, diese

36 Vgl. zur Problematik im lutherischen Kontext, wie sie sich in den entsprechenden Formulierungen CA V ergeben, Hans-Richard Reuter, Der Begriff der Kirche in theologischer Sicht: ders./Gerhard Rau/Klaus Schlaich (Hg.), Das Recht der Kirche (Bd. I.: Theorie des Kirchenrechts), Gütersloh 1997, 23–75 (46f.).

37 Vgl. Reuter, Begriff (Anm. 36).

Suchbewegung, in der die Kirche als Gemeinde von Schwestern und Brüdern «der Kraft des Wortes vertraut und gehorcht, durch das Gott alle Dinge trägt».

Wenn das so weit Dargelegte plausibel ist, so gilt, dass die fünfte These der Barmer theologischen Erklärung sowohl die herrschafts- und ordnungsbejahende, affirmative Tendenz politischer Theologie – wenn auch kriterienbewehrt – als auch ihre kritisch-theotopische Tendenz aufnimmt und in eine produktive Spannung bringt, in der die Kirche als durch das fundierende Wort Gottes konstituierte und ihm zu entsprechen suchende Gemeinde von Geschwistern im Vertrauen auf dieses Wort jeweils zu urteilen sucht. So verstanden, zielt die fünfte Barmer These programmatisch auf die je neu zu vollziehende Revision politischer Theologie, erhebt also gewissermassen die permanente Revision zum Programm und reizt jede Leserin, jeden Leser, der oder die sich überhaupt von Christus angesprochen sieht, dazu. Eine solche permanente Revision lässt die gemütliche Einrichtung in einer bestimmten Affirmation der Herrschaft genauso wenig zu wie in einer bestimmten Kritik – die menschliche Überforderung ist dabei nur in dem Masse zu vermeiden, als sich die Glieder der Gemeinde das Vertrauen in die Kraft des Wortes immer neu zusagen lassen und sich dieser Revision gehorsam immer wieder selbst unterziehen. Damit dies freilich nicht abstrakt bleibt, ist an dieser Stelle nun konsequenterweise wenigstens kurz zu fragen, was der erhobene Befund für die gegenwärtige Reflexion der materialen Gehalte der Barmer These selbst bedeutet. Es geht dabei nicht um eine wohlfeile Kritik der Nachgeborenen an den Formulierungen der Barmer Theologischen Erklärung, sondern um die produktive und daher zwingend revidierende Weiterführung des dort Gesagten.

II. Akteure und Akteurinnen politischer Theologie

Unter der Überschrift der «Akteure und Akteurinnen politischer Theologie» ist zunächst zu fragen, wer hier überhaupt eine Rolle spielt – und unter welchen Bedingungen. Die Barmer Theologische Erklärung geht hier zunächst von zwei Akteurinnen aus, deren einfache Trennbarkeit in den Verwerfungen schlicht unterstellt wird: Es handelt sich natürlich um Kirche und Staat. Dies ist angesichts der historischen Frontstellung gegen die Übernahme durch die Deutschen Christen und des plakativen, agonal zuspitzenden Charakters des Dokuments zwar durchaus nachvollziehbar – inhaltlich allerdings war diese Perspektive schon zur Zeit ihrer Abfassung unterkomplex, und zwar nicht nur intellektuell, sondern auch praktisch. Dies lässt sich etwa im Hinblick auf das Schweigen der Barmer Theologischen Erklärung gegenüber der Verfolgung der Juden verdeutlichen, deren Übergehen gerade im historischen Kontext besonders schwer wiegt. Fragt man, welche Folgerungen aus den Überlegungen von Barmen V für die weitere theologische Reflexion zu ziehen sind, lassen sich mindestens fünf Fragen stellen.

Die *erste* bezieht sich auf die Verwerfungen, die sich gegen eine staatliche Vereinnahmung der Kirche richten. Auch wenn sie in ihrer Stossrichtung verständlich sind, übergehen sie die historisch bedingte enge und vielfältige Verflechtung von als Organisation verstandenen christlichen Kirchen mit dem Staat und suggerieren so zunächst eine Trennung, die kulturell und rechtlich keineswegs besteht: Auch die im Rahmen der Bekennenden Kirche zaghaft entworfenen Versuche der vollständigen institutionellen Trennung waren nach Kriegsende schnell wieder hinfällig, und etwa im Kanton Bern ist die Kirche mindestens zu einem Teil Organ des Staates. Gewiss gibt es Gegenbeispiele und diese Art der Verflechtung ist keineswegs zwingend. Zunächst aber ist einmal zu akzeptieren, dass sie faktisch in vielen politischen Kontexten Europas – und in der spezifisch anderen Form einer *civil religion* auch in den USA – existiert: Erst dann lässt sich klären, ob es theologisch zwingend ist, sie unmittelbar aufzulösen oder unter welchen Bedingungen sie allenfalls zu akzeptieren wäre. Im historischen Kontext Europas ist diese Verflechtung natürlich von der Kompensation der rechtlichen Säkularisierung kirchlicher Güter nicht abzulösen, sodass die Verbindung von christlicher Kirche und Staat tief in die Entstehung der Nationalstaaten eingeschrieben ist. Hinsichtlich der Entflechtung oder der Weiterführung solcher Beziehungen scheint mir dabei die Grundfrage zentral, ob die staatliche Unterstützung als historisches Privileg (bestimmter) christlicher Kirchen zu verstehen ist oder ob sie staatlicherseits als Förderung der religiös-weltanschaulichen zivilgesellschaftlichen Dimension der Gesellschaft verstanden werden sollte und dann allen religiösen und weltanschaulichen Gemeinschaften zugutekommen muss, die bestimmten transparenten Kriterien genügen.

Mit dieser Frage ist die *zweite* eng verbunden, sie wurde oben bereits angedeutet: Die Barmer Theologische Erklärung thematisiert allein das Verhältnis von christlicher Kirche und Staat, und im Blick auf die Präambel wird man sagen dürfen: letztlich von Deutscher Evangelischer Kirche und Staat. Doch auch dann, wenn es allein um das Verhältnis der evangelischen Kirche zum Staat geht, ist die Ausblendung anderer konfessioneller, religiöser und weltanschaulicher Gemeinschaften nicht unproblematisch, sofern sie den weltanschaulich-religiösen Pluralismus einer Gesellschaft, mit der es der Staat zwingend zu tun hat, ignoriert. Theologisch ergibt sich dies im christlichen Kontext einerseits bereits aus der Einsicht, dass das Wort Gottes zu sehr unterschiedlichen Typen von Gemeinschaftsbildungen führen kann – lutherischen, reformierten, freikirchlichen, pfingstlichen, römisch-katholischen, orthodoxen unterschiedlicher Prägung – und diese wiederum sehr unterschiedliche Typen von Organisationen hervorbringen, die von Vereinen über staatliche Institutionen bis zu losen Gruppierungen reichen können.[38] Theologisch ist diese Einsicht deswegen qualifiziert, weil sie in der Fundierungslogik der Barmer Theologischen Erklärung begründet liegt, die die Kirche auf Jesus Christus als das Wort Gottes zurückführt und keine Einlinigkeit der sozialen Gestaltwerdung oder Organisationsbildung vorgibt. Weitergehend ist unter Verweis auf den Juden Jesus von Nazareth auch die Berücksichtigung des Judentums bedeutsam. Eine Berücksichtigung anderer Religionen und Weltanschauungen ergibt sich demgegenüber aus der Reflexion auf die Grenzen eigener Einsichtsfähigkeit der Christinnen und Christen. Andererseits impliziert die theologische Reflexion auf das politische Gemeinwesen als Verbund von Bürgerinnen und Bürgern mit pluralen religiösen und weltanschaulichen Hintergründen die Berücksichtigung dieser Gruppierungen in der Reflexion des Verhältnisses von Kirche und Staat, und zwar so, dass man ohne ausführliche Begründung der Differenz für die Kirche nur schwer fordern kann, was man anderen Gemeinschaften nicht zuzugestehen bereit ist.

Ein *drittes* Problem verbindet sich mit der Konzeptualisierung der prinzipiellen Differenz von Staat und Kirche. Die oben angestellten Erwägungen fussen sämtlich auf der Überlegung, dass der Staat nur in dem Masse weltanschauliche oder religiöse Voraussetzungen in Anspruch nehmen kann, als diese nicht zur Exklusion von Teilen seiner Bürgerinnen und Bürger führen, weil der Staat eben nicht die Bestimmung der Kirche oder einer anderen Religionsgemeinschaft übernehmen darf, dass also der Staat im wesentlichen säkular sein muss. Die Grenze zwischen Säkularität – hier verstanden als Chiffre für ein Korpus zwanglos verallgemeinerbarer Vorstellungen – und partikularer religiöser oder weltanschaulicher Perspektive bleibt aber stets umstritten. Eine Reflexion der Beziehung von Politik und Theologie im Anschluss an die Barmer Theologische Erklärung wird dieser Grenze, die sich etwa in der Konstruktion von Konflikten wie denen über Minarette, Schächtung oder Beschneidung zeigt, in denen nationale Identität, Tierschutz oder bestimmte Menschenrechte gegen das Recht auf Religionsfreiheit ins Feld geführt werden, auch dann Aufmerksamkeit widmen, wenn es sich nicht um eigene Anliegen handelt. Und sie wird den modernen liberalen Nationalstaat

38 Vgl. hierzu bereits Ernst Troeltsch, Die Soziallehren der christlichen Kirchen und Gruppen, Tübingen 1994 (Originalausgabe Tübingen 1912).

immer wieder selbst kritisch zu begleiten haben, der selbst religiöse Züge hat, wie Paul Kahn in seiner Relektüre der Schmittschen Politischen Theologie argumentiert. Denn dieser Staat fordert Identifikation und Opfer und kann so verstanden werden, dass er letztlich nur auf die authentische Dezision der Mehrheit der Bürgerinnen und Bürger zurückgeht.[39] Der von Jürgen Habermas geprägte und keineswegs unproblematische Begriff der postsäkularen Gesellschaft[40] bekommt damit – über die späte Irrtumseinsicht eines Säkularitätstheoretikers, der mit dem baldigen Ableben der Religion gerechnet hat, hinaus – eine Aktualität, die sich freilich eher zum Schauder als zum Triumph eignet.

Viertens wird gerade in der Reflexion von internen und externen Konflikten deutlich, dass auch der demokratisch-liberale Staat in der Regel der zwingenden Gewalt nicht entraten kann, auch wenn man sich darum bemüht, sie als physische Gewalt im bürgerlichen Alltag weitgehend zum Verschwinden zu bringen. Die kritische Begleitung durch die Kirche – sowohl als Handlungsgemeinschaft wie als Organisation – muss dann vor allem auf die Aufklärung und Einhegung der Gewalt zielen: Diese ist nämlich nicht nur, wie in Barmen V ausdrücklich erwähnt, im Mitteleinsatz durch die Beschränkung auf die staatlichen Zielsetzungen von Recht und Frieden zu begrenzen, sondern vom theotopischen Überschuss der Berufung auf das Reich, das Gebot und die Gerechtigkeit Gottes her immer wieder prinzipiell zu problematisieren. Weil auch das beste menschliche Gemeinwesen in Gründung und Selbsterhaltung physische Gewalt impliziert, bleibt der perennierende, problematisierende und kritische Hinweis auf die Realität der Gewalt im Kontrast zur Idee des Rechts christliche Grundpflicht – auch und gerade da, wo dieser kritische Hinweis den reibungslosen institutionellen Ablauf in Polizei, Armee, Gefängnis, Schule, Parlament, Spital oder Lebensgemeinschaft stört.[41]

Fünftens schliesslich ist eine Gegenüberstellung von Kirche und Staat allein auch soziologisch und politikwissenschaftlich etwas zu einfach gestrickt. Zum einen nämlich geht, wie wir bereits sahen, die Kirche weder in ihrer organisa-

39 Vgl. Kahn, Political Theology (Anm. 12), 2–30.

40 Vgl. Jürgen Habermas, Glauben und Wissen. Friedenspreis des deutschen Buchhandels, Frankfurt a. M. 2001, 9–31.

41 Der Einhegung staatlicher Gewalt in Bezug auf die Zielsetzungen von Recht und Frieden entspricht das im klassischen Kriterium des *debitus modus* vorgeprägte Konzept der Verhältnismässigkeit der Mittel, dem darum in der Konzeption einer Ethik rechtserhaltender Gewalt besondere Bedeutung zukommt, vgl. Torsten Meireis, Die Realität der Gewalt und die Hoffnung auf Frieden. Perspektiven des christlichen Umgangs mit Gewalt: ders. (Hg.), Gewalt und Gewalten. Zur Ausübung, Legitimität und Ambivalenz rechtserhaltender Gewalt, Tübingen 2012, 177–201.

torischen Gestalt noch in ihrer Dimension als Handlungsgemeinschaft auf, ist also auch intern stets plural verfasst. Ihre Glieder und Mitglieder sind sodann stets auch Bürgerinnen und Bürger eines Gemeinwesens, und die politischen Willensbildungen in diesen Gemeinwesen finden zudem in sehr unterschiedlichen Arenen statt. Neben den explizit durch Verfahren konstituierten politischen Institutionen, Bundes-, Lokal- und Kommunalparlamenten und -regierungen stehen zivilgesellschaftliche Organisationen und Kommunikationszusammenhänge: vom Küchen- über den Stamm- zum Kirchenkaffeetisch, den Diskussionsabend der Bürgerinitiative, des Trachtenvereins, der Gewerkschaft oder des Unternehmerverbandes.[42]

III. Evangelische Kirche und politisches Gemeinwesen

Nach der Klärung der im Kontext des christlichen Umgangs mit dem Politischen zu berücksichtigenden Parameter lässt sich nun in dem Versuch, die Barmer Theologische Erklärung weiterzudenken, konkreter danach fragen, wie eigentlich genau das Verhältnis der evangelischen Kirche zum politischen Gemeinwesen, dessen Teil sie ja zweifellos in der Regel ist, zwischen seiner kritischen Affirmation als Anordnung und der kritischen Negation im Horizont des Reiches Gottes, beschaffen sein kann.

Weil ich über meine Position im Anschluss an Karl Barth und Claude Lefort in diesem Kontext bereits Auskunft erteilt habe, darf ich mich hier etwas kürzer fassen.[43]

In theologischer Perspektive gilt, dass die Stelle der Macht von Gott in Christus eingenommen wird, der als Zentrum von Kirche und Staat gelten muss. Als allein wirklicher Staat gilt hier das kommende Reich Gottes, demgegenüber irdische Staaten als pluralistische Gebilde kein religiöses oder weltanschauliches Mandat haben und nur als Gleichnisse gelten können, die der Fürbitte bedürfen und der göttlichen Anordnung zu folgen haben, nach der sie

42 Vgl. zum politikwissenschaftlichen, auf Lowi und Kitschelt zurückgehenden Begriff der «Arenen» Tobias Jacobi, Akteurzentrierter Institutionalismus und Arenen-Konzept in der Mitbestimmungsforschung. Zum theoretischen Rahmen eines Forschungsprojekts, FagsF 47, Frankfurt a. M. 2007, online zugänglich unter: http://www. sankt-georgen.de/nbi/fileadmin/redakteure/Dokumente/FAgsFs/FAgsF_47_Institutionalismus.PDF aufgerufen am 01.03.14.

43 Zu den im Folgenden kurz wiedergegebenen Überlegungen vgl. die längere Explikation in Torsten Meireis, Die theokratische Frage. Zur politischen Ethik des Heidelberger Katechismus: Martin Ernst Hirzel/Frank Mathwig/Matthias Zeindler (Hg.), Der Heidelberger Katechismus. Ein reformierter Schlüsseltext, Zürich 2013, 173–200.

in menschlicher und damit unvollkommener Weise im Kontext der unerlösten Welt für Recht und Frieden sorgen müssen. Christinnen und Christen, die sich durch Gott in Glaube, Liebe und Hoffnung vereint hoffen und sich als Menschen zum Bekenntnis, zur Anbetung und Danksagung organisieren, bedürfen wie alle Menschen des Schutzes dieser Staaten, denen sie als Bürgerinnen und Bürger angehören. Sie verfügen dabei aber weder über ein dem säkularen überlegenes, besonderes politisches Wissen noch über ein spezifisch christliches Ordnungssystem, auch wenn sie die politischen Fragen nicht anders als im Licht des Evangeliums zu sehen vermögen. Die Macht Christi ist aber auch den Christen nicht verfügbar, weil der Glaube als freies Geschenk Gottes verstanden werden muss, das in keiner Weise menschlich erzwingbar ist. Ebenso kann die Kirche als menschliche Organisation auftragsgemäss zur Verkündigung, nicht aber vorrangig zur politischen Selbstdurchsetzung tätig sein, so dass Christinnen und Christen das irdische politische Gemeinwesen als säkulare Grösse gilt, in dem sie als Bürgerinnen und Bürger – wenn auch aus christlichem Geist – agieren und dabei in vielen Fragen zu unterschiedlichen Positionen kommen können. Weil und sofern das Zentrum der politischen Macht als radikal unverfügbar gedacht wird, ermöglicht gerade die Betonung der Herrschaft Christi die Begründung einer religions- und weltanschauungspluralen Staatlichkeit. Anders formuliert: Sofern das Zentrum der Macht menschlichem, politischem Handeln – auch und gerade dem der Christinnen und Christen! – radikal unverfügbar ist, ergibt sich eine Strukturanalogie zum demokratietheoretischen Konzept Claude Leforts, aus dessen säkularer Perspektive der Ort der Unverfügbarkeit als Leerstelle erscheinen muss. Denn die Demokratie zeichnet sich ihm zufolge gerade dadurch aus, dass der Ort der Souveränität, der Ort der letzten Macht, den klassisch der König besetzt hielt, frei bleiben muss. Dies ist der Fall, sofern die Wahlberechtigten im Akt der Wahl die Macht an die Gewählten delegieren, die sie aber stets nur auf Zeit verwalten. Die Kongruenz beider Konzepte gilt ungeachtet der Tatsache, dass dieser Ort der Unverfügbarkeit theologisch als Implikat der Majestät Gottes, bei Lefort aber als Implikat der symbolischen Konstitution repräsentativer Demokratien gedacht wird.

Die reformierte Standortbestimmung von Staat und Kirche verlangt in politischer Perspektive also genau diejenige Offenhaltung der «Leerstelle der Macht», die in der Demokratietheorie Claude Leforts beschrieben wird: Denn weder erlaubt sie eine menschlich-christliche Verfügung über eine irgendwie beschaffene transzendente Ordnung, die im politischen Kontext durchzusetzen wäre, sondern erweist jeden menschlichen Versuch der Identifikation einer solchen Ordnung als vermessen,[44] noch kann sie eine totalitäre Verfestigung dieser «Leerstelle», die das spannungsvolle Gegenüber von Zivilgesellschaft und Machtrepräsentanten zugunsten einer Einheitskonzeption auflöste, akzeptieren, und zwar weder im Namen des Christentums noch im Namen einer anderen Religion oder Weltanschauung. Im einen Falle nämlich nähmen die Christinnen und Christen in ihre Verfügung, was Gott sich in der Herbeiführung des Reiches selbst vorbehalten hat, im anderen überschritte der Staat seine Grenzen und ginge – um mit Barth zu reden – seiner relativen Selbständigkeit verlustig. Der Ort der Macht bleibt leer im Sinne von unverfügbar; die christliche Demut gegenüber Gott und dem Nächsten sowie die Einsicht in die Bedeutung der Sünde und das Ausstehen der Erlösung erfordert die Akzeptanz und bürgerliche Beförderung einer den Pluralismus schützenden und Konflikte einhegenden Partizipations- und Rechtsordnung.[45]

Auf die Frage nach der Verhältnisbestimmung zwischen kritischer Affirmation und selbstkritischer Negation des Staates durch die Kirche lässt sich damit eine dreifache Antwort geben. *Erstens* impliziert die Vorstellung des Reiches, Gebotes und der Gerechtigkeit Gottes die perennierende Kritik an Versuchen der Besetzung der unverfügbaren Mitte – weder die authentische Entscheidung des Volkes noch eine Partei, ein einzelner Politiker oder eine durch eine Bewegung verkörperte Ideologie darf der Kritik entgehen, wenn er oder sie ihre Position im Zentrum der Macht zu festigen sucht. *Zweitens* bedeutet die Deutung des Staates vom Reich Gottes her zwingend eine doppelte Kritik der (physischen) Gewalt, wie schon im vorausgehenden Abschnitt argumentiert. Einerseits muss es um die Einhegung der zur Selbsterhaltung des Gemeinwesens angesichts der Sünde nötigen Gewalt am Mass ihrer Zielsetzung, Recht und Frieden, gehen, andererseits aber um die prinzipielle Aufmerksamkeit für die problematische stete Präsenz der Gewalt des Gemeinwesens und im Gemeinwesen. *Drittens* impliziert die Vorstellung von Gottes Gebot, Gerechtigkeit und Reich eine in Gottes Rechtfertigung des Sünders begründete Idee von Gerechtigkeit und Recht, die die besondere moralische und politische Auf-

44 So ist Barths Ablehnung des Naturrechts zu verstehen, vgl. Barth, Christengemeinde (Anm. 21), Abs. 11, 16–19; zum Begriff der Vermessenheit vgl. Immanuel Kant, Kritik der Urteilskraft, Werkausgabe, hg. von Wilhelm Weischedel, Frankfurt a. M. 1968, Bd. X, B 309, Anm.

45 Für eine aktuelle lutherisch ausgerichtete Darstellung der Affinität von Demokratie und Protestantismus vgl. jetzt Arnulf von Scheliha, Protestantische Ethik des Politischen, Tübingen 2013, 273–281. Die Affinität wird dabei in Auseinandersetzung mit der älteren lutherischen Staatslehre vor allem in der Betonung der «Unbedingtheit menschlicher Freiheit» und dem Bewusstsein des «historischen Geworden-Seins» (275) gesehen, damit aber stärker versichert als eigentlich begründet.

merksamkeit vorrangig auf diejenigen richtet, deren Würde verletzt und deren Recht ignoriert wird.[46]

IV. Zur Konkretion: Öffentliche Theologie als Praxis steter Revision

Nun bleibt noch zu illustrieren, wie man sich den Vollzug der Bestimmungen, die hier im Versuch des kritischen Weiterdenkens von Barmen vorgenommen wurden, denken soll. Zunächst eine kurze Zusammenfassung: Ich hatte *erstens* behauptet, dass Barmen V eine Spannung zwischen einem herrschaftsaffirmativen und einem herrschaftskritischen Verständnis politischer Theologie aufbaut, die als Spannung selbst unter der Bedingung des Wortes Gottes steht und zu steter Revision politischer Theologie anleitet. *Zweitens* hatte ich argumentiert, dass die in Barmen vorausgesetzten Parameter politischer Theologie unterkomplex und daher der Ergänzung bedürftig sind: Wie christliche Kirchen stets nur im Plural existieren, sind auch andere religiöse und weltanschauliche Gruppierungen und Strömungen im Kontext des Gemeinwesens zu berücksichtigen, die vielfältigen Verflechtungen von Staat und Kirche lassen sich nicht einfach unter Verweis auf die Unterscheidung beider Grössen abblenden, sondern sind zu reflektieren. Die Säkularität und insofern religiösweltanschauliche Neutralität des Staates darf nicht als gegebene, sondern als eine immer wieder kritisch zu reflektierende Grösse verstanden werden und der Binnendifferenzierung der Kirche entspricht eine Binnendifferenzierung des Politischen, über das nicht nur in bundesstaatlichen, kantonalen und kommunalen Institutionen, sondern auch in zivilgesellschaftlichen Kontexten debattiert wird. *Drittens* scheint mir im Anschluss an Barmen V eine Verhältnisbestimmung von protestantischer Kirche und politischem Gemeinwesen angemessen, die die Unverfügbarkeit Jesu Christi – als des im Glauben bekannten Herrn der Welt und so auch des politischen Gemeinwesens – der leeren Position der Macht in der modernen Demokratie korreliert und damit einerseits eine politische Sonderstellung der Christinnen und Christen abweist, andererseits aber deren christliche Orientierung in ihrem Handeln als Staatsbürgerinnen und -bürger nicht leugnet. Die Spannung von Herrschaftsaffirmation und -kritik ergab dabei drei prinzipielle Gesichtspunkte: Die Verhinderung einer Besetzung der Leerstelle der Macht, des unverfügbaren Ortes

46 Vgl. hierzu Meireis, Blick (Anm. 19), 24–43.

Christi durch Menschen, die Einhegung und Problematisierung der Gewalt und die Vertretung einer bestimmten Auffassung von Recht und Gerechtigkeit.

Was bedeutet nun die Spannung von herrschaftsaffirmativer und herrschaftskritischer Perspektive im Horizont des Wortes Gottes für den Alltag von Christinnen und Christen, für die Realität der Kirche in ihren drei stets verbundenen Dimensionen? An dieser Stelle möchte ich mich in die Zahl derer einreihen, die von der Praxis öffentlicher Theologie – eher als von politischer Theologie – sprechen. Der Begriff «politische Theologie» scheint mir nämlich nicht günstig: Denn Theologie ist stets politisch, ob sie sich nun explizit politisch äussert oder solche Äusserungen ausdrücklich unterlässt. Sowohl die öffentliche Vertretung eigener Positionen oder das Erstreben von Machtpositionen wie die Beschränkung auf das scheinbar Private und die Enthaltung bei Abstimmungen und Wahlen stellen politische Aktionen dar. Zudem ist, wie wir bereits gesehen haben, der Begriff der politischen Theologie sehr einschlägig durch bestimmte materiale Tendenzen, *policies*, besetzt, sei es nun der Dezisionismus Schmitts oder die linksliberale Position Metz' und Sölles. Die Praxis öffentlicher Theologie dagegen ist keineswegs zwingend: Wie antike und moderne Mysterienkulte zeigen, lässt sich Theologie auch klandestin betreiben. In protestantischer Perspektive scheint mir aber öffentliche Theologie geradezu notwendig, vor allem in der Folge von Barmen V.[47]

Die evangelische Kirche versteht sich als Zusammenschluss derjenigen, die von Gottes gnädigem Wort in Christus berührt sind und kennt so kein autoritatives Lehramt ausserhalb des öffentlichen Diskurses der Christinnen und Christen, in dem letztlich nichts zählt als der zwanglose Zwang des besseren Arguments, der präziseren Artikulation des in Christus Gegebenen. Daher ist es zunächst dieser öffentliche Diskurs, in dem die politischen Fragen der Gegenwart in der Spannung von herrschaftsaffirmativer und herrschaftskritischer Perspektive verhandelt werden. Sie können und dürfen dort verhandelt werden, sofern die Diskutierenden auf die Evidenz und immer neue Vergegenwärtigung des Wortes Gottes hoffen.

Der Diskurs kann öffentlich genannt werden, weil angesichts des dreigliedrigen Kirchenverständnisses die strikte Trennung derer *intra et extra muros* ecclesiae aussichtslos ist: Auch wer zur Handlungsgemeinschaft der Christinnen und Christen stösst, muss nicht der Organisation angehören, und manche, die der Organisation angehören, haben sich in ihrem Verständnis schon lange

47 Vgl. Torsten Meireis, Politischer Gottesdienst als öffentliche Theologie – Bedeutung, Rahmen und theologische Bedingungen: Katrin Kusmierz/David Plüss (Hg.), Politischer Gottesdienst?!, Zürich 2013, 153–175.

vom Wort Gottes entfremdet – wenn auch Gott wohl nicht von ihnen. Wo aber Gottes Wort in Jesus Christus wirksam wird, bleibt uns unverfügbar, auch wenn wir dazu neigen, aus eigener Erfahrung dem Gottesdienst eine gewisse Priorität einzuräumen – aber auch dies tun wir im Wissen um die Grenzen unserer Erkenntnisfähigkeit.

In politischer Perspektive ist die Praxis öffentlicher Theologie aus vier Gründen unhintergehbar. *Erstens* können Christinnen und Christen in ihrer Rolle als Bürgerinnen und Bürger wie als Angehörige verschiedenster zivilgesellschaftlicher Gruppierungen kaum anders, als ihre Perspektiven und Orientierungen in die dortigen Debatten einzubringen. Die Akzeptanz und Diskurskultur, auch die Ansichten der von den eigenen Vorstellungen und dem vermeintlich Normalen und Mehrheitsfähigen abweichenden Gruppen wahr- und ernstzunehmen, ist dabei grundlegende Forderung an alle Bürgerinnen und Bürger, wenn Fragen von Religion und Weltanschauung förderlich und fruchtbar für das Gemeinwesen bearbeitet werden sollen.

Diese zivilgesellschaftlichen und politischen Debatten öffentlicher Theologie aber dienen *zweitens* als praktische Prüfungsverfahren der Verallgemeinerbarkeit im politischen Kontext. Nur, indem religiöse und weltanschauliche Gruppierungen ihre Sichtweisen dem Feuer der öffentlichen Debatte aussetzen, lässt sich erweisen, was auch über den engeren Kreis derer, die die Sicht immer schon teilen, im Gemeinwesen plausibel ist. Und nur in dieser Form sind sie im pluralen Gemeinwesen akzeptabel.

Diese Gruppierungen dienen *drittens* der Befruchtung und Kritik der politischen und zivilgesellschaftlichen Debatten, indem ihre Sicht des Guten in den Pool gesellschaftlicher Perspektiven eingespeist wird und sich kritisch im Tagesgeschehen auswirken kann – auch, indem über geteilte Vorstellungen und erreichte Kompromisse oder Konsense gesellschaftliche Macht generiert werden kann.

Schliesslich ermöglichen und befördern sie so die stete Revision der politischen Theologie in der Spannung von einer herrschaftsaffirmativen Sicht des politischen Gemeinwesens als Anordnung Gottes zur Ermöglichung von Recht und Frieden nach menschlichem Mass und der herrschaftskritischen Erinnerung an Gottes Gebot, Gerechtigkeit und Reich im Vertrauen auf Gottes lebendiges Wort. Gerade damit aber, dass Christinnen und Christen die Bestimmungen der Barmer Theologischen Erklärung in einen Prozess steter Revision integrieren, nehmen sie diese Bestimmungen ernst und die Barmer Theologische Erklärung als Erbe an.

Gottfried Wilhelm Locher

An Christi Statt

Zur sechsten These der Barmer Theologischen Erklärung von 1934[1]

Erst nachträglich wurde die sechste These der Barmer Theologischen Erklärung (BTE) an die am 15. und 16. Mai 1934 in Frankfurt von Karl Barth, Hans Asmussen und Thomas Breit erarbeiteten ersten fünf Thesen angefügt.[2] Genau deshalb verdient die Abschlussthese besondere Aufmerksamkeit: Warum war mit den fünf für die Bekenntnissynode vorbereiteten Thesen offenbar noch nicht alles gesagt, was es zu sagen und zu bekennen gab? Was ergänzt die sechste These, das nicht schon in den vorangegangenen Aussagen über die Kirche Jesu Christi, insbesondere in der dritten These, enthalten wäre? Das Proprium der sechsten These wird unmittelbar erkennbar am nur dort verwendeten Begriff des *Auftrags* der Kirche (die Verwendung des Ausdrucks am Ende der fünften These verweist unmittelbar auf die folgende sechste These). Den Öffentlichkeitscharakter von Kirche in einem kirchlichen Bekenntnis explizit als Auftrag zu behaupten, geht über die bekannten reformatorischen Bekenntnisformeln zur Evangeliumsverkündigung hinaus. Dass es diese Pointe der sechsten These in sich hatte, zeigt sich auch in den differenzierten Ausführungen zur sechsten These von Hans Asmussen in seinem Vortrag, der den synodalen Beratungen der Erklärung vorausging.[3] Wie das Verhältnis zwischen Öffentlichkeits*auftrag* und Öffentlichkeits*anspruch* angemessen zu beschreiben ist, wird durchaus diskutiert.[4] Unbestritten ist, dass die sechste The-

1 Ich danke Frank Mathwig für Hinweise und Ergänzungen.

2 Vgl. Johanna Haberer, Barmen VI: Wozu verkündigen?: Martin Heimbucher (Hg.), Begründete Freiheit. Die Aktualität der Barmer Theologischen Erklärung, Neukirchen-Vluyn 2009, 113–135 (120).

3 Vgl. Hans Asmussen, Vortrag über die Theologische Erklärung zur gegenwärtigen Lage der Deutschen Evangelischen Kirche: Martin Heimbucher/Rudolf Weth (Hg.), Die Barmer Theologische Erklärung. Einführung und Dokumentation, Neukirchen-Vluyn [7]2009, 44–63.

4 Die Unterscheidung zwischen kirchlichem Öffentlichkeitsanspruch und -auftrag wird häufig übersehen, vgl. etwa Martin Honecker, Evangelische Theologie vor dem Staatsproblem: ders., Evangelische Christenheit in Politik, Gesellschaft und Staat, Berlin 1998, 59–97 (68), der beide Ausdrücke synonym verwendet. Der Ausdruck «Öffentlich-

se einen Öffentlichkeitsanspruch in ihrer Definition des kirchlichen Auftrags einschliesst. Das hebt die Abschlussthese vom Bekenntniskorpus der Reformationszeit ab.

I. Kirchen- oder Theologiegeschichte?

«Wir verwerfen die falsche Lehre, als könne die Kirche in menschlicher Selbstherrlichkeit das Wort und Werk des Herrn in den Dienst irgendwelcher eigenmächtig gewählter Wünsche, Zwecke und Pläne stellen.»[5] Im Verwerfungssatz zur sechsten und letzten These wird eine bis heute nicht abgeschlossene Kontroverse über die Bedeutung der Erklärung erkennbar: das Verhältnis zwischen Historizität und Universalität von Bekenntnisformulierungen, die, in einer konkreten geschichtlichen Situation entstanden und im Blick darauf verfasst, trotzdem einen über diesen zeitgebundenen Anlass hinausgehenden, universalen Anspruch erheben. So behauptet die Zurückweisung «irgendwelcher eigenmächtig gewählter Wünsche, Zwecke und Pläne», die ersichtlich die kon-

keitsanspruch» stammt von dem Schweizerischen Theologen Alfred de Quervain, einem führenden Vertreter der Bekennenden Kirche während seiner Zeit als Pfarrer in Wuppertal (vgl. ders., Öffentlichkeitsanspruch des Evangeliums, Zollikon-Zürich 1939). Karl Barth (ders., Offene Briefe 1945–1968, GA 15, hg. von Diether Koch, Zürich 1984, 430) äussert sich in einem langen Brief zur Lage der Kirche in der DDR skeptisch gegenüber dem Begriff: «Der Begriff ‹Öffentlichkeitsanspruch der Kirche› ist als solcher tief problematisch. Eigentlichen und echten Öffentlichkeitsanspruch kann nur Gott selbst für sein Wort erheben. Die Kirche hat keinen ‹Anspruch› auf Öffentlichkeit des Wortes. Anspruch hat das Wort Gottes auf den treuen, genauen und gänzlich anspruchslosen Dienst ihres Wortes. Öffentlichkeit kann dieses nur *bekommen*, indem Gott in seiner unverdienten Gnade sie ihm *geben* will.» Wolfgang Bock, Das für alle geltende Gesetz und die kirchliche Selbstbestimmung. Eine verfassungsrechtliche Untersuchung am Beispiel des Amtsrechts der evangelischen Kirchen, Tübingen 1996, 75, Anm. 9, weist zu Recht darauf hin, dass der in der Präambel des Loccumer Vertrages von 1955 von Rudolf Smend verwendete verfassungsrechtliche Begriff «Öffentlichkeitsauftrag» stillschweigend zum «Öffentlichkeitsanspruch» mutierte. Die Diskussion um die Begriffe wird erschwert einerseits durch die Vermischung ekklesiologischer und kirchenrechtlicher Perspektiven und andererseits durch eine häufig unsorgfältige Unterscheidung zwischen den Bezugsgrössen «Kirche» und «Evangelium». Zur Diskussion und den Missverständnissen vgl. Wolfgang Huber, Kirche und Öffentlichkeit, Stuttgart 1973, 611–651, sowie die knappen Bemerkungen von Haberer, Barmen VI (Anm. 2), 123–125; Wolfgang Lienemann, Grundinformation Theologische Ethik, Göttingen 2008, 244–272.

5 Gerhard Niemöller, Die Beschlüsse der Synode: ders. (Hg.), Die erste Bekenntnissynode der Deutschen Evangelischen Kirche zu Barmen. II. Text – Dokumente – Berichte, Göttingen 1959, 196–209 (201).

kreten politischen Zustände des nationalsozialistischen Unrechtsregimes im Blick hatte, ganz selbstverständlich ihre dogmatische Legitimation und insofern universale Gültigkeit. Gerade aus schweizerisch-reformierter Sicht versteht sich die Rede von der «universalen Gültigkeit» des Bekenntnisses nicht von selbst. Wird nicht – im Nachgang zu der historisch komplexen Dynamik von historischer Bibelkritik, Krise des Schriftprinzips und Apostolikumsstreit – die Bekenntnisfrage überhaupt zur persönlichen Ermessensfrage (*adiaphora*) erklärt, gehört doch die Einsicht in die «relative Autorität des Bekenntnisses»[6] zu den Grundpfeilern zumindest einer an Karl Barth orientierten Dogmatik und Ekklesiologie. Den Anlass für das Bekenntnis bildet die historische Kampfsituation der Kirche: «Bekennen kann man nur, wenn man bekennen *muss.*»[7] Zugleich erhebt ein – durch eben ihren Anlass als partikular gekennzeichnetes – Bekenntnis den Anspruch, «hier und jetzt eine wahre Glaubenserkenntnis der geglaubten ‹katholischen› Kirche zu bezeugen – wobei dieses Zeugnis soweit möglich konkret, zumindest aber der Absicht nach immer auch *im Gegenüber* und zugleich gemeinsam *mit* den ‹sichtbaren› Kirchen der Ökumene zu erfolgen hat. Kein reformiertes Bekenntnis – erst recht nicht, wenn es wie so oft einen Artikel zur geglaubten Kirche enthält, – kommt umhin, ‹im Namen der ganzen Kirche zur reden›. *Seine partikulare Geltung entbindet es nicht von der intentional universalen Reichweite seines Anspruches.*»[8] Der Historizität des Bekenntnis*anlasses* korrespondiert eine Universalität des Bekenntnis*anspruchs*. Der Anlass des Bekenntnisses ist ebenso wenig universal, wie sein Anspruch durch die historische Situation determiniert wird.

Davon unabhängig stellt sich die Frage, ob Barmen uns Nachgeborenen überhaupt noch etwas Theologisches zu sagen hat. Dieser Einwurf ist denn

6 Vgl. Georg Plasger, Die relative Autorität des Bekenntnisses bei Karl Barth, Neukirchen-Vluyn 2000.

7 Karl Barth, Die Kirchliche Dogmatik, Bd. I/2: Die Lehre vom Wort Gottes. Prolegomena zur Kirchlichen Dogmatik, Zollikon-Zürich [3]1945, 698.

8 Matthias D. Wüthrich, Theologische Überlegungen zur reformierten Bekenntnisbildung in der Schweiz: SJKR/ASDE 15 (2010), 37–62 (48); Wüthrich zitiert Barth, KD I/2 (Anm. 7), 696. Vgl. ders., Der Heidelberger Katechismus als reformierte Bekenntnisschrift: Martin Ernst Hirzel/Frank Mathwig/Matthias Zeindler (Hg.), Der Heidelberger Katechismus – ein reformierter Schlüsseltext (reformiert! Bd. 1), Zürich 2013, 339–356; Georg Plasger, Die Confessio Augustana als Grundbekenntnis der Evangelischen Kirche in Deutschland? Anmerkungen über Überlegungen aus reformierter Perspektive: ZThK 105 (2008), 315–331; ders., «Es ist ein rechtes Bekenntnis, nicht aber verkehrte Verteidigung vonnöten». Die Öffentlichkeit des Bekenntnisses bei Calvin in Barmen und heute: KuD 56 (2010), 31–44.

auch vielfach und schon früh formuliert und mehrfach verneint worden.[9] Eine «notwendige Erinnerung, deren Stunde vorübergeht»[10] sei das, befand Paul Althaus schon 1947. «Eine vorwiegend kirchengeschichtliche, nicht dogmengeschichtliche Bedeutung»,[11] schrieb ihm im selben Jahr die damalige «Evangelisch-Lutherische Kirche in Deutschland» (ELKD) zu. Unter den Gegenstimmen gehörte jene Karl Barths zu den wirkmächtigsten. Besonders eindringlich klingt sein 1952 veröffentlichtes «Warum» zur sechsten Barmer These: «Warum hat man sich [nach dem zweiten Weltkrieg] innerlich und äusserlich nach so vielen Seiten zersplittert, statt sich mit ganzer und dann auch von selbst einigender Kraft der hier bezeichneten Aufgabe [These VI] zuzuwenden?»[12] Und mit Bezug auf Martin Niemöller, zu dessen 60. Geburtstag er seinen Barmen-Rückblick geschrieben hat, fährt Barth fort: «Warum muss der, der heute wieder und weiter sagt, was damals als wahr gemeinsam ausgesprochen wurde, schon wieder als Sonderling und Ruhestörer ausserhalb der Reihe stehen? Warum?»[13] Und ein Jahrzehnt später fragt Klaus Scholder, ob Barmen tatsächlich zu nichts weiterem als dem «gescheiterten Programm eines politischen Linksprotestantismus»[14] geworden sei: «Hat also die frühe Skepsis der Lutheraner gegenüber der Theologischen Erklärung recht behalten? Ist die Akte Barmen für die evangelische Theologie und Kirche geschlossen?»[15] Folgt man Karl Barth, so wird gerade an der sechsten Barmer These erkennbar, dass

9 Klaus Scholder, Die Bedeutung des Barmer Bekenntnisses für die Evangelische Theologie und Kirche. Ernst Wolf zum 65. Geburtstag: EvTh 27/1967, 435–461.

10 Scholder, Bedeutung (Anm. 9), 436. Vgl. auch die Einschätzung von Manuel Schilling, Die Barmer Theologische Erklärung nach 1945: 75 Jahre Barmer Theologische Erklärung. Eine Arbeitshilfe zum 31. Mai 2009, hg. vom Kirchenamt der Evangelischen Kirche in Deutschland, Amt der Union Evangelischer Kirchen in der EKD, Amt der Vereinigten Evangelisch-Lutherischen Kirche Deutschlands, Bad Münder 2009, 13–17 (13): «Konfessionalistischen Lutheranern – an ihrer Spitze Paul Althaus und Werner Elert – stand eine einheitlich organisierte lutherische Bekenntniskirche unter einer bischöflichen Leitung vor Augen, die als weltanschauliche Ordnungsmacht in einer ständisch geprägten Republik gesellschaftliche Privilegierung geniessen sollte. Dieser Gruppe war die Barmer Theologische Erklärung ein Dorn im Auge – galt ihr das Konsensdokument von Lutheranern, Unierten und Reformierten doch als kirchengeschichtlicher ‹Betriebsunfall›.» Zur lutherischen Rezeption der Barmer Theologischen Erklärung vgl. auch Kurt Nowak/ Friedrich Hübner/Wolf-Dieter Hauschild/Albrecht Peters, Barmen und das Luthertum, hg. von Reinhard Rittner, Hannover 1984.

11 Ebd.

12 Karl Barth, Barmen: Joachim Beckmann/Herbert Mochalski (Hg.), Bekennende Kirche. Martin Niemöller zum 60. Geburtstag, München 1952, 9–17 (17).

13 Ebd.

14 Scholder, Bedeutung (Anm. 9), 437.

15 Ebd.

hier zwar zeitbedingt gesprochen, aber Zeit*loses* oder doch wenigstens Zeit-*offenes* gesagt wird.[16] Insofern sollte die Akte Barmen neu gelesen werden, bevor über ihre definitive Archivierung beschlossen wird. Oder noch einmal mit Barth: «Es beunruhigt mich aber tief, dass Barmen nun immer wieder (20, 25, 30 Jahre) Anlass zu so etwas wie Jubiläen wird. Gingen die Dinge in Ordnung, da hätte man im Eifer und Schwung, auf der Linie von Barmen zu denken, zu leben, zu reden, gar keine Zeit, Lust, Kraft und Bedürftigkeit, sich immer wieder in Erinnerung zu rufen, wie bedeutsam diese Sache damals gewesen sein und wohl auch heute noch sein möchte.»[17] Und noch knapper: «Zu irgend einer Barmer Romantik haben wir alle keine Zeit und zu irgend einer Barmer Orthodoxie wahrhaftig keine Lust. Barmen war ein Ruf nach vorwärts.»[18]

Als kirchliches Bekenntnis beansprucht die Barmer Theologische Erklärung, auch in ihren politischen und historischen Konkretionen und Kontextualisierungen als dogmatischer Text gelesen und rezipiert zu werden. Inwiefern also spricht die Barmer Theologische Erklärung Wesentliches für *unser* Christsein aus? Die folgenden Beobachtungen unternehmen die Relektüre der sechsten These. Diese letzte These hat «eminent praktische Bedeutung. Sie ist die Tür zur Wirksamwerdung und Wirkungsgeschichte der BTE.»[19] Auch eine Relektüre unterliegt freilich den Bedingungen ihres eigenen Kontexts, in diesem Fall der heutigen Realität des Christentums in der Schweiz.

II. Relektüre

Die sechste These lautet: «Der Auftrag der Kirche, in welchem ihre Freiheit gründet, besteht darin, an Christi Statt und also im Dienst seines eigenen Wortes und Werkes durch Predigt und Sakrament die Botschaft von der freien

16 Karl Barth, Statt eines Gedenkartikels: ders., Texte zur Barmer Theologischen Erklärung, hg. von Martin Rohkrämer, Zürich 2004, 219–220 (220): «[Es verdriesst mich] quasi den Museumsführer zu machen und einem sichtlich nicht interessierten Volk wieder zu erzählen, wie gut wir es damals gemeint hätten und was hätte werden können, wenn – ja wenn die EKD willens und fähig gewesen wäre, das damals ausgesprochene Wort in die Tat umzusetzen. [...] Gegen das Schreiben eines feierlichen Gedächtnisartikels aber (‹Hier ruht ...›) sträubt sich meine Feder.»

17 Ebd.

18 Barth, Barmen (Anm. 12), 17.

19 Wilhelm Hüffmeier (Hg.), Das eine Wort Gottes – Botschaft für alle. Bd. 2: Votum des Theologischen Ausschusses der Evangelischen Kirche der Union zu Barmen I und VI, Gütersloh 1993, 79.

Gnade Gottes auszurichten an alles Volk.»[20] Dieser eine Satz verdichtet Aussagen der übrigen fünf Thesen zu einer überaus reichen dogmatischen Kurzformel über Wesen und Wirken der Kirche. Und doch ist die sechste These mehr als eine ekklesiologische Summe der BTE. Sie ist vielmehr der Ort, an welchem die christologische Konzentration der BTE erst vollumfänglich in die Ekklesiologie eingreift. Ohne die ersten fünf Thesen wäre die sechste zwar undenkbar, aber ohne die sechste These bliebe etwas Wesentliches ungesagt, was es über die Kirche zu sagen gibt. Das zeigt sich, meine ich, bei der detaillierten Relektüre, wie sie nun folgt.

1. *«Der Auftrag der Kirche, ...»*

«Der Auftrag der Kirche [...] besteht darin»: Die explizite Nennung eines kirchlichen «Auftrags» ist neu. In den Bekenntnisschriften der Reformationszeit wird der Begriff in dieser Weise nicht gebraucht. Damit greift die sechste These den «missionarischen Imperativ»[21] der dritten These auf. Formuliert wird dieser Auftrag in einer Sprache, wie sie konzentrierter kaum sein könnte. Doch bevor noch die inhaltliche Bestimmung dieses Auftrags ins Blickfeld rückt, ist hier eine Aussage über die Kirche selbst zur Kenntnis zu nehmen. Nicht nur vom Auftrag spricht die These im Singular, sondern auch von dem bzw. der Beauftragten, der Kirche. Was in hochkirchlichen Traditionen kaum auffallen würde, spricht in die protestantische Welt hinein mit einem Veränderungsanspruch: dass nicht (grundsätzlich umfeldbedingte) Aufträge an (grundsätzlich selbständig agierende) Kirchen, sondern *ein* Auftrag an *eine* Kirche ergeht. Müsste man annehmen, dass hier die in der Reformationszeit gepflegte Figur der *ecclesia invisibilis* suggeriert wird, dass also eine zwar durchaus wirkliche, aber nicht zwangsläufig geschichtlich bzw. institutionell manifestierte Kirche gemeint ist, dann wäre auch in der Perspektive protestantischer Ekklesiologie nichts Auffälliges zu konstatieren. Aber davon kann in BTE keine Rede sein.[22] Die Erklärung versteht sich als eine in politischer Bedrängnis entstandene Orientierungshilfe für real existierende, konkret angesprochene

20 Niemöller, Beschlüsse (Anm. 5), 201.

21 Vgl. Scholder, Bedeutung (Anm. 9), 457.

22 Rudolf Weth, «Barmen» als Herausforderung der Kirche. Beiträge zum Kirchenverständnis im Licht der Barmer Theologischen Erklärung, München 1984, 18f.: «Es wäre ein fatales Missverständnis von ‹Barmen›, wollte man behaupten, die Barmer Thesen, insbesondere die dritte, redete nur von der geglaubten Kirche. Sie reden vielmehr ebenso von der erfahrbaren Kirche.»

Kirchen in ganz Deutschland und darüber hinaus. Anzeichen für eine dekontextualisierte Rede von einer «Kirche», die nicht mit den 1934 in Deutschland existierenden Kirchen zu identifizieren wäre, kann ich hier nicht erkennen. Die Kirche, von der die BTE in der sechsten These im Singular spricht, kann m. E. nicht anders denn als Einheit (oder wenigstens Gesamtheit) der geschichtlich erkennbaren, institutionell verfassten (Landes-)Kirchen begriffen werden. Kirche ist hier die durch ihren Auftrag geeinte Kirchen*gemeinschaft.*[23] Daran erinnert die BTE den Protestantismus, damals wie heute. Und sorgfältig formulierte die Bekenntnissynode, wie sowohl Einheit als auch Vielfalt in der Gestalt dieser Kirchengemeinschaft ihren Platz haben müssen: «Ihre *echte kirchliche Einheit* kann die Deutsche Evangelische Kirche nur auf dem Weg gewinnen, dass sie a) die reformatorischen Bekenntnisse wahrt und einen organischen Zusammenschluss der Landeskirchen und Gemeinden auf der Grundlage ihres Bekenntnisses fördert, b) der Gemeinde als der Trägerin der Wortverkündigung den ihr gebührenden Platz lässt.»[24] Eine einseitige Betonung anzustrebender Einheit würde nicht nur die Bedeutung der Ortsgemeinde für die Verkündigung unterschätzen, sondern auch den real existierenden konfessionellen Gräben nicht gerecht werden. Diese sind so tief, dass die Synode sich eigens festzuhalten genötigt sieht: «*Im Gehorsam gegen den Herrn der Kirche liegt so* starke *einigende Kraft,* dass wir trotz der Verschiedenheit der reformatorischen Bekenntnisse zu einem einheitlichen Wollen und Handeln [...] zusammenstehen können.»[25] So gilt zur Kenntnis zu nehmen, dass dieser erste Satzteil einen einigenden, Kirchen*gemeinschaft* reklamierenden, im dogmatischen (nicht konfessionellen) Sinn *katholischen* Anspruch zum Ausdruck bringt. An die eine Kirche ergeht der eine Auftrag.

---

23 Martin Honecker, Die Barmer Theologische Erklärung und ihre Wirkungsgeschichte. Opladen 1995, 10: «Ohne Barmen wäre die Frage der Abendmahlsgemeinschaft im Kirchenkampf nicht ins Bewusstsein gekommen, hätte es nach 1945 nicht das Abendmahlsgespräch in der EKD gegeben, das zu den Arnoldshainer Abendmahlsthesen 1957 führte. Ohne diese innerdeutsche, innerevangelische Verständigung wäre damit auch die Leuenberger Konkordie auf europäischer Ebene nicht möglich gewesen und die Leuenberger Konkordie wiederum bildet die Basis einer europäischen Zusammenarbeit des Protestantismus in Form einer europäischen Versammlung.»

24 Niemöller, Beschlüsse (Anm. 5), 203.

25 Ebd. (Hervorhebung GWL).

2. *«... in welchem ihre Freiheit gründet, ...»*

Die These fährt mit der Bestimmung der Beziehung zwischen Auftrag und Freiheit der Kirche fort: Im Auftrag gründet die Freiheit. Welche Freiheit? Weder die mittelalterliche Vorstellung von der *libertas ecclesiae,* dem kirchenherrlichen Regiment («ecclesiastica libertas consistit in privilegiis», so Papst Innozenz IV. im 13. Jahrhundert), noch der subjektive Freiheitsbegriff der Aufklärung werden dem hier postulierten spezifisch evangelischen Verständnis von kirchlicher Freiheit gerecht.[26] Freiheit wird hier vielmehr als Ausgangspunkt kirchlichen Handelns dargestellt, sie liegt begründet in der freien Gnade Gottes.[27] Kirchliche Freiheit ist «Freiheit christianae»[28], Freiheit, die an Christus gebunden ist. Oder mit Karl Barths Worten: «Die Freiheit der Kirche ist ihr Recht und ihre Pflicht, in voller fröhlicher und bescheidener Offenheit nach aussen, aber als Kirche, die Kirche bleibt und immer wieder wird, in dieser Umgebung zu existieren. Diese ihre Freiheit ist in dem begründet, was die Welt nicht hat, was die Welt ihr nicht geben noch nehmen kann: in ihrem Auftrag und also in der Botschaft von Gottes freier Gnade und also in ihrem Herrn Jesus Christus und also in Gottes offenbarem und lebendigem Wort.»[29] Kirchliche Freiheit gründet im kirchlichen Auftrag. Die Kirche ist demnach frei aus ihrem – sie konstituierenden – Auftrag heraus und auf ihren Auftrag hin. Die Kirche ist also frei *von ...*, weil sie frei *für* ... ist, für die Erfüllung ihres Auftrags. In der Erfüllung ihres Auftrags realisiert sich ihre Freiheit. In bemer-

26 Gegen die – aus der Sicht der aufklärerischen Freiheit – antiliberale Stossrichtung einer exklusiven Bekenntnisgemeinschaft gibt der erste Sekretär des Schweizerischen Evangelischen Kirchenbundes Adolf Keller (ders., Entscheidende Wendung in der deutschen Kirchenrevolution: Der Bund 85/1934, Nr. 263, 1–2) zu bedenken: «Hier erhebt sich sofort die Frage, wo nun die anderen bleiben. Die Deutschen Christen haben keinen Platz in dieser Kirche. Aber wo bleiben die Liberalen, die wohl die Grundprinzipien der Reformation annehmen können, aber nicht die Herrschaft des Dogmas? Wo bleibt die bisherige tolerante Mitte, die auch bei materieller Zustimmung Zwang und Ausschliesslichkeit religiöser Überzeugung verabscheuen? [...] Wo bleiben die Modernen? Wo bleibt die Erfahrungstheologie, die die Kirche nicht auf den dogmatischen Ausdruck des 16. Jahrhunderts festlegen will?»

27 Ernst Wolf, Barmen. Kirche zwischen Versuchung und Gnade, München 1957, 150f.

28 Wolf, Barmen (Anm. 27), 150. Zur christlichen Freiheit vgl. die nach wie vor instruktive Textsammlung von Hans G. Ulrich (Hg.), Freiheit im Leben mit Gott. Texte zur Tradition evangelischer Ethik, Gütersloh 1993.

29 Karl Barth, Die Botschaft von der freien Gnade Gottes. These 6 der Barmer Erklärung: ders., Texte zur Barmer Theologischen Erklärung, hg. von Martin Rohkrämer, Zürich 2004, 137–157 (154f.).

kenswerter inhaltlicher Übereinstimmung spricht das Zweite Vatikanische Konzil in «Dignitatis humanae»: «Die Freiheit der Kirche ist das grundlegende Prinzip in den Beziehungen zwischen der Kirche und den öffentlichen Gewalten sowie der gesamten bürgerlichen Ordnung. In der menschlichen Gesellschaft und angesichts einer jeden öffentlichen Gewalt erhebt die Kirche Anspruch auf Freiheit als geistliche, von Christus dem Herrn gestiftete Autorität, die kraft göttlichen Auftrags die Pflicht hat, in die ganze Welt zu gehen, um das Evangelium allen Geschöpfen zu verkündigen.»[30] Dass solche Freiheit, in Barths Worten, nicht nur Recht, sondern auch Pflicht ist, verbindet die *libertas christianae* mit öffentlicher christlicher Verantwortung nicht nur der einzelnen Getauften, sondern auch der Gemeinschaft aller Getauften als gesellschaftlicher Grösse. In der sechsten These wird die Befreiung durch Christus «aus den gottlosen Bindungen dieser Welt» (dritte These) explizit entindividualisiert. Sie gilt also nicht nur der und dem einzelnen Getauften, sondern auch der Gemeinschaft aller Getauften. Daran erinnert die sechste These, wenn sie den kirchlichen Auftrag als Grund ihrer Freiheit angibt. Als frei Handelnde, als handelnde Freie steht sie nicht nur als Gemeinschaft von Kirchen, sondern immer auch als die *eine* Kirchengemeinschaft in der Nachfolge.

Die ökumenische, allein schon die innerprotestantische Brisanz einer solchen Verknüpfung von Auftrag und Freiheit ist seit dem Entstehen der Barmer Theologischen Erklärung nicht kleiner geworden. Zwar ist mit der Gründung der Leuenberger Kirchengemeinschaft – 1973, heute Gemeinschaft Evangelischer Kirchen in Europa (GEKE) – ein bedeutender Schritt hin zu mehr gemeinsamer Verantwortung in der Erfüllung des kirchlichen Auftrags gemacht worden. Dennoch ist aktuell zu fragen, ob angesichts grosser sozialer und kultureller Veränderungen in der Schweiz und in anderen Ländern Westeuropas nicht neu betont werden müsste: Der kirchliche Auftrag ergeht an die *eine* Kirche. Diese Kirche ist nur in Vielfalt wirklich evangelisch, aber sie ist als die eine Kirche vielfältig. Ihre Einheit – wohlverstanden als Kirchen*gemeinschaft* – ist Voraussetzung für die Erfüllung des an sie ergangenen Auftrages. Weil

30 Dignitatis humanae 13. Der kirchliche Anspruch auf Freiheit (gegenüber dem Staat) folgt aus dem göttlichen Auftrag. Subjekt des Anspruchs ist also nicht eine konfessionelle oder nationale Kirche, sondern Gott selbst in Gestalt der Kirche als Leib Christi (1Kor 10,17). In der neueren Rezeption von Dignitatis humanae wird diese Pointe häufig zugunsten der Betonung des Eintretens der katholischen Kirche für die Religionsfreiheit vernachlässigt, vgl. Eberhard Jüngel, Kirche und Staat in der pluralistischen Gesellschaft: ders., Indikative der Gnade – Imperative der Freiheit. Theologische Erörterungen IV, Tübingen 2000, 296–311 (305), Deutsche Kommission Justitia et Pax (Hg.), Religionsfreiheit — gegenwärtige Herausforderungen aus christlicher Sicht, Bonn 2009.

Kirche frei ist allein durch ihren Herrn und ausschliesslich um ihn zu bekennen, muss diese Einheit selbst als Ausdruck und Folge der in Christus geschenkten Freiheit verstanden werden. Christliche Freiheit ist notorisch antipartikularistisch.[31] Öffentliches Bekenntnis braucht einen Grad an Konsistenz, um verständlich und erst recht glaubwürdig wahrgenommen werden zu können.[32] Ekklesiologisch kommt Kirche – entgegen den historischen Fakten – nicht zusammen, um sich um ein Bekenntnis herum als Bekenntnisgemeinschaft zu konstituieren. Vielmehr – so könnte Barth paraphrasiert werden – «fügt» im kirchlichen Bekennen ihres Herrn der darin Bekannte *selbst* die Kirchengemeinschaft «zusammen». In diesem Sinne lässt sich die Erfüllung des kirchlichen Auftrags nicht von der *konfessionellen koinonia* als Kirchengemeinschaft trennen.[33] Insofern wäre auch zu prüfen, ob die protestantische Kurzformel der versöhnten Vielfalt bekenntnisverschiedener Kirchen,[34] wie sie z. B. der Gemeinschaft Evangelischer Kirchen in Europa als ekklesiologisches

31 Dem widerspricht keineswegs die Bemerkung von Karl Barth, Das Bekenntnis der Reformation und unser Bekennen, München 1935, 16: «Der legitime Weg zur Universalität ist hier also gerade die Partikularität.» Denn die Verbindlichkeit des Bekannten hängt nicht ab von der Anzahl der Bekennenden – und *vice versa!* Bei der Bekenntnisfrage gibt es ein latentes Sender-Empfänger-Problem. Es besteht – besonders aus reformierter Sicht – in der Annahme, der Status als Bekenntnis hänge davon ab, dass möglichst viele es (mit-)sprechen (können). Dagegen formuliert Barth, KD I/2 (Anm. 7), 716, unmissverständlich: «Ein Bekenntnis kann nur laut und in der Absicht, von Allen gehört zu werden, gesprochen werden.» Das «Alle» bezieht sich nicht auf eine synodale oder demokratische Mehrheit der Zustimmenden, sondern auf die prinzipiell unbeschränkte Öffentlichkeit der Hörenden.

32 Karl Barth, Die theologische Erklärung der Barmer Bekenntnissynode. Fragment vom Sommer oder Frühherbst 1934: ders., Texte Texte zur Barmer Theologischen Erklärung, hg. von Martin Rohkrämer, Zürich 2004, 25–58 (47): «Wir durften nichts sagen, was wir nicht aufrichtig miteinander sagen konnten. Vielen hätte es näher gelegen, unsere Gemeinsamkeit mit dem Bekenntnis zu der *einen* heiligen allgemeinen und apostolischen *Kirche* zu begründen. Aber nun hatten wir Lutheraner unter uns, die dieses Bekenntnis nur auf die ‹Kirche Augsburgischen Bekenntnisses› und nicht auf einen Kirchenbund wie die Deutsche Evangelische Kirche, ja nicht einmal auf die aus Lutheranern, Reformierten und Unierten zusammengesetzte Bekenntnissynode beziehen zu dürfen glaubten. Dazu aber wussten wir uns alle aufgerufen, uns zu dem *einen Herrn* der einen Kirche zu bekennen. Zu diesem Bekenntnis sahen wir uns, in den Ereignissen des letzten Jahres tatsächlich ‹zusammengefügt›.»

33 Niemöller, Beschlüsse (Anm. 5), 197: «[...] dass die Gemeinschaft dieses Bekenntnisses und damit auch die Einheit der Deutschen Evangelischen Kirche aufs schwerste gefährdet ist.»

34 Vgl. z. B. den Titel der EKD-Schrift «Kirchengemeinschaft nach evangelischem Verständnis. Ein Votum zum geordneten Miteinander bekenntnisverschiedener Kirchen», EKD-Texte 69, Hannover 2001.

Modell dient, dem Anspruch der sechsten Barmer These tatsächlich Genüge tut.[35] Richtschnur müsste vermutlich die Frage sein, wie die Kirchengemeinschaft, verstanden als eine von verschiedenen Botschafterinnen von Gottes freier Gnade, ihrem Auftrag unter veränderten gesellschaftlichen Bedingungen gerecht werden kann. Daran erinnert die sechste These: «Frei» ist die Kirche durch ihren Auftrag und in seiner Erfüllung.[36]

3. «... an Christi Statt und also im Dienst seines eigenen Wortes und Werkes ...»

An dieser Stelle wird ersichtlich, dass die sechste These auf der Christologie der ersten und der christologischen Ekklesiologie der dritten These aufbaut, letztere aber weiterführt. Mit Rudolf Weth ist zu sagen: «Die grundlegende ekklesiologische Entscheidung der Barmer Erklärung ist die Voranstellung der ersten, christologischen These. Von der Kirche kann nur so geredet werden, dass zuerst von Jesus Christus geredet wird. Die Ekklesiologie wird von der Christologie her bestimmt – nicht umgekehrt!»[37] Das setzt die Barmer Theologische Erklärung konsequent um. Aus der ersten These wird Christus als Grundlage jeder weiteren Bekenntnisaussage übernommen: «Jesus Christus, wie er uns in der Heiligen Schrift bezeugt wird, ist das eine Wort Gottes». Aus der dritten These wiederum wird die ekklesiologische Konsequenz der Christologie übernommen: «Die christliche Kirche ist die Gemeinde von Brüdern, in der Jesus Christus in Wort und Sakrament durch den Heiligen Geist als der Herr gegenwärtig handelt.» Kirche wird in ihrer ganzen Existenz und in all' ihren Lebensvollzügen von Christus aus gedacht und entworfen. Die Kirche schart sich um ihren Herrn, der ihr in der Kraft des Heiligen Geistes gegen-

35 Zu der breiten Diskussion vgl. aus protestantischer Sicht Michael Beintker/Martin Heimbucher (Hg.), Verbindende Theologie. Perspektiven der Leuenberger Konkordie, Neukirchen-Vluyn 2014; Michael Bünker/Bernd Jaeger (Hg.), 1973–2013. 40 Jahre Leuenberger Konkordie. Dokumentationsband zum Jubiläumsjahr 2013 der Gemeinschaft Evangelischer Kirchen in Europa, Wien 2014, und aus ökumenischer Perspektive Ulrich H. J. Körtner, Wohin steuert die Ökumene? Vom Konsens- zum Differenzmodell, Göttingen 2005; Konfessionskundliches Institut (Hg.), Was eint? Was trennt?, Göttingen ²2002; Wolfgang Müller (Hg.), Katholizität – Eine ökumenische Chance, Zürich 2006.

36 Eberhard Busch, Die Barmer Thesen 1934–2004, Göttingen 2004, 89–91.

37 Weth, «Barmen» (Anm. 22), 16; vgl. ebd: «Eben diese christologische Begründung ist das Besondere und Entscheidende von ‹Barmen›: [...] die unumkehrbare Beziehung zwischen beiden: ‹Christus und die Kirche› das Grundthema von ‹Barmen›, das sich durch alle Thesen hindurchzieht, das sich insbesondere aber im Verhältnis zwischen der ersten und der dritten These zu erkennen gibt.»

wärtig wird.[38] Ebenfalls aus der dritten These stammt das Dienstverhältnis, in welchem die Kirche gegenüber ihrem Herrn steht. Ihm allein schuldet sie Gehorsam.

Und dennoch geht die sechste These an dieser Stelle einen entscheidenden Schritt über die dritte These hinaus. Sie tut das mit der Formulierung «an Christi Statt», indem sie eine quasi personale Beziehung zwischen Herr und Statthalter, zwischen Christus und Kirche herstellt. Nicht nur handelt Christus in und an der Kirche,[39] die Kirche selbst wird zur stellvertretenden Handelnden durch seinen Geist. Sie wird zur Statthalterin Christi, voll und ganz abhängig von dem, an dessen Statt sie eingesetzt *ist*, aber ebenso voll und ganz legitimiert, in seinem Namen und durch seinen Geist sein Wort zu verkündigen und sein Werk zu tun.[40] Indem sie in den «Dienst seines eigenen Wortes und Werkes» genommen ist und diesen Dienst tut, «verkörpert» die Kirche Christus in der jeweiligen Zeit und am jeweiligen Ort ihres Wirkens. Die sechste These öffnet eine Perspektive, in welcher von der Kirche als Leib Christi gesprochen werden kann – von der erfahrbaren, sich geschichtlich manifestierenden Kirche, wohlverstanden. Das scheint mir auch von einiger ökumenischer Bedeutung, weil hier eine ausdrücklich evangelische Rede von der Kirche als Leib Christi zu finden ist. Der BTE gelingt es, die grundlegende Abhängigkeit der stellvertretenden Dienerin Christi von der freien Gegenwart ihres Herrn im Geist als Bedingung des «an Christi Statt» festzustellen. Ohne diese Gegenwart verliert die Kirche ihren Statthalterstatus, und ohne den Statthalterstatus verliert sie ihr Kirchesein. Das wird vollends deutlich durch die Auswahl der Bibelverse, die der sechsten These vorangestellt werden: «Jesus Christus spricht: Siehe, ich bin bei euch alle Tage bis an der Welt Ende.» (Mt

38 Michael Welker, Barmen III: Woran orientieren? Die Gestalt der Kirche in gesellschaftlichen Umbrüchen: Heimbucher (Hg.), Begründete Freiheit (Anm. 2), 59–75 (66–75), spricht in diesem Zusammenhang von «Barmens Christokratie».

39 Zum hier nicht weiter verfolgten soteriologischen Verständnis des Begriffs «Stellvertretung» vgl. die kenntnisreiche Studie von Stephan Schaede, Stellvertretung. Begriffsgeschichtliche Studien zur Soteriologie, Tübingen 2004.

40 Das Bekenntnis selbst ist Ausdruck des «an Christi Statt», insofern es darauf zielt, «dass die nachfolgende Kirche selbst die Verantwortung übernimmt, die Schrift auszulegen und anzuwenden. Die Kirche und ihre Glieder sind nicht ‹nur Zuschauer oder auch nur Gegenstände dieses Geschehens›, sondern sind selbst gefragt, wie sie das Wort Gottes hören. Das Ziel des Bekenntnisses und das Ziel des Wortes Gottes sind – vorläufig! – ‹wir selbst. Wir selbst sind nun also dabei, wenn der Weg des Wortes Gottes in der Kirche und in der Welt weitergeht.›»; Plasger, Autorität (Anm. 6), 209 mit einem Zitat aus Barth, KD I/2 (Anm. 7), 797.

28,20)[41] Die lebendige Gegenwart Christi im Heiligen Geist ist *conditio sine qua non* für das Kirchesein der Kirche. Und: Das Verhältnis zwischen Christus und der Kirche ist ein einseitiges Abhängigkeitsverhältnis. Das betont das zweite angeführte Bibelwort: «Gottes Wort ist nicht gebunden.» (2Tim 2,9) Der Statthalterstatus ist keine von Christus loszulösende, sich selbst garantierende Eigenschaft der Kirche, sondern eine von Christus zur Auftragserfüllung erteilte Verantwortung. «Die beiden Zitate vor der sechsten These ermutigen also dazu nicht nach rechts und links zu schielen, schon gar nicht den Beifall der Mächtigen zu erheischen, sondern im Hören auf Jesus Christus als das eine Wort Gottes tapfer das zu sagen, was an der Zeit ist und gesagt werden muss.»[42]

4. «... durch Predigt und Sakrament ...»

Auch die nächste Passage geht aus der ersten und der dritten These hervor, und auch sie bedeutet eine bemerkenswerte theologische Ergänzung früherer Thesen. Sprachlich handelt es sich um eine Nuance. Während die dritte These davon spricht, dass «Jesus Christus in Wort und Sakrament durch den Heiligen Geist als der Herr gegenwärtig handelt», bietet die sechste These die Va-

41 Bemerkenswert ist, dass die Autoren der BTE der sechsten These nicht auf 2Kor 5,20 zurückgreifen: «So treten wir nun als Gesandte Christ auf, denn durch uns lässt Gott seine Einladung ergehen. Wir bitten an Christi Statt: Lasst euch versöhnen mit Gott!» Offensichtlich war mit der sechsten These weniger eine soteriologische als eine ekklesiologische Pointe intendiert; vgl. Busch, Thesen (Anm. 36), 87f. Der, der sechsten These vorangestellte Schlussvers aus dem Matthäusevangelium bekräftigt den auferstandenen Christus als «*Zeitgenosse[n]* aller Menschen» (Karl Barth, Die Kirchliche Dogmatik, IV/3, 2. Hälfte: Die Lehre von der Versöhnung, Zollikon-Zürich 1959, 572). Christus ist mitten unter uns anwesend. Im Blick auf die Frage, wie kirchliche Verkündigung die Verkündigung «des einen Wortes Gottes» sein könne, formuliert Barth die theologisch schillernde Formel von der «Gnade der Realpräsenz» (Karl Barth, Die Kirchliche Dogmatik, IV/3, 1. Hälfte: Die Lehre von der Versöhnung, Zollikon-Zürich 1959, 124). Christus «müsste sich, um ihr [der Kirche] Zeugnis zu einem echten, authentischen und als solches glaubwürdigen und dienlichen Zeugnis zu machen, zu ihrem Wort bekennen, es müsste also dem Worte Gottes gefallen haben, sich selbst in dem Wort dieser Menschen gewissermassen zu spiegeln und so reproduzieren zu lassen. Es müsste also diesen Menschen und ihren Worten die Gnade seiner Realpräsenz erwiesen sein, in deren Macht sie als Menschen mit ihren menschlichen Worten es aussagen» (ebd.). Vgl. dazu Michael Weinrich, Die bescheidene Kompromisslosigkeit der Theologie Karl Barths. Bleibende Impulse zur Erneuerung der Theologie, Göttingen 2013, 115–122.

42 Klaus Wengst, Der Beitrag der neutestamentlichen Zitate zum Verständnis der Barmer Theologischen Erklärung: ThZ 41 (1985), 295–316 (316).

riante «durch Predigt und Sakrament». Die Nuance besteht also darin, ob der Dienst der Verkündigung durch «Wort und Sakrament» oder durch «Predigt und Sakrament» wahrgenommen wird. Letzteres, die Formulierung der sechsten These also, korrespondiert präzise mit der Aussage in der ersten These, wo Jesus Christus «das eine Wort Gottes» genannt wird. Denn dieses Wort Gottes ist nicht mit dem Predigtwort gleichzusetzen bzw. nicht darauf zu verkürzen. Weder Predigt noch Sakrament, sondern Christus selbst ist das eine Wort Gottes, das in Predigt und Sakrament verkündigt wird und gegenwärtig ist. So entsteht eine kommunikative Einheit von Predigt *und* Sakrament mit dem einen Wort Gottes. Die Feststellung ist weniger sophistisch, als sie klingen mag. Wort Gottes ist, in der Formulierung der sechsten These, so sehr gepredigtes wie gefeiertes, so sehr gesprochenes wie gebrochenes Wort Gottes. Was für das Gottesdienstgeschehen gilt, hat Auswirkungen auf das ganze Leben der Kirche. Ihren Verkündigungsauftrag erfüllt sie auch ausserhalb der Liturgie wesentlich zweidimensional, nämlich durch ihr Sprechen *und* durch ihr Handeln.[43] Wo die Kirche eine konsequente Integration beider Weisen ihrer Verkündigung anstrebt, verändert sich ihr Kommunikationsverhalten, zuerst im Gottesdienst, dann auch in anderen ihrer Lebensvollzüge. Ihr Verkündigungsauftrag wird zu einem Auftrag, bei welchem Sprechen und Handeln auf ihre bekennende Zeichenhaftigkeit hin geprüft werden. Verkündigung, in welcher das Wort Gottes den Menschen so sehr in der Predigt wie auch im Abendmahl bzw. in der Taufe zuteilwird, weiss um die verkündigende Kraft nicht nur des gesprochenen Wortes, sondern auch der vollbrachten Tat. Zweidimensionale Verkündigung in Wort und Tat ist christuskonforme Verkündigung, Verkündigung «an Christi Statt». Die signifikative Übereinstimmung von Botschaft und Lebensvollzug ist für den Verkündigungsauftrag der Kirche unverzichtbar. Das Wort Gottes ist nicht nur das gesprochene Wort und es darf entsprechend auch nicht auf Sprache reduziert werden. Es äussert sich ebenso in den Handlungen und der Gestalt der Kirche. Was für den Gottesdienst gilt, gilt für das ganze Leben und für das öffentliche Bekennen der Kirche – *lex orandi, lex credendi.*

43 Vgl. Gottfried Wilhelm Locher/Frank Mathwig, Liturgie als Heimat? Zur Frage der Bedeutung von Liturgie für reformierte Identität: Luca Baschera/Angela Berlis/Ralph Kunz (Hg.), Gemeinsames Gebet. Form und Wirkung des Gottesdienstes, Zürich 2014, 99–119.

5. *«... die Botschaft von der freien Gnade Gottes ...»*

Worauf bezieht sich dieses öffentliche Bekennen der Kirche? Auch in dieser Hinsicht verdichtet die sechste These, was die ganze BTE zum Ausdruck bringt, das Bekenntnis zum lebendigen Christus, wie es in der Schrift bezeugt wird. Der Auftrag, an Christi Statt zu sprechen und zu handeln, bedeutet nichts anderes als den Auftrag, seine Botschaft in Wort und Tat zu verkündigen. Diese Botschaft von der freien Gnade Gottes ist in einem doppelten Sinn die Botschaft Jesu Christi. Erstens im Sinne des *genitivus subiectivus*: Es ist *Christi* Botschaft, die Christus selbst verkündigt hat, seine Rede vom gnädigen Gott, seine Hingabe für den Vater, sein Leben und Sterben, seine Auferstehung. Christus verkündigt die freie Gnade Gottes. Doch ebenso gilt: Christus ist selber auch die Verkörperung dieser Botschaft. Die Verkündigung der freien Gnade Gottes ist die Verkündigung *des* Christus (*genitivus obiectivus*). Der, der das Wort von Gottes freier Gnade spricht, ist derjenige, der selber dieses Wort ist – «Das Wort ward Fleisch» (Joh 1,1). Mit Barth: *«Gottes freie Gnade.* Weil sie *frei* ist, darum hat und behält sie ihren Thron und Sitz in Jesus Christus selber ganz allein, darum darf und muss die Botschaft der Kirche Christusbotschaft sein und nichts sonst.»[44] Es wäre entsprechend falsch, in der sechsten These einen Hinweis auf die von der Kirche zu verkündigende Botschaft zu vermuten, der nicht schon in anderen Thesen enthalten wäre. Inhaltlich sprechen alle Thesen in derselben Sprache von der einen Sache. Formal ist darauf hinzuweisen, dass nun zum ersten Mal der Begriff der «Gnade» auftaucht (die dritte These spricht von begnadigten Sündern). Das entspricht freilich dem Nominalstil und der damit erreichten sprachlichen Konzentration der ganzen sechsten These.

Die Rede von der freien Gnade Gottes kann ekklesiologisch unterschiedlich gefüllt werden. Zum einen ist sie jene göttliche Kraft, welche jede Rede von der *ecclesia semper reformanda* – als Ausdruck der permanenten Nötigung zu einer allein an der Schrift orientierten, geistgeleiteten Selbstprüfung der Kirche – erst legitimiert. Nicht menschlicher, sondern göttlicher Wille und göttliches Handeln stehen hinter der Erneuerung der Kirche – auch das eine Einsicht, die die BTE dem Protestantismus bleibend gültig zu sagen hat. Gottes freie Gnade ist eine der Kirche gegenüberstehende, ihr wenn nötig widersprechende und sie mit ihrem oder gegen ihren Willen verändernde Kraft zum Guten. In diesem Sinne mit Barth: «Weil sie Gnade ist, wird sie der Kirche neue Wege zeigen und eröffnen, gegen deren Beschreitung sie sich dann auch

44 Barth, Botschaft (Anm. 29), 142.

nicht verschliessen darf: [...] neue Wege, dem Herrn ein neues Lied zu singen, wie es ihr immerhin ernstlich genug befohlen ist.»[45]

Zweitens: Gottes freie Gnade übersteigt die der Kirche von Christus übertragene Autorität. Diese handelt zwar an Christi Statt, aber immer nur mit beschränkter Vollmacht. Die Botschaft von der freien Gnade Gottes ist nur dann die Botschaft der Kirche, wenn diese damit von sich weg auf jenen zeigt, in dessen Autorität sie spricht. Indem sie das tut, wird sie sich gewahr, dass sie dazu nicht aus sich heraus in der Lage ist, sondern auf die Gegenwart Christi im Heiligen Geist angewiesen ist. Wieder Barth: *«Gottes freie Gnade.* Weil sie *frei* ist, darum ist sie an keine menschlichen Mittel gebunden. Gerade die Botschaft der Kirche wird das in voller Klarheit sichtbar machen müssen. Es ist nämlich der ‹Raum der Kirche› nicht das Gefängnis, sondern die nach allen Seiten offene Tribüne des Wortes von Gottes Gnade. Es darf auch die Sprache der Kirche, die theologische Sprache, die erbauliche Sprache Kanaans nicht die Fessel dieses Wortes sein. Und so wahrlich auch nicht die Geschichte und Überlieferung der Kirche mit ihren besonderen ‹Ereignissen und Mächten, Gestalten und Wahrheiten›, mit ihren Dogmen und Konfessionen, mit ihren Kultformen und Ordnungen.»[46] Die Kirche tut entsprechend gut daran, ihr eigenes Sprechen und Handeln zwar als zeichenhaft, aber nicht aus eigener Kraft heraus und nicht als unmissverständlich zeichenhaft zu verstehen. Die in der Kirche erfahrbare Gnade ist göttlichen Ursprungs.

Und drittens: Gnade ist Anspruch; Gottes freie Gnade ist Anspruch der Freiheit an die Kirche. Frei ist die Kirche auf und aus gutem Grund: als Anspruch ihres Herrn und zur Erfüllung ihres Auftrags. Ihre Freiheit ist eine unangenehme Freiheit, denn sie ist der Kirche gegeben, auf dass sie so handle, wie es ihrem Statthalterauftrag entspricht, in glaubwürdiger Nachfolge Jesu Christi. «Gnade erlaubt uns keinen Müssiggang, keine Neutralität, kein Beiseitestehen. Gnade lässt uns keine Entschuldigung durch unsere Ohnmacht, durch unsere Unwürdigkeit, durch unsere Sünde [...]. Gnade hat ja das Alles längst bedacht: unser eigenes Ungenügen und Versagen [...].»[47]

Gottes freie Kraft ist im Duktus der christologischen Ekklesiologie der sechsten These als eine die Kirche erneuernde Kraft, als eine die Kirche übersteigende und sie legitimierende bzw. begrenzende Autorität und als ein in die unbedingt bekennende Nachfolge Jesu Christi rufender Anspruch zu begreifen.

45 Barth, Botschaft (Anm. 29), 146f.
46 Barth, Botschaft (Anm. 29), 145.
47 Barth, Botschaft (Anm. 29), 144.

6. «... auszurichten an alles Volk.»

Mit der Nennung des Adressaten der auszurichtenden Botschaft endet die sechste These. «Alles Volk»: Im Hinblick auf die Botschaft von der freien Gnade Gottes gibt es keine Nicht-Betroffenen und keine nicht zu Betreffenden. Alles Volk, das ist gerade nicht nur das ‹deutsche Volk›. «Es ist gut, sich noch einmal in die Situation von 1934 zurückzuversetzen: dem deutschen Volk, das damals eben in der steilsten Aszendenz der nationalsozialistischen Glorie begriffen war – diesem Volk die Botschaft von Gottes freier Gnade (was im zweiten Satz von der Gnade Jesu Christi gesagt war, durfte nicht vergessen sein, wenn das recht gesagt sein und recht gehört werden sollte) – und nun also: die Freiheit, die fröhliche, trotzige, die verantwortliche aber zuversichtliche Eigenexistenz der Kirche in der Ausrichtung dieser Botschaft, in der Erfüllung dieses Dienstes!»[48] Die Gräuel des Faschismus, die Angst vor der Verfolgung, die Unterdrückung der Freiheit, die Gleichschaltung der Geister: Das sind die Bedingungen, unter welchen die Barmer Theologische Erklärung es wagt, der Kirche Rückzug und Schweigen zu verbieten. Die sechste These nimmt dabei wiederum schon Gesagtes auf. Aus dem Verwerfungssatz der zweiten These hat sie den umfassenden Anspruch des Verkündigungsauftrags auf das ganze Leben übernommen: «Wir verwerfen die falsche Lehre, als gebe es Bereiche unseres Lebens, in denen wir nicht Jesus Christus, sondern anderen Herren zu eigen wären, Bereiche, in denen wir nicht der Rechtfertigung und Heiligung durch ihn bedürften.» Und aus der fünften These klingt der Ruf in die politische Verantwortung an: «[Die Kirche] erinnert an Gottes Reich, an Gottes Gebot und Gerechtigkeit und damit an die Verantwortung der Regierenden und Regierten.».

Und zuletzt noch eine Bemerkung zum Ausdruck «ausrichten»: Das Verb klingt auffällig bescheiden. Die frohe Botschaft von der freien Gnade Gottes wird, so die sechste These, nicht verkündigt, was naheliegend gewesen wäre, sondern bloss ausgerichtet. Ohne zu überinterpretieren, ist darauf hinzuweisen, dass mit dieser Formulierung eine Aussage über die ausrichtende Instanz gemacht wird. Die Kirche ist nur Trägerin einer Nachricht, die sie weder selber formuliert hat noch aus eigener Kraft weiterleiten kann. Sie tut nichts weiter, als den ihr erteilten Auftrag mit den ihr allein dafür zur Verfügung gestellten Kräften auszuführen. Im besten Fall richtet sie beim Transport keinen Schaden an und überbringt die kostbare Nachricht unverfälscht. Mit Eberhard Busch: «So ist diese Botschaft der Kirche aufgetragen. [...] sie hat sie nur auszurichten

48 Barth, Barmen (Anm. 12), 16f.

wie ein Briefträger seine Bestellungen. Sie ist also nicht gefragt danach, was sie damit anfangen, was sie daraus machen soll. Je weniger sie damit anfängt und daraus macht, je weniger von ihren eigenen Fingerabdrücken sie darauf hinterlässt, je mehr sie sie einfach weitergibt, wie sie sie empfangen hat, um so besser.»[49] Auszurichten an alles Volk: In kaum zu überbietender Verdichtung verlangt die Barmer Theologische Erklärung mit diesen Worten von der Kirche Mut *und* Demut, unerschrockene Nachfolge und völlige Zurücknahme. An Christi Statt soll sie leben und wenn nötig kämpfen, wissend, dass sie es nur an *Christi* Statt und nur in des Geistes Kraft tut und tun kann.

III. «An Christi Statt» – Christusdienst als Christusvergegenwärtigung

Als Ergebnis der Relektüre lässt sich festhalten: Die sechste These präsentiert *in nuce* eine christologische Ekklesiologie, genauer eine Ekklesiologie des Christusdienstes, um es noch genauer zu sagen, eine *Ekklesiologie der dienenden Vergegenwärtigung Christi.* Zuerst nimmt die These auf, was in anderen Thesen, insbesondere in der ersten und dritten These, über Christus und Kirche gesagt wird. Sie geht aber einen wesentlichen Schritt weiter, einen Schritt, welcher sich an der Wendung «an Christi Statt» festmachen lässt. Indem die Kirche an Christi Statt spricht und handelt, wird ihr Dienst zu einem Dienst, in dem Christus sich selbst zu erkennen gibt. Dabei ist zu beachten, dass Christus – nicht die Kirche! – das Subjekt der Vergegenwärtigung bleibt: Christus wird jeder Gegenwart unmittelbar im Dienst der Kirche an Christi Statt. Die Differenz zwischen dem Herrn der Kirche und seiner Dienerin ist grundlegend und wird durch den Statthalterdienst auch angemessen beschrieben. Und doch wird im Dienst der Kirche Christi Handeln nicht bloss nachgeahmt, sondern vergegenwärtigt und durch die Gemeinschaft «verkörpert». Im Handeln der Kirche handelt Christus selbst. Dienend, *nur* dienend wird die Kirche zum Leib Christi. Statthalter Christi zu sein, manifestiert sich als Dienst, durch welchen Christi Wort und Werk im Hier und Jetzt des angebrochenen Gottesreiches wirklich sind. So gilt beides zugleich: die Unterscheidung zwischen dem Herrn der Kirche und seiner Dienerin *und* die Gegenwart des Herrn im Zeugnis der Kirche.

An Christi Statt: Die sechste These ruft die Gesamtheit aller Getauften, die Kirchen*gemeinschaft und also die Kirche* in ihren Auftrag. Der Kirche *als gan-*

49 Busch, Thesen (Anm. 36), 151f.

zer ist damit ein Dienst aufgetragen, denn hier ist nicht mehr nur die Rede von den je Getauften, die ihrem Herrn nachfolgen. Die kirchliche Gemeinschaft erfährt die in der Schrift zugesagte und Ostern gestiftete *Freiheit zur* Verkündigung durch Predigt und Sakrament. Während in der dritten These von Jesus Christus als dem *in* der Kirche Handelnden die Rede ist, spricht die sechste These von Christus als dem *durch* die Kirche Vertretenen und dienend Vergegenwärtigten.

Von konstitutiver Bedeutung ist dabei die innere Einheit von Wort und Tat. Wie Christi Leben und Botschaft eine kerygmatische Einheit bilden, so zielt auch das Handeln der Kirche darauf, ihre sichtbare Gestalt und ihre Verkündigung in eine kohärente und als solche glaubwürdige(re) Entsprechung zu bringen. Den Dienst, mit dem die Kirche beauftragt ist, bedingt das ständige Suchen nach signifikativer Kohärenz von Wort und Tat. Die dritte These bestimmt inhaltlich, was in der sechsten These als Auftrag formuliert wird: «[Die Kirche] hat mit ihrem Glauben wie mit ihrem Gehorsam, mit ihrer Botschaft wie mit ihrer Ordnung mitten in der Welt der Sünde als die Kirche der begnadigten Sünder zu bezeugen.» Auch und gerade der äusseren Ordnung der Kirche wird hier Zeugnischarakter zugesprochen. «In der Kirche ist eine Scheidung der äusseren Ordnung vom Bekenntnis nicht möglich.»[50] Dass solches Zeugnis immer nur bruchstückhaft gelingen kann, erklärt sich aus der grundsätzlichen Differenz zwischen dem Herrn der Kirche und seiner Dienerin, eben der «Kirche der begnadeten Sünder». Dass freilich ebenso mit dem immer neuen Aufblitzen einer glaubwürdigen Übereinstimmung von Wort und Tat im Leben der Kirche gerechnet werden darf, ergibt sich aus dem Auftrag, «an Christi Statt» zu wirken, verbunden mit der Verheissung, das auch tun zu können.

Der Auftrag, wie ihn die sechste These formuliert, besteht aus drei Teilaufträgen im Blick auf die Botschaft, die Mittel und die Adressaten. Erstens die Botschaft, die freie Gnade Gottes: Jesus Christus als Verkörperung dieser Gnade ist, was die Kirche auszurichten hat. Will sie ihrem Auftrag gerecht werden, muss sie sich auf diese Botschaft konzentrieren. Als Mittel werden der Kirche zweitens «Predigt und Sakrament» aufgetragen. Will sie ihrem Auftrag gerecht werden, dann braucht sie eine umfassende – Sprache und Handlung, Wort und Tat integrierende – Form der Verkündigung. Und drittens lässt die sechste These keinen Zweifel am universalen Anspruch der Botschaft. Will die Kirche ihrem Auftrag gerecht werden, dann richtet sie sich – notabene verständlich und glaubwürdig – an «alles Volk».

50 Niemöller, Beschlüsse (Anm. 5), 203.

Der dreifach bestimmte Auftrag, wie ihn die sechste These formuliert, ist selber unmittelbar christologisch begründet. In seiner Erfüllung vergegenwärtigt die Kirche als Gemeinschaft aller Getauften Leben und Wirken Christi in der jeweiligen Gegenwart christlicher Existenz. Wo die Kirche ihrem Auftrag gerecht wird, da wird Christus selbst in Wort und Werk als Lebendiger und als Gegenwärtiger erkennbar. Deshalb ist der Auftrag der Kirche nicht unbedingt als zu entfaltendes Ergebnis einer christologischen Ekklesiologie zu verstehen, wie sie die Barmer Theologische Erklärung schon in der dritten These vorlegt.[51] Vielmehr bildet der hier konkretisierte Auftrag den christologischen Ausgangspunkt für die daran anschliessenden ekklesiologischen Klärungen. Dass die Kirche Christi Wirken in Wort und Tat vergegenwärtigt, macht sie allein zur Kirche. In der Erfüllung ihres Auftrags *ist* die Kirche *Kirche* – und nur dann. Wenn sie spricht und handelt wie Christus – bruchstückhaft, aber zeichenhaft –, wird sie erst zu jener Dienerin, die von ihrem Herrn zu genau diesem Zweck eingesetzt worden ist. Im «Christus-Dienst» der Kirche («an Christi Statt und also im Dienst seines eigenen Wortes und Werkes durch Predigt und Sakrament die Botschaft von der freien Gnade Gottes auszurichten an alles Volk») gibt sich Christus selbst als Gegenwärtiger zu erkennen.

Im Licht der Barmer Theologischen Erklärung ist Ekklesiologie das Ergebnis theologischer Klärung der bedrängten und kämpfenden Kirche. Die Barmer Theologische Erklärung hat in ihrer Zeit und in ihre Zeit hinein gesprochen. In ihrer sechsten These spricht sie über ihre Zeit hinaus und in unsere Zeit hinein. Sie ermahnt und ermutigt: ermahnt zur Gemeinschaft und ermutigt zum Bekenntnis. Sie ermahnt zur Kirchengemeinschaft, weil das öffentliche Zeugnis ohne erkennbare und lebendige Einheit nicht gelingen kann. Dass diese Einheit immer als Einheit in Vielfalt zu verstehen ist, ist pragmatisch angemessen, aber ändert nichts am unverzichtbaren Kennzeichen der Katholizität, das jede kirchliche Tradition auf die ihr mögliche Weise verwirklichen muss. Die sechste These ermutigt zum eigenen Bekenntnis, zum eigenen, die ganze Existenz mit einschliessenden Bekennen, gerade weil sie selber in einer Zeit der akuten Bedrohung und Gefährdung formuliert worden ist. Der Mut, der aus ihr spricht, bereichert ihren theologischen Gehalt mit einer geistlichen Kraft, die über rein dogmatische Wahrheit hinausreicht. Hier wird die Kirche

51 Der Auftrag, wie ihn die sechste These formuliert, ergänzt die Aussagen in der dritten These m. E. so wesentlich, dass erst in der sechsten These die vollumfängliche «evangelische Definition der Kirche» vorliegt. Anders Scholder, Bedeutung (Anm. 9), 442: «Mit dieser dritten These hat Barmen – das zeigt ein Blick auf die jüngste Kirchengeschichte – dem deutschen Protestantismus das gegeben, was ihm seit der Reformation gefehlt hat: eine evangelische Definition der Kirche.»

mit einem Auftrag konfrontiert, der sie in grösster äusserlicher Bedrängnis zur ureigensten Sache ruft. «Man könnte sich angesichts dieses letzten Satzes noch mehr wundern als bei den vorangehenden, dass die Barmer Synode ihn wirklich guthiess. Wusste sie, überschaute sie, was sie damit sagte, wozu wir damit uns selbst und die Kirche verpflichteten? Es ging alles mit rechten Dingen zu. Aber wenn es nicht wirklich so wäre, dass das Wort Gottes nicht gebunden ist, so wären wir wohl gerade in diesem erstaunlichen Satz, den man eigentlich nur als eine Art Prophetie würdigen kann, schwerlich zusammengetroffen: als Lutheraner und als Reformierte nicht, als Pietisten und als Liberale nicht, und eben: die theologische Kunst und die Einfalt des Glaubens auch nicht.»[52] Es ist diese Irritation, welche die sechste These für die BTE unverzichtbar macht. Vielleicht befähigte gerade die existenzielle Extremsituation, die Bedrohung an Leib und Leben die damalige Bekennende Kirche dazu, über ihre Zeit hinaus zu sprechen. Und vielleicht handelte sie auch gerade in diesem Sprechen so, wie sie es von der ganzen Kirche einfordert: an Christi Statt.

52 Barth, Barmen (Anm. 12), 17.

II. Biblische und historische Kontexte und Intertexte

Klaus Wengst

Auf die Bibel gehört – und die Juden übersehen

Die Barmer Theologische Erklärung und die Bibel

I. Der Bezug auf die Bibel als Ermöglichungsgrund der Barmer Theologischen Erklärung

Schon die äussere Form, die die Barmer Theologische Erklärung nach ihrer Präambel erhalten hat, erweckt den Eindruck, dass der Bezug auf die Bibel für sie fundamental ist. Vor jeder der sechs Thesen mit Lehrsatz und Verwerfungssatz stehen ein oder zwei mit Stellenangaben kenntlich gemachte neutestamentliche Zitate. Unter die gesamte Erklärung – graphisch hervorgehoben und durch die lateinische Fassung auch sprachlich betont – ist ohne Stellenangabe gesetzt: *Verbum Dei manet in aeternum.* Das in der heiligen Schrift bezeugte Wort Gottes ist der sachliche Ausgangsort und der ständige Bezugspunkt jeder These; es ist der tragende Grund aller Thesen; als das, was bleibt, ist es auch das Ziel, auf das die Erklärung hinausläuft.[1]

Die tatsächliche Entstehung der Thesen verlief gewiss in der genau umgekehrten Reihenfolge als dem sich jetzt in ihnen zeigenden Dreischritt von Bibelzitat, Lehrsatz und Verwerfungssatz. Am Anfang steht die Wahrnehmung dessen, was man für herausfordernd falsch hält, was man theologisch verantwortet auf keinen Fall sagen darf und also verwerfen muss. Dagegen wird dann positiv formuliert, was gilt, und schliesslich nach passenden biblischen Aussagen gesucht. Zu dem Treffen des Redaktionsausschusses, der eine Theologische Erklärung entwerfen sollte, am 15. und 16. Mai 1934 in Frankfurt am Main hatte Karl Barth vier am 13. Mai in Bonn geschriebene Thesen mitgebracht, die je einen Lehr- und Verwerfungssatz enthielten, jedoch keine ein-

1 In einem die Barmer Theologische Erklärung erläuternden Vortrag, gehalten am 9. Juni 1934 in Bonn, hat Barth im Blick auf den am Ende stehenden lateinischen Satz gesagt: «Es wird damit am Schluss noch einmal hingewiesen auf den Grund des Ganzen, auf den Ursprung und auf das Ziel» (Karl Barth, Texte zur Barmer Theologischen Erklärung. Mit einer Einleitung von Eberhard Jüngel und einem Editionsbericht hg. von Martin Rohkrämer, Zürich ^{2}2004, 24).

zige Bibelstelle.[2] Neutestamentliche Zitate vor fünf Thesen finden sich zuerst in Barths Entwurf, den er nach dem ersten Gesprächsgang am Vormittag des 15. Mai in der Mittagspause formuliert hat, während die beiden anderen, Hans Asmussen und Thomas Breit, Mittagsschlaf hielten.[3] Dass die ausdrücklichen biblischen Zitate erst zuletzt hinzugesetzt wurden, macht sie nicht zu einem blossen Zierrat[4] und ist kein Argument dagegen, dass der biblische Bezug sachliche Priorität hatte. Der Dreierausschuss von Frankfurt, der den für die Bekenntnissynode in Barmen entscheidenden Entwurf erarbeiten sollte, hat dem durch dessen schon benannte Form klaren Ausdruck gegeben. Das lässt sich durch weitere Zeugnisse erhärten. Darüber hinaus will ich in diesem ersten Abschnitt zeigen, dass der Bezug auf die Bibel auch die Bedingung dafür war, dass die Synode die Theologische Erklärung annehmen konnte.

Der grundlegende Bezug auf die Bibel sei zunächst an zwei Arbeiten Barths aus dem Jahr 1933 gezeigt, in denen sich analoge Aussagen zur Barmer Theologischen Erklärung finden. Am 10. und 12. März hielt er in Kopenhagen und Aarhus einen Vortrag über «Das erste Gebot als theologisches Axiom».[5] Er bemerkt, dass das theologische Axiom auch an anderen Stellen gehört werden könnte, betont aber, es sei «ihm wesentlich, dass es ‹geschrieben steht›, das heisst, dass es Bestandteil der Urkunde ist, auf die bezogen die Kirche in der Welt als Kirche existiert. Die Kirche existiert, indem sie diese Urkunde als das alleinige Zeugnis von Gottes alleiniger Offenbarung liest und verkündigt und wieder liest, verkündigt und liest und wieder verkündigt. In dieser Lebensbewegung der Kirche existiert auch die Theologie» (218). Dieser nicht endende Prozess, in dem das eine immer wieder zum anderen hinlenkt, das Lesen zum Verkündigen und das Verkündigen wieder zum Lesen und das Lesen wieder zum Verkündigen usw. führt für die Theologie zu der Folgerung: «[...] darum können ihre Sätze grundsätzlich nur Auslegung sein» (ebd.). Dementsprechend kann Barth wenig später in der Schrift «Theologische Existenz heute!»[6] «unsere theologische Existenz» nur als «unsere Bindung an das Wort Gottes»

2 Vgl. die acht synoptisch abgedruckten Textfassungen bei Carsten Nicolaisen, Der Weg nach Barmen. Die Entstehungsgeschichte der Theologischen Erklärung von 1934, Neukirchen-Vluyn 1985, 161–192.

3 Karl Barth, Zur Entstehungsgeschichte der Barmer Thesen. Gespräch mit Tübinger Studierenden am 2. März 1964: ders., Texte (Anm. 1), 221–225 (222f.).

4 In einem Brief an Bischof Meiser vom 21. März 1934 tat Paul Althaus den Aufbau mit vorangestelltem Bibelzitat als «reformierte[n] Biblizismus» ab. Der Brief ist dokumentiert bei Nicolaisen, Weg (Anm. 2) 86–88 (86).

5 Karl Barth, Vorträge und kleinere Arbeiten 1930–1933 (GA 49), hg. von Michael Beintker/Michael Hüttenhoff/Peter Zocher, Zürich 2013, 209–241.

6 Barth, Vorträge (Anm. 5), 271–363.

bestimmen (285). Und noch einmal anders gesagt: «Wo die heilige Schrift Meister ist, da ist theologische Existenz» (302). Schon am Beginn der Ausführungen dieser Schrift in der Sache, bei der ersten der fünf Feststellungen, über die «man sich in der Kirche einig [ist], oder man ist nicht in der Kirche» (284), hatte er betont, «dass es in der ganzen Welt keinen dringlicheren Anspruch gibt als den, den das Wort Gottes darauf hat, verkündigt und gehört zu werden» (283). Hier kann man eine Vorprägung der ersten Barmer These erkennen. Sie – samt der zweiten – klingt auch an, wenn Barth als «Versuchung dieser Zeit» benennt, «dass wir über der Macht anderer Ansprüche die Intensität und Exklusivität des Anspruchs des göttlichen Wortes als solche nicht mehr und damit dieses Wort sofort überhaupt nicht mehr verstehen» (285). Das zunächst allein vor die erste These gestellte Zitat aus Joh 10 kommt in den Blick, wenn Barth in Anspielung auf die erste Berner These von 1528 betont, dass die Kirche, bliebe sie im Worte Gottes, «nicht die Stimme eines Fremden hören [würde]».[7] Barth geht es gegenüber aller «Kirchenpolitik» um einen «Kampf *in* der Kirche [...] in *Betätigung* von Verkündigung und Theologie»; und so würde er «nur mit Solchen [...] gemeinsame Sache machen, mit denen wir uns schon gefunden hätten in der Mühe um das Wort Gottes», und zwar dazu, «um uns mit ihnen weiter und weiter um Gottes Wort zu mühen» (354.355). Dieses Wort Gottes hat sich ihm als «wertbeständig» erwiesen. So schrieb er schon in einem Brief vom 17. März 1933 im Blick auf die «merkwürdigen, um nicht zu sagen apokalyptischen Zeiten», «dass man mehr als je froh ist, Theologe zu sein und mit politisch so wertbeständigen Dingen zu tun zu haben».[8] Anderes – so wieder in «Theologische Existenz heute!» – wurde einfach weggenommen: «Wo ist das alles hingekommen, was noch vor einem Jahr und vorher hundert Jahre lang Freiheit, Recht und Geist hiess? Nun, das sind zeitliche und irdische Güter. Alles Fleisch ist wie Gras ... Kein Zweifel: Schon manches Volk in alter und neuer Zeit hat diese Güter entbehren müssen und dann auch entbehren können, wenn das kühne Unternehmen des ‹totalen Staates› es von ihm verlangte. ‹*Aber* das Wort unseres Gottes bleibt ewiglich!›» (361f.) Als Asmussen bei dem Dreiertreffen in Frankfurt vorschlug,

7 Barth, Vorträge (Anm. 5), 300 mit Anm. 80 und der Verweis auf Anm. 42 auf S. 255f. Joh 14,6, in der 1. Barmer These schliesslich vor das Zitat aus Joh 10 gestellt, kam während der Besprechung des «Nürnberger Ausschusses» am 22. Mai in Leipzig auf Vorschlag von Bischof Meiser hinzu; vgl. Nicolaisen, Weg (Anm. 2), 40.89.

8 Karl Barth, Briefe des Jahres 1933, hg. von Eberhard Busch/Bartolt Haase/Barbara Schenck, Zürich 2004, 90.

genau dieses Bibelzitat aus Jes 40,8 unter die geplante Theologische Erklärung zu setzen,[9] musste er damit bei Barth offene Türen einrennen.

Dass bei diesem Frankfurter Treffen das Hören auf das Wort der Schrift die drei dort versammelten Männer verband und dass genau das es war, was es ihnen ermöglichte, einen gemeinsamen bekennenden Text in der gegebenen Situation und zur Klärung in ihr zu formulieren, wird durch ein schönes Zeugnis von Thomas Breit klar herausgestellt. In der «Abendsitzung der Lutheraner» am 29. Mai 1934 in Barmen, in der es starke Vorbehalte gegen eine Theologische Erklärung überhaupt und gegen den Frankfurter Entwurf im Besonderen gab, beschrieb er gegenüber diesem Dissens die Situation in Frankfurt so: «In Frankfurt/Main haben wir consensus herstellen können, weil[10] innerste Gemeinschaft vor dem Wort der Schrift da war und wir dieses Wort (nämlich den Entwurf der Theologischen Erklärung) sagen konnten.»[11]

Dass die Lehrsätze nichts anderes sein wollten als Auslegung der Schrift in der gegebenen aktuellen Situation, zeigt eindrücklich der Vortrag von Hans Asmussen, mit dem er die Theologische Erklärung in der Vormittagssitzung am 30. Mai 1934 in die Synode einbrachte.[12] Bei der Besprechung der Thesen stellt er einleitend heraus: «Jeder unserer Sätze beginnt mit einer Schriftstelle, in welcher nach unserer Überzeugung eine ganze Reihe von Schriftstellen zusammengefasst sind, die Gehorsam heischend vor uns treten und zeigen, dass es uns nicht um programmatische Forderungen geht, über die man allenfalls reden kann, sondern dass wir auf Leben und Seligkeit hin gerufen sind» (55). Er kennzeichnet dann im Blick auf die erste These die eigene Situation als ein Stehen «an einem Ort der Kirchengeschichte, an welchem nach unserer Überzeugung versucht wird, an einer anderen Stelle in den Schafstall einzusteigen als durch die Tür», womit er das Bibelzitat aus Joh 10,1.9 aufnimmt. Den Lehrsatz führt er kurz danach mit der Aussage ein: «Uns ist für die heutige Zeit dieses Verständnis der Bibelstelle gegeben.»[13] Diesen engen Zusam-

9 Barth, Texte (Anm. 1), 223.

10 Im Text steht an dieser Stelle «viel». Das ergibt im vorliegenden Satzzusammenhang keinen Sinn. Es dürfte eine Verschreibung aus «weil» vorliegen.

11 Diese «Besprechung lutherischer Synodaler» ist dokumentiert bei Nicolaisen, Weg (Anm. 2), 104–107; das Zitat, nach der Mitschrift von Kloppenburg, auf S. 105.

12 Ich zitiere den Vortrag nach Gerhard Niemöller (Hg.), Die erste Bekenntnissynode der Deutschen Evangelischen Kirche zu Barmen II. Text – Dokumente – Berichte, Göttingen 1959.

13 Obwohl bei der Einbringung bereits zwei Bibelstellen vor der ersten These standen, bezieht sich Asmussen nur auf Joh 10 und lässt die später eingebrachte Stelle Joh 14,6 unbeachtet. Sein Vortrag war schon vorher fertig. In der Woche zwischen dem 22. Mai und dem Beginn der Synode war er übermässig durch Reisen in Anspruch genommen

menhang von Schriftwort und Lehrsatz mit Verwerfung als dessen Auslegung führt Asmussen an allen Thesen Punkt für Punkt durch. Zusammenfassend stellt er fest, «dass diese Punkte nicht ein Programm zur Geltung bringen, sondern vielmehr Äusserungen eines von Gott geschenkten Glaubens sind, über den man eben darum nicht verhandeln kann, weil er von Gott geschenkt ist» (65). Daher kann es keine Kompromisse mit den Deutschen Christen geben; und so schliesst Asmussen: «Wir sind [...] gebunden durch den unaufhebbaren Tatbestand: *Verbum Dei manet in aeternum*» (66). Barth hatte Asmussens Vortrag bereits am 23. Mai brieflich voll und ganz zugestimmt: «Das Referat ist ein Werk aus einem Guss, das ich als Ganzes wie im Einzelnen als eine genaue Wiedergabe der Meinung anerkenne, in der ich meinerseits die Vorschläge für den Text der Erklärung gemacht hatte. Erklärung und Text stimmen nun wirklich zusammen wie Topf und Deckel».[14]

Asmussens Vortrag ist auch von der Synode, jedenfalls von einer grossen Mehrheit in ihr, als Schriftauslegung gehört und verstanden worden. Der juristische Oberkirchenrat Hans Meinzolt stellte als zweiter Redner nach dem Vortrag fest, «dass uns heute eine Predigt des Wortes Gottes zuteilgeworden ist, wie wir sie selten haben erleben dürfen, und sollten der Versuchung widerstehen, diese einmütige Predigt nun zu zerreden und zu zerpflücken».[15] Das Protokoll vermerkt an dieser Stelle «lebhafte Zustimmung». Unmittelbar vorher hatte Pfarrer Friedrich Graeber dafür gedankt, «dass es dem barmherzigen Gott in Seiner unergründlichen Gnade gefallen hat, Sein Wort uns heute Morgen zu öffnen, und dass unser lieber Bruder Asmussen das Werkzeug Gottes unter uns dafür gewesen ist. Das ist die tiefe Trauer, die durch unsre Herzen geht, dass weithin in der Christenheit, auch unter uns, die Decke über der Bibel liegt. Aber wenn etwas in diesem Augenblick uns mit heissem Dank gegen den Herrn erfüllt, ist es dies, dass Seine unergründliche Gnade immer wieder die Decke wegnimmt. Sie ist heute Morgen von uns weggenommen worden.» Er führte dann weiter aus: «Die Väter haben uns angeleitet, über ihr Bekenntnis hinaus den Blick auf die Schrift zu richten, und in diesem Sinne ist uns heute geschenkt worden ein gemeinsamer Blick in die Schrift, durch Leute, die vom Luthertum herkommen und von anderswoher, ein gemeinsamer Blick in die Schrift. Sind wir reif dazu, das richtig zu beurteilen?»[16]

mit dem Anfertigen und wieder Verwerfen einer Alternative zum Frankfurter Entwurf. Vgl. Nicolaisen, Weg (Anm. 2) 40–46, und die Dokumente 12 bis 14 auf S. 94–100.

14 Nicolaisen, Weg (Anm. 2), 93.

15 Niemöller, Bekenntnissynode II (Anm. 12), 68.

16 Niemöller, Bekenntnissynode II (Anm. 12), 67.

Gemeint war, ob der gemeinsame Blick in die Schrift auch ein gemeinsames Bekennen möglich machte.[17] Das wurde von Teilen des Luthertums, besonders des bayerischen, energisch bestritten. Bischof Meiser hatte die «Frankfurter Konkordie» den Erlanger Professoren Paul Althaus und Hermann Sasse zukommen lassen. Althaus hatte darauf abfällig reagiert.[18] Gewichtiger war die Einrede von Sasse, zumal er auf Vorschlag Meisers auch an der Frankfurter Besprechung hatte teilnehmen sollen, was er aber aufgrund einer plötzlichen Erkrankung absagen musste;[19] er war auch Synodaler in Barmen.[20] Über den Frankfurter Entwurf befand er, «dass so unter keinen Umständen geredet werden kann». Ihm war er «viel zu unionistisch». Er hielt es für «eine Fiktion, wenn angenommen wird, in der D[eutschen] E[vangelischen] K[irche] seien ‹Bekenntniskirchen› vereinigt und die Leute, die auf der Bekenntnissynode zusammenkommen, wären sich auch nur irgendwie darüber einig, was Bekenntnis und Bekenntniskirche ist». Von der lutherischen Bekenntniskirche her erachtete er es für prinzipiell ausgeschlossen, mit Reformierten und Unierten ein gemeinsames Bekenntnis zu formulieren. Das besondere Profil des lutherischen und reformierten Bekenntnisses sah er dadurch in Frage gestellt. Den Unierten sprach er es ab, Bekenntniskirche zu sein. Die geplante Synode könne «nicht in irgendeiner Form als Repräsentantin einer lehrenden Kirche auftreten, es sei denn dass sie von vornherein in eine lutherische und in eine reformierte Synode auseinanderginge».[21] Dass «kein gemeinsames *Bekenntnis*» möglich sei, hat er dann auch in Barmen im theologischen Ausschuss des lutherischen Konvents in dessen Sitzung am frühen Nachmittag des 30. Mai und im interkonfessionellen Ausschuss in dessen Sitzung am späten Nachmit-

17 Barth führte in dem in Anm. 1 genannten Vortrag aus: «Wo wirklich bekannt wird, da ist vor allem die Schrift zu befragen. Es kann gleichsam nur neben der aufgeschlagenen Bibel geschehen» (18).

18 Sein Brief an Meiser ist dokumentiert bei Nicolaisen, Weg (Anm. 2), 86–88. Bischof Meiser hatte die Sorge, dass von Erlangen her die Professoren Althaus und Elert eine eigene lutherische Front bilden könnten, was dann auch mit dem «Ansbacher Ratschlag» vom 11. Juni 1934 geschah.

19 Darin darf man wohl eine gute Fügung erblicken, da mit seiner Beteiligung kaum ein Text wie der in Frankfurt entworfene zustande gekommen wäre.

20 In der Besprechung lutherischer Synodaler am Abend des 29. Mai 1934 bemerkte Asmussen nach der Mitschrift Kloppenburgs: «Die Frage des Konfessionalismus darf nicht aus der Erlanger Perspektive gesehen werden. Sasse will ich hören. Aber Althaus und Elert haben hier nichts zu suchen» (Nicolaisen, Weg [Anm. 2], 105).

21 So im Brief an Meiser vom 21. Mai 1934, dokumentiert bei Nicolaisen, Weg (Anm. 2), 83–85 (83).

tag und Abend desselben Tages bis in die Nacht hinein vertreten.[22] Diese Position konnte dadurch überwunden werden, dass über die reformatorischen Bekenntnisse hinaus auf die Schrift als deren tragende Grundlage geblickt wurde.

Bereits auf der vorbereitenden Sitzung des «Nürnberger Ausschusses» am 7. Mai 1934 in Kassel war kontrovers über die Möglichkeit eines gemeinsamen Bekenntnisses diskutiert worden. Bischof Meiser hatte es dort geradezu als «verhängnisvoll» bezeichnet, ein solches zu entwerfen. Demgegenüber vermerkt das Protokoll über Bischof Wurm von Württemberg: «Betont das Gemeinsame der beiden Bekenntnisse, weist daraufhin, dass Württemberg eine biblische, keine konfessionelle Kirche sei».[23] Wie stark der Bezug auf die Schrift wog, zeigt sich auch an einer Stelle im Referat des Juristen Fiedler am späten Nachmittag des 30. Mai, wenn er erklärt: «Der Gedanke des weltlichen Führertums wird durch das eine Wort des Evangeliums für die Kirche unmöglich gemacht: ‹Ihr sollt euch nicht Meister nennen lassen; denn einer ist euer Meister, Christus, ihr aber seid alle Brüder› (Mt 23,10).»[24] In der «Abendsitzung der Lutheraner» am 29. Mai in Barmen hatte Heinrich Vogel im Blick auf den vorgelegten Entwurf der Theologischen Erklärung eindringlich gefragt: «Was ist an diesen Sätzen *wider die Heilige Schrift*?»[25] Für die durchgehende Bereitschaft der Synodalen, am Mittag des 31. Mai die zuvor am späten Abend und in der Nacht noch einmal überarbeitete Theologische Erklärung anzunehmen, ist wohl die Andacht Pastor von Bodelschwinghs am Morgen dieses letzten Sitzungstages nicht zu unterschätzen.[26] Sie dürfte noch vorhandene Bedenken befreiend gelöst haben. Bodelschwingh legte die beiden Aufforderungen Jesu am Beginn von Mt 11,29 nacheinander aus: «Nehmet auf euch mein Joch und lernet von mir!» Mit der Aufnahme seines Joches dispensiere Christus «uns von dem Tragen fremder Lasten. [...] Unsere Kirche braucht

22 Vgl. Nicolaisen, Weg (Anm. 2), 141f. Das vor allem hatte Barth im Blick, wenn er eine gute Woche später davon sprach, «wir mussten durch einen sehr gefährlichen Augenblick hindurchgehen, indem schon alles zu scheitern schien und insbesondere die lutherischen Brüder sich nicht bereit finden wollten» (Barth, Texte [Anm. 1], 13). An einer Stelle hat Sasse jedoch auch einen positiven Beitrag zur Formulierung der Barmer Theologischen Erklärung geleistet. In der fünften These hatte es im eingebrachten Entwurf geheissen, der Staat habe «für Recht und Sicherheit zu sorgen». Sasse brachte erfolgreich ein, «‹Sicherheit› müsste geändert werden in ‹Frieden›» (Nicolaisen, Weg [Anm. 2], 144).

23 So das Protokoll Fiedlers bei Nicolaisen, Weg (Anm. 2), 66.

24 Niemöller, Bekenntnissynode II (Anm. 12), 81.

25 Nicolaisen, Weg (Anm. 2), 106.

26 Dokumentiert bei Niemöller, Bekenntnissynode II (Anm. 12), 109–114.

sich nicht nach fremder Norm zu richten!» Bodelschwingh redet die Synodalen als «Lastpferde, Zugpferde unseres Herrn Christus» an (110) und weist – mit Blick auf Lutheraner, Reformierte und Unierte – daraufhin, Jesus habe auf seinen Wegen über die Felder gesehen, «dass zwei oder drei Tiere unter demselben Joch zusammengespannt waren und gemeinsam ziehen mussten. [...] In der gegenwärtigen Zeit unserer Kirche ist es die Güte Gottes, dass er uns zusammenspannt. Wenn ich Euch so vor mir sehe: was für ein munteres, manchmal gefährliches Springen auf der grünen Wiese dieser unserer Synode!» Das Protokoll vermerkt: «Heiterkeit». Bodelschwingh führt das Bild weiter aus: «Ein verständiger Bauer braucht die vor seinen Pflug gespannten Pferde nicht mit gleicher Farbe anzustreichen» – wieder vermerkt das Protokoll: «Heiterkeit» – «und der Herr Christus in Seinem Reich bedarf keiner Uniformität.» (112) Im Blick auf die so Unterschiedlichen und jetzt doch Zusammengespannten fährt er fort: «Es fängt in deutscher Kirchengeschichte, wenn mein Auge richtig sieht, ein neues Fragen an. Und dann noch ganz kurz das Weitere: Dann fängt ein neues Lernen an. So spricht der Herr Christus: ‹Und lernet von Mir!› Wenn es Seiner Güte wirklich gefallen sollte, in diesen Tagen und in der gegenwärtigen Zeit ein neues Kapitel deutscher Kirchengeschichte aufzuschlagen, dann kann das nur so geschehen, dass wir alle miteinander neu bei dem Herrn Christus in die Schule gehn. Wir lernen von Seinem Wort. So, wie ich es jedem Christenmenschen wünsche, dass bei jedem neuen Abschnitt seines Lebens eine neue, eine ganz neue Begegnung mit dem Worte Gottes ihm geschenkt wird, so wünsche ich Euch, meine Brüder, und wünsche ich unserer Kirche bei dem neuen Abschnitte eine neue Begegnung mit dem Worte, dass es so zu uns spreche, als hätten wir es noch nie gehört.» (112f.)

Unter den von der Synode gefassten Beschlüssen heisst es im Blick auf die Theologische Erklärung im Wort «an die Evangelischen Gemeinden und Christen in Deutschland»: «Findet ihr, dass wir wider die Schrift reden, dann hört nicht auf uns! Findet ihr aber, dass wir in der Schrift stehen, dann lasset keine Furcht und Verführung euch abhalten, mit uns den Weg des Glaubens und des Gehorsams gegen das Wort Gottes zu beschreiten.»[27] Alle diese Zeugnisse seien am Schluss dieses Abschnitts noch einmal in der These zusammengefasst: Bedingung für das Zustandekommen der Barmer Theologischen Erklärung wie auch für ihr Annahme war der über die konfessionellen Bekenntnisse hinausgehende und sich zurückwendende Bezug auf das Wort der Schrift.

Wurde also der konfessionelle Gegensatz thematisiert und von der Schrift her ein gemeinsames Sprechen ermöglicht, so blieb ein anderer Gegensatz

27 Niemöller, Bekenntnissynode II (Anm. 12), 206; vgl. 191.

unerwähnt. Das hatte Folgen für das, was nicht in der Theologischen Erklärung erwähnt wurde, aber von der Schrift her hätte gesagt werden müssen.

II. Der nicht kenntlich gemachte politische Gegensatz

In seiner Schrift «Theologische Existenz heute!» hatte Karl Barth energisch herausgestellt, mit wem allein man «gemeinsame Sache» machen könne, nämlich mit denen, die sich in der Mühe um das Wort Gottes zusammenfinden. Betrachtet man die Barmer Synode und die Zusammensetzung ihrer Synodalen unter politischen Gesichtspunkten, kann man sich im Nachhinein schon wundern, wer hier in der Lage war, «gemeinsame Sache» zu machen. Aber es muss dann auch bemerkt werden, was dadurch ausgespart blieb. Mit Karl Barth gab es zumindest ein Mitglied der – schon seit Juni 1933 verbotenen – SPD. Auf der anderen Seite waren mehrere Synodale Mitglieder der NSDAP. Schon im Vorfeld des Treffens in Nürnberg am 11. April 1934, auf dem sich der «Nürnberger Ausschuss» konstituierte, bat Pfarrer Christian Stoll, theologischer Hilfsreferent beim Landeskirchenrat in München, in einem Schreiben vom 31. März «an einzelne Personen in den verschiedenen Landeskirchen [...] ‹um Angabe eines Vertrauensmannes, der mit einem Laien – möglichst einem älteren Mitglied der NSDAP – zu einer Zusammenkunft zur vertraulichen Besprechung der kirchlichen Lage teilnehmen würde›».[28] Schon vorher, nachdem Hitler bei seinem Treffen mit den Bischöfen Meiser und Wurm diese an Hauptmann Pfeffer von Salomon als einen Verbindungsmann zwischen Staat und Partei für Kirchenfragen verwiesen hatte, und sie anschliessend Präses Koch und Friedrich von Bodelschwingh informierten, befürwortete letzterer «Meisers Vorschlag, Pfeffer mit vertrauenswürdigen jüngeren Pfarrern, möglichst alten Parteigenossen, in Verbindung zu bringen, damit das Misstrauen der Partei zerstreut werde».[29] Das war die grosse Sorge: Man wollte nicht mit dem Staat in Konflikt geraten, auf keinen Fall als «Rebellen» erscheinen.[30] Ein hervorstechendes NSDAP-Mitglied unter den Pfarrern war Eduard Putz, als Zwanzigjähriger 1927 in die Partei eingetreten, mit dem Goldenen Parteiabzeichen dekoriert, an der Vorbereitung der Barmer Synode beteiligt und auf ihr

28 Nicolaisen, Weg (Anm. 2), 15.
29 Nicolaisen, Weg (Anm. 2), 10.
30 Das kommt auch in Asmussens Einführungsvortrag zum Ausdruck bei Besprechung der fünften These (Niemöller, Bekenntnissynode II [Anm. 12], 62f.).

aktiv tätig. Auch er war theologischer Hilfsreferent beim Landeskirchenrat in München.

Von den drei Juristen, die auf der Barmer Bekenntnissynode Vorträge hielten, bekennen sich zwei – Reichsgerichtsrat Wilhelm Flor und Oberkirchenrat Hans Meinzolt – als Mitglieder des «Bundes nationalsozialistischer deutscher Juristen».[31] Flor stellt mit Nachdruck fest: «*Der neue deutsche Staat ist Rechtsstaat*» und zitiert zur Unterstreichung den Justizminister, dass «der Nationalsozialismus *im Rechte* vom ersten Tage seines Wirkens an die sicherste Grundlage seines Aufbauens und Wirkens erkannt hat».[32] Meinzolt nimmt das auf, spricht von der «*Heiligkeit des Rechtes*», nennt es die «*eine* Leidenschaft» der Juristen, «Hüter zu sein des Rechtes und Bewahrer zu sein der heiligen Flamme der Gerechtigkeit». Er führt einen Ministerialdirektor aus dem Innenministerium mit der Aussage an: «Der nationalsozialistische Staat ist ein Rechtsstaat, der nach dem Gesichtspunkt der Gerechtigkeit geführt wird, einer Gerechtigkeit, die sich an der nationalsozialistischen Weltanschauung orientiert»[33] – und merkt nicht, dass durch das im Relativsatz Ausgesagte das Recht pervertiert und die Willkür der zur Herrschaft Gekommenen zum Recht erklärt wird. Es wird unter den Synodalen in Barmen nicht viele gegeben haben, denen diese Aussagen und weitere positive Äusserungen zum NS-Staat in den Plenarversammlungen[34] unangenehm aufgestossen sind. Sie haben sich nicht dazu geäussert und diese Aussagen passieren lassen. Karl Barth hatte schon 1933 seine andere Wahrnehmung der Wirklichkeit in Briefen zum Ausdruck gebracht;[35] er tat es aber nicht auf der Bekenntnissynode in Barmen.

Die meisten Synodalen dieser Synode schwammen politisch im Strom der Zeit. Diejenigen, die sich davon nicht mitreissen und forttreiben liessen, machten ihren Gegensatz nicht kenntlich und konzentrierten sich auf die theologische Diskussion. Aber zumindest einen Punkt gab es, wo auch von der Schrift her im Zusammenhang mit dem, was tatsächlich geschah, doch zu reden ge-

---

31 Niemöller, Bekenntnissynode II (Anm. 12), 89.117.

32 Niemöller, Bekenntnissynode II (Anm. 12), 89.

33 Niemöller, Bekenntnissynode II (Anm. 12), 116f. Vgl. demgegenüber die Feststellung von Günter Brakelmann: «Dieser totale Staat war bis Ende Mai 1934 rechtlich und praktisch voll ausgebildet. Der alte deutsche Rechtsstaat lag längst in Trümmern. Aber das war in der kirchlichen Diskussion und in den Kirchenzeitungen kein Thema.» Evangelische Kirche im Entscheidungsjahr 1933/1934: Der Weg nach Barmen. Ein Arbeitsbuch, Berlin 2010, 164.

34 Vgl. die entsprechenden Aussagen von Marahrens, Graeber, Fiedler und Link bei Niemöller, Bekenntnissynode II (Anm. 12), 45.73.85.178.

35 Barth, Briefe 1933 (Anm. 8), 85f.231f.

wesen wäre, aber nicht geredet worden ist. Dieser Punkt taucht in Barmen an einer Stelle sehr zaghaft auf, um sofort wieder zu verschwinden.

III. Das nicht wahrgenommene Thema: die «Judenfrage»

Die «Judenfrage» ist in Barmen nicht behandelt worden. In einer bestimmten kirchlichen Form taucht sie einmal ganz kurz am Rande auf und wird sogleich neutralisiert. In der Sitzung am späten Nachmittag des 31. Mai hatte es nach einem weiteren Vortrag zu einer Beschlussvorlage eine längere Diskussion gegeben, die über 18.30 Uhr hinaus andauerte. Die dann noch vorliegenden Anträge wurden unter Zeitdruck einer nach dem anderen schnell erledigt. Dabei wurde als Erstes der bisherige «Nürnberger Ausschuss» als «Bruderrat», bestehend aus zwölf Personen, von der Synode eingesetzt. Nach dem darauf mit grossem Beifall einstimmig angenommenen Antrag, der gegen die «Vergewaltigung der Hilfsprediger und Kandidaten durch das deutschchristliche Kirchenregiment» protestierte und den Bruderrat «mit der geistlichen Betreuung und mit der persönlichen Fürsorge für die jungen Theologen» beauftragte, folgte ein weiterer, mit dem anders umgegangen wurde. Er lautete: «Die Synode weist die mit der Betreuung des Pfarrernachwuchses beauftragten Bruderräte der Provinzialsynoden an, sich mit besonderem Ernst der nichtarischen Theologen anzunehmen. Die, wie zum Beispiel in Altpreussen durch die Ausführung des kirchlichen Beamtengesetzes, zu den Examina bzw. zur Anstellung bereits nicht mehr Zugelassenen müssen innerhalb der Bekennenden Kirche Zugang zum geistlichen Amte finden. Die gleiche Sorge muss denjenigen nichtarischen Brüdern gelten, denen die Möglichkeit des Theologiestudiums jetzt verschlossen ist.» Nach Verlesung dieses Antrags fuhr Präses Koch als Versammlungsleiter unmittelbar fort: «Ich würde vorschlagen, dass wir das dem Bruderrat überweisen, damit er überlegt, in welcher Form diesem Anliegen, das uns hier mitgegeben wird, zu entsprechen ist», erhielt dafür Beifall und konstatierte: «Das ist also dem Bruderrat überwiesen.»[36] Unter den Beschlüssen der Synode taucht dieser Punkt demgemäss nicht auf. Er scheint aber auch keinerlei Nachgeschichte gehabt zu haben. Auf den ersten beiden Sitzungen des Bruderrats nach der Barmer Synode am 14. Juni und 2. Juli 1934 wurde zwar die «Sorge für die gemassregelten und zwangsversetzten Pfarrer

36 Alle Zitate: Niemöller, Bekenntnissynode II (Anm. 12), 187f.

sowie für den theologischen Nachwuchs» ergebnisorientiert besprochen.[37] Aber das Problem der nichtarischen Theologen in dem an den Bruderrat überwiesenen Antrag wird nach Ausweis der Protokolle nicht einmal erwähnt, auch nicht in den weiteren sechs Sitzungen des Bruderrates bis zur zweiten Bekenntnissynode Ende Oktober 1934.[38]

Daran zeigt sich, dass dieser Punkt offenbar als brisant empfunden wurde. Denn der nationalsozialistische Staat «konnte von seinen Voraussetzungen her einen kompromisslosen Einsatz für Judenchristen in der Kirche als Distanzierung oder gar Ablehnung seiner Judenpolitik überhaupt interpretieren».[39] Karl Barth hatte das Juden geschehende Unrecht klar als solches wahrgenommen. Aber er hat sich dazu nicht öffentlich geäussert, obwohl er 1933 zweimal – beide Male in Briefen von Frauen – dringlich darum gebeten worden war.[40] Beide Male argumentiert er zunächst taktisch mit der Aussichtslosigkeit eines solchen Unternehmens einerseits und mit dessen Konsequenz andererseits, dass es ihn die noch vorhandene Wirkungsmöglichkeit kosten könnte, wissend, «wie unerbittlich die Nationalsozialisten [...] gerade in der Judenfrage keine Konzession zu machen entschlossen sind». In seiner Predigt vom 10. Dezember 1933 führt er die jüdische Existenz als einen lebendigen Beweis für Gottes freies Erwählen an und fährt dann fort: «Es könnte wohl sein, dass man sich gegen diesen allerdings strengen Gottesbeweis, gegen den Gott der

37 Protokolle der Sitzungen befinden sich im Landeskirchlichen Archiv der Evangelischen Kirche von Westfalen in Bielefeld-Bethel Bestand 5.1 (Sammlung W. Niemöller)/ 704 F1/ 21–29 (S. 7).73–82 (S. 8 u. 9).90–96 (S. 7). Zur zweiten Sitzung liegen zwei Protokolle vor, ausser dem von Fiedler, von dem auch die aller übrigen Sitzungen stammen, eins von Asmussen.

38 Auf die dahinter stehende Mentalität sei ein Schlaglicht geworfen: Über eine Diskussion auf der Sitzung des Deutsch-Evangelischen Kirchenausschusses vom 26. April 1933, ob «die Kirche zu ihren Judenchristen ein Wort des Schutzes sagen müsse», resümiert Brakelmann, man sei «durchaus zu einem Wort bereit» gewesen, «befürchtete aber, dass eine Stellungnahme für die Judenchristen als Votum gegen die staatliche Judenpolitik verstanden werden könne», deren Berechtigung man nicht in Frage stellte (Brakelmann, Kirche im Entscheidungsjahr [Anm. 33], 43; vgl. im Ganzen 42–45). In einem Brief vom 4.11.1946 zitiert Oberkirchenrat Kloppenburg den diesbezüglichen Antrag des Freiherrn von Pechmann aus München und informiert, dass er «mit allen gegen eine Stimme abgelehnt wurde». Der Brief befindet sich in dem in der vorigen Anmerkung genannten Bestand 35 F1.

39 Brakelmann, Kirche im Entscheidungsjahr (Anm. 33), 98. Er sagt das im Zusammenhang der Besprechung der «72 Leitsätze zur judenchristlichen Frage» von Hans Ehrenberg und stellt heraus: «Ehrenberg brachte seine Kirche nicht nur vor eine theologische Entscheidungsfrage, sondern stellte sie vor die Frage, ob sie bereit war, auch die möglichen Folgen ihrer Wahrheitsaussage zu tragen» (99).

40 Barth, Briefe 1933 (Anm. 8), 186–188.529–531; das folgende Zitat auf S. 530.

freien Gnade wehrt, wenn man sich allzu leidenschaftlich gegen die Juden wehrt».[41] Die hier gebrauchte verhalten-vorsichtige Ausdrucksweise dürfte wiederum taktisch bedingt sein. Sie ist jedoch – von Barth kaum so gemeint – faktisch fatal. Die Wendung «sich gegen Juden wehren» setzt diese implizit als Angreifende voraus, was es legitim erscheinen lässt, sich zu wehren. Und so suggeriert die Formulierung «allzu leidenschaftlich», als ginge es nur um das rechte Mass.

Gegen Ende seines Lebens, nach der Lektüre von Eberhard Bethges Bonhoeffer-Biographie, bekennt Barth in dieser Hinsicht in einem Brief an Bethge vom 22. Mai 1967 Schuld. Er erklärt es als ihm neu, «dass Bonhoeffer 1933ff. als Erster, ja fast Einziger die *Judenfrage* so zentral und energisch ins Auge gefasst und in Angriff genommen hat», und fährt dann fort: «Ich empfinde es längst als eine Schuld meinerseits, dass ich sie im Kirchenkampf jedenfalls öffentlich (z. B. in den beiden von mir verfassten Barmer Erklärungen von 1934) nicht ebenfalls als entscheidend geltend gemacht habe. Ein Text, in dem ich das getan hätte, wäre freilich 1934 bei der damaligen Geistesverfassung auch der ‹Bekenner› weder in der reformierten noch in der allgemeinen Synode akzeptabel geworden. Aber das entschuldigt nicht, dass ich damals – weil anders interessiert – in dieser Sache nicht wenigstens in aller Form gekämpft habe.»[42]

In seinem Buch «Karl Barths Lebenslauf» referiert Eberhard Busch dieses Schuldbekenntnis am Schluss des Berichts über die Barmer Bekenntnissynode, und zwar nur bezogen auf Barths dafür vorgelegten Textentwurf.[43] In seiner umfänglichen Darstellung über «Karl Barth und die Juden 1933–1945» lässt er bei der Aufnahme dieser Stelle Barths Schuldeingeständnis ganz weg und sieht den Grund für das Fehlen einer «Stellungnahme gegen die Judenbedrängnis» damit zusammenhängen, «was der alte Barth etwas locker so formulierte, dass er bei der Abfassung der Thesen ‹anders beschäftigt› war».[44] Wenn Barth an

41 Karl Barth, Römer 15,5–13 (1933): ders., Predigten 1921–1935 (GA 31), hg. von Holger Finze, Zürich 1998, 296–305 (300).

42 Karl Barth, An Rektor D. Eberhard Bethge, Rengsdorf bei Neuwied, 1967: ders., Briefe 1961–1968 (GA 6)., hg. von Jürgen Fangmeier und Hinrich Stoevesandt, Zürich 1979, 403–407 (403). Der Brief wurde, leicht gekürzt, zuerst veröffentlicht in EvTh 28 (1968), 555f.

43 Eberhard Busch, Karl Barths Lebenslauf. Nach seinen Briefen und autobiographischen Texten, München 1975, 260.

44 Eberhard Busch, Unter dem Bogen des einen Bundes. Karl Barth und die Juden 1933–1945, Neukirchen-Vluyn 1996, 215. Es ist vielleicht kein Zufall, dass gerade an dieser Stelle Busch mehrfach ungenau ist: Barths Brief an Bethge datiert er auf «Juni 1967». Von den beiden einzigen zitierten Worten «anders beschäftigt» ist eins ein

der angeführten Stelle explizit Schuld eingesteht, erscheint die Charakterisierung, er formuliere hier «etwas locker», kaum als angemessen. Von daher hat es auch nicht viel Wahrscheinlichkeit für sich, was Busch im Weiteren ausführt, dass Barth damit «beschäftigt» gewesen sei, «die sachlichen Voraussetzungen zu beschreiben», die bei den Deutschen Christen und teilweise auch bei der Opposition gegen sie «fraglos schlimme Folgen zeitigte». So behauptet er, dass die Barmer Thesen «unmittelbar genau *die* Begründungsmuster ausräumen, die es 1933/34 der deutschen evangelischen Kirche ermöglichten, die Judenverdrängung, sei es in Kirche und Staat, sei es nur im Staat, in theologischer Sanktionierung zu begrüssen oder doch hinzunehmen».[45] Barth selbst hat im Rückblick nicht so argumentiert, sondern – es sei noch einmal betont – Schuld eingestanden. 1933 hat er die «Judenfrage» zweimal als einen Teilaspekt seines Kampfes gegen die natürliche Theologie bezeichnet. Im Brief vom 2. Mai an Elisabeth Schmitz meinte er noch lediglich: «Ich halte vorläufig das, was ich in dieser meiner Arbeit im Sinn einer sich selbst besser verstehenden Kirche tun kann, für wichtiger als das, was ich mit einem öffentlichen Votum, dessen Resonanz zum vornherein so gefährdet ist, ausrichten könnte.»[46] An Hans Ehrenberg schrieb er am 13. November: «[...] mein Hauptproblem in der gegenwärtigen Krise ist das der natürlichen Theologie und nicht, oder eben nur in diesem Rahmen, die Judenfrage.»[47] Im Brief an Maria Ambrosius, einer Christin «nicht rein arischer Abstammung», vom 19. November formulierte er ähnlich: «Die Judenfrage ist ja [...] auf dem Boden der Kirche nur eine Teilfrage in dem uns heute auferlegten Kampfe.» Die Aufforderung von Mt 6,33, «*am Ersten* nach dem Reich Gottes zu trachten», interpretiert er hier so: «Sehn Sie, um dieses ‹am Ersten› geht es in unserm kirchlichen Kampf gegen die Deutschen Christen» und fordert abschliessend seine Adressatin auf: «Bleiben Sie nicht in Ihrer Teilfrage, wie schwer sie auch sein mag, stecken, sondern helfen Sie an Ihrer Stelle, glaubend, hoffend und bittend da mit, wo es um das Ganze geht.»[48]

Synonym; Barth hatte formuliert: «anders interessiert». Dessen Schuldeingeständnis betraf nicht nur die Zeit «bei der Abfassung der Thesen».

45 Busch, Unter dem Bogen (Anm. 44), 215f. Vgl. auch S. 217: «Die Barmer Thesen beseitigten sämtliche Säulen, auf denen damals der herrschende Antisemitismus seitens der Kirche als tragbar gelten konnte.»

46 Barth, Briefe 1933 (Anm. 8), 188.

47 Barth, Briefe 1933 (Anm. 8), 502.

48 Barth, Briefe 1933 (Anm. 8), 530f. Vgl. auch Barths Brief an Wilhelm Freiherr von Pechmann vom 21. November 1933; dort betonte er, «dass mein besonderes Bemühen dem *Sinn* des heute in der Kirche zu leistenden Widerstandes gilt» (544).

Mir scheint, dass sich vom biblischen Zeugnis her die Frage nach der theologischen Bedeutung Israels bzw. des Judentums für die christliche Kirche nicht als ein blosser Teilaspekt des Kampfes gegen natürliche Theologie angehen lässt, wie Barth es gesehen hat, sondern dass ihr eine eigene, und zwar zentrale Gewichtigkeit zukommt. Warum kam das biblische Zeugnis über Israel, über das jüdische Volk in Barmen nicht zum Zuge, wo doch, wie im ersten Abschnitt ausgeführt, die Schrift eine so wichtige Rolle spielte? Pfarrer Graeber hatte nach Asmussens Vortrag gemeint, dass «die Decke über der Bibel» durch diesen Vortrag «von uns weggenommen worden» sei. Aber in Hinsicht auf Israel und die Juden blieb sie liegen. Es sollte noch lange dauern, bis diese Decke nach dem deutschen Massenmord an den jüdischen Männern, Frauen und Kindern Europas stellenweise weggenommen wurde. Meines Erachtens war es gerade das, was der Barmer Theologischen Erklärung ihre Stosskraft gab, die christologische Konzentration, was auf der anderen Seite diese Decke liegen bleiben liess.

IV. Zum Schriftverständnis der Barmer Theologischen Erklärung oder: Die Problematik der exklusiven Identifizierung Jesu Christi als Wort Gottes

Gleich der Lehrsatz der ersten These stellt definitorisch fest: «Jesus Christus, wie er uns in der Heiligen Schrift bezeugt wird, ist das eine Wort Gottes.» Die Formulierung «das eine Wort Gottes» impliziert in diesem Zusammenhang auf keinen Fall, dass es auch noch «das andere Wort Gottes» gäbe, sondern hier gilt Jesus Christus als das *einzige* Wort Gottes; er ist es exklusiv. Dabei ist aber zu beachten, dass die Barmer Theologische Erklärung in der Kirche und für die Kirche redet, und zwar in bestimmter Situation. Das macht im Lehrsatz der abschliessende Relativsatz deutlich: «[...] das *wir* zu hören, dem *wir* im Leben und im Sterben zu vertrauen und zu gehorchen haben». Diese Ausrichtung und Zuspitzung wird auch darin sehr gut erkennbar, dass Barth im letzten der fünf Grund-Sätze am Beginn der sachlichen Erörterungen von «Theologische Existenz heute!» gegenüber seiner handschriftlichen Fassung dreimal ein «für uns» eingefügt hat: «In der Kirche ist man sich darüber einig, dass Gott *für uns* nirgends da ist, in der Welt ist, in unserem Raum und in unserer Zeit ist als in diesem seinem Wort, dass dieses sein Wort *für uns* keinen anderen Namen und Inhalt hat als Jesus Christus und dass Jesus Christus *für uns* in der ganzen Welt nirgends zu finden ist als jeden Tag neu in der Schrift Alten und Neuen

Testaments.»[49] Diese christologische Konzentration, die die Kirche daran erinnert, wem sie ihre Existenz verdankt und worauf sie bezogen bleibt, wer in ihr das Sagen hat und auf wen sie zu hören hat, macht in grosser Evidenz kenntlich, was in ihr keine Geltung beanspruchen darf, wie es dann der Verwerfungssatz der ersten These formuliert, dass nämlich nicht irgendwelche «andere[n] Ereignisse und Mächte, Gestalten und Wahrheiten als Gottes Offenbarung an[zu]erkennen» sind. Eine klare Konkretion dessen zeigte sich in einer der Predigten beim an die Barmer Synode am Abend des 31. Mai anschliessenden «Rheinisch-Westfälischen Gemeindetag ‹Unter dem Wort›» über Offb 2,8–11, wenn Pastor Heinrich Oltmann erklärte: «Darum sind alle Versuche unserer Tage, die Botschaft der Kirche Christi zu ergänzen oder zu verkürzen nach den Erkenntnissen unserer Zeit von Blut und Rasse und Volkstum, gerichtet als *Verrat* an dem *Herrn der Kirche.*»[50]

Von dieser Stossrichtung her wird auch einsichtig, warum es sich bei den Zitaten vor den Thesen ausschliesslich um solche aus dem Neuen Testament handelt, obwohl mit der Rede von der «Heiligen Schrift» selbstverständlich die ganze christliche Bibel aus Altem und Neuem Testament gemeint ist. Damit wie auch mit der Kennzeichnung Jesu als des *einen* Wortes Gottes ist aber implizit gegeben, dass die Bibel ausschliesslich vom Neuen Testament her gelesen und von Jesus Christus her verstanden wird. Für die Evangelisten dagegen war bei ihrem Schreiben fundamental, dass sie die Geschichte Jesu als eingebunden in die Geschichte Gottes mit seinem Volk Israel erzählen. Nur dadurch, dass sie die Geschichte Jesu mit ihrer jüdischen Bibel erzählen, vermögen sie es überhaupt, seine Geschichte als eine Geschichte des Mitseins Gottes kenntlich zu machen. Diese Verbundenheit Jesu in und mit der Geschichte seines Volkes und damit auch seine Jüdischkeit geraten weder auf der Barmer Synode noch in ihrem Vorfeld auch nur von ferne ins Blickfeld. Was das hätte bedeuten können, sei an einem Schlaglicht kenntlich gemacht. In einem weiteren Gottesdienst am Abend nach der Synode war das Sendschreiben nach Philadelphia Predigttext (Offb 3,7–13). Zu der Aussage des im Text sprechenden Jesus: «Und hast meinen Namen nicht verleugnet» führt der Prediger, Pastor Sauberzweig aus Salzwedel, aus: «Seinen Namen, nicht den Namen eines Grossen der Weltgeschichte, eines genialen Religionsstifters, eines Geisteshelden oder grossen Königs [...], nein der Name, den die Kirche des göttlichen Wohlgefallens nicht verleugnet hat, das ist der Name des ver-

49 Barth, Vorträge (Anm. 5), 283f.; Hervorhebungen KW.

50 Karl Immer, Die Kirche vor ihrem Richter. Biblische Zeugnisse auf der Bekenntnissynode der Deutschen Evangelischen Kirche, Wuppertal-Barmen 1934, 37f.

achteten und von der Welt ausgestossenen und *gekreuzigten Jesus*»[51]. Man stelle sich vor, was es in der Situation von 1934 bedeutet hätte, wenn Jesus an dieser Stelle als Jude gekennzeichnet worden wäre.

Barth konnte 1933 das erste Gebot als «theologisches Axiom» beschreiben. Er spricht dabei von Gott als dem «Erlöser Israels und so jedes einzelnen Israeliten», zu dem er «in dem Verhältnis des *Befreiers* zum Befreiten, des *Erretters* zum Erretteten steht». Er erwähnt die Erwählung Israels durch Gott und dessen Bund mit ihm. So gilt: «Der Gott des ersten Gebotes ist also der Gott des Menschen, den er in diesem Gebot anredet, weil und indem er der mächtige und gnädige Gott Israels ist.» Daran schliesst er unmittelbar und unvermittelt an: «Er ist, wie *Calvin* sagt, der ‹Deus ecclesiae›.»[52] Hatte Barth in diesem Zusammenhang bis dahin vom Verhältnis Gottes zu Israel im Präsens gesprochen, so wechselt er nach der Kennzeichnung Gottes als «Deus ecclesiae» in eine Form der Vergangenheit: «Er war schon auf dem Plan in seiner Wundertat an einem elenden, verlorenen Volk, an einem Volk, das es in keiner Weise verdient hatte, dieses Gottes Volk zu sein.» Die Geschichte Gottes mit seinem Volk wird zur blossen Vorgeschichte: «Das theologische Axiom lässt sich nicht lösen aus diesem soteriologischen oder, sagen wir gleich konkret: aus diesem christologischen Zusammenhang. Die Offenbarung geschieht in der Versöhnung, in dem von Gott aufgerichteten und gehaltenen Bund zwischen ihm und den Menschen.» So folgt: «*Jesus Christus* ist der Sinn des Sinaigesetzes, sofern es Gottes Offenbarung ist.»[53] Was bei dieser Sichtweise nicht in den Blick kommen kann, ist ein – ohne den Bezug auf Jesus Christus gegebener – auch für die christliche Kirche relevanter Eigenwert der jüdischen Bibel und damit auch ein Eigenwert des nachbiblischen bis in die Gegenwart weitergehenden jüdischen Zeugnisses.

Paul Althaus hatte in seinem Brief an Bischof Meiser vom 21. Mai 1934 zum Lehrsatz der ersten These der «Frankfurter Konkordie», der bis und in Barmen unverändert blieb, gemeint: «Auch das *Gesetz*, nicht nur Jesus Christus ist Wort Gottes», was er flugs mit «einem göttlichen Naturgesetz in den Ordnungen» verband, wozu «z. B. Liebe zum Volke usw.» gehöre.[54] Dagegen besteht der Protest der Barmer Theologischen Erklärung zu Recht. Aber was ist, wenn man unter «Gesetz» Tora versteht? Barth hatte in seinem Vortrag über das erste Gebot als theologisches Axiom sehr klar herausgestellt, dass

51 Immer, Kirche (Anm. 50), 59.
52 Barth, Vorträge (Anm. 5), 223. Barth verweist hier auf Institutio II 8,14.
53 Barth, Vorträge (Anm. 5), 223f.
54 Nicolaisen, Weg (Anm. 2), 87.

Gottes «Gesetz [...] keinen Augenblick für sich und auf sich selbst [steht]. Es steht in und auf dem Evangelium von seiner geschehenen Hilfe im Tode, das als solches die Verheissung neuer Hilfe ist.»[55] Gegenüber Barth, der das Evangelium sofort christologisch versteht, wäre wahrzunehmen, dass die Tora unabhängig von Jesus Christus Evangelium enthält, ja Evangelium ist im Bundeshandeln Gottes an seinem Volk Israel. Wir nehmen dieses Wort Gottes als solche wahr, die zuvor Jesus Christus als Wort Gottes vernommen, die durch die Verkündigung von Jesus Christus kraft des heiligen Geistes zum Vertrauen auf den einen Gott hinzugekommen sind, der Israels Gott ist und bleibt. Als Israels Gott ist er nur erkennbar in seinem Zusammenhang mit dem jüdischen Volk und das heisst im weitergehenden jüdischen Zeugnis. Barth hatte gegen Schluss seines Vortrags über das erste Gebot als theologisches Axiom sehr schön formuliert: «Auch die aufs Strengste auf das erste Gebot ausgerichtete Theologie wird allen Anlass haben, für einen vielleicht gerade vom ersten Gebot her gerade gegen sie zu erhebenden Widerspruch offen zu bleiben.»[56] So könnten es gerade die biblischen Zitate in der Barmer Theo-logischen Erklärung sein, die sie vor einem musealen Gebrauch bewahren und sie für andere Perspektiven öffnen, die 1934 nicht im Blick waren.

V. Das Wort der Bibel ist immer mehr als seine jeweiligen Auslegungen

So wäre es geboten, sich die in Barmen nicht angegangene Frage nach den Juden von den in der dort beschlossenen Theologischen Erklärung gebrachten Bibelzitaten her erschliessen zu lassen. Ich will das jetzt nur noch im Betrachten des Zitates tun, das gar nicht als solches gekennzeichnet ist und betont die Theologische Erklärung abschliesst, ja sie trägt.[57]

55 Barth, Vorträge (Anm. 5), 224.

56 Barth, Vorträge (Anm. 5), 240.

57 Vor 30 Jahren habe ich in einem Beitrag zur Barmer Theologischen Erklärung dieses Zitat nicht besprochen, sondern nur die neutestamentlichen Zitate vor den Thesen (Klaus Wengst, Der Beitrag der neutestamentlichen Zitate zum Verständnis der Barmer Theologischen Erklärung: ThZ 41 [1985], 295–316). Dabei war der Gesichtspunkt leitend, der ein Jahr vorher auf der Vollversammlung des Ökumenischen Rates der Kirchen in Vancouver als für die Kirche der Gegenwart wesentlich ausgegeben worden war: «Frieden, Gerechtigkeit und Bewahrung der Schöpfung». Ich halte ihn nach wie vor für beherzigenswert. Die Frage nach dem Verhältnis zum Judentum habe ich damals nur kurz berührt (303f.). Sie ist mir im Lauf der Jahre immer wichtiger geworden. Das ist vor allem in der Einsicht begründet, dass unsere biblische Grundlage

Dieses Zitat hat eine eigentümliche Form. Das zeigt sich ganz unmittelbar daran, dass es in lateinischer Sprache gegeben wird: *Verbum Dei manet in aeternum.* Es erscheint hier deshalb so, weil es in dieser Gestalt sozusagen ein geflügeltes Wort der lutherischen Tradition von der Reformationszeit an ist. Es war das Motto Friedrichs des Weisen und seiner Nachfolger, auch Philipps von Hessen sowie der Evangelischen auf dem Reichstag zu Speyer 1526 und bei ihrer Protestation in Speyer 1529. Es taucht an vielen Stellen auf, schon im 16. Jahrhundert auch als Spruchband um das von Luther selbst entworfene Siegel.

Die konkrete Textgestalt dieses lateinischen Satzes zeigt eine Mischform von Jes 40,8 und 1Petr 1,25. Das jeweils in den Kontext einbindende *autem* der Vulgata («aber») ist in dem isolierten Satz weggelassen. Das hebräische Verb wird in der Vulgata mit *stabit* («wird bestehen/Bestand haben») wiedergegeben, das griechische Verb mit *manet* («bleibt»). Als Sprecher des Wortes wird im Jesajatext «unser Gott» genannt, im Petrusbrief «der Herr». Für Bibelkundige sind mit dem Motto unter der Barmer Theologischen Erklärung beide Bibelstellen eingespielt.

Der an Jesus als Messias glaubende jüdische Verfasser des ersten Petrusbriefes spricht die von ihm Angeschriebenen als Menschen aus der Völkerwelt an, die durch die auf Jesus bezogene Verkündigung zu Israels Gott als dem einen Gott in Beziehung stehen. Dadurch sind sie, was er am Anfang und Ende des ersten Kapitels betont, von Neuem geboren. Das impliziert eine andere Lebensweise, was zunächst und vor allem heisst, nicht mehr mitzumachen und mitzulaufen im allgemeinen Trend, der in vielfältigen alltäglichen und festtäglichen Aspekten vom Kaiserkult bestimmt ist. Das entfremdet sie ihrer Umwelt. So teilen sie, «zerstreut in der Fremde wohnend» (1,1), jüdisches Schicksal der Zeit nach dem Jahr 70, wie ja auch ihr abweichendes Verhalten dem jüdischen entspricht. Darauf reagiert ihre Umwelt aggressiv und kriminalisiert sie. Dagegen setzt der Verfasser das Positive der neuen Geburt. Nach V. 3 führt sie zu einer «lebendigen Hoffnung», Hoffnung auf wirkliches Leben, das nicht

---

uns auf eine andere Gemeinschaft ausserhalb unserer selbst, auf das Judentum, verweist. Das geschieht nicht nur durch das Alte Testament, das zuvor jüdische Bibel war und weiterhin jüdische Bibel ist, sondern auch durch das Neue Testament, dessen Schriften – jedenfalls die meisten und wichtigsten – von Haus aus jüdische Schriften sind, die erst bei der Herausbildung des Christentums im Gegenüber zum Judentum im 2. Jahrhundert zu christlichen wurden. Nach dessen Konsequenzen für das Verständnis unserer eigenen Identität ist zu fragen. Diese Schwerpunkverschiebung meines Interesses macht nebenbei auch deutlich, dass unsere Auslegung selbstverständlich immer mitbestimmt ist von unserem Interesse, und so wird auch von hier aus unterstrichen, dass der Bibeltext immer mehr ist und bleibt als unsere Auslegungen.

mehr vom Tod bestimmt ist und schliesslich von ihm vernichtet wird, Leben, das bleibt. Diese Hoffnung wird im Zeugnis von Jesu Auferstehung vermittelt. Das wird am Ende des Kapitels noch einmal betont. Die durch den Gesalbten Jesus zum Glauben an Gott, der Jesus auferweckt hat, gekommen sind, können wirklich Vertrauen und Hoffnung auf Gott haben (V. 21). Dieses Vertrauen und diese Hoffnung bewähren und konkretisieren sich im solidarischen Miteinander: «Habt ihr euch, indem ihr auf Verlässlichkeit achtet, innerlich für ungeheuchelte geschwisterliche Liebe bereit gemacht, so seid einander aus reinem Herzen beharrlich zugetan!» (V. 22) Daran anschliessend führt der Verfasser das Wiedergeborensein der Adressaten, dass also diese Menschen aus den Völkern sich von ihrem Mitläufertum losgesagt und eine neue Lebensmöglichkeit ergriffen haben, auf «Gottes lebendiges und bleibendes Wort» zurück (V. 23). Dass Gottes Wort wirklich lebendig ist und bleibt, dass es bleibend Leben wirkt, dafür steht die Schrift ein. So zitiert der Verfasser Jes 40,6–8: «Alles Fleisch ist wie Gras und seine Herrlichkeit wie des Grases Blüte. Das Gras ist verdorrt und die Blüte abgefallen. Aber das Wort des Herrn bleibt auf immer» (V. 24.25a). Vertrauen und Hoffnung beziehen sich auf das, was bleibt. Dass ausgerechnet ein schwaches Wort «auf immer bleibt», wo doch alles vergeht, ist ein starkes Stück. Die vertrauen und hoffen, lassen sich darauf ein, dass Gott im Wort ist und nehmen ihn beim Wort.

Statt vom «Wort unseres Gottes» im Jesajatext spricht der Verfasser im Zitat vom «Wort des Herrn». Hat er diese Veränderung bewusst vorgenommen, kann man annehmen, dass er den Sprecher des Wortes nicht eindeutig festlegen, sondern mit der Bezeichnung «Herr» sowohl auf Gott als auch auf Jesus verweisen wollte. Selbstverständlich ist es für ihn das Wort Gottes. Aber er denkt ja hier, wie es der letzte Satz des Kapitels explizit macht, an «das Wort, das euch verkündigt worden ist» (V. 25b), also an die Verkündigung von Jesus als dem Gesalbten, auf den die Gemeinde als ihren Herrn hört. Darin ist es begründet, dass in Barmen zugespitzt werden konnte: Jesus Christus ist das eine Wort Gottes. Der Verfasser des ersten Petrusbriefes setzt jedoch nicht die messianische Botschaft von Jesus an die Stelle des Bibelwortes oder hebt dieses damit auf, sondern schreibt ihr dieselbe Kraft und Würde zu wie dem überlieferten Bibelwort und gibt ihr mit dieser Erinnerung geschichtliche Tiefendimension. Er vernimmt in ihr denselben Gott, Israels Gott. Mit dem Zitat nimmt er zugleich auf, was die Bibelstelle sagt, woran sie erinnert.

Das Zitat in 1Petr 1,24f. ist – mit wenigen Abweichungen – Wiedergabe des Septuagintatextes von Jes 40,6–8, der seinerseits eine verkürzte Übersetzung des hebräischen Textes ist. Der hebräische Text lässt sich so wiedergeben: «All das Fleisch: Gras ist's, all seine Treue: wie eine Feldblume. Das Gras ist verdorrt, die Blume verwelkt; denn des Ewigen Windhauch ging darüber. Ja, Gras ist das Volk. Das Gras ist verdorrt, die Blume verwelkt; aber das Wort unseres Gottes besteht auf immer.» Am auffälligsten gegenüber dem Zitat im ersten Petrusbrief ist die Rede von «unserem Gott» im letzten Satz, mit der sich der Prophet mit seinen von ihm angeredeten Landsleuten zusammenfasst. Das also ist als Erstes wahrzunehmen: Andere als wir, Menschen des Volkes Israel, sprechen hier von Gott als ihrem Gott. Von daher wird auch am Anfang der zitierten Textstelle keine Aussage über die allgemein menschliche Sterblichkeit gemacht, sondern mit der Wendung «all *das* Fleisch» betont auf die hier Angeredeten geblickt, die Israeliten im Exil, deren Situation hoffnungslos erscheint und mit deren Treue, ihrem solidarischen Zusammenhalten, es nicht weit her ist. «Ja, Gras ist das Volk», die Situation trostlos. Dennoch sieht der Prophet mehr als nur einen Hoffnungsschimmer und will Trost vermitteln. So beginnt das Kapitel mit der Aufforderung: «Tröstet, tröstet mein Volk!» (Jes 40,1) In der rabbinischen Tradition wird gefragt, wie das denn geschehen könne, da Menschen doch nicht wirklich, nicht bleibend zu trösten vermögen. Sie gewinnt eine Antwort, indem sie ein Wort des hebräischen Konsonantentextes dieser Stelle anders vokalisiert: «Lies nicht *amí* (mein Volk), sondern *imí* (mit mir).» «Tröstet, tröstet mit mir!» Mit Gott, der sich nach anderen Stellen in jedes der Exile seines Volkes mit exilieren lässt, in dessen Bedrängnis selbst bedrängt wird – und es da herausführen wird, wie er es aus der Sklaverei Ägyptens und anderen Exilen herausgeführt hat. In dieser Perspektive interpretiert Rabbi Acha Jes 40,7f.: «*Das Gras ist verdorrt, die Blume verwelkt; aber das Wort unseres Gottes besteht auf immer.* Es verhält sich damit wie mit einem König, der einen Freund hatte. Er traf mit ihm eine Vereinbarung und sagte: ‹Geh mit mir und ich gebe dir ein Geschenk.› Er ging mit ihm; aber er starb. Da sprach der König zum Sohn seines Freundes: ‹Obwohl dein Vater gestorben ist, ändere ich meine Absicht mit dem Geschenk nicht, das ich ihm zugesagt habe. Komm und nimm du es!› Das bedeutet: Der König ist der König der Könige, der Heilige, gesegnet er, und der Freund, das ist Abraham. Denn es ist gesagt: *Nachkommenschaft Abrahams, meines Freundes* (Jes 41,8). Zu ihm sprach der Heilige, gesegnet sei er: ‹Komm, geh mit mir! *Auf, geh aus deinem Land und aus deiner Heimat und aus dem Haus deines Vaters!*› (Gen 12,1) Er traf mit ihm eine Vereinbarung, dass er ihm ein Geschenk gebe. Denn es ist gesagt: *Mache dich auf, ergeh dich im Land!* (Gen 13,17) Und so spricht er: *Das ganze Land, das du siehst, will ich dir geben.* (Gen 13,15) Der Heilige, gesegnet er, sprach zu Mose: ‹Obwohl ich mit den Vätern vereinbart hatte, ihnen das Land zu geben, sie aber gestorben sind, ändere ich meine Absicht nicht. Vielmehr: *Aber das Wort unseres Gottes besteht auf immer.*›»[58] Rabbi Acha, der in den Jahrhunderten des mit dem Jahr 70 beginnenden Exils lebte, setzt auf «den verlässlichen Gott, der Bund und Treue hält denen, die ihn lieben und seine Gebote halten, auf tausend Generationen» (Dtn 7,9), wobei die Zahl 1000 keine Begrenzung angibt, sondern eine unabsehbare Öffnung meint. Generation um Generation erklingt das ansprechende Wort Gottes mit seinem Zuspruch und Anspruch und lässt in der Erinnerung an geschehene Rettung die Hoffnung auf kommende Rettung festhalten. Mir scheint, dass Rabbi Acha und der Verfasser des ersten Petrusbriefes in ihrem Bezug auf den Jesajatext intentional konvergieren, wie auch ihre jeweiligen Adressaten analoge Erfahrungen machen.

Der Neutestamentler Karl Ludwig Schmidt hatte im Brief vom 24./25. April 1933 seinem befreundeten systematisch-theologischen Kollegen Karl Barth in der Bonner Fakultät und sich zu bedenken gegeben: «Im übrigen aber sollten wir Universitätsprofessoren uns aber allen Ernstes überlegen, ob wir uns nicht mit den jüdischen Kollegen, die nun als Juden abgesetzt werden, solidarisch erklären müssen.»[59] Ob und was sie überlegt haben, wissen wir nicht. Dass sich daraus 1933 und 1934 etwas ergeben hätte, ist nicht überliefert und in Barmen hat nicht einmal die Solidarität mit Judenchristen einen Niederschlag gefunden. Auf diese dort offen gebliebene Stelle weist nicht nur das Schuldeingeständnis des späten Karl Barth, sondern mehr noch können die Bibeltexte der Barmer Theologischen Erklärung – und besonders ihr letzter – deutlich daraufhin den Blick lenken. Denn nicht nur in der christlichen Bibel steht und nicht nur wir dürfen voll Vertrauen sprechen: «Denn das Wort unseres Gottes besteht auf immer.»

58 Bemidbar Rabba 16,3 (Wilna 68d) und weitere Stellen.
59 Brief im Karl-Barth-Archiv, Basel: 9333.226.

Peter Opitz

Zur historischen Situierung der Barmer Theologischen Erklärung

I. Einleitung

Am Mittwoch, dem 30. Mai 1934, um 9.15 Uhr begann die Plenumssitzung der «Freien deutschen Nationalsynode» in der Gemarker Kirche im Wuppertaler Stadtteil Barmen.[1] 139 Vertreter aus 18 deutschen Landeskirchen – insgesamt gab es damals deren 28 –, davon 56 Abgeordnete aus den acht Provinzen der «Altpreussischen Union», hatten sich dazu eingefunden. Ihre Kirchen hatten dem Aufruf eines Vorbereitungsausschusses Folge geleistet, der von Pfarrer Karl Koch präsidiert wurde. Koch war Präses der Westfälischen Kirche. Allerdings war er zwei Monate vor der Zusammenkunft, am 21. März 1934, vom Reichsbischof Ludwig Müller in den einstweiligen Ruhestand versetzt worden. Müller, der bereits 1931 Mitglied der NSDAP wurde, bekleidete dieses Amt seit Ende September 1933, nachdem er im April 1933 zum «Vertrauensmann» Hitlers in Kirchenfragen ernannt und im August zum Landesbischof der Kirche der «Altpreussischen Union» aufgestiegen war. Auch der Pfarrer der gastgebenden reformierten Gemeinde Barmen-Gemarke, Karl Immer, eine andere zentrale Gestalt für das Zustandekommen der Synode und für die gesamte deutsche Bekenntnisbewegung, war bereits seines Amtes enthoben worden. Koch und Immer übten ihre Tätigkeit allerdings weiterhin aus und hatten auch die polizeiliche Genehmigung zur Abhaltung der Veranstaltung erhalten. Die Einladung des Vorbereitungsausschusses hatte Kirchen und Synoden in ganz Deutschland gebeten, Delegierte nach Barmen zu senden, die zur Hälfte aus

1 Die Synode wurde unmittelbar nach ihrem Abschluss in zwei Heften im Druck dokumentiert: Karl Immer (Hg.), Die Kirche vor ihrem Richter. Biblische Zeugnisse auf der Bekenntnissynode der Deutschen Evangelischen Kirche, Wuppertal-Barmen 1934; Karl Immer (Hg.), Bekenntnissynode der Deutschen Evangelischen Kirche Barmen 1934. Vorträge und Entschliessungen, Wuppertal-Barmen 1934. Dazu: Gerhard Niemöller (Hg.), Die erste Bekenntnissynode der Deutschen Evangelischen Kirche zu Barmen. I. Geschichte, Kritik und Bedeutung der Synode und ihre theologische Erklärung, Göttingen 1959; Gerhard Niemöller (Hg.), Die erste Bekenntnissynode der Deutschen Evangelischen Kirche zu Barmen. II. Texte, Dokumente, Berichte, Göttingen 1959; Siegfried Hermle, Herausgefordert: Dokumente zur Geschichte der Evangelischen Kirche in der Zeit des Nationalsozialismus, Stuttgart 2008.

der Pfarrerschaft und zur Hälfte aus den Gemeinden rekrutiert werden sollten, wobei nur solche Abgeordnete in Betracht kamen, «die es ablehn[t]en, sich einem häretischen und gewalttätigen Kirchenregiment zu unterstellen. Oder mit einem solchen zusammenzuarbeiten.»[2] Worum ging es, und wie kam es dazu? Wir gehen einigen wichtigen ereignisgeschichtlichen Stationen entlang mit dem Ziel, durch eine Erinnerung an die zeitgeschichtlichen Entstehungsbedingungen der «Barmer Theologischen Erklärung» ein Licht auf ihre Bedeutung – und die Bedeutung der sie verantwortenden Menschen, aber auch auf ihre kontextbedingten Grenzen zu werfen.[3]

II. Das politische, geistige und protestantisch-kirchliche Klima zu Beginn des Jahres 1933

Nach dem Zusammenbruch des Kaiserreiches und dem damit verbundenen Ende des landesherrlichen Kirchenrechts, mussten sich die 15 lutherischen Kirchen mit etwa 16 Millionen Mitgliedern, die zwölf unierten Kirchen mit ihren etwa 24 Millionen Mitgliedern, aber auch die kleine Reformierte Kirche mit etwa 230 000 Mitgliedern neu organisieren. Die Weimarer Verfassung hielt einerseits fest, dass es keine Staatskirche gebe, garantierte aber zugleich den

2 Niemöller, Bekenntnissynode I (Anm. 1), 75.

3 Der kurze Zeitraum zu Beginn des «Dritten Reiches» gehört wohl zu den am besten erforschten Gebieten deutscher Kirchengeschichte. Die Forschungsliteratur und das – zunehmend auch online verfügbare – Quellenmaterial sind kaum überschaubar. Gleichzeitig sind die Vorgänge rund um die «Bekennende Kirche» der gegenwärtigen Generation bereits weit entrückt, so dass ein derartiger Überblick auf engstem Raum durchaus sinnvoll erscheint. Die Anmerkungen beschränken sich im Wesentlichen auf den Nachweis der Zitate, auf Hinweise auf zentrale Quellenbände und vereinzelt auf Hintergrundliteratur. Folgende Überblickswerke bzw. Lehrbücher wurden durchgehend benutzt und seien zur ersten Vertiefung des hier Skizzierten besonders empfohlen: Kurt Meier, Der Evangelische Kirchenkampf. Gesamtdarstellung in drei Bänden, Göttingen 1976–1984; Klaus Scholder, Die Kirchen und das Dritte Reich. 3 Bde., Frankfurt/Berlin/Wien 1977–1985; Günther van Norden, Kirche in der Krise. Die Stellung der evangelischen Kirche zum nationalsozialistischen Staat im Jahre 1933, Düsseldorf 1963; Carsten Nicolaisen, Der Weg nach Barmen. Die Entstehungsgeschichte der Theologischen Erklärung von 1934, Neukirchen-Vluyn 1985; Günter Brakelmann, Evangelische Kirche im Entscheidungsjahr 1933/1934. Der Weg nach Barmen: Ein Arbeitsbuch, Berlin 2010. Nachdrücklich sei zudem auf die Digitalisierungsprojekte hingewiesen, die bequeme wie spannende Streifzüge in zeitgenössischen Quellen wie Zeitungen und Dokumenten verschiedener Art ermöglichen. Vgl. z. B. http://zefys.staatsbibliothek-berlin.de/ (aufgerufen am 27.10.2014).

Kirchen den Status einer Körperschaft öffentlichen Rechts.[4] Das eröffnete den Kirchen die Möglichkeit, eigene Ämter zu schaffen, Kirchensteuern zu erheben und ihre Angelegenheiten selbst zu verwalten, was auch in Angriff genommen wurde. Neben den einzelnen Landeskirchen mit ihren unterschiedlichen Bekenntnissen gab es auch Bestrebungen in Richtung einer engeren Kooperation. So wurde am 25. Mai 1922 in Wittenberg der *Deutsche Evangelische Kirchenbund* (DEKB) gegründet als Zusammenschluss aller bestehenden Landeskirchen, unter dem Vorbehalt einer uneingeschränkten Autonomie.

Dennoch taten sich viele Protestanten, allen voran Pfarrer und Kirchenführer, schwer mit der neuen Situation. Treue zum angestammten Fürstenhaus und Vaterlandsliebe war eine jahrhundertealte, christlich verinnerlichte Tradition, verbunden mit der Erwartung, dass eine christliche Obrigkeit der Kirche Schutz und dem Christentum in der Gesellschaft Geltung verschaffte.[5] Das demokratische System der Weimarer Republik sah anders aus. Eine Vielzahl politischer Parteien, geprägt von radikalen Links- und Rechtskräften, stritt um ideologischen Einfluss und Macht. Klar für die Demokratie traten dabei lediglich die *Sozialdemokratische Partei Deutschlands* (SPD), die *Deutsche demokratische Partei* (DDP), die *Deutsche Volkspartei* (DVP) und das – katholisch dominierte – *Zentrum*[6] ein, wobei auch hier bei genauerem Hinsehen Einschränkungen anzubringen wären.[7]

Geprägt war der politische Dauerstreit von den ungelösten sozialen Konflikten, wie sie am Ende des Ersten Weltkrieges aufgebrochen waren, vom starken Aufkommen marxistischer und dezidiert antichristlicher Strömungen im Horizont der Russischen Revolution, aber auch von einer Skepsis gegenüber einem sich von den überkommenen Werten und Bindungen emanzipierenden «Liberalismus» – mit seiner Tendenz zum «Internationalismus». Gerade protestantisch geprägte Studenten und Intellektuelle waren offen für Gedanken einer «konservativen Revolution», wie sie Autoren wie Arthur Möller van den Bruck oder Edgar Jung propagierten.[8]

4 Vgl. z. B. Kurt Nowak, Evangelische Kirche und Weimarer Republik. Zum politischen Weg des deutschen Protestantismus zwischen 1918 und 1932, Göttingen [2]1988.

5 Vgl. Gottfried Mehnert, Evangelische Kirche und Politik 1917–1919, Düsseldorf 1959.

6 Vgl. Wolfgang Stump, Geschichte und Organisation der Zentrumspartei in Düsseldorf 1917–1933, Düsseldorf 1971.

7 Vgl. etwa: Erich Mathias/Rudolf Morsey (Hg.), Das Ende der Parteien 1933, Düsseldorf 1960.

8 Arthur Moeller van den Bruck, Das Dritte Reich, Hamburg 1923; Edgar Julius Jung, Die Herrschaft der Minderwertigen – ihr Zerfall und ihre Ablösung, Berlin 1927; 1930.

Ein wichtiger Faktor war auch das Weiterwirken militaristischer, Hierarchie, Stärke und gar Gewalt propagierender Einflüsse im Gefolge des Krieges. «Das Militärische war im Grunde Modell für alles bürgerliche Ordnungsdenken, an das man sich gebunden wusste»[9], und prägte auch das innerkirchliche Leben, etwa in der Jugendarbeit. Die grossen Parteien hatten ihre paramilitärischen Verbände, in denen viele Kriegsheimkehrer sich zuhause fühlten. Die öffentlichen Auftritte der *Deutschnationale(n) Volkspartei* (DNVP)[10] konnten durch den ihr zuzurechnenden *Wehrverband* begleitet werden. Gemeint ist damit der «Stahlhelm – der Bund der unbesiegt heimgekehrten Frontsoldaten», wie er sich selber nannte. Er war schon Ende 1918 entstanden und umfasste bis zu einer Million Mitglieder.[11] Ebenfalls 1924 entstanden war der *Rote Frontkämpferbund* (RFB),[12] der Wehrverband der *Kommunistischen Partei Deutschlands* (KPD); ihm gehörten 1927 rund 130 000 Mitglieder an. Die von der NSDAP 1921 geschaffene *Sturmabteilung* (SA) umfasste Anfang 1932 etwa 420 000 Mitglieder; ihr unterstand (bis 1934) die 1925 gebildete SS *(Schutzstaffel)* mit rund 52 000 Mann. Das 1924 gegründete SPD-nahe *Reichsbanner Schwarz Rot Gold – Bund der republikanischen Frontsoldaten* war der einzige verfassungstreue Wehrverband und besass ca. eine Million Mitglieder.[13]

Alle Verbände waren mehr oder weniger uniformiert, präsentierten sich in militärischen Paraden und besassen ihre geheimen Waffenlager. Während *Stahlhelm*, SA und SS kooperieren konnten, waren *Reichsbanner und Roter Frontkämpferbund* verfeindet. In den Jahren 1931 und 1932 konnten die zunehmend blutiger verlaufenden Strassenkrawalle und Saalschlachten, vor allem zwischen SA und RFB, in den grossen Städten zu bürgerkriegsähnlichen Zuständen führen. Auch politische Mordanschläge wurden begangen, sowohl von Nationalsozialisten als auch von Kommunisten. Die Polizeikräfte erschienen oft zu spät, und immer mehr Polizisten sympathisierten mit den Rechtsverbänden.

Nach Hitlers Ernennung zum Reichskanzler wurde die SA den polizeilichen Ordnungskräften beigesellt und übte den Strassenterror bald einmal monopol-

9 Wolfgang Scherffig, Junge Theologen im «Dritten Reich». Dokumente, Briefe, Erfahrungen, 3 Bde., Neukirchen-Vluyn 1989–1994, Bd. 1, 18.

10 Vgl. Erasmus Jonas, Die Volkskonservativen 1928–1933, Düsseldorf 1965.

11 Vgl. Volker R. Berghahn, Der Stahlhelm. Bund der Frontsoldaten 1918–1935, Düsseldorf 1966.

12 Vgl. Kurt G. P. Schuster, Der Rote Frontkämpferbund 1924–1929, Düsseldorf 1975.

13 Vgl. Carsten Voigt, Kampfbünde der Arbeiterbewegung. Das Reichsbanner Schwarz-Rot-Gold und der Rote Frontkämpferbund in Sachsen 1924–1933, Köln/Wiemar/Wien 2009.

artig und nun legitimiert aus. Bei Veranstaltungen, Gottesdiensten, Beerdigungen und Trauungen konnten uniformierte Gruppen mit Fahne demonstrativ und manchmal lautstark in Erscheinung treten; sie konnten auch den Weg zum Parlamentsgebäude säumen, um so den zur Abstimmung gehenden Abgeordneten ihre politischen Ansichten und mögliche Konsequenzen für Abweichler deutlich zu machen. Die nahezu täglich Todesopfer fordernden Strassenkämpfe zwischen Kommunisten und Nationalsozialisten lieferten der neuen Regierung plausibel kommunizierbare Gründe zur Einschränkung der Presse- und Versammlungsfreiheit, aber auch für Hausdurchsuchungen und Verhaftungen, die besonders auf die politische Linke zielten. Parallel dazu wurden, mit Erlaubnis oder ohne Behinderung durch die Behörden, Verwaltungsgebäude und Rathäuser von nationalsozialistischen Gruppen mit der Parteifahne versehen, und ganze Polizeistationen auf ministerielle Anweisungen hin der nationalsozialistischen Leitung unterstellt.[14]

Die Proteste, die es durchaus gab, hielten sich aufs Ganze gesehen in Grenzen. Das kollektive Trauma der Kriegsniederlage mit den Reparationsverträgen und der Saarlandbesetzung als sichtbare Folgen,[15] die Periode der wirtschaftlichen Depression, die politische Zerrissenheit und die Strassengewalt liessen weithin die neue, durch Hitler geführte Regierung als grosse Wende zum Besseren erscheinen, wie ein Blick in die zeitgenössische Presse eindrücklich illustriert. Skeptische Stimmen fehlten nicht, blieben aber wirkungslos bzw. wurden sehr schnell zum Verstummen gebracht.[16]

Auch in den protestantischen Kirchen war der Boden für eine Interpretation der Ereignisse von 1933 als hoffnungsvolle, ja göttlichem Wirken zu verdankende, Wende seit langem bereitet. Gerade innerhalb des Protestantismus war die politische Stimmung klar national-konservativ. Ihre politische Heimat fanden ein grosser Teil der Protestanten während der Weimarer Republik daher bei der *Deutschnationalen Volkspartei* (DNVP) und ihrem politisch-welt-

14 Vgl. beispielsweise die Berichte in der «Berliner Morgenpost» vom 5. Februar und vom 7. März 1933 oder die Meldungen in der «Vossischen Zeitung» vom 6. März 1933.

15 Vgl. Philipp Heyde, Das Ende der Reparationen. Deutschland, Frankreich und der Young-Plan 1929–1932, Paderborn u. a. 1998.

16 Vgl. die Übersicht über die politischen Reaktionen auf die Konstituierung des Reichskabinetts am 30. Januar 1933 in der «Vossischen Zeitung» vom 31. Januar 1933. Zur innerkirchlichen Diskussion der nationalsozialistischen Bewegung vor 1933 vgl. Scholder, Kirchen (Anm. 3), Bd. 1, 160–183.

anschaulichen Umkreis.[17] Diese war seit 1928 dominiert vom rechtsnationalen Medienzar Alfred Hugenberg. Sie trat innenpolitisch ein für die Wiederherstellung der Monarchie oder zumindest für einen starken Reichspräsidenten, aber auch für ein «starkes deutsches Volkstum», und stellte sich «gegen die seit der Revolution immer verhängnisvoller hervortretende Vorherrschaft der Juden in Regierung und Öffentlichkeit».[18] Aussenpolitisch ging es ihr um die Aufhebung des Versailler Vertrages und den Wiedererwerb der nach dem Ersten Weltkrieg abgetretenen Gebiete und ehemaligen deutschen Kolonien. Folgerichtig fand sie in der aufsteigenden und sie bald überflügelnden NSDAP Hitlers eine Geistesverwandte. Schon am 30. Januar 1933 trat die DNVP in das Kabinett Hitler ein und beschloss schliesslich am 27. Juni 1933 ihre Selbstauflösung und vollständige Eingliederung in die NSDAP.

III. Deutschen Christen

Das starke politische Anwachsen der NSDAP zu Beginn der 1930er Jahre zwang die protestantischen Kirchen und Theologen dazu, sich stärker mit dieser politischen Richtung zu befassen. Vor allem die Forderung nach nationaler Erneuerung auf dem Boden eines «positiven Christentums», wie das Parteiprogramm formulierte, stiess auf eine breite Zustimmung. Die im Schatten der Partei schnell anwachsende «Glaubensbewegung Deutscher Christen» beanspruchte, dem Geist dieser Erneuerung innerhalb der Kirchen Raum zu

17 Zum Hintergrund vgl. Karl Wilhelm Dahm, Pfarrer und Politik. Soziale Position und politische Mentalität des deutschen evangelischen Pfarrerstandes zwischen 1918 und 1933, Köln/Opladen 1965.

18 Wilhelm Mommsen, Grundsätze der Deutschnationalen Volkspartei von 1920: ders. (Hg.), Deutsche Parteiprogramme, München 1964, 537. Die politische Stimmung weiter Kreise im Jahre 1930 illustriert etwa der aus diesem Jahr stammende «Gründungsaufruf der Konservativen Volkspartei», wo es heisst: «Das 1918 zur Herrschaft gelangte Parteiensystem hat versagt [...] Das deutsche Volk braucht mehr als andere Zusammenfassung in einer starken Staatsgewalt. Nur aus Sammlung und Einsatz aller konservativen Kräfte kann sie erwachsen. Der konservative Staatsgedanke sieht im Staat den lebendigen Ausdruck der ewigen Volkspersönlichkeit. Ehre, Freiheit, Gesundheit und Kraft der Nation stehen über den Interessen des einzelnen. Dies Bekenntnis zum Volkstum lehrt Ehrfurcht vor der geschichtlichen Überlieferung, die nicht straflos geleugnet werden kann. [...] Wir lassen deutsche Volkskraft nicht verkümmern [...] Die Lösung der grossen uns gestellten Aufgaben setzt innere Erneuerung voraus. Aus den lebendigen Quellen des Christentums wollen wir sie in friedlichem Wettstreit der Bekenntnisse gewinnen. [...] so wollen wir die Autorität des Staates und der Staatsdiener wieder herstellen. Unser Staat soll wieder ein wehrhafter Staat werden.» AaO., 135f.

verschaffen, und wurde, im Horizont der jahrhundertealten Verbindung von Christentum und Reich, von vielen um die «Christlichkeit» des deutschen Volkes besorgten kirchlichen Verantwortungsträgern zunächst als volksmissionarische Bewegung begrüsst.[19]

Die Wurzeln der *Glaubensbewegung Deutsche Christen* (GDC) reichen schon in den Beginn der 1920er Jahre zurück. Innerhalb der NSDAP war der preussische Fraktionsvorsitzende Wilhelm Kube die treibende Kraft hinsichtlich der angestrebten politischen Einflussnahme auf die Kirchen. Im Blick auf die grosse und gewichtige evangelische Kirche in Preussen erschien ihm dafür der Weg über die Kirchenwahlen in der *Altpreussischen Union* (APU) geeignet, die vom 12. bis 14. November 1932 stattfinden sollten. Die Basis für die neu zu schaffende Organisation bildete ein nationalsozialistischer Pfarrerkreis, der sich um den jungen Pfarrer Joachim Hossenfelder gebildet hatte. Am 27. Mai 1932 wurde Hossenfelder offiziell von Gregor Strasser, dem Reichsorganisationsleiter der NSDAP, damit betraut, mit einer Liste der *Deutschen Christen* in den Wahlkampf zu steigen. Am 6. Juni 1932 fand dann die öffentliche Bekanntgabe der Richtlinien der *Glaubensbewegung Deutsche Christen* statt. Mit dem dort bekundeten «Lebensbekenntnis» wollte man sich an alle «evangelischen Christen deutscher Art» wenden, die auf dem Boden eines «positiven Christentums» eine evangelische Reichskirche anstrebten. Ein «bejahender artgemässer Christusglaube» und die nationalsozialistischen Vorstellungen von «Rasse, Volkstum und Nation» galten als «von Gott geschenkte und anvertraute Lebensordnungen».[20]

Nach Bekanntgabe der Richtlinien wurde die *Glaubensbewegung Deutsche Christen* als Reichsorganisation von der Reichsleitung der NSDAP anerkannt. Die Anerkennung als Parteiorganisation erreichte die GDC allerdings nicht. Dies hätte Hitlers offiziell propagierter Politik der Neutralität in Bezug auf Kirchenfragen zu offensichtlich widersprochen. Die Bewegung hatte reichsweit einen regen Zulauf. In vielen Gemeinden bildeten sich deutschchristliche Ortsgruppen. Das Wahlergebnis brachte der *Glaubensbewegung Deutsche Christen* dann auch auf Anhieb etwa einen Drittel aller Sitze in den Kirchengemeindevertretungen.

---

19 So etwa auch Otto Weber, vgl. Sigrid Lekebusch, Die Reformierten im Kirchenkampf. Das Ringen des Reformierten Bundes, des Coetus reformierter Prediger und der reformierten Landeskirche Hannover um den reformierten Weg in der Reichskirche, Köln 1994, 353.

20 Martin Greschat/Hans-Walter Krumwiede (Hg.), Das Zeitalter der Weltkriege und Revolutionen (KThQ V), Neukirchen-Vluyn 1999, 81.

IV. Die Phase der indirekten Gleichschaltungspolitik (30. Januar bis 23. Juli 1933)

Es versteht sich von selbst, dass die GDC die Ernennung Hitlers zum Reichskanzler am 30. Januar 1933 euphorisch feierte.[21] Hitler selbst bemühte sich gleich zu Beginn seiner Amtszeit, die Kirchen zu gewinnen und allfällige Bedenken zu zerstreuen. Seine Regierungserklärung betont:

> «Die nationale Regierung sieht in den beiden christlichen Konfessionen wichtigste Faktoren der Erhaltung unseres Volkstums [...] die Rechte der Kirchen werden nicht geschmälert, ihre Stellung zum Staate nicht geändert [...]»[22]

Und im Aufruf, der am 1. Februar 1933, also gleichsam als öffentliche Antrittsrede Hitlers im Radio verlesen wurde, heisst es, die Regierung werde es

> «als ihre oberste und erste Aufgabe ansehen, die geistige und willensmässige Einheit unseres Volkes wieder herzustellen. Sie wird die Fundamente wahren und verteidigen, auf denen die Kraft unserer Nation ruht. Sie wird das Christentum als Basis unserer gesamten Moral, die Familie als Keimzelle unseres Volks- und Staatskörpers in ihren festen Schutz nehmen.»

Der Aufruf Hitlers mündete gar in eine Art Segensbitte:

> «Möge der allmächtige Gott unsere Arbeit in seine Gnade nehmen, unseren Willen recht gestalten, unsere Einsicht segnen und uns mit dem Vertrauen unseres Volkes beglücken.»[23]

Auch sonst wurde von der NSDAP wiederholt auf die Bedeutung des Christentums für die neue Regierung hingewiesen. Hitlers Werben war keineswegs überflüssig. Zwar lassen persönliche und kircheninterne Stellungnahmen keinen Zweifel daran, dass die Kirchenführer und mit ihnen wohl – so ihre eigene Schätzung – etwa 80 % aller Protestanten die neue Regierung freudig begrüssten und mit ihr die Hoffnung auf eine grundlegende Wende verbanden. Für viele war es aber zunächst die Freude an der national-konservativen «Machtübernahme», in die sie Hitlers NSDAP eingebunden sahen, eine Regierung mit

21 Zu den politischen Umständen und Hintergründen vgl. etwa Gerhard Schulz, Von Brüning zu Hitler. Der Wandel des politischen Systems in Deutschland 1930–1933, Berlin/New York 1992.

22 Greschat/Krumwiede, Zeitalter (Anm. 20), 75.

23 Max Domarus, Hitler. Reden und Proklamationen 1932–1945, I. München 1965, 191–194.

dem Segen von Hindenburgs, wesentlich geprägt auch durch von Papen und durch den DNVP-Führer Hugenberg.[24]

Nachdem heftige innerkirchliche Debatten den rasanten Aufstieg der GDC begleitet hatten,[25] übten sich die Leitungen der protestantischen Kirchen nach der Ernennung Adolf Hitlers zum Reichskanzler am 30. Januar 1933 in Zurückhaltung, allerdings nicht immer ohne völkischen Unterton. So liess etwa der Deutsche Evangelische Kirchenausschuss unmittelbar vor den Reichstagswahlen vom 5. März 1933 verlauten:

> «Die evangelische Kirche [...] hat den Beruf, unabhängig vom Wechsel der politischen Lage nicht einzelnen Volksgruppen, sondern dem ganzen Volke zu dienen [...] Daher hat die Kirche Recht und Pflicht zu fürsorglichen Mahnungen, die sich ohne Unterschied der Partei an alle Kirchenmitglieder richten [...] Je mehr des selbstischen Wesens, desto mehr selbstlose Hingebung an das [...] was über allen steht, an das ganze Volk, an das ganze Vaterland.»[26]

Spätestens nach dem propagandistisch überaus wirkungsvoll inszenierten «Tag von Potsdam» am 21. März 1933, der Konstitutionssitzung des neuen

---

24 Auf Differenzierungen muss an dieser Stelle leider verzichtet werden. So deutet die Wahlstatistik auf eine grosse Zahl von kommunistischen Wählern hin, die plötzlich zum Nationalsozialismus umschwenkten; das protestantische konservative Bürgertum hingegen setzte seine Hoffnung vor allem auf von Papen und Hugenberg (vgl. Scherffig, Junge Theologen [Anm. 9], Bd. 1, 21). Auch die Verhältnisse im katholisch geprägten Bevölkerungsteil wären differenziert zu betrachten. Durch die grundlegende «ideologische» Orientierung nach Rom war die Anfälligkeit einer zu schnellen Identifizierung von religiösem und nationalem Anliegen zweifellos kleiner als im durch das «landesherrliche Kirchenregiment» geprägten Protestantismus, und mit dem «Zentrum» bestand auch eine das katholische Milieu verbindende politische Kraft (vgl. Scholder, Kirchen [Anm. 3], Bd. 1, 160–170). Andererseits waren Bestrebungen einer Verbindung zwischen Katholizismus und deutschem Aufbruch keineswegs selten. Die der Zentrumspartei nahestehende «Germania» («Zeitung für das deutsche Volk») publizierte am 2. Juli 1933 einen Artikel ihres Leiters Emil Ritter mit der Überschrift «Unser Ja zum neuen Deutschland»; die Monatszeitschrift «Deutsches Volk» setzte sich zum Ziel, «die positive Verbindung der lebendigen Kräfte katholischer Volksgestaltung mit dem neuen Deutschland» zu fördern, vgl. «Vossische Zeitung» vom 16. April 1933.

25 «Offensichtlich lagen zu dieser Zeit die völkischen Ursprünge Hitlers noch wesentlich deutlicher vor Augen als nach der Machtergreifung», Scholder, Kirchen (Anm. 3), Bd. 1, 172. Dazu exemplarische Quellen bei: Gerhard Karl Schäfer, Die evangelische Landeskirche in Württemberg und der Nationalsozialismus. Eine Dokumentation zum Kirchenkampf, Stuttgart 1971–1986.

26 Joachim Gauger, Chronik der Kirchenwirren, 3 Bde. mit fortlaufender Seitenzählung, hg. von Joseph Gauger, Elberfeld 1934–1936, 68.

Parlaments, an der Hitler aus den Händen des Militärdiktators des Ersten Weltkriegs, Paul von Hindenburg, symbolisch überdeutlich die Weihen der preussischen Monarchie erhielt, waren im Zuge der allgemeinen Euphorie auch die protestantischen Kirchenverantwortlichen und Amtsträger davon überzeugt, dass es hier nicht um politische Partikularinteressen, sondern um die Interessen des ganzen Volkes ging. Allerorts in den deutschen Landeskirchen waren Kanzelabkündigungen oder andere Verlautbarungen zu hören, in denen dem Dank für die «nationale Erhebung» Ausdruck gegeben wurde.[27]

Der katholische Österreicher Hitler und seine Partei hatte sich damit erfolgreich in die preussische Königstradition eingepflanzt und die Herzen der Protestanten gewonnen, denen es um ein geeintes, christliches Deutschland ging. Ein solches sah man weithin als akut bedroht an: Einerseits durch die aus Moskau kommende bolschewistische Gefahr mit ihrer gottlosen Propaganda, und andererseits durch einen gemeinschaftszerstörenden Individualismus, wie er sich in der Demokratie zum Schaden des Volkes Ausdruck verschaffte und der letztlich in der ebenfalls christentumskritischen Französischen Revolution wurzelte. Beides waren nach verbreiteter Auffassung vom Ausland nach Deutschland importierte unchristliche Ideologien. Der wichtige politische Motor des mit Hitlers Amtseinsetzung verbundenen nationalen Enthusiasmus, die Hoffnung auf eine Wiederherstellung der Volksehre nach der schmählichen Kriegskapitulation von 1918, war für viele eng mit der Hoffnung auf religiöse Erneuerung verbunden.[28]

Wohl nicht untypisch für den Umgang vieler Kirchenführer mit den politischen Umwälzungen ist die Predigt des Kurmarker Superintendenten Otto Dibelius am Eröffnungsgottesdienst zum neuen Reichstag vom 21. März 1933: Dibelius sieht «die doppelte Aufgabe der Kirche auch in dieser Stunde» vorgezeichnet durch Dr. Martin Luther. Dieser hatte im Bauernkrieg die Obrigkeit aufgerufen, «schonungslos vorzugehen, damit wieder Ordnung in Deutschland werde». Gleichzeitig hatte er sie ermahnt, «ihr gottgewolltes Amt nicht zu

27 Vgl. Meier, Kirchenkampf (Anm. 3), Bd. 1, 77–84.

28 Exemplarisch: Schäfer, Württemberg (Anm. 25), Bd. 1, 277f. Religiöse Symbolik war auch in der Deutung der politischen Ereignisse nicht allzu selten. Vgl. z. B. die Osterbotschaft des Evangelischen Oberkirchenrats der Altpreussischen Union, Berliner Morgenpost vom 16. April 1933 und den dortigen Leitartikel: «Deutsche Auferstehung»; exemplarisch ausserdem: «Ostern 1933», «Rheinsberger Zeitung» vom 15. April 1933; «Deutscher Osterglaube», Spandauer Zeitung vom 15. April 1933; usw. Als Beispiel für eine der wenigen zu Wort kommenden kritischen Stimmen sei der unter dem Titel: «Deutsche Ostern» in der «Vossischen Zeitung» (Ausgabe vom 16. April 1933) erschienene Artikel von Otto Alfred Pieper genannt, dem noch im Herbst 1933 beurlaubten Nachfolger auf dem Lehrstuhl Karl Barths in Münster.

verfälschen durch Rachsucht und Dünkel», sondern von ihr «Gerechtigkeit und Barmherzigkeit gefordert [...] sobald die Ordnung wiederhergestellt war». Von da aus mahnt Dibelius die neue Regierung:

> «[...] staatliches Amt darf sich nicht mit persönlicher Willkür vermengen! Ist die Ordnung wieder hergestellt, so müssen Gerechtigkeit und Liebe wieder walten [...]»

Aber andererseits gilt auch:

> «Wenn der Staat seines Amtes waltet gegen die, die die Grundlagen der staatlichen Ordnung untergraben, gegen die vor allem, die mit ätzendem und gemeinem Wort die Ehe zerstören, den Glauben verächtlich machen, den Tod für das Vaterland begeifern – dann walte er seines Amtes in Gottes Namen!»[29]

Zum Zeitpunkt seiner Rede waren die grundlegenden Bürgerrechte der Weimarer Verfassung bereits aufgehoben und über 7000 Menschen, einschliesslich und vor allem demokratisch in den Reichstag gewählte Politiker der KPD und der SPD, in «Schutzhaft» genommen oder in kürzlich eröffnete Konzentrationslager[30] wie Dachau oder Oranienburg überführt worden.[31] Man konnte dies in Zeitungen nachlesen.[32] Die KPD war bereits seit dem Reichstagsbrand vom 27. Februar verboten. Hitlers «Mein Kampf», dessen erster Band 1925 erschienen war, hatte bis Ende 1932 eine Auflagenzahl von 287 000 Exemplaren erreicht; man muss nicht das ganze Buch durchlesen, um Hitlers politische Mentalität und sein Programm in Grundzügen zu erfahren.[33] Man musste es überhaupt nicht aufschlagen, denn durch seine Reden und öffentlichen Stel-

29 Greschat/Krumwiede, Zeitalter (Anm. 20), 74.

30 Vgl. Wolfgang Benz/Barbara Distel, Der Ort des Terrors. Geschichte der nationalsozialistischen Konzentrationslager. 9 Bde., bearb. von Angelika Königseder-Schardt, München 2005–2009.

31 Vgl. Martin Schumacher (Hg.), M. d. R. Die Reichstagsabgeordneten der Weimarer Republik in der Zeit des Nationalsozialismus. Politische Verfolgung, Emigration und Ausbürgerung 1933–1945, Düsseldorf 1991.

32 So schliesst der «Anhalter Anzeiger» (archiviert im StaA Dessau) am 7. Juni 1933 einen Bericht von seinem Besuch beim «Schutzhäftling» Gerhard Seger, der als Sozialdemokrat in den Reichstag gewählt worden war, mit den Worten: «Unsere Zeit muss hart sein, um Deutschlands Zukunft zu sichern, und dafür ist die Schutzhaft nur eine sehr geringe Strafe und Genugtuung.» Auch über den Transport von Häftlingen «mit dem fahrplanmässigen Vormittagszuge nach dem Konzentrationslager in Oranienburg» wird dort am 16. Juni 1933 mit Bild berichtet, vgl. http://www.stiftung-bg.de/kz-oranienburg/index.php?id=453#fn2749884094a4a73327bd1a aufgerufen am 27.10.2014.

33 Vgl. Othmar Plöckinger, Geschichte eines Buches: Adolf Hitlers «Mein Kampf» 1922–1945, München 2006.

lungnahmen, durch die publizistische Arbeit und Haltung des nationalsozialistischen «Völkischen Beobachters» und durch das Auftreten seiner «Schutztruppen» war beides bereits seit längerer Zeit allgemein bekannt. Der «Völkische Beobachter» verband die Berichterstattung über den überwältigenden Sieg Hitlers mit einer Werbung für «Mein Kampf» als dem «Buch des Tages»: «Was wird Adolf Hitler tun? – fragen heute Millionen hoffender Deutscher! – Diese Frage kann jeder beantworten, der sein Werk und damit sein Wollen und Ziel kennt. Jeder, ob Freund oder Feind, kann jetzt das Werk Hitlers nicht unbeachtet lassen.»[34] Der erste Boykott jüdischer Geschäfte sollte eine Woche nach Dibelius' Predigt, am 1. April 1933, stattfinden.

Offenkundig folgte Dibelius einer theologischen Argumentation, die auf den geistigen und politischen Grundlagen des 16. Jahrhunderts basiert, gemäss deren die legislative, die exekutive und die judikative Gewalt im Amt der christlichen Obrigkeit vereint sind, und diese auch Verstösse gegen die öffentliche (christliche) Religion zu ahnden verpflichtet ist. Die Aufgabe der Kirche beschränkt sich darauf, ihre Obrigkeit zur Gerechtigkeit zu mahnen und vor Machtmissbrauch und individueller Launenhaftigkeit zu warnen. Verbunden war dieses Denken mit der weithin verbreiteten Interpretation der «Novemberereignisse» von 1918 als «gewaltsamer Aufstand [...] geprägt von Blutvergiessen und Grausamkeiten aller Art», dies im Gegensatz zu Hitlers Machtübernahme, die «auf streng legalem Wege»[35] erfolgt ist, wie Dibelius festhielt. Im Blick auf das Fehlen jeglichen Gespürs für die Bedeutung von Gewaltenteilung, Rechtsstaatlichkeit und Machtkontrolle auf dem Feld der Politik ist Dibelius nicht die Ausnahme, sondern die Regel. Und zugleich darf man Dibelius nicht einfach Opportunismus vorwerfen. Bereits drei Monate später, am 26. Juni, wurde er aufgrund seines Widerstands gegen die staatlichen Eingriffe in die Kirche von seinem Amt beurlaubt. Barth, der sich ja schon in den 1920er Jahren einen heftigen theologischen Disput mit Dibelius geliefert hatte, kommentiert in einem Brief an Thurneysen: «Wer hätte sich träumen lassen, dass er, der Prediger von Potsdam, mein alter Feind und nun beinahe Freund, noch *vor* mir fliegen müsste!!»[36]

Das Programm der nationalen Erneuerung gab auch den längst bestehenden Bestrebungen nach einer stärkeren organisatorischen Vereinigung der

34 «Völkischer Beobachter» vom 31. Januar 1933, https://archive.org/details/ Voelkischer-Beobachter-Ausgabe-vom-31.-Januar-1933 (aufgerufen am 27.10.2014).

35 Vgl. dazu Brakelmann, Entscheidungsjahr (Anm. 3), 23–32 (26).

36 Karl Barth – Eduard Thurneysen Briefwechsel. Bd. 3: 1930–1935 einschliesslich des Briefwechsels zwischen Charlotte von Kirschbaum und Eduard Thurneysen (GA 34), hg. von Caren Algner, Zürich 2000, 433f. (Brief an E. Thurneysen vom 27.6.1933).

protestantischen Kirchen Auftrieb. Besonders die *Glaubensbewegung Deutscher Christen* forderte nun die Schaffung einer deutschen Reichskirche und unterstützte so die Gleichschaltungspolitik der Regierung aus dem Innern der Kirche heraus.[37] Sie tat dies nun auf der Basis von erheblich moderater formulierten Richtlinien, die für viele kirchliche Protestanten attraktiv wirkten.

Der Ruf nach einer einheitlichen Reichskirche wurde in weiten Kreisen der Kirche begrüsst, jedenfalls auf lutherischer Seite, während die Reformierten um ihre Identität fürchteten. Die Forderung einer «Gleichschaltung» der Kirche mit dem Staat hingegen stiess ausserhalb der *Glaubensbewegung Deutscher Christen* auf Ablehnung.

Als Gegenbewegung zu den *Deutschen Christen* meldete sich nun die *Jungreformatorische Bewegung* zu Wort.[38] Auch sie bejahte den neuen Staat und befürwortete eine starke, hierarchische Nationalkirche. Gleichzeitig forderte sie aber in einem Aufruf zum Neubau der Kirche vom 9. Mai 1933, dass bei den Entscheidungen, die im Blick auf die neue Deutsche Evangelische Kirche zu treffen sind, «einzig und allein aus dem Wesen der Kirche heraus gehandelt wird». Insbesondere lehnte sie die Anwendung des «Arierparagraphen» in der Kirche ab, weil dieser «auf einer Verwechslung von Staat und Kirche» beruhe.[39] Der «Arierparagraph», wie er genannt wurde, bestand in Paragraph 3 des am 7. April 1933 erlassenen, die Pfarrerschaft mitbetreffenden Gesetzes *«zur Wiederherstellung des Berufsbeamtentums»* und lautete: «Beamte, die nicht arischer Abstammung sind, sind in den Ruhestand zu versetzen.»[40]

Ende April 1933 bildete sich das sogenannte «Drei-Männer-Kollegium» in offiziellem kirchlichem Auftrag mit dem Ziel, einen Verfassungsentwurf für eine Deutsche Evangelische Kirche zu erarbeiten. Auf der Sitzung des Kirchenbundesrates, der Vertretung aller Landeskirchen, wurde dann am 27. Mai 1933, auf dem Hintergrund der kirchlichen Auseinandersetzungen um den Einfluss der GDC, Friedrich v. Bodelschwingh zum «Reichsbischof» ernannt, dies noch bevor die eigentliche neue Reichskirchenordnung, in der dieses Amt neu und mit weitgehenden Kompetenzen versehen vorgesehen war, politisch verabschiedet worden war. Die Wahl löste starke Proteste von Seiten der GDC und ihrer Anhänger aus, die Hitlers «Vertrauensmann» Ludwig Müller favorisiert

37 Vgl. Gauger, Chronik (Anm. 26), 71.

38 Vgl. Peter Neumann, Die jungreformatorische Bewegung, Göttingen 1971.

39 Greschat/Krumwiede, Zeitalter (Anm. 20), 79.

40 http://de.wikisource.org/wiki/Gesetz_zur_Wiederherstellung_des_Berufsbeamtentums#. C2. A7_3 (aufgerufen am 27.10.2014).

hatten. Es wurde mit einem «unerbittlichen Kampf» gedroht, sollte es bei der Entscheidung bleiben.[41]

Die politische Führung hielt sich zwar zurück, entsprechend der öffentlich vertretenen Haltung, sich nicht in innerkirchliche Fragen einzumischen. Im Hintergrund stellte sie sich aber deutlich hinter die Kampagne der *Glaubensbewegung Deutscher Christen.*

Als Hermann Kapler am 8. Juni 1933 aus gesundheitlichen Gründen von seinem Amt als Präsident des *Evangelischen Oberkirchenrats der Altpreussischen Union* (APU) zurücktrat, nutzte der Staat die Situation aus, um grösseren Einfluss in der Preussischen Kirche zu erlangen. Unter einem Vorwand ernannte der preussische Kultusminister Bernhard Rust, zur «Beseitigung der vorhandenen Verwirrung», wie er formulierte, den Leiter der Kirchenabteilung im preussischen Kultusministerium, August Jäger, zum «Kommissar» für den Bereich sämtlicher evangelischer Landeskirchen Preussens, mit der «Vollmacht, die erforderlichen Massnahmen zu treffen».[42] Jäger machte von seiner Vollmacht sofort Gebrauch, beurlaubte nahezu alle Mitglieder der Kirchenleitungen und besetzte die Stellen mit Mitgliedern der *Glaubensbewegung Deutscher Christen.* Ebenfalls wurde der gesamte *Evangelische Oberkirchenrat* seines Amtes enthoben, da dieser die Zusammenarbeit mit ihm verweigerte. Als Reaktion auf die Geschehnisse und die mangelnde Unterstützung von lutherischer Seite erklärte von Bodelschwingh noch am selben Tag seinen Rücktritt vom Reichsbischofsamt.

Dies wiederum war die Stunde Ludwig Müllers. Am 28. Juni 1933 übernahm er die Leitung des *Evangelischen Kirchenbundes* in unkomplizierter Weise: Er liess mit Hilfe von SA-Einheiten das Gebäude des Kirchenbundes in Berlin besetzen.[43]

Am 11. Juli 1933 war die neue Verfassung der *Deutschen Evangelischen Kirche* (DEK) fertig. Sie wurde von den Vertretern der 28 Landeskirchen einstimmig angenommen und drei Tage später durch ein Reichsgesetz bestätigt. Artikel 1 lautet:

> «Die unantastbare Grundlage der Deutschen Evangelischen Kirche ist das Evangelium von Jesus Christus, wie es uns durch die Heilige Schrift bezeugt und in den Be-

---

41 Gauger, Chronik (Anm. 26), 81f.

42 Georg Kretschmar (Hg.), Dokumente zur Kirchenpolitik des Dritten Reiches, Bd. I: Das Jahr 1933, bearbeitet von Carsten Nicolaisen, München 1971, 69.

43 Vgl. Gauger, Chronik (Anm. 26), 90.

kenntnissen der Reformation neu ans Licht getreten ist. Hierdurch werden die Vollmachten, deren die Kirche für ihre Sendung bedarf, bestimmt und begrenzt.»[44]

Oberhaupt der Reichskirche sollte ein lutherischer Reichsbischof sein, dem ein «Geistliches Ministerium» zur Seite gestellt werden sollte.
Gleichzeitig wurde festgelegt, dass am 23. Juli 1933 im gesamten Gebiet der Deutschen Evangelischen Kirche Kirchenwahlen stattfinden sollten. Damit schien der innerkirchliche Streit zunächst beigelegt. Im sehr kurzen Zeitraum bis zu diesen Wahlen, hinter denen letztlich Hitler selber stand,[45] entbrannte ein intensiver Wahlkampf, allerdings unter sehr ungleichen Bedingungen. Der *Glaubensbewegung Deutscher Christen* wurde auf Befehl der Regierung der ganze Propaganda-Apparat der NDSAP zur Verfügung gestellt, während der *Jungreformatorischen Bewegung* zahlreiche administrative und gesetzliche Hindernisse in den Weg gelegt wurden. So wurde ihnen etwa durch eine einstweilige Verfügung der Gebrauch des Listennamens «Evangelische Kirche» untersagt. Es erfolgte daraufhin eine Namensänderung in «Evangelium und Kirche». Zudem griff Hitler persönlich in den Wahlkampf ein: In einer Radioansprache am Vorabend der Wahl, die am 23. Juli 1933 auch in den Zeitungen erschien, trat er öffentlich für eine Unterstützung der *Deutschen Christen* ein.[46] So ist es nicht verwunderlich, dass die GDC mit etwa 70 % Wählerstimmen als eindeutige Siegerin aus der Wahl hervorging und daraufhin in den meisten Landeskirchen führende Positionen besetzten.

Weil in den Landeskirchen Bayerns (mit Bischof Meiser), Württembergs (mit Bischof Wurm) und Hannovers (mit Bischof Marahrens) die alten Kirchenführer in ihrem Amt blieben, wurden diese in der Folgezeit als «intakte Landeskirchen» den «zerstörten», nämlich allen anderen, gegenübergestellt.

44 Greschat/Krumwiede, Zeitalter (Anm. 20), 88.

45 So Ludwig Müller in einer Aussprache vom 14. November 1933, vgl. Wilhelm Niemöller (Hg.), Texte zur Geschichte des Pfarrernotbundes, Berlin 1958, 40.

46 «Im Interesse des Wiederaufstiegs der deutschen Nation [...] wünsche ich daher verständlicherweise, dass die neuen Kirchenwahlen in ihrem Ergebnis unsere neue Volks- und Staatspolitik unterstützen werden [...] Diese Kräfte sehe ich in jenem Teil des evangelischen Kirchenvolkes in erster Linie versammelt, die als ‹Deutsche Christen› bewusst auf den Boden des nationalsozialistischen Staates getreten sind.» Kretschmar, Dokumente (Anm. 42), 121.

V. Die Phase der direkten Gleichschaltungspolitik nach den Kirchenwahlen vom 23. Juli 1933

Nach dem Wahlsieg nahmen die *Deutschen Christen* die führenden Positionen in den Landeskirchen ein. Bereits am 4. August wurde Ludwig Müller vom altpreussischen Kirchensenat zum Präsidenten des *Evangelischen Oberkirchenrats* gewählt. Von nun an trug er die Bezeichnung «Landesbischof».

Müllers Wahl wurde auf der Generalsynode der Altpreussischen Union vom 5. September 1933 (die dann als «Braune Synode» in die Geschichte eingegangen ist) bestätigt. Die Synode verabschiedete auch das *Kirchengesetz über die Errichtung des Landesbischofsamtes und von Bistümern.* Mit dem *Kirchengesetz betreffend die Rechtsverhältnisse der Geistlichen und Kirchenbeamten* beschlossen die 156 deutsch-christlichen Synodalen zudem – gegen den Protest der 71 Vertreter aus der Liste *Evangelium und Kirche* – die Übernahme des Arierparagraphen für den kirchlichen Bereich. Die Übernahme dieses staatlichen Gesetzes, das als solches in seiner ausserkirchlichen Anwendung wenig Widerspruch erregte, in den Bereich der Kirche, war der Auslöser heftiger Debatten und zahlreicher kirchlicher und theologischer Stellungnahmen.[47] Der Streit ging nicht so sehr um die verschwindend kleine Zahl von «Nichtariern» in der deutschen Pfarrerschaft, als um die Grundsatzfrage, ob der Staat seinen «Totalitätsanspruch» auch in dieser Weise in den innerkirchlichen Raum auszudehnen das Recht habe. Insofern lag die rein innerkirchliche Opposition gegen den Arierparagraphen auf der Linie der schon immer offiziell vertretenen kirchlichen Haltung der politischen Neutralität bzw. des Gehorsams gegen die Obrigkeit, bei gleichzeitiger Wahrung der innerkirchlichen Souveränität. Es war wohl weniger die «Trennung» von Staat und Kirche in zwei «Reiche» als deren dialektische Verhältnisbestimmung, wie sie bei Luther formuliert ist, die den Christenmenschen ins Spannungsfeld zweier «totaler» Herrschaftsbereiche stellte. Jedenfalls scheint der anschliessende Paragraph 4 kaum auf kirchliche Opposition gestossen zu sein: «Beamte, die nach ihrer bisherigen politischen Betätigung nicht die Gewähr dafür bieten, dass sie jederzeit rückhaltlos für den nationalen Staat eintreten, können aus dem Dienst entlassen

47 Die Marburger Theologische Fakultät erklärte in einem Gutachten, dass die Bestimmungen der Synode vom 6. September mit dem Wesen der Kirche unvereinbar seien. Im gleichen Sinn liessen sich 21 deutsche Neutestamentler verlauten. Andere wie der Tübinger Neutestamentler Gerhard Kittel oder die Erlanger Systematiker Paul Althaus und Werner Elert hingegen verteidigten den innerkirchlichen Arierparagraphen. Zum Ganzen vgl. Kurt Meier, Die Theologischen Fakultäten im Dritten Reich, Berlin/New York 1996.

werden.»[48] Aufschlussreich ist hier das briefliche Selbstzeugnis des damals 21-jährigen Theologiestudenten Wolfgang Scherffig, der am 13. März 1934 seiner Überzeugung und seinem Gewissenskonflikt zugleich Ausdruck gab, wenn er formulierte: «Wer Christus gehört, der gehört ihm ganz, ohne Einschränkung, wie wir in unserem weltlichen Reiche zu Hitler und seiner Macht gehören, ohne Einschränkung und restlos.»[49] Die wenigen lutherischen Theologen, die sich dieser Perspektive früh zu entziehen vermochten, taten dies unter dem Einfluss des religiösen Sozialismus oder, wie Dietrich Bonhoeffer, Hans Asmussen oder Richard Karwehl[50], unter dem Einfluss Karl Barths.[51]

Als Folge der Herbstereignisse kann auch die Entstehung des *Pfarrernotbundes* gesehen werden. Martin Niemöller rief die früheren Mitglieder der *Jungreformatorischen Bewegung* und alle bekenntnistreuen Pfarrer zur Gründung dieses «Notbundes» auf.[52] Bereits im Januar 1934 waren ihm über 7000 Pfarrer beigetreten und hatten sich damit auf die «Bindung an die Heilige Schrift und an die Bekenntnisse der Reformation» und zur Ablehnung des «Arierparagraphen» verpflichtet. Ebenso wie etwas später die Mitglieder der *Bekennenden Kirche* waren die Mitglieder des *Pfarrernotbundes* zumeist nationalsozialistisch orientiert und zu einem guten Teil auch Mitglieder der NSDAP.

Die Nationalsynode vom 27. September 1933 in Wittenberg wählte dann Ludwig Müller einstimmig, also auch mit Zustimmung derjenigen, die nicht zu den *Deutschen Christen* gehörten, zum Reichsbischof der DEK. Anschliessend berief Müller wie vorgesehen die Mitglieder des «Geistlichen Ministeriums», das seine Arbeit begleiten sollte. Für die Reformierten war es Otto Weber, der dort Einsitz nahm, nicht ganz ohne innerreformierte Nebengeräusche.[53]

Nachdem sich die *Deutschen Christen* im September 1933 auf dem Höhepunkt ihrer Macht sahen, war die berühmte «Sportpalastkundgebung» vom 13. November 1933 der Beginn des Auseinanderbrechens der Bewegung. Die

48 http://de.wikisource.org/wiki/Gesetz_zur_Wiederherstellung_des_Berufsbeamtentums#. C2. A7_3 (aufgerufen am 27.10.2014).

49 Scherffig, Junge Theologen (Anm. 9), Bd. 1, 28.

50 Vgl. Richard Karwehl, Politisches Messiastum: Zwischen den Zeiten 9, 1931, 519–543; dazu die Auseinandersetzung in: Schäfer, Württemberg (Anm. 25), Bd. 1, 92.

51 Vgl. dazu: Günther van Norden, Die Weltverantwortung der Christen neu begreifen. Karl Barth als homo politicus, München 1997.

52 In einer entsprechenden Verpflichtungserklärung wurde die «Bindung an die Hl. Schrift und an die Bekenntnisse der Reformation» sowie die Ablehnung des Arierparagraphen aus Bekenntnisgründen gefordert. Vgl. Greschat/Krumwiede, Zeitalter (Anm. 20), 104.

53 Vgl. Lekebusch, Kirchenkampf (Anm. 19), 49–57.

internen Spannungen zwischen dem Flügel, dem es stärker um die «Gleichschaltung» von Kirche und Religion mit dem völkischen Staat und seinen Idealen ging, und demjenigen, der die deutsch-völkische Erneuerung als Chance für eine Belebung des christlichen Glaubens im deutschen Volk ansah, waren zu gross geworden.

An der Gautagung der Berliner *Deutschen Christen* hielt der Berliner Gauobmann Reinhold Krause vor 20 000 Menschen ein Referat zum Thema «Die völkische Sendung Luthers». Er forderte dabei anlässlich des 450. Geburtstags des deutschen Reformators die «Vollendung der Reformation im Dritten Reich» und stellte damit faktisch Hitler als dessen Nachfolger dar. Eine deutsche Volkskirche mit einer «heldischen Jesus-Gestalt als Grundlage eines artgemässen Christentums» sollte es sein. Dazu gehörte die Trennung «von allem Undeutschen in Gottesdienst und Bekenntnis, insbesondere vom Alten Testament und seiner jüdischen Lohnmoral».[54] Dies geschah unter grossem Beifall der Anwesenden und Schweigen der Kirchenverantwortlichen. In der anschliessenden Resolution, die bei den Anwesenden auf einhellige Zustimmung stiess, wurden die wesentlichen Forderungen Krauses aufgenommen.[55]

Eine heftige christliche Protestbewegung war die Folge. Reichsbischof Müller wurde aufgefordert, Konsequenzen zu ziehen. Um seine Stellung nicht zu gefährden, sah er sich gezwungen, Reinhold Krause zu entlassen und sich selbst vom Inhalt der Veranstaltung zu distanzieren. Zudem musste er auf die vereinten Proteste des *Pfarrernotbundes* und der Landesbischöfe Meiser, Wurm und Marahrens hin sein Amt als Schirmherr der GDC niederlegen und Hossenfelder beurlauben. Die GDC verlor in der Folge sehr viele Mitglieder und begann, in verschiedene Flügel zu zerfallen. Dennoch blieb aufgrund der weiterhin bestehenden Besetzung der kirchlichen Ämter der Einfluss der deutschchristlichen Bewegung bestehen.

In Kampf um seine Stellung und seinen Einfluss ging Ludwig Müller Anfang Januar 1934 in die Offensive: Er erliess am 4. Januar eine *Verordnung betreffend die Wiederherstellung geordneter Zustände in der DEK,* die bald als «Maulkorberlass» bekannt wurde. Allen kirchlichen Amtsträgern wurde damit verboten, «das Kirchenregiment oder dessen Massnahmen öffentlich oder durch Verbreitung von Schriften» anzugreifen.[56]

Daraufhin bildete sich aus dem *Pfarrernotbund,* den «intakten Landeskirchen» Bayern, Württemberg und Hannover, aber auch Gruppen aus Berlin-

54 Greschat/Krumwiede, Zeitalter (Anm. 20), 115.
55 Vgl. Gauger, Chronik (Anm. 26), 111.
56 Gauger, Chronik (Anm. 26), 130.

Brandenburg, dem Rheinland und der Westfälischen Kirche eine breite sogenannte «Bekenntnisfront» gegen Ludwig Müller, so dass dessen Stellung als «Reichsbischof» immer unhaltbarer wurde.[57] Am 25. Januar 1934 kam es zu einem Empfang bei Hitler und seinem Führungsstab: In guter christlich-obrigkeitlicher Tradition sollte also die weltliche Obrigkeit als Schlichtungsinstanz amten. Anwesend waren neben Müller eine Delegation der *Deutschen Christen,* eine Delegation der ehemaligen *Deutschen Christen* und eine Delegation der Bekenntnisbewegung. Gleich zu Beginn des Treffens kam es aber zu einem Eklat, als ein von der Geheimpolizei abgehörtes Telefonat des anwesenden Martin Niemöller[58] verlesen wurde, durch welches sich Hitler hintergangen fühlte. Hitler hielt in der Folge an Ludwig Müller fest und forderte die Protestierenden auf, sich mit diesem «in Frieden und Eintracht zu verständigen», was diese «um der dringenden Bitte des Führers willen» noch einmal versuchten,[59] ging es hier doch um einen obrigkeitlichen Befehl, ergangen aus der aufrichtigen Sorge um das vom Ausland aufs schwerste bedrohte Vaterland heraus – so die Sicht der Führer der Bekenntnisbewegung nach dem Hitlerempfang. So kommt die sogenannte «Kapitulationserklärung», wie man sie genannt hat, nicht völlig überraschend: Zwei Tage später unterzeichneten die Landeskirchenführer nach einem Treffen mit Müller eine Erklärung, in der sie «einmütig ihre unbedingte Treue zum Dritten Reich und ihrem Führer» bekundeten und «sich geschlossen hinter den Reichsbischof» stellten.[60]

Entgegen mündlicher Zusagen an die Landeskirchenführer verfolgte Ludwig Müller seine Kirchenpolitik der Eingliederung in die von ihm geleitete DEK weiter und hielt auch an den disziplinarischen Massnahmen gegen Notbundpfarrer fest.

Entsprechend dem *Reichsgesetz über den Neuaufbau des Reiches* vom 30. Januar 1934, in dem es um die «Gleichschaltung» der Länder mit dem Reich ging, sollten auch die Landeskirchen eingegliedert werden. So lautete denn § 1

57 Van Norden, Krise (Anm. 3), 155.

58 Vgl. Gauger, Chronik (Anm. 26), 138; van Norden, Krise (Anm. 3), 160–167; Lekebusch, Kirchenkampf (Anm. 19), 101–103; Jørgen Glenthøy, Hindenburg, Göring und die evangelischen Kirchenführer. Ein Beitrag zur Beleuchtung des staatspolitischen Hintergrundes der Kanzleraudienz am 25. 1.1934: Heinz Brunotte/Ernst Wolf (Hg.), Zur Geschichte des Kirchenkampfes. Gesammelte Aufsätze, Göttingen 1965, 45–91.

59 So der Bericht des Bayerischen Landesbischofs Meiser: Georg Kretschmar (Hg.), Dokumente zur Kirchenpolitik des Dritten Reichs Bd. II, 1934/35, bearbeitet von Carsten Nicolaisen, München 1975, 22.

60 Vgl. Meier, Kirchenkampf (Anm. 3), Bd. 1, 154–165. Dazu: Joachim Beckmann (Hg.), Kirchliches Jahrbuch für die Evangelische Kirche in Deutschland 1933–1944, Gütersloh 1948, 39.

des *Kirchengesetzes über die Leitung der evangelischen Kirche der altpreussischen Union* vom 2. März 1934:

> «Die Deutsche Evangelische Kirche übernimmt unter Führung des Reichsbischofs als Landesbischof durch ihre Organe die Leitung der Evangelischen Kirche der altpreussischen Union.»[61]

In der Folge setzte August Jäger, der von Müller eingesetzte «Rechtswalter» der *Deutschen Evangelischen Kirche*, durch Gesetze und Erlasse seine Eingliederungspolitik schrittweise weiter um. Bis zur Nationalsynode, die am 9. August 1934 tagte, gelang ihm mit Erlassen, die nicht selten im Widerspruch zur Kirchenverfassung standen, die Eingliederung sämtlicher Landeskirchen mit Ausnahme der «intakten Landeskirchen» von Bayern, Württemberg und Hannover. Auf diesem Hintergrund begannen sich von Anfang 1934 an zunächst regional und dann reichsweit «Freie Synoden» zu konstituieren, die ausdrücklich ihre Treue zum «Bekenntnis» festhielten.

Damit stehen wir an der Schwelle der Bekenntnissynoden-Bewegung[62] als der Bewegung gegen ein «häretische[s] und gewalttätige[s] Kirchenregiment», als deren Höhepunkt die Barmer Thesen anzusehen sind, wie besonders ihre Verwerfungen deutlich machen.

VI. Die Anfänge der Bekenntnisbewegung bis zur Barmer Synode im Mai 1934

Bereits im September 1933, auf dem Höhepunkt der deutschchristlichen Bewegung, hatte sich bei Karl Immer, Pfarrer in Barmen-Gemarke, ein Kreis von Pfarrern zum Austausch über die kirchliche Lage getroffen. Die Plattform, von der aus bald darauf die Bekenntnissynoden-Bewegung begonnen wurde, war dann der *Coetus reformierter Prediger* in Deutschland. Am 3. und 4. Januar 1934 traf sich in Barmen erstmals ein Kreis von reformierten Pfarrern und Ältesten zu einer sogenannten «freien reformierten Synode». 320 Vertreter aus 167 reformierten Gemeinden waren anwesend. Diskutiert wurde dort eine *Erklärung*

61 Gauger, Chronik (Anm. 26), 150.

62 Vgl. die knappen Darstellungen bei: Martin Rohkrämer, Die Synode von Barmen in ihren zeitgeschichtlichen Zusammenhängen: Jürgen Moltmann (Hg.), Bekennende Kirche wagen. Barmen 1934–1984, München 1984, 23–58; Martin Heimbucher/Rudolf Weth (Hg.), Die Barmer theologische Erklärung. Einführung und Dokumentation, Neukirchen-Vluyn [7]2009, 16.

über das rechte Verständnis der reformatorischen Bekenntnisse in der Deutschen Evangelischen Kirche der Gegenwart, die von Karl Barth verfasst war.[63] Parallel dazu traf sich in Halle die «Bekenntnisfront» unter Teilnahme einer Reihe von Landeskirchenführern, um über die Lage zu beraten. Es waren die Tage des «Maulkorberlasses».

Über eine ganze Reihe von ähnlichen Zusammenkünften erfolgte eine schrittweise Verbreiterung und ein nationales Zusammenwachsen der Bekenntnisbewegung. So nahmen an der «freien evangelische Synode im Rheinland» vom 18. und 19. Februar 1934 auch Vertreter lutherischer und unierter Kirchen teil, womit der reformierte Binnenraum endgültig überschritten wurde. Eine dort verabschiedete Erklärung zur Kirche forderte die «Umkehr zum Gehorsam gegen Gottes Wort» als «die alleinige Regel und Richtschnur für Verkündigung und Ordnung, Lehre und Leitung der Kirche», und identifizierte dieses Wort Gottes mit «Jesus Christus».[64]

Einen Tag später, am 20. Februar, bat der Bruderrat des von Martin Niemöller initiierten *Pfarrernotbundes*, der in Hannover tagte, um Aufnahme in die Synode, so dass nun die Berliner und norddeutsche Bewegung mit der rheinischen zusammenging.[65] Als sich auch die «intakten» süddeutschen Kirchen zunehmend dem Eingliederungsdruck der Reichspolitik unter August Jäger ausgesetzt sahen, nahmen auch sie Kontakte mit der Bekenntnisbewegung auf.[66] Am 11. April trafen sich die Landesbischöfe Bayerns und Württembergs, Meiser und Wurm, mit führenden Personen der Bekenntnisbewegung, unter anderen Präses Karl Koch, Karl Immer und Martin Niemöller im Predigerseminar in Nürnberg zur Gründung des sogenannten *Nürnberger Ausschusses.*

Zwei Monate später, am 22. April 1934, schlossen sich Meiser und Wurm in der *Ulmer Erklärung* den «Freien Synoden» des Rheinlands, Westfalens, Brandenburgs und weiteren Bekenntnisgruppen aus allen Teilen Deutschlands an. Erstmals wurde dabei der Anspruch erhoben, die «rechtmässige evangelische Kirche Deutschlands» zu sein.[67] Ausdrücklich wollte man nicht aus der deutschchristlich beherrschten *Deutschen Evangelischen Kirche* austreten, sondern sie rechtmässig repräsentieren. Infolgedessen war es entscheidend, dass sich Ver-

---

63 Karl Immer (Hg.), Freie reformierte Synode, Vorträge, Verhandlungen, Wuppertal 1934, 48.

64 Immer, Synode (Anm. 63), 21.

65 Vgl. Meier, Kirchenkampf (Anm. 3), Bd. 1, 165–175.

66 Vgl. Hannelore Braun/Carsten Nicolaisen (Hg.), Verantwortung für die Kirche. Stenographische Aufzeichnungen und Mitschriften von Landesbischof Hans Meiser 1933–1955. Bd. 1: Sommer 1933 bis Sommer 1935, Göttingen 1985.

67 Greschat/Krumwiede, Zeitalter (Anm. 20), 108.

treter aus möglichst allen Kirchen des Reiches zusammenfanden, und zugleich, dass sich alles auf dem Boden der bestehenden Kirchenverfassung bewegte.

So wurde es nach weiteren Vorbereitungssitzungen möglich, auf Ende Mai eine reichsweite «Bekenntnissynode der Deutschen Evangelischen Kirche» nach Barmen einzuberufen. Ziel war es, in der Situation des *status confessionis* eine gemeinsame theologische Erklärung abzugeben, sie kirchenrechtlich abzusichern und zugleich den Aufbau einer deutschen Bekenntniskirche einzuleiten. Als Leitungs- und Ausführungsgremium ernannte die Synode einen sogenannten Reichsbruderrat, dem zwölf Mitglieder angehören sollten, neben Präses Koch auch die Landesbischöfe Meiser und Wurm sowie Pfarrer Niemöller. Im Verlauf der Tagung wurde auch eine «Erklärung zur Rechtslage» verabschiedet, in der man sich ausdrücklich auf die Artikel 1 und 2.1 der Verfassung der DEK vom 11. Juli 1933 berief.[68] Ebenso wurde eine Erklärung zur praktischen Arbeit verabschiedet.

Von entscheidender Bedeutung und mit einer Wirkungsgeschichte, die weit über die Zeit des Dritten Reiches hinausging bzw. nach dieser erst richtig in Gang kam, war jedoch die einstimmig gefasste *Theologische Erklärung zur gegenwärtigen Lage der Deutschen Evangelischen Kirche,* die sich gegen die «Lehr- und Handlungsweise der herrschenden Kirchenpartei der Deutschen Christen und des von ihr getragenen Kirchenregiments» wandte.[69]

VII. Zur Entstehungsgeschichte des Textes

Die Entstehungsgeschichte des auf der Synode verabschiedeten Textes ist minutiös untersucht worden und soll hier nicht genauer geschildert werden.[70] Die Formulierungen sind bekanntlich am 15. und 16. Mai 1934 in Frankfurt entstanden, unter Federführung Barths, aber in einmütiger Zusammenarbeit mit den beiden Lutheranern Hans Asmussen und dem Münchener Oberkirchenrat Thomas Breit.[71] Barth konnte auf verschiedene eigene Vorarbeiten

68 Heimbucher/Weth, Erklärung (Anm. 62), 33.

69 Heimbucher/Weth, Erklärung (Anm. 62), 35.

70 Vgl. Nicolaisen, Weg (Anm. 3); Christoph Barth, Bekenntnis im Werden. Neue Quellen zur Entstehung der Barmer Erklärung, Neukirchen-Vluyn 1979.

71 Barths bekanntes, nicht zur Veröffentlichung bestimmtes Wort, dass die reformierte Kirche dort «gewacht», die lutherische aber «geschlafen» hätte (Heimbucher/Weth, Erklärung [Anm. 62], 24), trifft im übertragenen Sinn zumindest insofern zu, als die kleine Minderheit der Reformierten in Deutschland bei weitem überproportional in der Bekenntnisbewegung präsent war, was vielleicht mehr mit ihrer Geschichte als mit ihrer Theologie zusammenhing. Es sollte aber nicht verdecken, dass die Bar-

und Formulierungen zurückgreifen. Eine Urform der ersten, grundlegenden Barmer These hatte Barth bereits ein Jahr früher, in den sogenannten *Düsseldorfer Thesen* anlässlich eines Treffens vom 20. Mai 1933 formuliert. Wohl angestossen durch Herman Albert Hesse, den reformierten Vertreter im «Dreimännerkollegium» zur Ausarbeitung der neuen Kirchenverfassung, sollte Barth zum Wesen der Kirche Stellung nehmen und griff dabei ausdrücklich auf Zwinglis Definition der Kirche zurück, wie sie in die erste Berner These von 1528 eingeflossen war.[72]

Was in der Formulierung typisch zwinglisch ist, ist in der Sache elementar und gemein evangelisch, und wurde in Barmen von den Vertretern aller drei protestantischen «Konfessionen» so verstanden. Die Barmer Thesen können zudem mit Recht als schlichte Auslegung der von der Reichsregierung am 14. Juli 1933 anerkannten Verfassung der Deutschen Evangelischen Kirche gelten.

VIII. Prägende Merkmale der Barmer Synode

Auch der genaue Verlauf der Synode kann hier nicht nachgezeichnet werden. Hans Asmussen, lutherischer Pfarrer aus Hamburg-Altona, erläuterte der Synode den Text der Erklärung. Daraufhin wurde dieser in konfessionell getrennten Gruppen diskutiert und schliesslich verabschiedet, was nicht reibungslos vor sich ging. Angesichts des damals herrschenden starken Konfessionsbewusstseins, insbesondere unter lutherischen, aber auch unter reformierten Vertretern, konnte die Verabschiedung der Thesen in zeitgenössischen Augen geradezu als Wunder bezeichnet werden. Einige prägende Merkmale seien zum Schluss genannt:

Zunächst herrschte eine grosse Freude und Befriedigung der Beteiligten über das dort Geschehene: «Bekennende» Menschen, Pfarrer und verantwortliche Gemeindeglieder aus allen drei protestantischen Konfessionen mit je ihren eigenen Bekenntnissen hatten sich zusammengefunden und sich gemeinsam zu den reformatorischen *particula exclusiva* bekannt, zum *solus Christus* und implizit zum *sola scriptura.* Und sie hatten daraus Konsequenzen

---

mer Thesen zwar massgeblich Barths Stempel tragen, aber doch als Gemeinschaftswerk in einer nicht nur persönlich, sondern auch theologisch einvernehmlichen Atmosphäre unter den drei Verantwortlichen zu würdigen sind, vgl. Rohkrämer, Synode (Anm. 62), 36f.

72 Barth, Vorträge (Anm. 36), 255.

für die gegenwärtige Lage gezogen. Ein Delegierter formulierte: «Gott hat uns zusammengeprügelt, und vielleicht brauchen wir noch mehr Prügel».[73]

Ein prägendes Merkmal der Synode war allerdings die bleibende Spannung zwischen der auch unter den Synodenteilnehmern noch im Mai 1934 weithin herrschenden Sympathie für die nationalsozialistische Politik Hitlers und dem Protest gegen die Gleichschaltungspolitik der von Hitler eingesetzten Vollzugsbeamten. Nicht nur rief der als Gast anwesende Hannoveraner Landesbischof Marahrens in seiner Morgenandacht dazu auf, dem nationalen Aufbruch Hitlers zu folgen.[74] Der Vorsitzende der Tagung, der vom Amt suspendierte Präses Karl Koch, vertrat neben seinem Pfarramt die *Deutschnationale Volkspartei* (DNVP) im Parlament bis zu deren Eingliederung in die NSDAP. In Barmen verurteilte er klar und mutig das gewaltsame Vorgehen des Kirchenregimes, im Gedenken an alle, die um ihres Glaubens Willen Verfolgung erfahren. Gleichzeitig sprach er in einer Weise von Hitler, aus der unzweideutig seine Loyalität gegenüber dem Führer hervorgeht. Für die gegenwärtige Krise in der Kirche wird dieser nicht verantwortlich gemacht.[75] Dass die auch von Koch als «Gewaltwahl» bezeichnete Kirchenwahl vom 23. Juli 1933 eine Idee Hitlers war, hätte er aber wissen können – an Mut zur Wahrheit hätte es ihm wohl nicht gefehlt; einige der Anwesenden hatten es jedenfalls aus dem Munde Ludwig Müllers erfahren.[76]

Vergegenwärtigt man sich die Tatsache, dass die Barmer Synode nahezu ausschliesslich aus Sympathisanten des nationalsozialistischen Aufbruchs bestand, dass besonders die zahlenmässig grosse lutherische Fraktion ein stark konfessionalistisches Denken repräsentierte, und dass zudem allgemein die Skepsis gegenüber dem Schweizer und «dialektischen Theologen» Barth gross war, gibt es wenig Anlass, ausgerechnet ihm anzulasten, dass der zur Diskussion gestellte Text mit dem Ziel, von *dieser* Synode angenommen zu werden, die Anfänge der Judenverfolgung und überhaupt die politischen Vorgänge nicht thematisiert.[77] Kaum ein deutscher Delegierter in Barmen konnte sich der geradezu euphorischen völkisch-nationalen Aufbruchsstimmung entziehen. Der Wunsch nach innerer Ordnung und der Wiederherstellung der deut-

73 Heimbucher/Weth, Erklärung (Anm. 62), 27.

74 Niemöller, Bekenntnissynode II (Anm. 1), 44f.

75 Niemöller, Bekenntnissynode II (Anm. 1), 46–49.

76 Vgl. oben Anm. 45.

77 Der Vorwurf – aus reformierten Reihen – konnte lauten: «Richtgeist, Lieblosigkeit, Marxismus und Schweizertum», vgl. Lekebusch, Kirchenkampf (Anm. 19), 362. Zum Hintergrund vgl. auch: Hans Prolingheuer, Der Fall Karl Barth. Chronographie einer Vertreibung 1934–1935, Neukirchen-Vluyn [2]1984.

schen Ehre, und die Hoffnung auf eine gleichzeitige Erneuerung des Christentums in Deutschland machten so lange blind für die von Anfang an deutlich sichtbaren Anzeichen von Diktatur und staatlicher Willkürherrschaft,[78] bis man sie nicht mehr zu übersehen vermochte, weil sie einen selber betrafen.

Erste Spannungen innerhalb der protestantischen Kirchen ergaben sich dadurch, dass man Hitlers deutsch-völkische Gleichschaltungsideologie auf dem Feld der Politik begrüsste, gleichzeitig aber nicht akzeptieren konnte, dass diese auch für den eigenen, innerkirchlichen Bereich – der allerdings durch staatlich beamtete Funktionäre geleitet wurde – gelten sollte.[79] Es ist eine Spannung, die sich bald in die eine oder andere Richtung auflösen musste, an der aber kein dort zu verabschiedender Text vorbeikam.

Auf dem protestantisch-konfessionellen Feld war «Barmen» zweifellos ein Meilenstein, es konnte aber bei weitem nicht alle konfessionellen Gräben überwinden. Die Diskussion der Thesen innerhalb der lutherischen Fraktion auf der Synode war nicht einfach und langwierig. Schliesslich stimmte man zu unter der Bedingung, dass die Barmer Theologische Erklärung zusammen mit den Erläuterungen Hans Asmussens gelesen wurde. Diejenigen Lutheraner, die den Thesen inhaltlich nicht zustimmen konnten, waren gar nicht (mehr) anwesend. Umstritten war, und ist es im Grunde bis heute, ob und in welchem Sinne die Erklärung ein «Bekenntnis» darstellt – ein spezifisches Problem der lutherischen Bekenntnistradition. Es gab Lutheraner, die weniger gegen den

78 So berichtete die «Neue Zürcher Zeitung» vom 12. Juni 1932 (!) in einem Artikel mit dem Titel «Die evangelische Kirche und Hitler», dass «die Stellung zum Nationalsozialismus zu einem sehr ernsten Problem für den Protestantismus und die evangelische Kirche» in Deutschland heranwächst, weil «viele ihrer führenden Persönlichkeiten vor allem in der Geistlichkeit, insbesondere in deren jüngerer Generation, weithin durch das ganze Reich zu einem beträchtlichen Teil mit Hitler sympathisieren, oder offen sich für seine Partei betätigen». Gleichzeitig weist sie darauf hin, dass die im nationalsozialistischen Parteiprogramm zugesagte «Freiheit aller Bekenntnisse» ebenso wie das «positive Christentum», zu dem sich die NSDAP bekennt, explizit und unübersehbar ihre Grenzen findet im «Moralgefühl der germanischen Rasse». Bilanzierend hält sie fest: «Man weiss, wie das letztere vor allem gemeint ist: antisemitisch. Zu welcher in höchstem Grad unchristlichen Verrohung der Antisemitismus innerhalb der nationalsozialistischen Bewegung vielfach geführt hat, darüber ist kein Wort zu verlieren [...] Der Nationalsozialismus mit seiner Ausschliesslichkeit, seinem rücksichtslosen Machtstreben wird sie [die Kirche, PO] mit Beschlag belegen. Er wird sie zur Parteikirche machen.» Zitiert nach Schäfer, Württemberg (Anm. 25), Bd. 1, 41f.

79 Vgl. etwa die Stellungnahme Georg Wobbermins zur Ablehnung des Arierparagraphen durch die 21 Neutestamentler in: World Council of Churches, Commission on Inter-Church Aid, Refugee and World Service (Hg.), Die evangelische Kirche in Deutschland und die Judenfrage. Ausgewählte Dokumente aus den Jahren des Kirchenkampfes 1933 bis 1943, Genf 1945, 72f., zitiert bei van Norden, Krise (Anm. 3), 184f.

Inhalt opponierten, als gegen die Tatsache, dass damit eine ihre eigene «Konfession» überschreitende, gesamtprotestantische Erklärung abgegeben wurde. So Martin Sasse, der unter Protest früher abreiste.[80]

Aber auch von Seiten der reformierten Landeskirchenleitung wurde die Barmer Theologische Erklärung kritisch betrachtet. Die Verantwortlichen für die Barmer Synode bemühten sich vergeblich um die Teilnahme einer offiziellen Vertretung der reformierten Landeskirche Hannover. Deren Repräsentanten warfen der Synode und besonders Barth Eigenmächtigkeit, eine unbrüderliche «Entweder-Oder-Haltung», und durch das gemeinsame «Bekennen» mit den anderen protestantischen Konfessionsvertretern eine latente Preisgabe des reformierten «Bekenntnisstandes» vor.[81] In den Augen Otto Webers war Barth zeitweilig kein Reformierter mehr, sondern nur noch ein «Liberaler».[82]

Sodann ist zu erwähnen: der stark von Barth geprägte Bekenntnisbegriff. Bewusst wurde darauf verzichtet, die Barmer Theologische Erklärung als «Bekenntnis» zu bezeichnen. Zugleich aber war allen klar, dass es im Barmen um einen gemeinsamen Bekenntnisakt ging.[83] Es war wesentlich Barth, der darauf bestand und dies auch theologisch begründete, dass «Bekennen» nicht so sehr als ein Festhalten am eigenen «Bekenntnisstand» verstanden werden dürfe, sondern als aktueller Glaubensvollzug in einer je konkreten Situation. Dass dieses Bekenntnisverständnis – relativ – stärker in der reformierten Tradition beheimatet ist als in der lutherischen, liegt auf der Hand. Luther selber ist mit letzterer allerdings nicht vorbehaltlos identisch.

Und schliesslich: Will man den Gegner, gegen den man sich auf die reformatorischen *particula exklusiva* beruft, mit einem Wort benennen, muss man wohl mit Barth sagen: die «natürliche Theologie». Barths kategorisches «Nein» gegen den im Bannkreis der Oxfordbewegung stehenden Schweizer Theologen Emil Brunner wird auf diesem zeitgeschichtlich-deutschen Hintergrund mehr als nur verständlich.[84] Asmussen hat in seiner Erklärung der Thesen auf der Synode positiv formuliert:

80 Vgl. Meier, Kirchenkampf (Anm. 3), Bd. 1, 182–203.

81 Lekebusch, Kirchenkampf (Anm. 19), 382f.

82 Lekebusch, Kirchenkampf (Anm. 19), 154.

83 Barth im Gespräch mit lutherischen Synodalen: «Wir hatten nicht die Aufgabe einer summa theologiae, sondern zum *Bekenntnis* gegen die Deutschen Christen. Wir haben gründlich gearbeitet. Bekannt haben wir das *Gemeinsame* als ein Minimum, das doch ein Maximum ist.» Dann fügt er, sprechend für seine ganze Theologie hinzu: «Meiser genügt dies Maximum nicht, aber das ist gefährlich.» Nicolaisen, Weg (Anm. 3), 103.

84 Karl Barth, Nein! Antwort an Emil Brunner (ThExh 14), München 1934. «Wenn du in Deutschland lebtest, so wärst du jetzt bei den Deutschen Christen», Barth an

> «Das Werk Christi ist nicht eine Teilerscheinung in einem in sich selbst ablaufenden Erlösungsprozess der Menschen, es ist auch in keinem Sinne Fundament für ein von Menschen zu leistendes Werk, sondern es ist als sein, und nur als sein Werk umfassend.»[85]

Die Konsequenz ist ein theologischer Protest gegen eine lange theologisch-kirchliche Tradition:

> «Denn es ist nur ein relativer Unterschied, ob man neben der Heiligen Schrift in der Kirche geschichtliche Ereignisse oder aber die Vernunft, die Kultur, das ästhetische Empfinden, den Fortschritt oder andere Mächte und Grössen als bindende Ansprüche an die Kirche nennt. Alle diese Grössen können die Verkündigung von Christus nicht begrenzen, sie können auch nicht neben Christus als Gegenstände der Verkündigung treten [...]»[86]

Im Rückblick auf das «Dritte Reich» und die dort in unzähligen kirchlichen und religiösen Verlautbarungen und Texte aufscheinende hässliche Form der *theologia naturalis* fällt die Zustimmung zu Asmussens Sätzen leicht. Wie man theologisch verantwortlich mit dem damit angesprochenen Problem umgeht, wenn es in anderen, verlockenderen oder gar kirchlich-verheissungsvollen Erscheinungsformen auftaucht, ist eine Frage, die damit nicht einfürallemal beantwortet ist. Wohl aber kann «Barmen» dafür sensibilisieren, dass die nicht ohne Recht geforderte «Anschlussfähigkeit» christlicher Verkündigung an den eigenen kulturellen Zeitgeist nicht mit «bindenden Ansprüchen» verwechselt wird. Vielleicht ist dabei Barths Empfehlung vom Juni 1933, «Theologie und nur Theologie zu treiben», und genau dies als «Theologische Existenz *heute*»[87] zu verstehen, nicht der schlechteste Ratschlag.

Brunner am 22. Oktober 1933: Karl Barth – Emil Brunner. Briefwechsel 1916–1966, hg. von der Karl Barth-Forschungsstelle an der Universität Göttingen (Leitung Eberhard Busch), (GA 33), Zürich 2000, 239.

85 Nicolaisen, Weg (Anm. 3), 125.

86 Nicolaisen, Weg (Anm. 3), 123.

87 Karl Barth, Theologische Existenz heute!, München 1933, 3.

Alfred Bodenheimer

Die Entdeckung der Juden

Der Holocaust als Schlüsselerlebnis zeitgenössischer reformierter Theologie

Der Bezug zu Juden und Judentum bildet in der Barmer Theologischen Erklärung eine Leerstelle. Denn bekanntlich kommen Juden und Judentum, beziehungsweise ihre 1934 schon manifeste Verfolgung im Dritten Reich in der Barmer Theologischen Erklärung nicht vor. Ob dies Programm oder Taktik war, ob es der Suche eines gemeinsamen Nenners in der Bekennenden Kirche selbst, einer Vermeidung allzu einschneidender staatlicher Massnahmen oder schlicht einer Nachordnung der Wichtigkeit dieses Punktes hinter anderen geschuldet war, darüber mag in der Kirchengeschichte füglich gestritten werden.

In diesem Referat soll ein Weg beschritten werden, der von Deutschland eher weg und in die Schweiz führt, wo das Thema Judentum in reformierten Publikationen während der Jahre des Dritten Reiches und des Zweiten Weltkriegs zunehmende Wichtigkeit erlangte. Dieser Weg in die Schweiz folgt zum einen dem Weg Karl Barths in jenen Jahren und damit jenem Gelehrten, dessen Name mit der Barmer Theologischen Erklärung bekanntlich eminent verbunden ist. Zum andern aber wird sichtbar, dass das Thema der Judenverfolgung, das mit zunehmender Heftigkeit des realen Geschehens in Deutschland nur mehr unter Lebensgefahr beziehungsweise überhaupt nicht mehr thematisiert werden konnte, in der Schweiz wachsendes Echo in kirchlichen, besonders reformierten Schriften hervorrief. Die Annäherung an dieses Thema war ungeheuer komplex, voller theologischer Vorbehalte, und der Umgang damit war für die Schweizer Juden nicht weniger schwierig, wie vor allem an der Reaktion des damaligen Basler Gemeinderabbiners auf den Weihnachtsbrief von 1942 zu zeigen sein wird. Die Frage, inwieweit Solidarität um ihrer selbst willen überhaupt empfunden werden konnte, ob sie dem unmittelbaren Barmherzigkeitsgebot des Christentums folgte oder der Ablehnung und dem Unverständnis gegenüber religiös vermeintlich Verstockten eher abgerungen wurde, liegt meinen Ausführungen zugrunde.

Beginnen möchte ich mit einer Erwähnung der Korrespondenz der weitgehend vergessenen Historikerin und Theologin Elisabeth Schmitz, bis zu ihrer freiwilligen Kündigung aus Gewissensgründen 1938 Lehrerin in Berlin, mit

Karl Barth. Beim ersten wissenschaftlichen Symposium zu Elisabeth Schmitz im Jahr 2007, dessen Beiträge ein Jahr später publiziert wurden, hat sich Marlies Flesch-Thebesius mit dieser Korrespondenz auseinandergesetzt. Elisabeth Schmitz, engagiertes Mitglied der Bekennenden Kirche, kritisierte bereits in ihrem ersten Brief an den damals noch in Bonn lehrenden Barth am 18. April 1933 die Passivität der Kirche angesichts des Reichsgesetzes zur Wiederherstellung des Berufsbeamtentums sowie des Boykotts jüdischer Geschäfte vom 1. April 1933. Wo schon nicht für die Juden insgesamt, so schrieb Schmitz, müsste doch die Kirche zumindest für die jüdischstämmigen Glieder der Kirche einstehen können. Barth antwortete auf diesen Brief am 2. Mai 1933 und gab zu bedenken, dass er ein Wirken innerhalb der Kirche für vielversprechender halte als ein dezidiertes Eintreten für die Juden, das seitens der Regierung zu Verboten und Ausgrenzung aus dem Diskurs führen müsste. Wenn Barth am Ende desselben Jahres am zweiten Adventssonntag in einer Predigt das Judentum Jesu betonte und Juden und Christen in eine gewisse, wenn auch diffuse Partnerschaft stellte, so war dies womöglich mindestens ebenso eine Attacke gegen die Arisierung Jesu durch die Deutschen Christen wie als unmittelbares Einstehen für die Juden gedacht. Und in einem Brief vom 11. Januar 1934 an Elisabeth Schmitz bekräftigte er noch einmal, dass seine Zurückhaltung in Sachen direkter Äusserungen zugunsten der Juden in der deutschen Gegenwart nicht grundsätzliche, sondern taktische Gründe hätte, weil er sonst in Deutschland kaltgestellt werden und der Kirche nicht mehr zur Verfügung stehen würde.[1]

Unterlegt man diese Briefe Barths, die jeweils durch vehemente Klagen Schmitz' über die Vernachlässigung jüdischen Leidens hervorgerufen wurden, der Stossrichtung (oder eben auch der fehlenden Stossrichtung) in der Barmer Theologischen Erklärung, so kann eine Mischung zwischen faktischer und taktischer De-Priorisierung des jüdischen Schicksals im deutschen Kirchenkampf als Ursache der Aussparung dieses Themas benannt werden.

Umso interessanter ist es, auf die Entwicklung in der Schweiz zu schauen, in der Barth seit seiner Rückkehr an die Universität Basel 1935 wieder wirkte und wo er sich freier äussern konnte. Hier ist zu beobachten, dass die Kreise um Karl Barth, Wilhelm Vischer und Paul Vogt, die sich im Schweizerischen Evangelischen Hilfswerk für die Bekennende Kirche in Deutschland sammel-

1 Marlies Flesch-Thebesius, Ein Gefühl der Fremdheit. Briefwechsel zwischen Elisabeth Schmitz und Karl Barth: Manfred Gailus (Hg.), Elisabeth Schmitz und ihre Denkschrift gegen die Judenverfolgung. Konturen einer vergessenen Biografie (1893–1977), Berlin 2008, 83–92 (vgl. 84–88).

ten, spätestens ab 1938 durchaus eine klare Notwendigkeit und Dringlichkeit erkannt hatten, sich mit den verfolgten Juden zunächst des Grossdeutschen Reiches, später Europas zu solidarisieren. Es mag etwas schematisch und undifferenziert klingen, dennoch möchte ich die These wagen: Während katholische Kirchenleute, die sich in der Schweiz zur Judenfrage äusserten, etwa der österreichische Jesuit Mario von Galli (unter dem Pseudonym Andreas Amsee) oder Hans Urs von Balthasar, aber auch etliche andere, noch unmittelbar vor und während des Krieges das Leiden der Juden zwar zur Kenntnis nahmen, es aber hinter einer theologisch verbrämten negativen Folie des «verworfenen» Judentums sich abspielen sahen und, wenn nicht zu entschuldigen, so zumindest zu erklären versuchten,[2] verfuhren die Reformierten um Barth gewissermassen in der umgekehrten Richtung: Sie zeigten sich primär aufgerüttelt von den Verfolgungen der Juden, die in unmittelbarer Nachbarschaft der Schweiz stattfanden, und über Flüchtlinge, die auch in die Schweiz drängten, ohne deswegen auf ihre theologischen Standpunkte gegenüber dem Judentum zu verzichten. Dass Letztere in ihrer faktischen Delegitimierung des Judentums als bestehender Religion anmassend waren und von Teilen der jüdischen Gemeinschaft auch so empfunden wurden, ist richtig. Dennoch darf man sagen, dass mit der Priorisierung der Solidarität, die diese Kreise, durchaus auch im Unterschied zu anderen Vertretern der reformierten Kirche der Schweiz, an den Tag legten, die ersten Ansätze einer konstruktiven christlich-jüdischen Begegnung geschaffen wurden.

Im vierten Quartal des Jahres 1938, kurz vor sowie kurz nach dem Reichspogrom vom 9. November, veröffentlichte das Hilfswerk für die Bekennende Kirche zwei Spendenaufrufe (beim zweiten Mal gemeinsam mit zwei anderen Organisationen), mittels derer für verfolgte Juden und «Judenchristen» (wie getaufte Juden geläufigerweise genannt wurden) gesammelt werden sollte. Beide Aufrufe sind zugleich dezidierte, an die Pfarrer der Schweiz gerichtete theologische Traktate, nicht nur wider die nationalsozialistische Praxis, sondern ebenso gegen Versuche, diese auf der Basis christlicher Theologie als Teil

2 Zu Andreas Amsees Schrift «Die Judenfrage» (Luzern 1939) meint Clemens Thoma, ihre «Schwäche, Unbestimmtheit und Judenfeindlichkeit» habe «dem eingespielten Antisemitismus in der Schweiz und anderswo gewiss nicht geschadet, sondern ihn vielmehr befördert»: Clemens Thoma, Die katholische Weltkirche und der Rassenantisemitismus 1900–1939: Aram Mattioli (Hg.), Antisemitismus in der Schweiz 1848–1960, Zürich 1998, 445–463 (445). Urs Altermatt vermerkt mit Blick auf Amsee, den jungen von Balthasar, aber auch andere katholische Schweizer Theologen, dass sie versucht hätten, «die Shoah mit heilsgeschichtlichen Argumenten zu erklären». Urs Altermatt, Das Koordinatensystem des katholischen Antisemitismus in der Schweiz 1918–1945: Mattioli (Hg.), Antisemitismus, 465–500 (474).

eines gottgewollten Schicksals einzuordnen. Während der zweite Text relativ kurz gehalten und von der unmittelbaren Not der Juden geprägt ist, erläutert der Text vom Oktober 1938 deutlich das theologische Rechtfertigungskonzept eines Einstehens für die Juden.

«Das Heil kommt von den Juden», betitelte die «Theologische Kommission des Schweizerischen Evangelischen Hilfswerkes für die Bekennende Kirche in Deutschland», der Karl Barth, sowie die Pfarrer Ernst Hurter und Oskar Farner aus Zürich, Gottfried Ludwig aus Biel und Wilhelm Vischer aus Basel angehörten, diesen Aufruf. Deutlicher konnte man, noch unter Verwendung des kontaminierten Begriffs «Heil», in jener Zeit mit einer Überschrift nicht Stellung beziehen. Wohlgemerkt: Die Schrift, die mit einer Aufzählung und Anklage der gegen die Juden in Deutschland angewandten Sanktionen und Verfolgungen beginnt, ist ihrerseits von einem traditionell christlichen Negativbild der «Juden» imprägniert.

«*Was ist es denn um diese Juden*», fragen die Verfasser, «dass ihr Dasein den Völkern der Erde so unerträgliche und unlösbare Schwierigkeiten bereitet? Nicht erst heute, sondern seitdem sie in der Welt sind, werden sie als *Fremdkörper*, als Pfahl im Fleisch der Menschheit empfunden. Und es ist im Lauf der Jahrtausende ebensowenig gelungen, sie durch Brutalität auszuscheiden wie durch Humanität sie zu assimilieren. Von jeher und immer wieder haben sie beim Aufbau der Kulturen und der Reiche dieser Welt als Spaltpilze gewirkt, und schon im Altertum ist mit den gleichen Worten und der gleichen Leidenschaft wie heute gegen ihren zersetzenden Einfluss geeifert worden.»[3]

Die Frage operiert mit einem statischen und kollektivierenden Judenbild, das ebenso entwicklungslos und unveränderbar ist wie der daraus offenbar unvermeidbar generierte Hass gegen die Juden, der bereits in weit vorchristlichen Zeiten angesiedelt wird. Der Traktat arbeitet aber zugleich mit dem Barthschen Gnadenbegriff, in dem eine Konstellation des Hasses unmöglich wird, da Gnade am Ursprung jüdischer Erwählung ebenso steht wie an der diese ablösenden Erwählung des Christentums, die von den Juden nicht mehr nachvollzogen worden ist. Dabei knüpft der Text einerseits an alte, vornehmlich reformatorische Muster der Juden als unfreiwillige Zeugen des christlichen Glaubens an. Andererseits weist er die Berechtigung, dieses Leiden zu verursachen, als Verrat am Heilsplan Gottes ab:

3 Die theologische Kommission des Schweizerischen Evangelischen Hilfswerkes für die Bekennende Kirche in Deutschland, Das Heil kommt von den Juden. Memorandum zur Judenfrage, Zürich-Seebach 1938, 3.

«*Warum lässt Gott die Juden nicht verschwinden?* Warum gibt er sie dem Mutwillen und der Wut der Heiden preis und schützt sie dann doch immer wieder vor dem Untergang? Weil alle, die zum Glauben berufen sind, an ihnen sehen sollen, wie heilig Gottes Gnade ist und was es heisst, die Gnade zu verachten und nicht in Gnaden zu sein (Röm. 9–11). Die Juden und die Christen stehen einander gegenüber als die zweierlei Knechte des einen wahren Gottes, im Tiefsten geschieden und verbunden durch den einen Herrn, der sich erbarmet, welches er will, und verstockt, welchen er will, die einen den andern zum Zeugnis, dass Heil und Verdammnis ganz von seiner freien Gnade abhängen. Die Christen könnten das Erbarmen, von dem sie leben, nicht schlimmer verspotten, als wenn sie die Juden verspotten, weil sie von Gott verworfen seien.»[4]

Dass die Verfolger der Juden hier als «Heiden» bezeichnet werden, setzt natürlich ein Zeichen, indem der Nationalsozialismus in eine die christliche Erlösung sehr viel konsequenter verneinende Dimension gesetzt wird als die Juden selbst. Die Theologen sprechen von einer «*Opferung der Juden*», die dem archaischen Denken geschuldet sei, «die Menschen müssten und könnten durch Tier- und Menschenopfer die Götter versöhnen». Demgegenüber hält der Text fest: «*Kein Mensch hat aber teil an der Vergebung Jesu Christi, der sich nicht in Solidarität mit den Juden schuldig bekennt am Tode Jesu.*»[5]

Es ist ausserordentlich interessant, dass sich diese theologische Denkschrift damit gewissermassen als christlich grundierte Inversion derselben Aussage lesen lässt, die sich im gleichzeitig entstandenen, 1939 publizierten Alterswerk Sigmund Freuds *Der Mann Moses und die monotheistische Religion* findet. Freud, der ja von einer Ermordung Moses' durch die Israeliten als Grundlage des jüdischen Monotheismus ausgeht, versucht aus diesem von ihm angenommenen Urereignis des Judentums zu ergründen, wie es zu dessen Ausbildung und zur nachfolgenden konstanten Verfolgung der Juden kam.

«Das arme jüdische Volk», konstatiert der ins Exil gezwungene Jude und Atheist Freud, «das mit gewohnter Hartnäckigkeit den Mord am Vater zu verleugnen fortfuhr, hat im Laufe der Zeiten schwer dafür gebüsst. Es wurde ihm immer wieder vorgehalten: Ihr habt unseren Gott getötet. Und dieser Vorwurf hat recht, wenn man ihn richtig übersetzt. Er lautet dann auf die Geschichte der Religionen bezogen: Ihr wollt nicht zugeben, dass ihr Gott (das

4 Die theologische Kommission des Schweizerischen Evangelischen Hilfswerkes für die Bekennende Kirche in Deutschland, Das Heil (Anm. 3), 5.

5 Die theologische Kommission des Schweizerischen Evangelischen Hilfswerkes für die Bekennende Kirche in Deutschland, Das Heil (Anm. 3), 5.

Urbild Gottes, den Urvater und seine späteren Reinkarnationen) gemordet habt. Ein Zusatz sollte aussagen: Wir haben freilich dasselbe getan, aber wir haben es zugestanden und wir sind seither entsühnt.»[6]

Entsprechend wird bei Freud der Judenhass der Nationalsozialisten «im Grunde Christenhass» genannt, der den «barbarischen Polytheismus» wieder hervorbringe, der «unter einer dünnen Tünche von Christentum» den christlichen, judenfeindlichen Völkern erhalten geblieben sei.[7]

Natürlich ist die heilsgeschichtlich ausgerichtete Schlussfolgerung der Theologen eine andere als die ätiologisch motivierte des Mediziners Freud. Sie fordern zu einer dezidierten Unterstützung der Verfolgten auf – dabei bleibt ihre Sprache zugleich von einem Barmherzigkeitsgestus und, man muss es so sagen, einer Selbstgerechtigkeit gefärbt, die einem das Blut in den Adern gefrieren lassen können: «Gerade an ihnen [den Juden], die sein Erbarmen am allerwenigsten verdienen, will er die Grundlosigkeit seines Erbarmens beweisen», heisst es da etwa.[8] Und es muss auch betont werden, dass im Ausdruck der Solidarität ein deutlicher Unterschied gemacht wird zwischen Juden, die getauft sind, und den anderen, die dies nicht sind. Faktisch läuft die Hilfsaktion im Oktober 1938 ausschliesslich zugunsten der Juden, die der «Bruderschaft in Christus» angehören und aus rassischen Gründen verfolgt werden.[9] Das ändert sich um Nuancen im zweiten Aufruf, nach dem Reichspogrom, als nicht nur Massenverhaftungen und Beschädigungen jüdischen Eigentums, sondern gezielt auch die Synagogen und damit religiöse Symbole des Judentums der Zerstörungswut der Nationalsozialisten ausgesetzt waren. «An uns, den christlichen Gemeinden, ist es in dieser weltgeschichtlichen Stunde, wo die jüdischen Gotteshäuser in Flammen aufgehen, unsern Brüdern aus Israel zu helfen.»[10] Zwar wird auch hier noch einmal speziell auf die dem Christentum beigetretenen Juden verwiesen, dennoch ist der Aufruf insgesamt inklusi-

6 Sigmund Freud, Der Mann Moses und die monotheistische Religion, Frankfurt a. M. 1975, 96.

7 Freud, Moses (Anm. 6), 97.

8 Die theologische Kommission des Schweizerischen Evangelischen Hilfswerkes für die Bekennende Kirche in Deutschland, Das Heil (Anm. 3), 6.

9 Die theologische Kommission des Schweizerischen Evangelischen Hilfswerkes für die Bekennende Kirche in Deutschland, Das Heil (Anm. 3), 8

10 Schweizerisches Evangelisches Hilfswerk für die Bekennende Kirche in Deutschland, Schweizerisches kirchliches Hilfskomitee für evangelische Flüchtlinge: Judenchristliche Allianz (Hg.), Juden und Christen. Ein Wort der Besinnung an unsere christlichen Gemeinden, Zürich 1938, 3.

ver, indem auch am Ende noch einmal von der «grausigen Not der Juden und Judenchristen» die Rede ist.[11]

Beide besprochenen Dokumente fanden dann 1939 Eingang in den Band «Juden; Christen; Judenchristen», in dem auch Texte von Paul Vogt, Wilhelm Vischer und des kurz zuvor aus Deutschland geflohenen, zum Christentum konvertierten Literaten Otto Salomon abgedruckt standen. Das Buch erschien im Verlag der evangelischen Buchhandlung in Zollikon bei Zürich, wo bis Kriegsende eine Reihe von Büchern mit dem Schwerpunkt der «Judenfrage» aus aufgeschlossener kirchlicher Sicht erscheinen sollten. So etwa im selben Jahr auch, innerhalb der von Karl Barth herausgegebenen Reihe «Theologische Studien» die Schrift «Die Juden» des ebenfalls konvertierten Juden und Barth-Schülers Kurt Emmerich. Dieser Text, der hier nicht eingehender besprochen werden kann, ist zumal deshalb interessant, weil er im Versuch einer Beweisführung der These, dass die «Judenfrage» allein eine theologische Frage sei (die natürlich Emmerichs Ansicht nach christlich gelöst werden müsse), anders als andere gleichzeitig erschienene kirchliche Schriften die These von den Juden als Rasse zerlegt und damit einen Sprachduktus sprengt, der in dieser Zeit jenseits aller Überzeugungen bereits Übermacht über den allgemeinen Diskurs zu allem Jüdischen erlangt hatte. Als Wahrnehmung, die 1939 im Kontext Barthscher Theologie in der Schweiz geäussert wurde, finde ich deshalb folgende, wenngleich heute vielleicht banal anmutende Textpassage aus Emmerichs Text zitierwürdig:

«Die Rassentheorie ist [...] keineswegs eine unbefangene Entdeckung objektiver Wissenschaft. Nicht sie hat die Judenfrage aufgeworfen; vielmehr ist die heutige Gestalt der Rassentheorie durch die Judenfrage überhaupt erst geschaffen worden. Es entspricht diesem Sachverhalt, dass die deutsche Rassengesetzgebung, wenn sie auch mit einem umfassenden Ausdruck von ‹Nichtariern› redet, doch stets nur den Juden meint, und dass die Durchführung dieser Gesetze gegenüber andern Nichtariern, etwa Japanern, weder gewollt noch bestätigt wird».[12]

Wer die Debatten innerhalb der reformierten Theologie in jenen Jahren liest, wie sie etwa in Eberhard Buschs umfassender Schau über *Karl Barth und die Juden 1933–1945* dargestellt werden, der erkennt, dass um Fragen christlicher Wertschätzung, Schuldeingeständnisse und Rechtfertigungsformulierungen gegenüber dem Judentum erbittert gerungen wurde. Als Nichttheologe

---

11 Schweizerisches Evangelisches Hilfswerk für die Bekennende Kirche in Deutschland, Juden und Christen (Anm. 10), 4.

12 Kurt Emmerich, Die Juden (Theologische Studien 7), Zollikon-Zürich 1939, 14.

und Forscher im Bereich der Jüdischen Studien – wie es der Schreibende ist – blickt man jedoch auf anderes, nämlich auf jene Punkte, die klare Durchbrüche und Paradigmenwechsel anzeigen und damit konkret in die Entwicklung der christlich-jüdischen Beziehungen hineinwirkten. Können die erwähnten ab 1938 einsetzenden Publikationen als solche Wendepunkte verstanden werden, die sicher hinsichtlich kirchlicher Ansichten auf die anschwellenden Flüchtlingsströme wichtig waren, so ist aus der Perzeption der Juden in der Schweiz und vielleicht aus Sicht der Geschichte christlich-jüdischer Beziehungen generell ein anderes Ereignis mindestens ebenso relevant: Im Jahr 1942, als die systematische Ermordung der europäischen und nun insbesondere auch der polnischen Juden immer klarer erkannt wurde, änderten die der Bekennenden Kirche nahestehenden Schweizer Theologinnen und Theologen ihren Gestus in einem entscheidenden Punkt. Bei einem kurzfristig einberufenen Treffen am 25. November 1942, wenige Tage nach der fünften Wipkinger Tagung des Hilfswerks für die Bekennende Kirche vom 15./16. November 1942, trat der Rabbiner der Israelitischen Cultusgemeinde Zürich, Dr. Zwi Taubes, als Gastreferent auf. Man kann in diesem Auftritt des Rabbiners, obwohl er weniger religiösem Austausch diente als dem Bedürfnis, einen jüdischen Redner zu der Lage der europäischen Juden zu hören, als Beginn einer neuen Ära bezeichnen: Zum ersten Mal, zumindest meines Wissens, wurde hier von kirchlichen Kreisen der Schweiz nicht mehr *über* die Juden gesprochen, sondern es wurde ein offizieller Vertreter einer jüdischen Gemeinde eingeladen, sich selbst zu äussern. Die Solidarität hatte nun, mit wachsender Not, eine Stufe erreicht, in der die Juden vom reinen Objekt christlicher Theologie zu Subjekten geworden waren, mit denen direkt das Gespräch gesucht und denen auch zugehört wurde.[13]

Die Dynamik, die die Begegnung mit dem Zürcher Rabbiner auslöste, führte letztlich dann zur Abfassung des wohl bekanntesten Schweizer Dokuments der reformierten Kirche zur Judenfrage während des Kriegs, nämlich zum Weihnachtsbrief vom 24. Dezember 1942, wie Peter Aerne in einem ausführlichen Beitrag zu diesem Dokument vor einigen Jahren nachgezeichnet hat.[14] Aerne schildert auch die Diskussionen, die zur Folge hatten, dass der Schweizerische Evangelische Kirchenbund davon absah, diesen, in seinem Grundge-

13 Zur Einladung und zum Inhalt des Vortrags von Taubes vgl. Eberhard Busch, Unter dem Bogen des einen Bundes. Karl Barth und die Juden 1933–1945, Neukirchen-Vluyn 1996, 493f.

14 Peter Aerne, «Wehe der Christenheit ..., Wehe der Judenschaft ...» Der Weihnachtsbrief an die Juden in der Schweiz von 1942 (I): Judaica. Beiträge zum Verstehen des Judentums 58/4, 2002, 234–260 (245ff).

rüst von Oskar Farner formulierten, Brief mitzuunterzeichnen, was die übrigen Unterzeichner ihrerseits aber nicht von einer Publikation desselben abhielt.[15]

Der «Weihnachtsbrief an unsere Juden» ist das erste reformierte Dokument jener Zeit, das unmittelbar die jüdischen Bewohnerinnen und Bewohner der Schweiz anspricht. Wie Aerne ausführt, wurde der Brief an die Rabbiner und leitenden jüdischen Persönlichkeiten in der Schweiz gesandt, in Flüchtlingslagern vorgelesen, in einigen Tageszeitungen am 24. Dezember und auch in etlichen (aber nicht allen) kirchlichen Blättern abgedruckt. Unter den 28 Unterzeichnern fanden sich alle prominenteren Vertreterinnen und Vertreter des leitenden Komitees des Hilfswerks für die Bekennende Kirche in Deutschland, darunter auch Barth, Vischer, Paul Vogt und Gertrud Kurz. In der Grundstruktur seines Inhalts unterscheidet sich der Brief kaum von den Aufrufen und Schriften seit 1938. Anfang und Ende sind geprägt von Solidarität mit den Juden und der Erkenntnis, dass der Nationalsozialismus ein gemeinsamer Feind sei. In der Mitte wird jedoch auf das grundlegende Defizit des Judentums verwiesen. So heisst es:

«Wehe der Christenheit, wenn sie sich vom heidnischen Denken ins Schlepptau des Antisemitismus einfangen liesse! Wehe der Judenschaft, wenn sie sich jetzt im Widerstand gegen Christus versteifen würde! Beide rebellierten dann wider den Heilsplan der Erlösung, der beide umfasst.»

Und etwas weiter unten: «Es betrübt und erschreckt uns, dass das Judenvolk Jesus nicht als den im Alten Testament angekündigten Messias erkennt und als seinen Erlöser annimmt. Aber es ist zuerst an uns, Busse zu tun für alles, was von unserer Seite an den Juden gesündigt wurde. Die christlichen Völker haben durch die Jahrhunderte hindurch das alte Bundesvolk Israel nicht in der Geduld Christi ertragen, und darum haben sie es auch in erschütterndem Masse daran fehlen lassen, ihm durch Taten der Gerechtigkeit und Menschlichkeit wirklich glaubhaft zu bezeugen, dass der von den Juden verworfene Jesus aus Nazareth der wahrhaftige Sohn Gottes ist, der grosse Erbarmer und einzige Seligmacher auch für sein eigenes Volk. So ist unsere Schuld noch grösser als die Schuld der Juden. Denn uns war die Binde von den Augen genommen: ‹Wir sahen die Herrlichkeit, eine Herrlichkeit als des eingeborenen Sohnes vom Vater, voller Gnade und Wahrheit› [Joh 1,14] – und wir haben uns doch stets wieder als Blinde und an Liebe Arme erwiesen.»[16]

15 Aerne, Weihnachtsbrief (Anm. 14), 251.

16 Karl Barth, Offene Briefe 1935–1942 (GA 36), hg. von Diether Koch, Zürich 2001, 425f.

Für die jüdischen Adressaten stellte dieses Schreiben eine Herausforderung dar. Einerseits war es eine unendlich wertvolle Bekundung echter, tiefer und auch tätiger Solidarität, andererseits mussten die angesprochenen Juden erkennen, dass sie auch in tiefster Not und von den ihnen am wohlsten gesonnenen Christen theologisch ins Unrecht gesetzt wurden. Eine differenzierte Antwort auf dieses Schreiben hat der Basler Rabbiner Dr. Arthur Weil Anfang 1943 formuliert. Weil zeigte einerseits Dank und tiefe Genugtuung über das Schreiben der Theologen, legte aber zugleich eine Position dar, die darauf beharrte, nach jüdischer Ansicht sei es nicht das Aufgehen der einen Religion in der anderen, sondern das jeweilige Verfolgen des einen, gemeinsamen Ziels, dem lebendigen Gotte zu dienen, auf dem je eigenen Weg, was die messianische Zeit näher brächte. «Wenn sich alle Konfessionen in solchem Geiste der Nächstenliebe und der Gerechtigkeit zusammenfinden, dann sind die Voraussetzungen zum Heilsplane Gottes erfüllt, dann ist die Menschheit wahrhaft bekehrt, nicht durch einen für uns Juden neuen erlösenden Glauben, sondern durch eine für alle erlösende Tat.»[17]

Dies war zu jener Zeit eine mutige Antwort, die auf christlicher Seite durchaus auch Unmut generierte, und interessanterweise ist noch über fünfzig Jahre später in Eberhard Buschs Grundlagenwerk zu Barth (der dieses Schreiben unterschrieben, aber nicht mitverfasst hatte) Buschs eigene Missbilligung von Weils Standpunkt herauszuhören, wenn er gegenüber diesem moniert: «[...] mit dieser Konzeption liess sich schwerlich mehr als ein schiedlich-friedliches mitmenschliches Nebeneinander von verschiedenen religiösen Auffassungen begründen», um etwas weiter unten resigniert hinzuzufügen: «Der Antagonismus bedeutet aber wohl überhaupt ein Grundproblem der christlich-jüdischen Begegnung.»[18] Die Reflexionsebene, dass Solidarität und theologische Akzeptanz einander nicht ausschliessen, dass ein «schiedlich-friedliches mitmenschliches Nebeneinander» geradezu das Ziel eines Dialogs sein könnte, beziehungsweise dass ein Dialog, der von latenten Überzeugungswünschen der einen Seiten unterlegt ist, im Grunde dem Anspruch eines interreligiösen Dialogs nicht gerecht wird, scheint Busch gefehlt zu haben.

Was nun die Zeit des Zweiten Weltkriegs betrifft, möchte ich noch auf eine Publikation zu sprechen kommen, die ebenfalls vom Schweizerischen Evangelischen Hilfswerk für die Bekennende Kirche herausgegeben wurde und den Titel «Soll ich meines Bruders Hüter sein?» trug, untertitelt von der Zeile:

17 Vgl. Arthur Weil, Aus ernster Zeit. Religiöse Betrachtungen 1932–1945, Basel 1947, 251–264 (264).

18 Busch, Unter dem Bogen (Anm. 13), 499f.

«Weitere Dokumente zur Juden- und Flüchtlingsnot unserer Tage». Dieser Band enthält zum einen, wohl als eine der ersten deutschsprachigen Publikationen überhaupt, Berichte von Augenzeugen über die Deportationen von Juden aus Deutschland, Polen und Ungarn, in denen etwa auch die Vernebelungsstrategien der SS gegenüber ihren Opfern detailliert aufgezeigt werden. Zum andern enthalten sie einen Vortrag des damals jungen Begginger Pfarrers und späteren Berner Theologieprofessors Christian Maurer, den er im Juni 1944 bei der Gesellschaft «Freunde Israels» am Missionsfest in Basel gehalten hatte. Mit Maurer, einem Schüler von Emil Brunner und Karl Barth, tritt eine neue Generation von Theologen auf, die noch unmittelbarer dem Primat tätiger Solidarität verpflichtet ist. Mit Verweis auf die Kosten, die jeder Steuerzahler jüdischer Gemeinden durchschnittlich für die Flüchtlingshilfe getragen habe, mahnt Maurer die Mitglieder der Kirche, hier ebenfalls mehr zu tun. Er verteidigt die Einrichtung von kirchlichen Flüchtlingsheimen, in denen die rituellen Vorschriften des Judentums eingehalten würden, und er wehrt sich energisch dagegen, die Not der Flüchtlinge zu Bekehrungsversuchen zu nutzen. Natürlich bleibt auch bei ihm die Judenmission letztlich Ziel kirchlichen Handelns gegenüber Juden – die Verve aber, mit der er primär für eine Selbstreinigung der Kirche eintritt, lässt dieses Ziel stark in den Hintergrund treten, seine beiläufige Erwähnung, zumal an einer Feier der «Freunde Israels», einer der Mission verschriebenen Gesellschaft, beinahe als Alibi-Übung erscheinen.

Wenn der Historiker Zsolt Keller in einem Aufsatz über den christlichen Dialog dessen Beginn in der unmittelbaren Nachkriegszeit, also 1945 und 1946 festmacht und aufzeigt, dass es von christlicher Seite zunächst klar Reformierte (und nur sehr zögerlich auch Katholiken) waren, die sich darin engagierten,[19] so kann man deshalb sagen, dass jene Unterstützer der Bekennenden Kirche in der Schweiz, die teilweise (wie Karl Barth und Wilhelm Vischer) noch in Deutschland gewirkt hatten und aufgrund ihrer Kritik am Nationalsozialismus von dort hatten weggehen müssen, in den späten 1930er und den Kriegsjahren die Vorarbeit dafür geleistet hatten, die von der nachfolgenden Generation mit einem gewandelten Verständnis von Emanzipation und Dialog weitergeführt wurde.

Lassen Sie mich mit einer persönlichen Note enden: Der Umstand, dass ich selbst 2004 Ordinarius einer schweizerischen Theologischen Fakultät werden und diese von 2010 bis 2012 als Dekan leiten durfte, deutet auf den Weg hin,

19 Zsolt Keller, Theologie und Politik. Beginn und Konkretisierung des christlich-jüdischen Dialoges in der Schweiz: Schweizerische Zeitschrift für Religions- und Kulturgeschichte 99, 2005, 157–175.

der seither zurückgelegt worden ist. Die Grundlage liegt in jener Zeit, als zuvörderst die Sympathisanten der Bekennenden Kirche in der Schweiz über der Erkenntnis der äusseren und inneren Gefährdung ihres eigenen Glaubens durch den Nationalsozialismus und angesichts des unübersehbaren Elends der jüdischen Gemeinschaft des Kontinents die Juden als Mitmenschen und Subjekte entdeckten. Sprich: Was vorher ein zeitlos biblischer Mythos mit unveränderlichen, theologischen Konzepten unterworfenen Eigenschaften gewesen war, wurde nun zur Masse der einzelnen Antlitze. Es wurde erkannt, dass hinter diesen Konzeptträgern nicht nur menschliche Schicksale standen, sondern Subjekte, die man ansprechen, denen man zuhören, mit denen man kommunizieren konnte. Die letzten Wochen von 1942 dürfen deshalb, mit dem Referat von Rabbiner Taubes vor kirchlichen Vertretern in Zürich und durch den einen Monat darauf folgenden, mit diesem Auftritt unmittelbar verbundenen Weihnachtsbrief, als Wendepunkt der reformierten Kirche, oder zumindest ihres liberalen Teils, in der Schweiz gelten. Den theologischen Dissens räumte dies noch lange nicht aus, doch es begann zumindest die Erkenntnis, dass Augenhöhe im persönlichen Gespräch irgendwann einmal auch Augenhöhe der theologisch-religiösen Legitimation und Ansprüche zur Folge haben dürfte.

Matthias Käser-Braun

Der entjudete Christus

Von der entjudaisierten Christologie der Barmer Theologischen Erklärung und der unmöglichen Möglichkeit einer verborgenen Antwort auf die «Judenfrage» in Barmen I und II[1]

I. «Treffpunkt Scheideweg»[2]

«An den Scheidewegen des Lebens stehen keine Wegweiser»[3], meinte einst der britische Komiker Charlie Chaplin. Es sind Weggabelungen, die oft zu Wendepunkten in unserem Leben werden. Momente, *in*, und Orte, *an* denen wir uns für das Eine oder das Andere entscheiden – sei es bewusst oder unbewusst. Die nachträgliche, meist sehr viel spätere Reflexion über solche Entscheidungen kann unterschiedlich ausfallen. Einige Wege, die wir eingeschlagen haben, sind auch im Nachhinein nachvollziehbar – wir würden die gleiche Entscheidung erneut treffen. Andere jedoch stellen wir in Frage. Wir bewegen die Entscheidung der Vergangenheit in der Gegenwart hin und her, stellen uns der Frage «Was wäre, wenn ...» und wünschen uns nicht selten, noch einmal entscheiden zu dürfen, ja: zu können.

Von diesem Wunsch berichtet auch der Arzt und «Schriftsteller» Amadeu Prado in Pascal Merciers[4] Roman *Nachtzug nach Lissabon* – er nennt ihn «*den traumgleichen, pathetischen Wunsch –, noch einmal an jenem Punkt meines Lebens zu stehen und eine ganz andere Richtung einschlagen zu können als diejenige, die aus mir den gemacht hat, der ich nun bin* [...].»[5] Doch er fügt sogleich kritisch hinzu: «*Es ist etwas Sonderbares um diesen Wunsch, er*

1 Überarbeitete Fassung meines als Leistungsnachweis für die Ringvorlesung zur Barmer Theologischen Erklärung (Universität Bern, Theologische Fakultät, FS 2014) eingereichten Essays.

2 So lautet der Titel eines Essay-Bandes des jüdischen Aphoristikers Elazar Benyoëtz (München/Wien 1990).

3 Robert Lutsch, Zitate, die das Leben beschreiben, Norderstedt [2]2013, 43.

4 Pseudonym des Schweizer Philosophen und Schriftstellers Peter Bieri.

5 Pascal Mercier, Nachtzug nach Lissabon, München/Wien 2004, 73 (Kursivierung im Original).

schmeckt nach Paradoxie und logischer Absonderlichkeit. Denn derjenige, der sich das wünscht – er ist ja nicht etwa jener, der, von der Zukunft noch unberührt, an der Weggabelung steht. Vielmehr ist es der von der durchschrittenen, zur Vergangenheit gewordenen Zukunft Gezeichnete, der sich zurückwünscht, um das Unwiderrufliche zu widerrufen. Und würde er es widerrufen wollen, wenn er es nicht erlitten hätte?»[6]

Der 2004 veröffentlichte Roman wurde zu einem Bestseller, der in 32 Sprachen übersetzt, im deutschsprachigen Raum mehr als zwei Millionen Mal verkauft und im Jahre 2013 verfilmt wurde. Wohl nicht ein Bestseller in diesem Sinne, aber dennoch ein bedeutendes Dokument des (deutschen) Protestantismus ist die Barmer Theologische Erklärung von 1934. 80 Jahre ist es her, dass Adolf Hitler die evangelischen Christen Deutschlands spaltete, sie gewissermassen an eine Weggabelung stellte. 138 Delegierte aus 25 Landes- und Provinzialkirchen[7] – Vertreter reformierter, lutherischer und unierter Kirchen – sollten über den Wegweiser an diesem Scheideweg entscheiden. Vom 29. bis 31. Mai 1934 trafen sie sich in Wuppertal-Barmen zur ersten Bekenntnissynode der Evangelischen Kirche in Deutschland und verabschiedeten an deren Ende «Die Theologische Erklärung zur gegenwärtigen Lage der Deutschen Evangelischen Kirche». Die sechs Thesen dieser Erklärung unterteilen sich jeweils in eine *affirmatio*, die mit einer oder zwei Schriftstelle(n) des Neuen Testaments beginnt und mit einem Bekenntnissatz weitergeführt wird, und in eine abschliessende *damnatio*, die aufzeigen will, welche Lehre verworfen wird. Es sind diese Verwerfungssätze, die unmissverständlich klar machen, wogegen sich die Bekennende Kirche mit dieser Erklärung in ihrem Kern richtete: gegen die falsche Lehre der Deutschen Christen, die versuchten, die Ideologie des Nationalsozialismus in protestantische Theologie und Kirche einzuführen. Die Barmer Erklärung sollte das theologische Fundament – «das eine Wort Gottes»[8] – der Bekennenden Kirche in Abgrenzung zu den Deutschen Christen darlegen und festigen.

6 Mercier, Nachtzug (Anm. 5), 73.

7 Vgl. Joachim Beckmann, Der Weg zur Bekenntnissynode der Deutschen Evangelischen Kirche in Barmen 1934: Martin Heimbucher/Rudolf Weth (Hg.), Die Barmer Theologische Erklärung. Einführung und Dokumentation, Neukirchen-Vluyn ^{7}2009, 12–22 (21).

8 Alle Zitate aus der Barmer Theologischen Erklärung beziehen sich im Folgenden auf: Karl Barth, Texte zur Barmer Theologischen Erklärung. Mit einer Einleitung von Eberhard Jüngel und einem Editionsbericht hg. von Martin Rohkrämer, Zürich ^{2}2004, 1–5.

Seit der Kirchenwahl vom 23. Juli 1933 hatten die Deutschen Christen, unterstützt von den Nationalsozialisten und deren Führer Hitler, der sich am Vorabend der Wahl in einer Rundfunkrede für die Deutschen Christen aussprach, die Mehrheit innerhalb der Deutschen Evangelischen Kirche erlangt.[9] In der Rede der Deutschen Christen bei der Sportpalastkundgebung im November desselben Jahres präsentierten sie ihr Verständnis protestantischer Theologie. Die Rede triefte nur so von politisch und theologisch motiviertem Antisemitismus bzw. Antijudaismus: Die Deutschen Christen forderten eine «Befreiung vom Alten Testament mit seiner jüdischen Lohnmoral»[10], die Durchsetzung des Arierparagraphen und machten klar, dass die «Juden […] nicht Gottes Volk»[11] sind.

Damit war die Weggabelung Tatsache: Mit Barmen sollte ein neuer Weg eingeschlagen werden, Barmen sollte die Antwort auf die Weggabelung sein. Doch wer meint, in den sechs Thesen der Barmer Theologischen Erklärung eine Bezugnahme zum Schicksal der Juden und Jüdinnen, zur sogenannten «Judenfrage»[12], zu finden, irrt sich und sucht vergebens danach. Barmen war eine Weggabelung, doch war diese Erklärung auch ein Wendepunkt? Eine theologische Wende gegenüber dem antisemitischen Gedankengut, das längst (auch) in der Kirche – in Form des Antijudaismus – Fuss gefasst hatte? Warum schweigt Barmen zur Gefährdung jüdischer Menschen an Leib und Leben? Wie konnte das geschehen? Karl Barth, der Hauptverfasser der Barmer Theologischen Erklärung, war doch durchaus ein israelsensibler Theologe – lag es an der «Exponiertheit» seiner Person? War die Synode eine Gruppe eingeschüchterter Kirchenvertreter, die sich zwar wortstark gegen die Theologie der Deutschen Christen wandten, es aber nicht wagten, sich dagegen auszusprechen, was Angelpunkt nationalsozialistischer Ideologie war: Antisemitismus? Und warum verzichtet die Erklärung – abgesehen vom abschliessenden «Verbum Dei manet in aeternum»[13] aus Jes 40,8 (aber anders als bei den den The-

9 Vgl. Beckmann, Weg zur Bekenntnissynode (Anm. 7), 12.

10 Vgl. Rede bei der Sportpalastkundgebung vom 13.11.1933: Günther van Norden/Paul Gerhard Schoenborn/Volkmar Wittmutz (Hg.), Wir verwerfen die falsche Lehre. Arbeits- und Lesebuch zur Barmer Theologischen Erklärung und zum Kirchenkampf, Wuppertal-Barmen 1984, 32.

11 Van Norden/Schoenborn/Wittmutz (Hg.), Wir verwerfen (Anm. 10), 32.

12 Die Tatsache, dass der Begriff «Judenfrage» sich als Terminus etabliert hat, erscheint fragwürdig, weil er selbst antijüdische Implikationen hat – als seien Juden und Jüdinnen per se fraglich.

13 Alleine die Tatsache, Jes 40,8b aus der Vulgata zu zitieren, deute ich als sprechendes Signal für das Israelschweigen der Barmer Theologischen Erklärung.

sen vorangestellten Schriftversen ohne Stellenangabe!) – auf Schriftworte des Alten Testaments?

Nur wenige Monate zuvor hatte Karl Barth die Identität Christi in einer Adventspredigt zu Röm 15,5–13 beim Namen genannt: Jesus ist ein Jude.[14] Wie konnte in der Folge ein solch christologisch fokussierter Traktat, wie es die Barmer Erklärung ist, darüber schweigen?

In einem Brief vom 22. Mai 1967 scheint Barth – wie auch Amadeu Prado im «Nachtzug nach Lissabon» – vom «traumgleichen, pathetischen Wunsch» ergriffen zu sein, damals in Barmen für das Schicksal jüdischer Menschen «wenigstens in aller Form gekämpft»[15] zu haben:

> «Ich empfinde es längst als eine Schuld meinerseits, dass ich sie [die Bezugnahme zur Gefährdung jüdischer Menschen an Leib und Leben, MKB] im Kirchenkampf jedenfalls öffentlich (z. B. in den beiden von mir verfassten Barmer Erklärungen vom 1934) nicht [...] als entscheidend geltend gemacht habe.»[16]

Barth fügt jedoch hinzu, mit dem Hinweis, dass dies sein Verhalten nicht entschuldige:

> «Ein Text, in dem ich das getan hätte, wäre freilich 1934 bei der damaligen Geistesverfassung auch der ‹Bekenner› weder in der reformierten noch in der allgemeinen Synode akzeptabel geworden.»[17]

Ist in der Folge die Behauptung berechtigt, die Barmer Theologische Erklärung präsentiere eine entjudaisierte Christologie? Und doch: Hätte nicht – neben der einschlägigen ersten These – die zweite Barmer These eine Vorlage geboten, auf das Schicksal der Jüdinnen und Juden einzugehen? Bietet sie nicht – auch wenn sie sich in erster Linie zum politischen Auftrag der christlichen Gemeinde äussert – mit der Bezugnahme zu Rechtfertigung und Heiligung eine Vorlage für eine Soteriologie, die jüdische Menschen wie auch alle anderen Geschöpfe einschliesst?

Diesen deutlichen Differenzwahrnehmungen zwischen Barmen und Barth will der hier dargelegte Text nachgehen. Er fragt darum, vor allem anhand von Texten Karl Barths, wie Barmen nach Auschwitz fortzuschreiben wäre.

14 Vgl. Karl Barth, Römer 15,5–13 (1933): ders., Predigten 1921–1935 (GA 31), hg. von Holger Finze, Zürich 1998, 296–305 (300).

15 Karl Barth, An Rektor D. Eberhard Bethge, Rengsdorf bei Neuwied, 1967: ders., Briefe 1961–1968 (GA 6)., hg. von Jürgen Fangmeier & Hinrich Stoevesandt, Zürich 1979, 403–406 (403). (Erstveröffentlichung [leicht gekürzt] in EvTh 28, 1968, 555f.)

16 Barth, An Bethge (Anm. 15), 403.

17 Barth, An Bethge (Anm. 15), 403.

Gleichzeitig widmet sich der Text aber auch der Frage, ob nicht zugleich Aspekte der Barth'schen Theologie revidiert werden müssen, um heute in einer noch differenzierteren Israel-Sensibilität mit Barmen bekennen zu können.[18]

1. *Der Antijudaismus: Keine Modeerscheinung des Antisemitismus*

Die Barmer Theologische Erklärung sei «the greatest prophetic protest of the Christian Church against Hitler and his policies»[19] gewesen, meint der Theologe Donald W. Dayton und steht mit dieser Meinung nicht alleine da. Doch war dem wirklich so? Zugegeben, die Einleitung der Erklärung spricht von einer «Bedrohung» der Deutschen Evangelischen Kirche durch die Deutschen Christen, und weil Hitler mit Letzteren sympathisierte, ist die Erklärung durchaus als eine Antwort auf die Unruhen innerhalb des damaligen deutschen Protestantismus zu verstehen. Doch war sie auch ein Akt des Protestes gegen Hitler und seine Politik? Oder anders gefragt: Wer sprach hier zu wem? Es sprachen «die zur Bekenntnissynode der Deutschen Evangelischen Kirche vereinigten Vertreter lutherischer, reformierter und unierter Kirchen, freier Synoden, Kirchentage und Gemeindekreise» zur «Öffentlichkeit aller evangelischen Kirchen Deutschlands», oder, wie Helmut Gollwitzer es auf den Punkt brachte: «Es sprach Kirche zu Kirche.»[20] Aber genügte das? Liegt nicht bereits hier in den Eingangserläuterungen der Theologischen Erklärung ein Schwachpunkt? Denn hätte sich die Erklärung als ein Protest gegen die Politik des Nationalsozialismus verstanden, hätte sie dann nicht Stellung nehmen müssen zum Schicksal jüdischer Menschen bzw. zumindest zu dem von Ju-

18 Wie auch Eberhard Bethge will ich mich heute nicht zu einem «Richter der Väter» machen, denn diese «haben um die Identität einen grossen und theologiegeschichtlich beinahe präzedenzlosen Kampf gekämpft». (Eberhard Bethge, Christologisches Bekenntnis und Antijudaismus – Zum Defizit von Barmen I: Barmer Theologische Erklärung 1934–1984: Geschichte – Wirkung – Defizite. Vorträge und Podiumsgespräch des Barmen-Symposions in Arnoldshain vom 9. bis 11. April 1983. Bearbeitet im Auftrag der Arnoldshainer Konferenz und der Evangelischen Akademie Arnoldshain von Wilhelm Hüffmeier und Martin Stöhr [Unio und Confessio 10], Bielefeld 1984, 58.) Gleichwohl ist für mich als Nachgeborenen das Schweigen der Barmer Theologischen Erklärung zum jüdischen Volk angesichts seiner im Mai 1934 schon offenkundigen Entrechtung nur schwer erträglich und kaum vorstellbar.

19 Donald W. Dayton, An American Revival of Karl Barth? (2): Reformed Journal 24, 1974, 24–26 (25).

20 Helmut Gollwitzer, Das eine Wort für alle. Zur 1. und 6. These der Theologischen Erklärung von Barmen: Hans-Ulrich Stephan (Hg.), Das eine Wort für alle. Barmen 1934–1984 eine Dokumentation, Neukirchen-Vluyn 1986, 59–74 (59).

denchristinnen und -christen, zumal die Frage danach durch die politische Einführung des Arierparagraphen ohnehin gestellt war?[21] Martin Greschat meint hierzu, dass die Kirchen leicht entschuldigt werden könnten, zumal sie wie alle anderen Gruppen und Organisationen der deutschen Gesellschaft die lebensbedrohliche Gefährdung jüdischer Menschen nicht «als *das* entscheidende Thema und Problemfeld für die Auseinandersetzung mit dem nationalsozialistischen Regime»[22] erkannten. Andererseits meinte Barth nur drei Jahre später in einer Vorlesung, dass «im neuen Deutschland von 1933» nach dem 18. und 19. Jahrhundert «das Tier [...] auf einmal seine Krallen»[23] gezeigt habe.

Der Staat sollte die Eigenständigkeit der Kirche akzeptieren (vgl. These III), dennoch war die Kirche dazu bereit, den Staat zu unterstützen, indem sie «das Volk religiös und sittlich erzog»[24] (vgl. These V). Doch welches Verständnis religiöser und sittlicher Erziehung hatte die damalige Kirche (ausgenommen die Deutschen Christen), wenn sie sich nicht dazu verpflichtet fühlte, den Antisemitismus beim Namen zu nennen? Die Kirche schwieg und der Grund dafür lag offenbar in der Tatsache, dass die «Totenstille zwischen Christen und Juden» nicht mehr zu durchdringen war, wie das 1924 der deutsche Historiker und jüdische Philosoph Franz Rosenzweig in einem Brief an seinen Kollegen, den jüdischen Religionsphilosophen Martin Buber, schrieb.[25] Der religiöse Antisemitismus, sprich der Antijudaismus, war keine Erscheinung, die in der Kirche erst durch den Nationalsozialismus zum Tragen kam. Oder wie es der deutsche Historiker Werner Jochmann formulierte: «Die Christen lieferten die Juden [...] schon ihren Feinden aus, bevor Hitler kam. Sie dachten an sich und die Sicherung ihres kirchlichen Besitzstandes und nicht an den leidenden

21 Ähnlich sieht das auch Manuel Schilling: «An eine politische Dimension des eigenen Protestes dachte die Mehrzahl der Beteiligten nicht.» (Manuel Schilling, Das eine Wort Gottes zwischen den Zeiten. Die Wirkungsgeschichte der Barmer Theologischen Erklärung vom Kirchenkampf bis zum Fall der Mauer, Neukirchen-Vluyn 2005, 278f.)

22 Martin Greschat, Die Haltung der deutschen evangelischen Kirchen zur Verfolgung der Juden im Dritten Reich: Ursula Büttner (Hg.), Die Deutschen und die Judenverfolgung im Dritten Reich (Hamburger Beiträge zur Sozial- und Zeitgeschichte, Band XXIX), Hamburg 1992, 273–292 (273).

23 Karl Barth, Kurze Kommentierung des ersten Satzes der Theologischen Erklärung der Barmer Synode vom 31. Mai 1934. Vorlesung im Wintersemester 1937/38: ders., Texte (Anm. 8), 67–87 (79).

24 Vgl. Klaus Scholder, Die Kirchen und das Dritte Reich, Bd. 1, Frankfurt a. M. 1977, bes. 277ff.

25 Vgl. Franz Rosenzweig an Martin Buber am 19.3.1924: Martin Buber, Briefwechsel aus sieben Jahrzehnten, hg. von Grete Schaeder (Band II: 1918–1938), Heidelberg 1973, 189.

Nächsten.»[26] Es herrschte ein sich seit der Reformation zuspitzendes ideologisches Konglomerat zwischen traditionellem Antijudaismus, der sich in einer konservativen Aversion gegenüber Juden und Jüdinnen zeigte, und einem aggressiven Gedankengut, das meinte, das jüdische Volk sei Urheber der Zerstörung alles Guten und Wertvollen.[27] Ähnliches stellt auch Wolfgang Gerlach in seiner Dissertation «Als die Zeugen schwiegen», die wohl in erster Linie aufgrund des in ihr enthaltenen theologischen Dynamits 17 Jahre lang nicht veröffentlicht wurde, fest: «Mit zunehmendem Freiwerden und öffentlichen Ausstrahlen geistiger Kapazitäten von Seiten der Juden begann eine wohl nie erstorbene, sondern nur vorübergehend verborgene oder von liberalen Aufklärungsideen niedergehaltene Judenfeindschaft erneut und umso heftiger aufzuflackern.»[28]

Die Barmer Theologische Erklärung war ein «Dokument eines Kompromisses»[29]. Sowieso: Die der Synode folgenden Auslegungen der Erklärung zeichnen kein homogenes Bild – sowohl hinsichtlich ihrer theologischen als auch gesellschaftlichen Einstellungen.[30]

Im Fokus der Diskussion hinsichtlich der unterschiedlichen Rezeption der Erklärung liegen in erster Linie die erste und zweite These, wobei letztere vor allem innerhalb der lutherischen Kirche zu Kontroversen geführt hat, die bis heute andauern.[31] Der Systematiker Notger Slenczka meint denn auch, «dass ein wesentlicher Grund für die Reserve des Luthertums gegenüber der Barmer

26 Werner Jochmann, Antijüdische Traditionen im deutschen Protestantismus und nationalsozialistische Judenverfolgung: ders. (Hg.), Gesellschaftskrise und Judenfeindschaft in Deutschland 1870–1945 (Hamburger Beiträge zur Sozial- und Zeitgeschichte Band XXIII), Hamburg 1988, 273.

27 Für die Geschichte des Antisemitismus sei auf folgende drei (einführende) Werke verwiesen: Jochmann (Hg.), Gesellschaftskrise (Anm. 26); Büttner, Die Deutschen (Anm. 22); Hermann Kremers, Nationalsozialismus und Protestantismus, Berlin [3]1931.

28 Wolfgang Gerlach, Als die Zeugen schwiegen. Bekennende Kirche und die Juden, Berlin 1987, 22.

29 Schilling, Zwischen den Zeiten (Anm. 21), 278.

30 Vgl. Schilling, Zwischen den Zeiten (Anm. 21), 279.

31 Zur möglichen lutherischen Rezeption der Barmer Theologischen Erklärung vgl. Christine Axt-Piscalar, Das lutherische Verständnis von Bekenntnis und die Frage nach einer möglichen Rezeption der Barmer Theologischen Erklärung durch die lutherischen Kirchen: KuD 57, 2011, 338–345. Einen Ansatz, um zu zeigen, dass die Barmer Theologische Erklärung der lutherischen Kirche und Theologie nicht nur widerspricht, sondern darüber hinaus auch eine angemessene theologische Ergänzung zu den lutherischen Bekenntnisschriften darstellt, präsentiert: Notger Slenczka, Die Vereinbarkeit der Barmer Theologischen Erklärung mit Grundüberzeugungen der Lutherischen Kirche und Theologie: KuD 57 (2011), 346–359.

Erklärung die von Barth intensiv betriebene Inanspruchnahme der Barmer Erklärung als Zeugnis für die spezifischen Anliegen seiner Theologie» sei[32].

2. *Barmen I:* solus Christus – *aber wie?*

Ein zentraler Aspekt der ersten These liegt im letzten Teilsatz der *damnatio*. Es geht um das Problem der sogenannten «natürlichen Theologie». Mit dem deutlichen «Nein» gegenüber der Vorstellung «natürlicher Offenbarungen» soll ausgedrückt werden, dass das vorausgehende «Ja» nicht unabhängig vom nachstehenden «Nein» steht und stehen kann.[33] Problematisch wird es in der Folge nun aber mit dem «Ja», das durchaus eine Provokation innerhalb der Auslegung der ersten These darstellt. In seinem Vortrag vor der Evangelischen Bekenntnisgemeinschaft Bonn am 9. Juni 1934 charakterisierte Barth das «Ja» folgendermassen:

> «Jesus Christus ist das eine Wort Gottes und zwar nicht Jesus Christus, wie wir ihn gerne hätten, sondern Jesus Christus streng und ausschliesslich, wie er in der Bibel bezeugt ist.»

Und damit richtete er sich, und ganz grundsätzlich die Erklärung, in erster Linie gegen die Vorstellung der Deutschen Christen, die eine «heldische Jesus-Gestalt»[34] profilierten und ausserdem gegen die Ansicht Hitlers, der sich Christus nicht anders vorstellen konnte «als blond und mit blauen Augen, den Teufel aber nur in der jüdischen Fratze»[35]. Über ihre Verwerfung waren sich die Bekenner allem Anschein nach einig, doch waren sie es auch hinsichtlich der Ausbuchstabierung des *solus Christus*? Zu Recht macht Eberhard Bethge darauf aufmerksam, dass Hans Asmussen, Mitverfasser der Barmer Theologischen Erklärung, sich den Christus der ersten Barmer These garantiert antijüdisch vorstelle, denn «seine Christologie beruht in ihrem Vorstellungsgehalt auf dem Muster der ewigen Trennung der Kirche von Israel, für ihn durch den

32 Slenczka, Vereinbarkeit (Anm. 31), 350.

33 Vgl. Karl Barth, Kurze Erläuterung der Barmer Theologischen Erklärung. Vortrag vor der Evangelischen Bekenntnisgemeinschaft Bonn am 9. Juni 1934: ders., Texte (Anm. 8), 9–24 (18).

34 Vgl. van Norden/Schoenborn/Wittmutz (Hg.), Wir verwerfen (Anm. 10), 28–34.

35 Vgl. Paul Bruppacher, Adolf Hitler und die Geschichte der NSDAP. Eine Chronik (Teil 1: 1889 bis 1937), Berlin ^{3}2014, 84.

eben bezeugten Barmer Christus»[36]. Unter Bezugnahme auf Lukas 19 nimmt denn auch Asmussen 1937 in seiner Gottesdienstlehre klar Stellung zu Juden (und Jüdinnen): «Das neue Wesen kennt keinen Frieden mit Juden und Heiden. Beiden steht die christliche Kirche in unüberbrückbarem Gegensatz gegenüber, solange sie überhaupt Kirche ist.»[37] Bertold Klappert fragt darum: «Hat man nicht gesehen, dass die *These von der natürlichen Offenbarung nur die Kehrseite bzw. die Quelle des christlichen Antijudaismus und staatlichen Antisemitismus ist?*»[38]

Doch es gab auch andere, die mit Eingaben, Denkschriften und Briefen an die Betroffenheit und Beunruhigung ihrer Kirchenleitungen angesichts des brutalen Vorgehens der Nationalsozialisten appellierten.[39]

Insgesamt wird unterschiedlich beurteilt, ob der Protestantismus von der Hetzjagd der Nationalsozialisten gegen jüdische Menschen beeinflusst wurde und, wenn ja, wie stark,[40] weshalb Martin Greschat nachdenklich zusammenfasst: «Schwerer ist die Frage zu entscheiden, ob die entschiedene Rückbesinnung auf die biblische Botschaft mitsamt der traditionellen Dogmatik, die oft mit einer scharfen Frontstellung gegen Aufklärung und Liberalismus insgesamt verbunden war, auch zu einer Steigerung des alten Antijudaismus in den Bekenntnisgemeinden geführt hat. Aber wesentlich ist, dass dieser Protestantismus [...] in einem Milieu existierte und agierte, das ideologisch, kulturell und mental weithin auch dasjenige der deutschen Führungselite war [...] und dazu gehörte strukturell und traditionell ein bestimmter Antisemitismus.»[41]

Wie aber steht es mit der zweiten Barmer These, die sich vor allem gegen eine Fehlinterpretation von Luthers Zwei-Reiche-Lehre[42] zu verteidigen suchte?[43]

36 Eberhard Bethge, Barmen und die Juden – eine nicht geschriebene These?: Regina Claussen/Siegfried Schwarz (Hg.), Vom Widerstand lernen. Von der Bekennenden Kirche bis zum 20. Juli 1944, Bonn 1986, 147–166 (156).

37 Hans Asmussen, Das Kirchenjahr, München ^{2}1937, 98.

38 Bertold Klappert, Barmen I und die Juden: Jürgen Moltmann (Hg.), Bekennende Kirche wagen. Barmen 1934–1984, München 1984, 59–125 (75).

39 Vgl. Greschat, Haltung (Anm. 22), 276.

40 Vgl. hierzu auch: Christof Dipper, Der Widerstand und die Juden: Jürgen Schmädeke/Jürgen Steinbach (Hg.), Der Widerstand gegen den Nationalsozialismus, München/Zürich 1985, 598–616.

41 Greschat, Haltung (Anm. 22), 286.

42 Einen aufschlussreichen Artikel zu dieser «kontroversen Lehre» bietet Kurt Nowak, Zweireichelehre. Anmerkungen zum Entstehungsprozess einer umstrittenen Begriffsprägung und kontroversen Lehre: ZThK 78 (1981), 105–127.

43 Interessanterweise fragt Kurt Meier, ob nicht auch die «aufgebrochene ‹Dialektische Theologie› nach dem ersten Weltkrieg zu dieser theologischen Konzentrierung

War das Bestreben, eine Theologische Erklärung zu verabschieden, über die in allen Punkten Einigkeit herrschte, das «kleinere Übel», weil das Schicksal jüdischer Menschen zu behandeln womöglich die Synode hätte platzen lassen?[44] Aber hätte ein solches Vorhaben nicht der Wahrheit nachjagen müssen, «ob ich [sc. sie] wohl ergreifen könnte, weil ich von Christus Jesus ergriffen bin» (Phil 3,12b)? Doch es scheint fast so, als würde der Barmer Christus der zweiten These auch hier gegenüber den Jüdinnen und Juden schweigen.

3. Barmen II: Der stille Christus – kein Rechtfertigungsschrei(en) für Christi Volksgenossinnen und Volksgenossen?

In seinem «Vortrag über die Theologische Erklärung zur gegenwärtigen Lage der Deutschen Evangelischen Kirche» meinte Asmussen, dass die Sätze «etwas Symbolhaftes und Symptomatisches» hätten, doch genügte das?

Die Gesetzgebung im März 1933 war unmissverständlich. Im Sommer desselben Jahres waren gut 26 000 Menschen in Konzentrationslagern inhaftiert und der Willkür ihrer Aufseherinnen und Aufseher ausgeliefert.[45] Wie konnte da die Synode nicht gegen die unschuldig verfolgten Menschen und den Rechtsmissbrauch protestieren, ja schreien? Es ist nur einer von vielen Gründen, warum Bethge fordert, die Barmer Theologische Erklärung dürfe nicht «ohne jene *fehlende* ‹siebte These›», die für diese Menschen schreit, gelesen werden.[46]

Nach der Einführung des Arierparagraphen im Spätsommer 1933 in der Evangelischen Kirche der Altpreussischen Union fragte Bonhoeffer bei Barth nach, ob nun nicht die Zeit gekommen sei, um aus dieser Kirche auszutreten. Barth meinte jedoch, Geduld und Zurückhaltung seien gefordert, die Deutschen Christen würden noch deutlicher von der christlichen Lehre abfallen, so

auf den innerkirchlichen Bereich beigetragen hat» (Kirche und Judentum. Die Haltung der evangelischen Kirche zur Judenpolitik des Dritten Reiches, Göttingen 1968, 41).

44 Vgl. Gerlach, Zeugen (Anm. 28), 129. Ähnliches fragt auch: Gottfried Voigt, Barmen II in lutherischer Sicht: Hartmut Ludwig (Hg.), Barmen 1934–1984. Beiträge zur Diskussion um die Theologische Erklärung von Barmen, Berlin 1983, 40–53.

45 Vgl. Ulrich Herbert/Karin Orth/Christoph Dieckmann, Die nationalsozialistischen Konzentrationslager. Geschichte, Erinnerung, Forschung: dies. (Hg.), Die nationalsozialistischen Konzentrationslager, Bd. 1, Frankfurt a. M. 2002, 15–40 (25).

46 Vgl. Eberhard Bethge, Gegen die Politisierung der Kirche? Das Barmer Bekenntnis in der dritten Generation: Rudolf Schulze (Hg.), Barmen 1934–1984. Beiträge zur Diskussion um die Theologische Erklärung von Barmen, Berlin 1983, 23–30 (27f.).

dass sich der «Zusammenstoss [...] an einer noch zentraleren Stelle» vollziehen würde.[47]

Grundsätzlich ist Eberhard Jüngel zuzustimmen, wenn er schreibt: «Der Text stellt sich ganz bestimmten Unwahrheiten entgegen, indem er ganz bestimmte Wahrheiten bekennt – mehr nicht»[48] und ein Bekenntnis ist immer kontext- und zeitbezogen. Doch hätte es in jenem Frühling 1934 nicht auch noch andere Wahrheiten gegeben, über die hätte gesprochen werden müssen? Auch Wolfgang Gerlach ist beizupflichten, wenn er konstatiert: «In der Tat – der verfassten Kirche hätte ein Schreien für die Juden vielleicht nicht gedient.»[49] Jedoch ist er in der Folge auch mutig genug anzuhängen: «Aber dem Leibe Christi hätte es entsprochen.»[50] Oder mit den Worten Bethges gesprochen: «In der Barmer Erklärung stand nichts von der Compassio des Kreuzes.»[51]

Aus heutiger Sicht sind die Fragen an Barmen I und II noch deutlich zu erweitern: So fragt sich beispielsweise Klappert, warum, wenn in der ersten These schon der johanneische Christus zitiert wird, nicht auch gleich Joh 4,22[52] hinzugezogen wurde: «Das Heil kommt von den Juden.»[53] Und ich ergänze: Warum beschränkt sich die zweite These auf den ersten Korintherbrief, wenn im Proömium des zweiten Briefes Christus als das «Ja» und das «Amen» aller Verheissungen des Gottes *Israels* genannt wird (2Kor 1,20)?

Doch zurück ins Jahr 1933 und zur Formulierung der zweiten Barmer These. «Diese These befasst sich mit dem Verhältnis von Dogmatik und Ethik oder, wie es im Verwerfungssatz dann ausdrücklich ausgesprochen wird, mit der Zuordnung von Rechtfertigung und Heiligung», schreibt Martin Honecker und charakterisiert damit die zweite These sehr trefflich.[54] «Rechtfertigung und Heiligung», das sind Begriffe, die klassischerweise innerhalb der Dogma-

---

47 Vgl. Dietrich Bonhoeffer, Berlin 1932–1933 (DBW 12), hg. von Carsten Nicolaisen und Ernst-Albert Scharffenorth, Gütersloh 1997, 125–128 (126).

Für eine Abhandlung über die «noch zentralere Stellung» vgl. Klappert, Barmen I (Anm. 38), 77–81.

48 Eberhard Jüngel, Einleitung. Die Barmer Theologische Erklärung als Bekenntnis der Kirche: Barth, Texte (Anm. 8), XXI.

49 Gerlach, Zeugen (Anm. 28), 128.

50 Gerlach, Zeugen (Anm. 28), 128.

51 Bethge, Barmen (Anm. 36), 162.

52 Zu Joh 4,22 vgl. ausserdem: Eberhard Busch, Juden und Christen im Schatten des dritten Reiches (ThExh 205), München 1979, 44.63.66.

53 Vgl. Klappert, Barmen I (Anm. 38), 74f.

54 Martin Honecker, Weltliches Handeln unter der Herrschaft Christi. Zur Interpretation von Barmen II: ZThK 69 (1972), 72–99 (73).

tik in der Soteriologie behandelt werden.[55] Und ohnehin sind es Begriffe, die meines Erachtens ihre fundamentaltheologische Begründung in der Hebräischen Bibel haben. Interessanterweise scheint gerade bei den Erläuterungen zur zweiten These in Barths Vortrag 1934 in Bonn etwas von seinem späteren theologischen Profil zu «erwachen». So sagt er denn auch:

> «Gottes Wort ist nicht gebunden. Gottes Wort ist frei, das heisst die Kirche ist gebunden an ihren Auftrag. Dieses Gebundensein ist ihre Freiheit. Ihr Auftrag ist aber ein Dienst an den Menschen, *an allem Volk,* in Stellvertretung Jesu Christi. Dieser Dienst besteht in der Ausrichtung der Botschaft von der freien Gnade Gottes *an jedes Volk.*»[56]

Die Freiheit zeigt sich nicht nur im Zuspruch und Anspruch Gottes, sie ist auch Freiheit *in* Christus und in der Folge Freiheit *für* unsere Mitmenschen. Exakt Letzteres weist auf das Kirchenverständnis Bonhoeffers hin, der meinte, Kirche sei nur Kirche, wenn sie Kirche für andere ist.[57] Verfehlt die Kirche nicht ihren Auftrag, wenn sie sich *nicht* zu den Schwächsten unserer Gesellschaft stellt? Es ist kein Zufall, dass der Spruch «Kommt her zu mir, alle, die ihr mühselig und beladen seid; ich will euch erquicken» aus Mt 11,28 viele Glasfenster schweizerischer Kirchen ziert. Auch ist diese Freiheit, von der die zweite These spricht, keine bedingte oder eingeschränkte. Als gäbe es Bereiche, die Gott nicht gehören würden. Bei genauerem Betrachten fällt auf, dass diese These sehr totalitär verfasst ist. Sie wäre jedoch missverstanden, würde Mann und Frau meinen, die Bevormundung der Welt geschehe durch die Kirche, weshalb Wolf Krötke treffend festhält: «Denn davon, dass der freie Dienst an Gottes Geschöpfen nun unter ein ganz anderes Gesetz kommt als unter das

55 Zur politischen Brisanz der These II vgl. Walter Kreck, «Gottes Anspruch auf unser ganzes Leben». Was bedeuten die in Barmen 1934 gefällten theologischen Entscheidungen für unser politisches Handeln damals und heute?: Regina Claussen/Siegfried Schwarz (Hg.), Vom Widerstand lernen. Von der Bekennenden Kirche bis zum 20. Juli 1944, Bonn 1986, 133–145. Vgl. ausserdem Martin Honecker, Grundriss der Sozialethik, Berlin/New York 1995.

Neben der politischen Dimension klammere ich die «Sündenvergebungs-Thematik» der zweiten These an dieser Stelle aus. Vgl. hierzu: Wolfgang Schrage, Barmen II und das Neue Testament. Einige neutestamentliche Beobachtungen im Blick auf Barmen II: Alfred Burgsmüller (Hg.), Zum politischen Auftrag der christlichen Gemeinde (Barmen II). Votum des Theologischen Ausschusses der Evangelischen Kirche der Union, Gütersloh 1974, 127–171.

56 Barth, Erläuterung (Anm. 33), 23. Hervorhebungen MKB.

57 Vgl. Dietrich Bonhoeffer, Widerstand und Ergebung. Briefe und Aufzeichnungen aus der Haft (DBW 8), 560 f.

des Gottes, der Sünden vergibt, kann von Barmen II her nicht die Rede sein.»[58] Versteht sich die Kirche als unter Gottes Anspruch stehend, wird sie sich notgedrungen mit Fragen auseinandersetzen, die nach dem Wohle *allen Volkes* fragen.

Bekennt sich also die zweite Barmer These zu allem Volk, das heisst über ihre eigenen Angehörigen hinaus zu Juden und Jüdinnen und des Weiteren auch zu den anderen von den Nationalsozialisten verfolgten Gruppierungen wie Homosexuelle, geistig und körperlich Behinderte, Sozialisten, Kommunistinnen, Pazifisten und viele andere? Eine mögliche Antwort darauf liefert uns Helmut Gollwitzer, der sich während der Zeit des Nationalsozialismus stark in der Bekennenden Kirche engagierte: «Obwohl sie [die Solidarität der Christinnen und Christen mit jüdischen Menschen, MKB] dringend geboten war, wurde sie nicht ausdrücklich ausgesprochen, weil unsere Erkenntnis noch nicht soweit war, und dass sie noch nicht soweit war, das ist keine Entschuldigung, das ist ein Gericht über uns.»[59] Doch wer Begriffe wie «Israeltheologie», «Jesus der Jude», «ungekündigter Bund» und andere der Barth'schen Theologie kennt, kann legitim fragen, ob diese wirklich erst 1938 nach der Reichspogromnacht Eingang ins theologische Denken Barths fanden. Bethge spricht darum in diesem Zusammenhang auch von einem «embryonalen Stadium» der Barth'schen Israeltheologie und nennt die Barmer Erklärung einen «Vor-Auschwitz-Text»[60]. Bedauernswert, doch sehr zutreffend gibt er zu bedenken: «Barmens Entscheidung zum einen Wort, Barmens Bekenntnis der Zugehörigkeit zum Leibe Christi empfängt sein neues Leben nie wieder in Unschuld vor oder ohne Auschwitz.»[61]

Bethge verweist mit Recht darauf, dass es «historisch gerechter» erscheint, zur Eruierung von «Massstäben für die Feststellung von Defiziten» der Barmer Theologischen Erklärung Personen und Texte jener Zeit hinzuzuziehen.[62] Mir liegt jedoch daran zu untersuchen, ob und, wenn ja, inwiefern das spätere theologische Profil Karl Barths bereits 1934 in der Erklärung in einem «embryonalen Stadium» vorhanden war, und ob sich daraus Möglichkeiten aufzeigen lassen, in der heutigen Barmen-Rezeption – in einer Nach-Auschwitz-

58 Wolf Krötke, Gottes Anspruch und menschliche Verantwortung. Zur 2. These der Theologischen Erklärung von Barmen: Stephan, Das eine Wort (Anm. 20), 74–86 (84).

59 Gollwitzer, Wort für alle (Anm. 20), 66.

60 Vgl. Bethge, Barmen (Anm. 36), 155.

61 Bethge, Barmen (Anm. 36), 149.

62 Vgl. Bethge, Christologisches (Anm. 18), 49.

Rezeption – nicht nur den Antijudaismus begründet aussen vor zu lassen, sondern darüber hinaus auch eine Bezugnahme zum Judentum zu finden.[63]

II. Unterwegs mit Karl Barth: Vor, nach und über Barmen hinaus

1. *Jesus war bereits 1933 ein Jude*

Es ist vermutlich Friedrich-Wilhelm Marquardt, einem Schüler Karl Barths, zu verdanken, dass die theologische Bedeutung von Barths Adventspredigt über Römer 15,5–13 Aufmerksamkeit erhalten hat.[64] Barth präsentiert hier nicht etwa die Vorstellung, dass Gott *auch* die Juden erwählt hat, nein, es ist «Gnade [...], wenn er *uns auch* erwählt»[65]. Die freie Gnade Gottes ist es, dass Christus im Kreuzesgeschehen dem jüdischen Volk die Treue hält. In der freien und gnädigen Treue sind beide, Jüdinnen und Juden, Heidinnen und Heiden, eingeschlossen, wenn auch in je unterschiedlicher Art und Weise. Gott wählt zuerst Israel, er hält seinen Bund und wählt durch Christus die Heidinnen und Heiden in den Bund der Treue hinzu. Die Juden und Jüdinnen sind somit Erstерwählte, die Christen und Christinnen Hinzuerwählte.

Doch das für die damalige Zeit «traditionsbrüchige» theologische Denken Barths hat gleichwohl auch seine Schattenseiten. Ganz so judenfreundlich, wie sich die Abhandlung über die Treue Gottes zum Bund gegenüber seinem Volk präsentiert, sind andere Gedanken dieser Predigt nicht. Barth stellt Israel an den Pranger, wenn er sagt, Israel «hat ihn [Christus, MKB] [...] verworfen und ans Kreuz geschlagen, *nicht in törichter Übereilung, nicht aus einem Missverständnis, sondern in genauer, bewusster Fortsetzung der Art, wie es an seinem Gott immer gehandelt hatte*»[66]. Unabhängig davon, dass Barth anfügt, dadurch würde sich letztlich die Prophetie Hoseas erfüllen, schwingt hier unmissverständlich ein Antijudaismus mit, der Juden und Jüdinnen dafür verantwortlich macht, Christus getötet zu haben. Ausserdem spricht Barth von den Juden als

63 Dies kann hier nur fragmentarisch an ausgewählten Texten Karl Barths geschehen.

64 Vgl. Friedrich-Wilhelm Marquardt, Die Entdeckung des Judentums für die christliche Theologie. Israel im Denken Karl Barths, München 1967, 86ff.

65 Barth, Römer (Anm. 14), 296–305 (301). Hervorhebung MKB.

66 Barth, Römer (Anm. 14), 296–305 (302). Hervorhebung MKB.

«einem halsstarrigen und bösen Volk»[67]. Gerlach liegt darum schon richtig, wenn er schreibt, Barth versuche, «Jesus Christus als nicht nur *aus* Israel kommend, sondern auch *für* Israel gekommen und von Israel liquidiert darzustellen»[68]. Und dennoch: Wird von der «Liquidation» abgesehen, macht Barth klar, dass Christenmenschen, welche die Existenz des jüdischen Volkes in Frage stellen, letztlich auch Christus in Frage stellen, zumal er selbst ein Jude ist.[69] Auf die erste Barmer These bezogen, bedeutet das, *dem Juden* Jesus Christus «im Leben und im Sterben zu vertrauen und zu gehorchen».

Mit seiner Aussage, der Barth'sche Ansatz habe sich auf der Bekenntnissynode von Barmen zwar durchgesetzt, jedoch läge «die entscheidende Schwäche dieses Ansatzes [...] darin, dass die Konzentration der Kirche auf die theologische Existenz die unmittelbare Einsicht in die Bedeutung der Judenfrage verschloss»[70] und dies sei «kein zufälliges Übersehen, sondern eine bewusste Konsequenz» gewesen, hat Klaus Scholder zwar die Internalisierung des kirchlichen und theologischen Antijudaismus der meisten Synodalen zutreffend charakterisiert. Jedoch darf aufgrund der Adventspredigt Barths von 1933 begründet behauptet werden, dass er Barths Verständnis der ersten Barmer These oder zumindest seine Intention dahinter missversteht. Auch Klappert nimmt die Situation ähnlich wahr, wenn er schreibt: «Barmen I verschliesst nicht nur nicht die Einsicht in die Bedeutung der ‹Judenfrage›, sondern *Barmen I gibt vielmehr erst* – so verstand es Barth – *den Blick für die ganze Weite der ‹Judenfrage› frei.* Barmen I verunmöglicht es nämlich, die ‹Judenfrage› auf die Judenchristenfrage, d. h. die Einführung des Arierparagraphen in die Kirche, zu beschränken. Barmen I nötigt vielmehr, auch die kritische Frage nach der staatlichen Judenpolitik und der Behandlung der Juden in den Konzentrationslagern und durch die Rassenideologie zu stellen.»[71]

Asmussen und viele andere Teilnehmer der Synode mögen die Christologie entjudaisiert gedacht haben. Für Barth dagegen ist dies im Lichte seiner zeitgenössischen Aussagen kaum anzunehmen.

67 Barth, Römer (Anm. 14), 296–305 (300).
68 Gerlach, Zeugen (Anm. 28), 407.
69 Ähnlich sieht das auch Gerlach, Zeugen (Anm. 28), 417.
70 Scholder, Kirchen (Anm. 24), 558.
71 Klappert, Barmen I (Anm. 38), 81.

2. Die «doppelte Gestalt»: Stolperstein Barth'scher Theologie

Noch deutlicher weg von einer entjudaisierten Christologie – so erscheint es auf den ersten Blick – begibt sich Karl Barth in seiner Kirchlichen Dogmatik I,2 (§19) im Jahre 1937 – also noch vor der Pogromnacht:

> «Ob es uns gefällt oder nicht: der Christus des Neuen Testamentes ist der Christus des Alten Testamentes, der Christus Israels. Wer das nicht wahrhaben will, zeigt damit nur, dass er auch an die Stelle des Christus des Neuen Testamentes in Wahrheit schon einen anderen Christus geschoben hat.»[72]

Ganz im Sinne von «novum testamentum in vetere latet, vetus testamentum in novo patet»[73] kann Barths Aussage als Angriff auf die Ideologie der Deutschen Christen verstanden werden, die sich ihren Christus zurechtbogen und die Schriften der Hebräischen Bibel verwarfen. Für eine Barmen-Rezeption nach Auschwitz und im Sinne der Barth'schen Theologie (nach Barmen) wird damit der Zusatz «wie er [Jesus Christus, MKB] uns in der *ganzen* Heiligen Schrift *Alten und Neuen Testaments* bezeugt wird» unerlässlich und Christus «ist das *zu allen* gesprochene Wort Gottes»[74]. Sodann fährt Barth wenig später fort, dass die *«Bibel als Zeugnis von Gottes Offenbarung [...] in ihrer Menschlichkeit zugleich ein Erzeugnis»*[75] Israels sei. Bedeutet diese Feststellung in ihrer Quintessenz nicht, dass das Alte Testament *nicht nur* von Christus her gelesen werden kann und eine, wie es Klappert formuliert, «jüdische, von diesem christologischen Skopus absehende Exegese» nicht «als Missbrauch des Alten Testaments zu verstehen»[76] ist? Denn dass eine solche Exegese einen Missbrauch darstelle, so dachten freilich einige von Barths Kollegen auf der Barmer Synode.[77] Barth muss das – wiederum zumindest ansatzweise – bezweifelt haben.[78]

Nun geht Barth jedoch noch einen Schritt weiter. Er meint, dass das Alte Testament nicht «nicht nur» von Christus her gelesen werden kann, sondern

72 Karl Barth, Kirchliche Dogmatik I/2 (§19), 541. Im Folgenden abgekürzt als «KD».

73 Augustinus von Hippo: Quaestiones in Heptateuchum 2, 73.

74 Karl Barth, Letzte Zeugnisse, Zürich 1970, 21. Hervorhebung MKB.

75 KD I/2 (§19), 566.

76 Klappert, Barmen I (Anm. 38), 81.

77 Ob womöglich darin ein Grund liegt, dass die Barmer Erklärung auf Bibelworte der Hebräischen Bibel verzichtet, müsste genauer untersucht werden.

78 Diese Behauptung ist nicht unproblematisch, wenn Barth andernorts «Motive der biblischen Erzählung», beispielsweise die Jabboq-Erzählung in Gen 32,23–33, «gegen den Strich liest»: Vgl. Magdalene L. Frettlöh, Gott Gewicht geben. Bausteine einer geschlechtergerechten Gotteslehre, Neukirchen-Vluyn 2006, 48–53 (51).

es gar nicht erst verstanden werden kann, wenn wir Christen und Christinnen nicht mit den Juden zu Juden werden:

> «[D]ie Bibel als das Zeugnis von Gottes Offenbarung in Jesus Christus [sc. ist] ein jüdisches Buch [...], [...] [das] gar nicht gelesen, verstanden und erklärt werden kann, wenn wir uns nicht auf die Sprache, das Denken, die Geschichte der Juden in gänzlicher Offenheit einlassen wollen, wenn wir nicht bereit sind, mit den Juden Juden zu werden [...].»[79]

Auch zwanzig Jahre später wird Barth in seiner Versöhnungslehre den Gedanken, dass das Judentum der Zeuge der Offenbarung unter der Völkerwelt ist, wieder aufnehmen.

Doch was hier auf den ersten Blick für die damalige Zeit als äusserst sensibel dem Judentum gegenüber erscheint, hat spätestens beim genaueren Betrachten der Barth'schen Erwählungslehre seine Schattenseiten, ja, ist höchst problematisch, wenn es um die doppelte Gestalt Jesu Christi geht, welche der einen Gemeinde in ihrer wiederum doppelten Gestalt als Israel und Kirche entspricht. Diese doppelte Gestalt weist Barth dem Kreuz und der Auferweckung wie folgt zu:

> «*Diese eine Gemeinde Gottes hat in ihrer Gestalt als Israel der Darstellung des göttlichen* Gerichtes, *in ihrer Gestalt als Kirche der Darstellung des göttlichen* Erbarmens *zu dienen.*»[80]

Was Barth in seiner Versöhnungslehre weiter explizieren wird – dass das Judentum zwar Zeuge der Offenbarung, immer aber nur des Gerichts und damit Zeuge des Neins ist, während die Kirche den auferweckten Christus und damit das göttliche Ja bezeugt –, ist indes bereits hier in der Erwählungslehre[81], und damit noch vor dem Ende des nationalsozialistischen Regimes, deutlich vorgespurt, weshalb Klappert trefflich fragt: «Hätte Barth seine These von Israel als dem Zeugen des Gerichtes auch in der Situation nach Auschwitz aufstellen können?»[82] Zwar ist das Judentum nicht die «verworfene» und die Kirche die «erwählte» Gemeinde, darauf macht Barth eigens aufmerksam,[83] und die Erwählung Israels ist bei Barth durchgängig eine bleibende,[84] doch

79 KD I/2 (§19), 567.

80 KD II/2 (§34), 215 (Kursivierung im Original).

81 KD II/2, 215ff.: § 34, bes. § 34.2.

82 Bertold Klappert, Israel und die Kirche. Erwägungen zur Israellehre Karl Barths (ThExh 207), München 1980, 55.

83 Vgl. KD II/2, 219 f.

84 Vgl. KD IV/1 32.

damit ist jeglicher Freiraum verspielt, jüdischerseits das göttliche Ja bezeugen zu können. Diese Schattenseite der Barth'schen Israeltheologie nimmt auch Magdalene L. Frettlöh wahr, wenn sie feststellt, bei Barth habe Israel aufgehört, Zeuge seiner eigenen Verheissungen zu sein.[85] Freilich ist die Kirche mit ihrem Ja auf das Nein des Judentums angewiesen, doch dadurch fällt auch Barth in eine stereotype Hierarchie zwischen Christen- und Judentum (zurück). Das drückt sich nicht zuletzt dadurch aus, dass er die Ansicht vertritt, «der auferstandene Herr der Kirche [sei] *auch* der offenbarte Messias Israels»[86] – müsste es nicht gerade *umgekehrt* sein? Das jüdische Eigenzeugnis ist bei Barth nicht die *conditio sine qua non* für das christliche Zeugnis. Mehr noch: Es scheint fast so, als hätte die jüdische Zeugenschaft nur noch metaphorischen Charakter, denn ihr bezeugendes Nein ist ja ohnehin im Ja des Christus überwunden. Ähnliches nimmt auch der Philosoph und Religionswissenschaftler Hans Jonas wahr, wenn er schreibt: «Ein Paradox muss dem jüdischen Leser auffallen: er findet in Barth [...] eine bei allem humanen Mitgefühl durchaus schemenhafte Anschauung ihres hauptsächlichen Opfers, der Juden, die ihm [...] wesentlich zum ‹Exponent und Zeichen› einer metaphysischen Tatsache, zu einer symbolischen Existenz also werden.»[87]

Barths intensives inkarnationschristologisches Betonen des Judeseins Jesu ist eine alles andere als selbstverständliche Position zu jener Zeit, doch § 34 der Kirchlichen Dogmatik, seine spätere Erwählungslehre, und andere Feinheiten innerhalb seiner Israeltheologie sind Steine, die auf dem Weg zu einer heute angemessenen Barmen-Rezeption weggeräumt werden müssen. Eine solche Rezeption pflichtet Klappert bei, der schreibt: «Von daher ist es – vom auferweckten und kommenden Messias her – einseitig und erst recht in der Situation nach Auschwitz theologisch illegitim, Israel nur zur Darstellung des Kreuzes und nicht zugleich *wesentlich und primär* zur Bezeugung der Auferweckung und der Zukunft seines Messias und des von ihm repräsentierten Reiches zu bestimmen.»[88]

Klappert fordert, «Barmen I [...] [müsse] von den Bibelstellen Joh 14,6; 19,9 her *exklusiv gegen die Deutschen Christen,* aber von Joh 4,22 ‹das Heil kommt von den Juden› her *inklusiv im Hinblick auf das Eigenzeugnis des Judentums*

85 Vgl. Magdalene L. Frettlöh, Theologie des Segens. Biblische und dogmatische Wahrnehmungen, Gütersloh [4]2002, 265.

86 KD II/2, 218. Hervorhebung MKB.

87 Hans Jonas, Eine Schweizer Stimme 1938–1945: Eli Rothschild (Hg.), Meilensteine. Vom Wege des Kartells Jüdischer Verbindungen (K.J.V.) in der Zionistischen Bewegung, Tel Aviv 1972, 289–294 (293).

88 Klappert, Israel (Anm. 82), 65. Hervorhebung MKB.

verstanden werden».[89] Dieses Eigenzeugnis findet sich bei Barth, muss jedoch, wie hier gezeigt, weiter differenziert werden. Bleibt also zu fragen, ob diese Überlegungen Barths nach Barmen und auch über Barth hinaus zu einer heute angemessenen Rezeption der *zweiten* Barmer These beitragen können.

3. *Weil Zuspruch, darum auch Anspruch*

Die zweite These sagt, dass Jesus Christus uns erst einmal «Gottes Zuspruch» und dann «und mit gleichem Ernst [...] auch Gottes kräftiger Anspruch auf unser ganzes Leben» ist, oder anders ausgedrückt: Christus ist uns zuerst Evangelium, dann aber auch Gebot. Auf diese Vorordnung des Evangeliums vor das Gebot macht Klappert aufmerksam und stellt folgerichtig fest: «Mit dieser am Bund Gottes mit Israel orientierten Vorordnung des Evangeliums vor die Tora wird theologisch illegitim, was in der Theologie seit Luther bis R. Bultmann geschehen ist, nämlich das Judentum auf den ‹Judaismus›, d. h. auf ‹die jüdische Religion der Gesetzlichkeit› zu reduzieren.»[90] Klappert schliesst nun infolge der «Vorordnung des Evangeliums vor das Gebot aus dem Bund Gottes mit Israel», dass «der Heidenchristen Rechtfertigung wie auch Heiligung nur vom Bund Gottes mit Israel her verstanden werden» kann.[91] Die von Barth in seiner Versöhnungslehre definierte «Unvergänglichkeit des Israelbundes»[92] wird so «zur Voraussetzung der Unterscheidung, aber auch der Untrennbarkeit und Gleichwesentlichkeit von Rechtfertigung und Heiligung in Jesus Christus»[93].

In einer aus Barmen II konkretisierten Soteriologie bedeutet ein solches Verständnis, dass Gottes Rechtfertigung der Menschen durch Jesus Christus erst einmal Zuspruch ist. Zuspruch der *sola gratia* Gottes. Sodann ist sie Anspruch, nämlich der Anspruch, als gerechtfertigte Menschen zu leben. Und als Anspruch «auf unser ganzes Leben» zieht sie eine Ethik des christlichen Handelns nach sich, die uns «zu freiem, dankbaren Dienst an seinen Geschöpfen» befreit. Als Hinzuerwählte – als Bundesgenossen[94] und -genossinnen – fordert dieser Anspruch auch ein entsprechendes Verhalten gegenüber unseren *Bundespartner und -partnerinnen, den Jüdinnen und Juden.*

89 Klappert, Barmen I (Anm. 38), 92.
90 Klappert, Barmen I (Anm. 38), 93.
91 Vgl. Klappert, Barmen I (Anm. 38), 94f.
92 Vgl. KD IV/1, 32.
93 Klappert, Barmen I (Anm. 38), 94f.
94 Vgl. KD II/2, 564.

Auf der Heiratsurkunde meiner deutschen Grossmutter steht der Mädchenname ihrer Mutter, weil deren Ehe mit einem Juden während des nationalsozialistischen Regimes annulliert wurde.[95] Ihr Mann und mit ihm über sechs Millionen Menschen wurden Opfer der grössten Bestialität der Menschheitsgeschichte – er starb ohne den «staatlichen *Zuspruch*» seiner Ehe. Erst einige Jahre nach dem Krieg wurde die Ehe meiner Urgrosseltern wieder staatlich anerkannt. Die Rechtfertigung Gottes kennt keine Ab- oder nachträgliche Anerkennung – sie ist Zu- und Anspruch auf unser ganzes Leben – vorbehaltlich dessen, dass eine endgültige Rechtfertigung, ein «Zurechtbringungsprozess»[96] für alle Menschen im Eschaton noch bevorsteht. Was die Kirche und mit ihr die Gemeinschaft aller Glaubenden jedoch nicht davon befreit, sie im Hier und Jetzt bezeugend zu verkündigen und allen Menschen in Christi Sinne zuzusprechen und klagend für sie zu schreien, zumal sie im Hier und Jetzt für viele Menschen faktisch nicht erfahrbar ist. Wir alle bleiben Bedürftige dieser Rechtfertigung.

«Antisemitismus heisst Verwerfung der Gnade Gottes.»[97], sagte Barth in einem Vortrag 22 Tage nach der Pogromnacht. Dafür *hätte* Barmen schreien müssen und *muss* die heutige Barmen-Rezeption schreien. Und wenn These I und II der Barmer Theologischen Erklärung heute mit diesen späteren, nach-Barmen Aspekten Barth'scher Theologie gelesen werden, aber ebenso auch über Barth hinausgegangen wird, dann tut sie das auch: Sie schreit mit der Hoffnung und dem Vertrauen, dass eine solche Bestialität nie mehr geschehen wird, denn, wie auch Barth 1952 meinte:

> «Zu irgend einer Barmer Romantik haben wir alle keine Zeit und zu irgend einer Barmer Orthodoxie wahrhaftig keine Lust. Barmen war ein Ruf nach vorwärts.»[98]

95 Vgl. Gesetz «zum Schutze des deutschen Blutes und der deutschen Ehre» vom 15. September 1935, §1, 1.: Meier, Kirche (Anm. 43), 66.

96 Für einen eschatologischen Entwurf, der eine Zurechtbringung *aller* Geschöpfe einschliesst, vgl. Magdalene L. Frettlöh, «Heute nun wieder ein Ästchen aus meinem Lebensbaum ...». Erinnerungs- und Trauerarbeit begleiten. Ein Nachwort-Essay: Hannah Michaelsen, Adieu, Raphael! Erinnerungen einer Weiterlebenden, hg. und mit einem Nachwort-Essay von Magdalene L. Frettlöh, Uelzen 2014, 241–297 (260).

97 Karl Barth, Die Kirche und die politische Frage von heute: ders., Eine Schweizer Stimme. 1938–1945, Zürich 1945, 69–107 (90).

98 Karl Barth, Barmen: Ludwig, Hartmut (Hg.), Barmen 1934–1984. Beiträge zur Diskussion um die Theologische Erklärung von Barmen, Berlin 1983, 8–17 (17).

III. Cantus firmus fürs Wanderlied: Mit Barmen neu und weiter bekennen

1. *«Ein Ruf nach vorwärts»*[99] *– oder: Barmen heute*

Als Hans Asmussen 1934 die Barmer Theologische Erklärung präsentierte, machte er darauf aufmerksam, Mann und Frau dürfe nun nicht «meinen, es sei alles erledigt»[100], weshalb auch Wolf Krötke bemerkt: «Jedes Bekenntnis der Kirche ist auslegungsfähig und auslegungsbedürftig. Es formuliert die Lehre der Kirche, die immer aufs Neue in ihrer Geltung für die ganze Kirche geprüft werden muss. Die Synode von Barmen hat dieses Prüfen im Wort [...] auch ausdrücklich gefordert.»[101] Barths intensive theologische Auseinandersetzungen nach Barmen bringen dieses «Prüfen» paradigmatisch zum Ausdruck. Dasselbe Prüfen ist darum auch uns allen geboten, die wir heute Barmen rezipieren. Es sei deshalb im Folgenden noch einmal auf die zentralen Aspekte hingewiesen, die meiner Meinung nach bedacht und ergänzt werden müssen oder auf die aufmerksam zu machen ist, wenn heute die erste und zweite These der Barmer Theologischen Erklärung bekannt werden und so zum *cantus firmus* einer heutigen «Barmen-Wanderung» werden müssen:

Jesus Christus war und ist ein Jude.

Nicht nur Jesus von Nazaret, sondern auch Jesus Christus war der Sohn einer jüdischen Mutter und bleibt sodann als Christus ein Jude. Jesus als den Christus zu bekennen, bedeutet, uns als Christenmenschen in ein verbindliches Leben zum jüdischen Volk zu stellen. Die Folge daraus ist, dass «Christologie als Lehre von der Gemeinschaft Gottes mit der um Israel versammelten Menschheit zu entwickeln»[102] ist. Völlig zu Recht stellt darum auch Klappert

---

99 Müsste es im hiesigen Kontext nicht eigentlich ein Ruf «zurück» sein, nämlich hinter den Antijudaismus zurück?

100 Hans Asmussen, Vortrag über die Theologische Erklärung zur gegenwärtigen Lage der Deutschen Evangelischen Kirchen: Martin Heimbucher/Rudolf Weth (Hg.), Die Barmer Theologische Erklärung. Einführung und Dokumentation, Neukirchen-Vluyn [7]2009, 44–63 (45).

101 Wolf Krötke, Kein Zurück hinter Barmen. Die Barmer Theologische Erklärung im Denken Dietrich Bonhoeffers: ders., Barmen – Barth – Bonhoeffer. Beiträge zu einer zeitgemässen christozentrischen Theologie (Unio und Confessio 26), Bielefeld 2009, 45–62 (48).

102 Vgl. Friedrich-Wilhelm Marquardt, Das Bekenntnis zu Jesus, dem Juden. Eine Christologie, Bd. II, München 1991, 33.

fest, dass die entscheidende Frage seit Auschwitz nicht darin bestehe, ob das Judentum noch Gottes Volk sei, sondern «ob *wir* noch Kirche des mit seinem jüdischen Messiasvolk in Treue verbundenen Juden Jesus Christus sind»[103]?

Wenn wir heute den Christus der ersten Barmer These bekennen, bekennen wir uns zu Christus, dem Juden. Christus führt uns hinein in den bereits bestehenden Bund Gottes mit seinem Volk Israel.

Jesus Christus war und ist uns in der ganzen Heiligen Schrift Alten und Neuen Testaments bezeugt.

Manuel Schilling fragt: «Muss jemand, der Jesus Christus als ‹das eine Wort Gottes›, als die absolute, hinreichende und unüberbietbare Selbstoffenbarung Gottes ansieht, notwendiger Weise das Eigenzeugnis des Alten Testaments und seine Interpretation durch das Judentum bis heute ablehnen?»[104] Nein, das ist zu verwerfen. Die Barth'sche Lehre ist diesbezüglich insofern weiter zu denken, als dass Christinnen und Christen nicht nur Hinzuerwählte in den Bund Gottes mit jüdischen Menschen, sondern darüber hinaus durch Christus auch zu *Mit*zeuginnen und *Mit*zeugen werden. Die christliche Zeugenschaft, welche die jüdische Zeugenschaft als gegeben voraussetzt, wahrt «das besondere jüdische [...] Selbstzeugnis»[105], sie fragt nach einer *cooperatio testimonii.*

Allein die Tatsache, dass Barth nach Barmen zu erklären gab, dass das erste Gebot wegweisend für die Formulierung der ersten These war,[106] weist uns in die Schranken, uns zur ganzen Heiligen Schrift Alten und Neuen Testaments zu bekennen, wenn wir heute die erste Barmer These bekennen.

Jesus Christus war und ist Zuspruch der Rechtfertigung aller Geschöpfe.

Jesus Christus, wie er uns in der Heiligen Schrift Neuen Testaments bezeugt wird, stellte sich zu den Schwächsten und Deklassierten der damaligen Gesellschaft. Sein Zuspruch «Kommt her zu mir, alle, die ihr mühselig und beladen seid; ich will euch erquicken» hat bis heute und für alle Geschöpfe Bestand. Oder wie es Heino Falcke formuliert: «Die bedingungslos annehmende Liebe Gottes hat ihren gesellschaftlichen Ernstfall in der grenzüberschreitenden Liebe.»[107]

103 Klappert, Barmen I (Anm. 38), 112. Hervorhebung MKB.

104 Schilling, Zwischen den Zeiten (Anm. 21), 291.

105 Klappert, Israel (Anm. 82), 59.

106 Vgl. Barth, Erläuterung (Anm. 33), 18f.

107 Heino Falcke, Christus befreit – darum Kirche für andere. Referat zum Hauptthema der 4. Tagung der Synode des Bundes der Evangelischen Kirchen in der DDR

Es ist diese «grenzüberschreitende Liebe», die bereits in der fundamentaltheologisch zu bedenkenden innertrinitarischen Entscheidung, den Menschen zu schaffen, begründet liegt, die eine Rechtfertigung Gottes *an* allen und *für* alle Geschöpfe verspricht.

Wenn wir heute die zweite Barmer These bekennen, schreien wir für die Rechtfertigung und Heiligung aller Geschöpfe.

Jesus Christus war und ist Anspruch zum freien, dankbaren Dienst an allen seinen Geschöpfen.

Sodann ist die «grenzüberschreitende Liebe» Christi der Anspruch auf unser ganzes Leben, unseren Mitmenschen mit menschenwürdigem Respekt zu begegnen und ihnen einen «freien, dankbaren Dienst» zu erweisen. Zusammenfassend für die gesamte zweite Barmer These schreibt darum Margot Kässmann: «Die Freiheit, in die uns Gottes ‹Zuspruch und Anspruch› weist, ist [...] Freiheit in Christus und Freiheit für den Anderen [...].»[108]

Wenn wir uns heute zu Barmen II bekennen, bedeutet das, für die Schwächsten unserer Gesellschaft da zu sein. Und was das Dasein anbelangt, gibt es kaum treffendere Worte als jene von Falcke: «*Für andere dasein, das heisst solidarisch werden mit den Leidenden. [...] Für andere dasein, das heisst für sie schöpferische Phantasie der Liebe entwickeln.*»[109]

2. *Auch heute noch: Eine unmögliche Möglichkeit*[110] *und doch ...*

Ja, Amadeu Prado in Pascals Merciers «Nachtzug nach Lissabon» hat schon Recht: Es hat etwas Sonderbares, sich zu wünschen «noch einmal an jenem Punkt [...] [des] Lebens zu stehen und eine ganz andere Richtung einschlagen zu können». Barth konnte das nicht. Er konnte nicht hinter Barmen zurück. Er konnte nicht rückgängig machen, «dass ich sie [die Bezugnahme zur lebensbedrohlichen Gefährdung jüdischer Menschen, MKB] im Kirchenkampf jeden-

vom 30.6. bis 4.7.1972 in Dresden: Burgsmüller (Hg.), Zum politischen Auftrag (Anm. 54), 213–232 (218).

108 Margot Kässmann, Barmen II: Was tun – was lassen? Die Kirche der Freiheit und der Zwang zur Effizienz: Martin Heimbucher (Hg.), Begründete Freiheit – Die Aktualität der Barmer Theologischen Erklärung. Vortragsreihe zum 75. Geburtstag im Berliner Dom, Neukirchen-Vluyn 2009, 29–58 (43).

109 Falcke, Christus befreit (Anm. 107), 218f. (Kursivierung im Original).

110 Ein Sprachspiel von Jacques Derrida, vgl. ders., Eine gewisse unmögliche Möglichkeit, vom Ereignis zu sprechen. Übersetzt von Susanne Lüdemann, Berlin 2003.

falls öffentlich (z. B. in den beiden von mir verfassten Barmer Erklärungen von 1934) nicht [...] als entscheidend geltend gemacht habe».[111] Und auch wir können es nicht. Aber Barth leistete seinem Impuls, Barmen als «einen Ruf nach vorwärts» zu verstehen, Folge und präsentierte in zahlreichen Schriften, insbesondere in seinem Lebenswerk, der Kirchlichen Dogmatik, eine Ausdifferenzierung jener Theologie, die in Barmen nur im «embryonalen Stadium» vorhanden war. Historisch betrachtet, bleibt es eine unmögliche Möglichkeit, in Barmen I und II eine verborgene Bezugnahme zum Judentum zu finden, weil sie faktisch fehlt. Doch sie wird zu einer möglichen Möglichkeit, wenn wir ihre Wirkungsgeschichte bedenken und uns darauf einlassen, dem Text mehr zuzutrauen, als er auf den ersten Blick beinhaltet.

Wenn wir Theologen und Theologinnen uns heute mit Barmen beschäftigen, werden wir unweigerlich die Erfahrung machen, dass an den Scheidewegen des Lebens keine Wegweiser stehen. Doch dürfen wir uns Eines gewiss sein:

וּדְבַר־אֱלֹהֵינוּ יָקוּם לְעוֹלָם

111 Barth, An Bethge (Anm. 15), 403.

Frank Mathwig

«Das wahre Wesen der Kirche Jesu Christi»

Kirchenpolitik und politische Ethik zwischen Bern und Barmen

Wolfgang Lienemann zum 70. Geburtstag

1. Für eine Kirche, die sich auf die Reformation beruft, ist die Bibel Alten und Neuen Testaments, unbeschadet ihrer wissenschaftlichen Erforschung, einzige Quelle und Norm ihrer Verkündigung.
2. Nach allgemeinem evangelischem Verständnis beruht der Charakter einer Reformationskirche vor allem darin, dass sie Jesum Christum als ihren einzigen Herrn anerkennt und in der Rechtfertigung durch den Glauben an ihn, nicht aber in irgendwelchen natürlichen Vorzügen oder Leistungen die Bedingung für alles Heil erblickt.
3. Die Kirche der Reformation hat für die Freiheit eines Christenmenschen gekämpft. Die geistige Freiheit ist einer evangelischen Kirche auch heute unentbehrlich für die Verkündigung ihrer Botschaft.
4. In weitgehender Übereinstimmung mit dem Glauben der evangelischen Christenheit hat eine evangelische Kirche, unbeschadet der nationalen Eigenart, einen übernationalen Charakter, der in der Berufung durch Gott begründet ist. Er hat seine Kinder in allem Blut, in allen Rassen und in allen Völkern und hat uns in der Kirche eine Gemeinschaft des Geistes und des Glaubens, nicht aber des Blutes oder der Rasse oder staatlicher Bindung geschenkt.
5. Die gegenwärtige Not und Verwirrung der Kirche in vielen Ländern treibt uns zu ernstlicher Busse, sowie zu einer neuen, gemeinsamen Besinnung auf das wahre Wesen der Kirche Jesu Christi und ihrer Verkündigung, wie sie durch die Reformation neu erweckt wurde und immer wieder neu zu erringen ist.

Erklärung des Vorstandes des Schweizerischen Evangelischen Kirchenbundes vom 21. März 1934[1]

---

1 Berner Erklärung, zitiert nach Birger Maiwald, Ökumenischer Kirchenkampf. Die «Berner Erklärung» des Schweizerischen Evangelischen Kirchenbundes von 1934, Bern 1997, 40.

I. Einleitung

Allein die Tatsache, dass die Ringvorlesung in Bern ein Semester lang über die Erklärung aus Wuppertal diskutiert, aber lediglich eine Sitzung für die Erklärung aus Bern reserviert hat, legt ein gewisses Bedeutungsgefälle nahe. Die Barmer Theologische Erklärung hat zumindest für kirchlich und theologisch musikalische Ohren einen vertrauten Klang, während die ebenfalls vor 80 Jahren verfasste Berner Erklärung des Schweizerischen Evangelischen Kirchenbundes (SEK) kaum Resonanz erzeugt. Wenn bei «Bern» überhaupt die Ohren klingeln, dann aufgrund der Verwechslung mit der 1968 – auch mit theologischer Beteiligung – gegründeten globalisierungskritischen NGO «Erklärung von Bern». Die Berner Erklärung von 1934 ist weitgehend unbekannt. Das bestätigen selbst noch die Umstände ihrer kurzzeitigen Popularität in den 1980er Jahren. Der deutsche Historiker Birger Maiwald war im Archiv der EKD auf einen Briefwechsel zwischen dem Aussenamt der Deutschen Evangelischen Kirche und dem Kirchenbund aus der Frühzeit des Kirchenkampfes gestossen. Die Suche nach dem Pendant zu den in den deutschen Kirchenarchiven gefundenen Dokumenten führte ihn zum Kirchenbund, der Maiwald für eine Studie über die Berner Erklärung gewinnen konnte. Sie erschien mit einiger Verzögerung 1997 unter dem Titel *Ökumenischer Kirchenkampf. Die «Berner Erklärung» des Schweizerischen Evangelischen Kirchenbundes von 1934.* Ihr waren ein Geleitwort des damaligen Vorstandspräsidenten Heinrich Rusterholz und ein Vorwort von Eberhard Busch vorangestellt.

In beiden Vorreden ist ganz selbstverständlich von einem «Bekenntnistext» die Rede. Eberhard Busch bemerkt über die Ereignisse von 1934: «Es geschah also dies, dass im Raum der reformierten Kirchen der Schweiz ein mutiger Schritt über die Bekenntnislosigkeit hinaus hin zu einem für das Reden und Handeln in ihnen richtungsweisenden *Bekenntnis* gewagt wurde.»[2] Und Heinrich Rusterholz rückt die Berner Erklärung in seinem Geleitwort sachlich in das «Umfeld» des Beschlusses des Reformierten Weltbundes von 1982, der den kirchlichen Widerstand gegen die südafrikanische Apartheidspolitik zur Bekenntnisfrage (*status confessionis*) erklärt hatte.[3] Vielleicht zeigt sich an dieser Stelle bereits die Ironie oder Tragik der Berner Erklärung und ihrer Geschichte. Als vermuteter, vermeintlicher oder unterstellter Bekenntnistext hatte er ein Genre bedient, dass die kirchliche Auseinandersetzung um die Sache in den verdächtigen Horizont des aus dem 19. Jahrhundert geerbten

2 Eberhard Busch, Vorwort: Maiwald, Kirchenkampf (Anm. 1), 9–14 (11).

3 Vgl. Heinrich Rusterholz, Geleitwort: Maiwald, Kirchenkampf (Anm. 1), 7–8 (7).

kirchenpolitischen Bekenntnisstreits rückte. Zwar taucht der Bekenntnisbegriff weder in den fünf Thesen noch in den damaligen Diskussionen und Korrespondenzen auf. Die Erklärung spricht in einer kurzen Einleitungspassage zu den fünf Thesen von «glaubensmässigen Grundsätze[n]». Dennoch rückt die Adolf-Keller-Biographin Marianne Jehle-Wildberger die Berner Erklärung in den Horizont jenes alten Konflikts, den Karl Barth in seinem Vortrag *Das Bekenntnis der Reformation und unser Bekennen* an der Versammlung des Schweizerischen Reformierten Pfarrvereins in St. Gallen im September 1935 aufgegriffen hatte.[4] In diesem Zusammenhang wäre auch die im Jahr vor der Berner Erklärung entstandene Schrift Barths *Theologische Existenz heute!* vom Juni 1933 heranzuziehen, in der das Thema der Berner Thesen in aller Klarheit durchbuchstabiert wird.[5]

Grundsätzlich stellt sich die Frage, wie ein an eine andere Kirche adressierter Text für die absendende Kirche zum Bekenntnis werden kann. Bekenntnisse sind *per se* selbstadressiert und werden nach innen und – dann auch – gegen aussen bekannt, im Sinne der viel zitierten Barth'schen Formel «Wir, hier, jetzt – bekennen dies!»[6] In der Berner Erklärung fehlt das bekennende «wir». Lediglich in der fünften These begegnet an einer Stelle das Reflexivpronomen «uns»: «Die gegenwärtige Not und Verwirrung der Kirche in vielen Ländern treibt *uns* zu ernstlicher Busse».[7]

Das «uns» setzt eine kirchlich-theologische Verbindung zwischen Bern und Barmen voraus. Ob diese Beziehung auch im Sinne eines geteilten – auf die jeweils eigene kirchliche Situation bezogenen – Anliegens bestanden hat, ist fraglich. Die einschlägige Literatur konzentriert sich durchweg auf die politische Lage der Kirche in Deutschland. Die Kirchen in der Schweiz erscheinen lediglich als historischer Kontext, nicht aber als mögliche Adressatinnen des Kirchenbundes. Marcus Urs Kaiser und Ursula Käser-Leisibach rücken in ihren Arbeiten zur Wahrnehmung des Nationalsozialismus und des deutschen Kirchenkampfes in der Schweiz die Berner Erklärung ganz in den deutschen Kontext.[8] Birger Maiwald rekonstruiert das Dokument des Kirchenbundes – wie

4 Vgl. Karl Barth, Das Bekenntnis der Reformation und unser Bekennen, München 1935.

5 Vgl. Karl Barth, Theologische Existenz heute!, München 1933.

6 Karl Barth, Wünschbarkeit und Möglichkeit eines allgemeinen reformierten Bekenntnisses: ders., Vorträge und kleinere Arbeiten 1922–1925. Karl Barth Gesamtausgabe, Abt. III, hg. von Holger Finze, Zürich 1990, 604–643 (616).

7 Berner Erklärung (Anm. 1), Hervorhebung FM.

8 Vgl. Marcus Urs Kaiser, Deutscher Kirchenkampf und Schweizer Öffentlichkeit in den Jahren 1933 und 1934, Zürich 1972, bes. 288–310; Ursula Käser-Leisibach, Die

bereits im Titel seiner Studie angezeigt – als Programm eines ökumenischen Kirchenkampfes, eine Sichtweise, die in den beiden Geleitworten übernommen wird. Marianne Jehle-Wildberger fokussiert in ihrer Keller-Biographie einerseits auf «die Solidarität» des Kirchenbundes und andererseits auf die ökumenische «Parteinahme für die Bekennende Kirche».[9] Von den beiden kurzen historischen Abrissen zum Kirchenbund von Emil Marion und Arnold Mobbs erwähnt nur letztere kommentarlos die Erklärung.[10] In der Kirchengeschichte der Schweiz von Rudolf Pfister und in der von Lukas Vischer, Lukas Schenker und Rudolf Dellsperger herausgegebenen Ökumenischen Kirchengeschichte der Schweiz finden sich keine Hinweise auf die Berner Erklärung.[11] In den materialreichen Arbeiten von Beat Raaflaub, Hermann Kocher und Peter Aerne zu Einzelthemen aus jener Zeit kommt die Berner Erklärung lediglich in einer einzigen Fussnote vor.[12]

Die Berner Erklärung steht in der Diskussion über den Kirchenkampf in der Schweiz seltsam isoliert da. Das erstaunt umso mehr, als die beiden Hauptverantwortlichen, der Vorlagengeber, der virtuelle wie reale Gesprächspartner Karl Barth, und der Initiant und Autor Adolf Keller, unbestreitbar zu den führenden Stimmen des Schweizer Protestantismus in jener Zeit gehörten. Sie übten grossen Einfluss auf andere engagierte Kirchenleute und Theologen aus, etwa auf den damaligen Basler Kirchenratspräsidenten und späteren Präsidenten des Kirchenbundes Alphons Koechlin, den langjährigen, seit 1933 amtierenden Leiter des Schweizerischen Evangelischen Pressedienstes Arthur Frey oder Paul Vogt, den Gründer des 1938 ins Leben gerufenen Schweizeri-

begnadeten Sünder. Stimmen aus den Schweizer Kirchen zum Nationalsozialismus 1933–1942, Winterthur 1994, 30–32.

9 Vgl. die Überschriften zu den beiden Abschnitten über die Berner Erklärung in: Marianne Jehle-Wildberger, Adolf Keller (1872–1963). Pionier der ökumenischen Bewegung, Zürich 2008, 164.362.

10 Emil Marion, Die protestantische Schweiz. Schweizerischer Evangelischer Kirchenbund. Ursprung und Geschichte, Zollikon-Zürich 1938; Arnold Mobbs, Die evangelischen Kirchen der Schweiz im Zeitalter der Ökumene und der zwischenkirchlichen Hilfe. 50 Jahre Kirchenbund 1920–1970, Bern 1970, 29–31.

11 Vgl. Rudolf Pfister, Kirchengeschichte der Schweiz, Bd. 3, Zürich 1985, 393f.; Lukas Vischer/Lukas Schenker/Rudolf Dellsperger (Hg.), Ökumenische Kirchengeschichte der Schweiz, Freiburg/Ue., Basel 1994, 270.

12 Vgl. Beat Raaflaub, Kirchlicher Mahnruf in kritischer Zeit. Der Schweizerische Evangelische Pressedienst 1928–1955, Bern 1977; Hermann Kocher, Rationierte Menschlichkeit. Schweizerischer Protestantismus im Spannungsfeld von Flüchtlingsnot und öffentlicher Flüchtlingspolitik in der Schweiz 1933–1948, Zürich 1996, 56, Anm. 57; Peter Aerne, Religiöse Sozialisten, Jungreformierte und Feldprediger. Konfrontationen im Schweizer Protestantismus 1920–1950, Zürich 2006.

schen Evangelischen Hilfswerks für die Bekennende Kirche in Deutschland. Eine Beschäftigung mit der Berner Erklärung kommt an den folgenden Fragen nicht vorbei: Besteht ein Zusammenhang – und wenn ja, welcher – zwischen der Wirkungslosigkeit der Berner Erklärung in Deutschland und ihrer isolierten Stellung in der Schweiz? Verweist die *grosso modo* analoge Bedeutungslosigkeit der Berner Erklärung hier wie dort nicht vielleicht auf ganz ähnliche und vergleichbare Motivlagen, Haltungen und Gründe? Liegen Absender und Adressat der Berner Erklärung tatsächlich so weit auseinander, wie mit der gängigen Interpretationsmatrix Bekennende Kirche versus Deutsche Christen unterstellt wird? Kurz: Muss die Berner Erklärung nicht nur als *Reaktion* auf die Ereignisse in Deutschland gelesen werden, sondern auch als *Symptom* der damaligen politischen und kirchlichen Verhältnisse in der Schweiz? Es geht bei der letzten Frage weder darum, interne mit externen Motivlagen zu verrechnen, noch die kirchenpolitischen Verhältnisse in Deutschland und in der Schweiz gegeneinander abzuwägen. Wenn aber die Behauptung von der Berner Erklärung als *Bekenntnis* Sinn machen soll, dann muss der an die deutschen Kirchenbehörden gerichtete Text auch als auf die Absender selbst bezogen betrachtet werden. Die theologische Kugel wäre in dem Fall aus innerkirchlichen Überlegungen sozusagen über die Berliner Bande gespielt worden, mit der Hoffnung auf günstige Rückstoss-Effekte für die schweizerische Kirchensituation. Entgegen einer Barmen-zentrierten Lesart wäre der Ausdruck «Bern» im Titel «Berner Erklärung» dann nicht nur als Absender, sondern auch als Empfänger der Botschaft zu lesen.

Spontane Ideen riskieren, von der Realität auf dem falschen Bein erwischt zu werden. Aus der ursprünglich theologisch-ethisch motivierten Fragestellung dieses Beitrags wurde zusehends eine politisch- und kirchenhistorische. Die disziplinäre Verschiebung macht zwei Vorbemerkungen nötig. 1. Die Unsicherheit, als Ethiker auf fremdem, kirchenhistorischem Terrain unterwegs zu sein, wird auch durch die Tatsache, dass beide Disziplinen mit normativ aufgeladenen Narrativen zu tun haben, nicht gänzlich beseitigt. 2. Die «Unabhängige Expertenkommission Schweiz – Zweiter Weltkrieg» (UEK) sah ihre Aufgabe darin, «sich stärker auf eine Opferperspektive zu konzentrieren».[13] Das entspricht der Forderung von Elie Wiesel anlässlich der Eröffnung des Holocaust-Museums in Washington: «To forget would mean to kill the victims a second time. We could not prevent their first death; we must not allow them to vanish again. Memory is not only a victory over time, it is also a triumph

13 Unabhängige Expertenkommission Schweiz, Zweier Weltkrieg, die Schweiz, der Nationalsozialismus und der Zweite Weltkrieg. Schlussbericht, Zürich 2002, 25.

over injustice.»[14] Das Verhältnis zwischen Historiographie und Erinnerungskultur[15] äussert sich nicht zuletzt in unterschiedlichen Traditionen und konkurrierenden Verständnissen über Zugang, Aufgabe und Zweck von Geschichtsschreibung. Erlebte Vergangenheit prägt das kollektive politische und kulturelle Gedächtnis. Exklusive Deutungsansprüche auf die «eigene» nationale Geschichte werden im Horizont politisch-motivierter Identitätsprogramme erhoben. Damit rückt jeder ausländische Blick auf diese Geschichte unter einen immunisierenden Generalvorbehalt, dem – sofern er gemacht wird – auch die folgenden Überlegungen nicht entgehen.

II. Zwischen Bern und Barmen

Was bewegte den Kirchenbund, sich in einer frühen Phase – noch vor der Barmer Theologischen Erklärung – im Rahmen einer offiziellen Kundgebung zum beginnenden Kirchenkampf in Deutschland zu äussern? Drei wesentliche *äussere* Motive können unterschieden werden: 1. Die aus der Sicht der damaligen Akteure notwendig gewordene Positionierung gegenüber der deutschen Schwesterkirche und ihrer schwierigen politischen Lage; 2. das ökumenische Anliegen des Kirchenbundes und seine Bedrohung durch die Ereignisse in Deutschland und 3. die Klärung der eigenen kirchlichen Verhältnisse unter den politischen Eindrücken jener Zeit.

14 Elie Wiesel, For the dead and the living: New Leader, 76 (1993), No. 7, 13.

15 Vgl. dazu Nicole Burgermeister/Nicole Peter, Intergenerationelle Erinnerung in der Schweiz. Zweiter Weltkrieg, Holocaust und Nationalsozialismus im Gespräch, Wiesbaden 2014; Guido Koller, Geschichte und Erinnerung: ZeitSchrift 47/1998, 267–271; Matthias Kunz/Pietro Morandi, ‹Die Schweiz und der Zweite Weltkrieg›: zur Resonanz und Dynamik eines Geschichtsbildes anhand einer Analyse politischer Leitmedien zwischen 1970 und 1996. NFP 42: Grundlagen und Möglichkeiten der schweizerischen Aussenpolitik, Synthesebericht, Bern 1990; Thomas Maissen, Verweigerte Erinnerung. Nachrichtenlose Vermögen und Schweizer Weltkriegsdebatte 1989–2004 (bes. 57–148); ders., Weltkrieg und nationales Gedächtnis: ZeitSchrift 47 (1998), 261–267; Charlotte Schallié, Heimdurchsuchungen. Deutschschweizer Literatur, Geschichtspolitik und Erinnerungskultur seit 1965, Zürich 2008; ders., Aktivdienst, Wirtschaftsbeziehungen, Holocaust. Etappen der schweizerischen Erinnerungskultur nach 1945: Kerstin von Lingen (Hg.), Kriegserfahrung und nationale Identität in Europa nach 1945. Erinnerung, Säuberungsprozesse und nationales Gedächtnis, Paderborn u. a. 2009, 224–245; Sacha Zala, Das amtliche Malaise mit der Historie: Vom Weissbuch zum Bonjour-Bericht, in: SZG 47/1997, 759–780.

1. Das Verhältnis der beiden Schwesterkirchen

Auf die Herausforderung einer Verhältnisbestimmung zwischen dem schweizerischen und deutschen Protestantismus geht der Vorstand des Kirchenbundes in der kurzen Einleitung seiner Erklärung ein.[16] Sie sei veranlasst durch «[e]ine Reihe von wiederholten Anfragen» zur Haltung des Kirchenbundes gegenüber den deutschen Ereignissen und motiviert einerseits durch die enge «geistige [...] Verbundenheit mit der ältesten Reformationskirche» und andererseits durch seine «andauernde [...] Besorgnis um die Erhaltung ihres historischen Charakters». Es gehe nicht um eine Einmischung in innerstaatliche und -kirchliche Angelegenheiten, sondern um die «herzliche [...] Teilnahme» für «die deutschen Glaubensgenossen, die in schwerer Zeit um den Neubau ihrer Kirche, um ihre geistige Freiheit und um die Erhaltung des Evangeliums in dieser Kirche ringen». Die fünf Thesen präsentieren «jene glaubensmässigen Grundsätze [...], die bisher unsere Glaubensgemeinschaft begründeten und die auch für die Gestaltung der gegenwärtigen und zukünftigen Beziehungen zu andern evangelischen Kirchen wegleitend sind». Bei der Formulierung der gemeinsamen Glaubensbasis begegnet eine eigentümliche Spannung, die auch die anschliessenden Thesen bestimmt. Einerseits wird die «geistige Freiheit» betont, andererseits die «Erhaltung» des «historischen Charakters» und des «Evangeliums» als gemeinsame kirchliche Tradition gefordert. Die klärungsbedürftigen Begriffe «geistig» und «historischer Charakter» und die fragwürdige Beschreibung der kirchlichen Verhältnisse in Deutschland als einen «Neubau ihrer Kirche» bringen die umfassende Verunsicherung unmittelbar zum Ausdruck.

2. Die Sorge um die Ökumene

Das ökumenische Interesse der Berner Erklärung geht deutlich aus dem Begleitschreiben an den Leiter des kirchlichen Aussenamtes der Deutschen Evangelischen Kirche, Bischof Heckel, vom 22. März 1934 hervor: «Aber wir sind nicht minder interessiert an der Aufrechterhaltung jener weiteren Glaubensgemeinschaft, die aus der Reformation hervorgegangen ist und in der

16 Die Einleitung wird zitiert nach: Schweizerischer Evangelischer Kirchenbund, Jahresbericht des Vorstandes über das Jahr 1933/34 und Protokoll der Abgeordnetenversammlung vom 11. und 12. Juni 1934 in Thun, Winterthur 1934, 12f.; wiederabgedruckt in Maiwald, Kirchenkampf (Anm. 1), 39.

ökumenischen Bewegung einen weiten Kreis von evangelischen Kirchen umfasst, und würden es aufs tiefste bedauern, wenn diese neu gewonnene Lebens- und Arbeitsgemeinschaft durch die religiöse Entwicklung und kirchenpolitische Massnahmen im Ursprungsland der Reformation geschwächt würde.»[17] Die Besorgnis über mögliche negative Folgen der deutschen Entwicklungen für die Ökumene weitet Adolf Keller in einem Brief aus Grossbritannien vom März 1934 an Karl Barth auf die Ökumene selbst aus. Im Blick auf die anglikanische Kirche bemerkt er:

> «Das ist besonders interessant, weil dabei meist klar wird ‹nostra res agitur›, denn die theologia naturalis der Deutschen Christen ist unter anderen Namen und in anderer Form natürlich auch in Grossbritannien, namentlich im semipelagianischen Anglikanismus, wohl zu Haus. [...] Neu ist den meisten, dass der Kampf nicht mehr so sehr um die Kirchenpolitik geht als um die Frage der wahren Kirche.»[18]

Die kirchenpolitischen Ereignisse in Deutschland gründen danach in der dogmatisch-theologischen Hinwendung zu einer *theologia naturalis*, die analog auch in protestantischen Kirchen anderer Länder begegnet. Angesichts der theologischen Richtungsentscheidungen ökumenischen Ausmasses steht nicht die Kirche als ökumenische Handlungsgemeinschaft, sondern als universale Glaubensgemeinschaft auf dem Spiel.[19] Keller habe – so Jehle-Wildberger – «als einer der Ersten die theologischen Zusammenhänge und Probleme zwischen dem Kirchenkampf und der Ökumene» erkannt.[20] Diese von Birger Maiwald breiter ausgeführte These birgt allerdings die Gefahr der *ökumenisch-theologischen* Verharmlosung der *politischen* Realitäten in Deutschland. Die Feststellung möglicher Ähnlichkeiten im *theologischen* Denken darf nicht dazu führen, die fundamentalen *politischen* und *kirchlichen* Unterschiede zwischen den Vergleichskandidaten bereits in den Jahren 1933/1934 zu nivellieren.

17 SEK, Jahresbericht 1933/34 (Anm. 6) 11f.

18 Vgl. Adolf Keller an Karl Barth, Cambridge 12. März 1934 (KBA 9334.346), zitiert nach Jehle-Wildberger, Keller (Anm. 9), 361; Keller führt den Gedanken im Blick auf theologische Strömungen in den USA weiter aus in: ders., Der deutsche Kirchenkonflikt und die ökumenische Bewegung: Kirchenblatt vom 8. Februar 1934, 33–36.

19 Zur Terminologie vgl. Hans-Richard Reuter, Der Begriff der Kirche aus theologischer Sicht: ders., Botschaft und Ordnung. Beiträge zur Kirchentheorie, Leipzig 2009, 13–55.

20 Jehle-Wildberger, Keller (Anm. 9), 362.

3. Kirchliche und politische Entwicklungen in der Schweiz

Gegenüber den Differenzen und Kontroversen im innerschweizerischen Protestantismus jener Zeit übt der Kirchenbund grösste Zurückhaltung. Allerdings fordert Rudolf Burckhardt unter dem Eindruck seiner Teilnahme an der Freien reformierten Synode am 3./4. Januar 1934 in Barmen im selben Monat die schweizerischen Reformierten in den Basler Nachrichten dazu auf, es angesichts der eigenen Bekenntnisfreiheit den deutschen Reformierten gleich zu tun: «Die Heimsuchung, die über unsere Brüder gekommen ist, muss uns zur ernsten Besinnung mahnen, dass Christus der alleinige Herr der Kirche und die Heiligen Schriften beider Testamente die alleingültige Urkunde der göttlichen Offenbarung sind.»[21] Der Basler Pfarrer rückt die Situation der Kirchen beider Länder in ein Verhältnis und nimmt wesentliche Aspekte der Berner Erklärung bis in den Wortlaut hinein vorweg. Noch deutlicher antwortet in der gleichen Zeitung wenige Monate später ein unbekannter Autor auf die Frage: «Was geht den Schweizer *die Kirche in Deutschland* an? Wenn es sich im Gespräch der deutschen Presse über die kirchlichen Belange um nichts anderes handeln würde als um interne Verwaltungsfragen, um Reorganisation des äusseren Aufbaus, dann würde die Antwort lauten – nichts. Aber es geht um mehr, es geht um geistige Fragen, es geht um den Glauben. Da heisst es für jeden Christen heute: Augen auf!» Und das angesprochene Subjekt «jeder Christ» präzisierend, fährt der Text fort: «[I]hr lieben Schweizer, [...] lasst euch die Vorgänge in Deutschland zur Warnung sein – vielleicht gerade weil man ein tiefes Verständnis für die Krankheit dieses Volkes vor Gott haben muss, aber auch weil man ein leises Ansteigen der Fieberkurve im eigenen Land zu verspüren meint.»[22] Die Lage der Deutschen Evangelischen Kirche wird zur Projektionsfläche für die kirchliche Situation in der Schweiz zur Zeit des sogenannten Frontenfrühlings. Das «uns» aus der fünften These der Berner Erklärung begegnet mit einer umgekehrten Pointe: Nicht wir sind in Sorge um euch, sondern wir sind – im Blick auf euch – in Sorge um die Entwicklungen bei uns.

21 Rudolf Burckhardt, Basler Nachrichten 12. Januar 1934, zitiert nach Kaiser, Kirchenkampf (Anm. 8), 115.

22 Basler Nachrichten vom 24. April 1933, zitiert nach Kaiser, Kirchenkampf (Anm. 8), 27f. Der unbekannte Autor verweist in seinem Artikel explizit auf Karl Barth.

III. Barmen *light* aus Bern?

1. *Die Berner Erklärung*

In seinem Jahresbericht 1933/1934 begründet der Vorstand seinen Entschluss, sich «rasch zur Lage in Deutschland zu äussern»,[23] mit den politischen Entwicklungen (Hitlers Auftritt im Berliner Sportpalast im Februar 1933, die «Anwendung von Gewaltmassregeln»), den staatlichen Eingriffen in den Auftrag und die Gestalt der Kirche («Angriff eines bewussten neuen Heidentums», Aufhebung «verfassungsmässiger Rechte der Synoden») und den drohenden kirchlich-theologischen Konsequenzen (Verordnung von Reichsbischof Ludwig Müller vom 4. Januar 1934, die «Bedrohung wesentlicher reformierter Auffassungen», die Übergriffe «einer Parteimacht in das freie Leben der Kirche»). Die kurze Aufzählung schliesst mit Kellers oben erwähnter Einschätzung, dass der «kirchlich-politische Kampf» zunehmend zum «Ringen um das wahre Wesen der Kirche» würde.[24] Äusserer Anlass war die Mitteilung der Deutschen Evangelischen Kirche über die Einrichtung eines Aussenamtes.

Die fünf Thesen der Berner Erklärung sind in einfacher, nicht-theologischer Sprache formuliert. Die Thesen 1 bis 4 präsentieren eine Art reformatorischen Minimalstandard. 1. These: *sola scriptura*: die ganze Bibel als einzige Quelle der kirchlichen Verkündigung; 2. These: *solus Christus* und *sola fide*, Christus als einziger Herr der Kirche und Rechtfertigung allein aus Glauben; 3. These: die christliche Freiheit und 4. These: die Katholizität und Ökumenizität der Kirche. Die 2. und 4. These enthalten Verwerfungssequenzen, beide eingeleitet mit einem «nicht aber», gefolgt von Umschreibungen, die unverkennbar gegen das im April 1933 erlassene Gesetz zur Wiederherstellung des Berufsbeamtentums («Arierparagraph») und die staatliche Gleichschaltung der Kirche gerichtet sind. Den protestantisch-verbindenden Anspruch der Thesen signalisieren die einleitenden Phrasen: «Kirche, die sich auf die Reformation beruft», «nach allgemeinem evangelischem Verständnis», «Kirche der Reformation» und «Glauben der evangelischen Christenheit».

Die 5. These nennt keine allgemeinen reformatorischen Grundsätze. Bereits die Einleitungspassage verortet die Abschlussthese in der Aktualität der

23 Dieses und die folgenden Zitate aus SEK, Jahresbericht 1933/34 (Anm. 16), 8–10.

24 Vgl. zu den Entwicklungen in Deutschland aus schweizerischer Sicht Walter Hildebrandt, «Ein Volk, ein Staat, eine Kirche.» Sechs Kapitel über den deutschen Kirchenkampf: Schweizer Monatshefte 14 (1934–1935), H. 3–4, 145–169.

«gegenwärtige[n] Not und Verwirrung der Kirche in vielen Ländern». Das «uns» ist der universale Adressat der Aufforderung, «das wahre Wesen der Kirche Jesu Christi und ihrer Verkündigung» im Sinne des reformierten Verständnisses von der *ecclesia reformata semper reformanda* überall «immer wieder neu zu erringen». Die im «uns» zu «ernstlicher Busse» Versammelten werden in zweierlei Weise näher bestimmt. Angesprochen ist erstens die Kirche als Ganzes und zweitens die Kirchengemeinschaft in einer bestimmten historischen Situation. Kirche spricht aktuell zu Kirchen.

Die Thesen sind auffallend zurückhaltend formuliert. Spezifisch kirchlich-theologische Begriffe werden in den Verwerfungssequenzen mit ideologisch besetzten Ausdrücken («Blut», «Rasse», «natürliche Vorzüge») verbunden. Der liberalen Theologie geschuldet sind der relativierende Hinweis auf die historische Bibelkritik (1. These) und die eigentümliche – bei Keller regelmässig begegnende[25] – Rede von der christlichen Freiheit als einer «geistigen» (3. These). Aus dem semantischen Rahmen fällt lediglich die theologische Formel von dem «wahre[n] Wesen der Kirche Jesu Christi und ihrer Verkündigung, wie sie durch die Reformation neu erweckt wurde» in der letzten These, die sachlich und konzeptionell eine Art Summe bildet. Dabei rückt der Titel «Kirche Jesu Christi» in einen gewissen Gegensatz zu der vorher angesprochenen «Reformationskirche», «Kirche der Reformation» oder «Evangelische Kirche».

In einem kleinen, aber zum damaligen Zeitpunkt entscheidenden Detail geht die Berner Erklärung über die Barmer Theologische Erklärung – allerdings nicht über die Erklärung der Freien reformierten Synode in Barmen vom Januar 1934[26] – hinaus. Von der Schrift als einziger Quelle der kirchlichen

25 Der Ausdruck «geistige Freiheit» begegnet auch in Kellers Brief aus Cambridge an Karl Barth, in dem Begleitbrief zur Berner Erklärung sowie in den Protokollen der Vorstandsitzungen des Kirchenbundes und verweist deutlich auf die Handschrift des Sekretärs des Kirchenbundes.

26 Vgl. Erklärung über das rechte Verständnis der reformatorischen Bekenntnisse in der Deutschen Evangelischen Kirche der Gegenwart: Wilhelm Niesel (Hg.), Bekenntnisschriften und Kirchenordnungen der nach Gottes Wort reformierten Kirche, Zollikon-Zürich 1938, 328–333 (330), III/2.: «Die Kirche hört das ein für allemal gesprochene Wort Gottes durch die freie Gnade des heiligen Geistes in dem doppelten, aber einheitlichen und in seinen beiden Bestandteilen sich gegenseitig bedingenden Zeugnis des Mose und der Propheten von dem kommenden und in dem Zeugnis der Evangelisten und Apostel von dem gekommenen Jesus Christus.» Im anschliessenden Verwerfungssatz wird explizit «abgelehnt die Ansicht: Die biblischen Schriften seien zu verstehen als Zeugnisse aus der Geschichte menschlicher Frömmigkeit; massgebend für die christliche Frömmigkeit sei aber vorwiegend und ausschliesslich das Neue Testament;

Verkündigung wird in der 1. These – in auffälliger Nähe zur Formulierung Rudolf Burckhardts – ausdrücklich als «Bibel Alten und Neuen Testaments» gesprochen. Der Einschub verdient auch Beachtung, weil sich der Vorstand des Kirchenbundes bis dahin den Aufforderungen, zu der Judendiskriminierung und -verfolgung in Deutschland deutlich Stellung zu beziehen, verweigert hatte.[27] Zudem herrschte inzwischen in der Schweiz eine, auch in Kirchen und staatlichen Behörden präsente, offen antisemitische Stimmung.[28]

es könne oder müsse darum das Alte Testament zugunsten des Neuen abgewertet, zurückgedrängt oder gar ausgeschieden werden.»

27 In einem nichtoffiziellen Pressecommuniqué vom 9. Mai 1933 – also einem Monat nach dem Judenboykott und Einführung des Arierparagraphen in Deutschland – begründet der Vorstand des Kirchenbundes seine Ablehnung: «Von verschiedener Seite ist das Gesuch an den Vorstand gerichtet worden, Stellung zu nehmen zu der Bedrückung der Juden in Deutschland [...]. Der Vorstand befasste sich eingehend mit den einlaufenden Informationen, hatte aber den Eindruck, dass er sich nicht in den politischen Neuaufbau eines anderen Volkes einmischen dürfe. [...] Bei allem Mitgefühl für die Opfer des Rassengegensatzes, die sich übrigens in vielen Ländern vorfinden, hat der Kirchenbund daher keinen Anlass, sich zu einer Revolution zu äussern, deren Stand sich von Tag zu Tag ändert.» Angesichts des staatlichen Rassismus auch in anderen Ländern – namentlich genannt wird Russland – gälte es «unser Volk aufzufordern, sorgsam darauf zu achten, dass wenigstens in unserem Lande alle Volksglieder an den ererbten Gütern der Freiheit und Gerechtigkeit teilhaben» (zitiert nach Kaiser, Kirchenkampf [Anm. 8], 193).

Diese kirchenpolitisch motivierte Haltung widersprach zumindest theologisch der Position Adolf Kellers zum antinationalistischen Auftrag der Ökumene: «Wo er [der Ökumenismus] aber aus dem Glauben und der Hoffnung der Christen stammt, hat er nichts damit zu tun, ja er wird geradezu zur Kritik dieses Internationalismus [auch des Völkerbundes], der in einer blossen Interessengemeinschaft wurzelt, ebenso wie zur Kritik eines wuchernden Nationalismus, der die Volksidee an höchste Stelle setzt. Denn der tragende Glaube der ökumenischen Bewegung ist, dass sie aus dem Geiste Jesu Christi stammt und nicht aus internationalen, politischen oder kirchlichen Interessen, dass sie Gehorsam ist gegen das Evangelium und nicht gegen das Blut, die Rasse, das Volk, die Idee.» (Adolf Keller, Der Weg der dialektischen Theologie durch die kirchliche Welt. Eine kleine Kirchenkunde der Gegenwart, München 1931, 179). Aufschlussreich ist auch eine von Jehle-Wildberger, Keller (Anm. 9), 351, erwähnte Korrespondenz zwischen Barth und Keller über dessen – im Auftrag von Life and Work stattgefundenen – Treffen mit Reichsbischof Ludwig Müller im September 1933. Auf Barths Frage, ob damit «das deutsch-christliche Kirchenregiment von den ökumenisch-kirchlichen Organisationen anerkannt» worden sei, erklärte Keller, er habe «unsere Bedenken betr. Anwendung des Arierparagraphen» vorgetragen und gefragt, was die Kirche täte, «um entsprechende Härten zu mildern u. ob Mithilfe des Auslandes erwünscht sei». Schliesslich war Adolf Keller – neben Friedrich Siegmund-Schultze und anderen – im Namen der «Europäischen Zentralstelle für kirchliche Hilfsaktionen» massgeblich an der Gründung des «Internationalen kirchlichen Komitees für nicht-arische Flüchtlinge aus Deutschland» im Januar 1936 in London beteiligt, für das sich der Kirchenbund und

2. Die Berner Erklärung und die Erklärung über das rechte Verständnis der reformatorischen Bekenntnisse

Birger Maiwald hat die Berner Erklärung vor dem Hintergrund der *Erklärung über das rechte Verständnis der reformatorischen Bekenntnisse in der Deutschen Evangelischen Kirche der Gegenwart* von Karl Barth, die von der «Freien reformierten Synode» am 3./4. Januar 1934 in Barmen angenommen worden war, als «Barmen einfach» rekonstruiert. Dem Vorstand des Kirchenbundes sei es darum gegangen, «jenes kurze dogmatische Kompendium [aus Barmen] in ein Manifest von ausdrücklich einfacher Gestalt [...] mit eigener Zielsetzung» zu überführen.[29] Die theologisch-dogmatisch ausgedünnte Berner Version sollte so etwas wie den kleinsten gemeinsamen ökumenischen Nenner von Kirche darstellen:

> «Das reformatorisch-theologische Minimum, das die Berner Erklärung zu den Themen ihrer Thesen lehrte, war als konsenserzwingend verstanden sowohl im Blick auf die Leitung der D[eutschen] E[vangelischen] K[irche] als auch auf die übrigen dem SEK verbundenen Kirchen, um die Erneuerung des ökumenischen Prozesses einverständig zu begründen. [...] Zu Recht würde die Berner Erklärung verdienen, als die einzige förmliche ökumenische Reaktion auf den von der Barmer Freien reformierten Synode formulierten Ruf an die Christenheit bezeichnet zu werden. Wegen ihrer Herkunft und ihrer Intention wäre sie zu Recht auch als das genuine Seitenstück zur Theologischen Erklärung der Ersten Bekenntnissynode der DEK zu verstehen.»[30]

---

die Mitgliedkirchen in der Folgezeit stark engagierten (vgl. Kocher, Menschlichkeit [Anm. 12], 74ff.).

28 Guido Koller, Entscheidungen über Leben und Tod. Die behördliche Praxis in der schweizerischen Flüchtlingspolitik während des Zweiten Weltkrieges. Studien und Quellen. Zeitschrift des Schweizerischen Bundesarchivs, Bd. 22, Bern 1996; Jacques Picard, Die Schweiz und die Juden 1933–1945. Schweizerischer Antisemitismus, jüdische Abwehr und internationale Migrations- und Flüchtlingspolitik, Zürich 1994; ders., Antisemitismus erforschen? Über Begriff und Funktion der Judenfeindschaft und die Problematik ihrer Erforschung: SZG 47 (1997), 580–607; vgl. auch Béatrice Ziegler u. a. (Hg.), Die Schweiz und die Shoah. Von Kontroversen zu neuen Fragen, Zürich 2012; Thomas Maissen, Konfrontation der Erinnerungen. Jüdische und schweizerische Selbst- und Fremdbilder in der Weltkriegsdebatte der 1990er Jahre: Verena Lenzen (Hg.), Erinnerung als Herkunft der Zukunft. Zum Jubiläumssymposium des Instituts für Jüdisch-Christliche Forschung an der Universität Luzern (17.–19. September 2006), Berlin u. a. 2008, 111–132.

29 Maiwald, Kirchenkampf (Anm. 1), 47.

30 Maiwald, Kirchenkampf (Anm. 1), 51f.

Maiwalds konfessionell-niederschwellige, ökumenische Deutung wird durch die Einschätzungen des Vorstands des Kirchenbundes bestätigt.[31] Verhindert werden sollte sowohl eine «pharisäische [...] Einmischung in das innere Leben einer anderen Kirche»[32] als auch ein bloss «äusserer Protest, der vergisst, in welcher Glaubensgemeinschaft ein grosser Teil der deutschen Protestanten mit uns steht». Der Aufrechterhaltung dieser Verbindung stelle sich aber die Tatsache, dass «die reformierte Position zu einer umstrittenen Schlüsselstellung im kirchlichen Kampf der Parteien geworden» sei, störend in den Weg. Der Konflikt «zwischen wesentlichen Auffassungen des lutherischen und reformierten Kirchenverständnisses» mache es notwendig, «als reformierte Körperschaft eine besonders grundsätzliche Erklärung abzugeben». Die konfessionellen Zugeständnisse der Reformierten an die Lutheraner sind aus theologischer Sicht unverständlich, sie müssten – wenn schon – umgekehrt erfolgen. Einen anderen Sinn erhält der Schritt, wenn er nicht auf die eigene Kirche, sondern die in Barmen tagende reformierte Synode gemünzt wird. Dann muss Maiwalds Suche nach Gemeinsamkeiten zwischen Bern und Barmen umgekehrt werden: Fokussiert wird nicht auf Übereinstimmungen, sondern auf Differenzen. Der Barmer Interpretationshorizont wird zur Kontrastfolie für die Berner Absetzbewegung. Interessant ist nicht, worin Barmen und Bern übereinstimmen, sondern was Bern auslässt resp. Barmen hinzufügt.[33]

Karl Barths «Erklärung»[34] besteht aus fünf Thesen (I–V) mit drei bzw. vier Unterthesen (1.–4.) und anschliessenden, mit «Damit ist abgelehnt ...» beginnenden Verwerfungssätzen. Thematisch geht es um die Bestimmung des Verhältnisses zwischen Kirche und «Gegenwart» (I), «Heiliger Schrift» (II) und «Welt» (III), sowie der Explikation ihrer «Botschaft» (IV) und ihrer «Gestalt» (V). Welche signifikanten *Unterschiede* in den thematischen Ausführungen bestehen nun zwischen Barmen und Bern?

Das Thema der Barmer Auftaktthese «Die Kirche in der Gegenwart» (I) begegnet erst in der Berner Schlussthese (5.). Die in beiden Texten geforderte «Busse» wird in Barmen durch «das Wort Gottes» geboten, während sie in

31 Die folgenden Zitate stammen aus SEK, Jahresbericht 1933/34 (Anm. 16), 10.

32 Die Ablehnung kirchlicher Interventionen gegenüber der Staatskirche eines Regimes, das den Antisemitismus zum politischen Programm erhoben hat, als «pharisäische[...] Einmischung» ist zynisch und kann nur mit einem mangelnden, bewusst selektiven oder selbst ideologisierten politischen Bewusstsein erklärt werden.

33 Allerdings arbeitet Maiwald, ungeachtet seines komparativen Interesses, die Differenzen detailliert heraus; vgl. Maiwald, Kirchenkampf (Anm. 1), 47–51.131–144.

34 Die folgenden Zitate finden sich in Niesel (Hg.), Bekenntnisschriften (Anm. 26), 328–333.

Bern durch die «gegenwärtige [...] Not und Verwirrung der Kirche in vielen Ländern» selbst verursacht erscheint. Die «Umkehr» in Barmen (I/1.) taucht in Bern in Gestalt einer «neuen, gemeinsamen Besinnung auf das wahre Wesen der Kirche Jesu Christi und ihrer Verkündigung» (5.) auf. Die Rückbesinnung auf das «alte» bzw. «reformatorische Bekenntnis» (I/2.) fehlt ebenso wie die reformatorischen Aussagen über den Herrn und Auftrag der einen Kirche (I/3.).

Die «Kirche unter der Heiligen Schrift» (II) schrumpft in Bern auf die Feststellung der Bibel als einziger «Quelle und Norm ihrer Verkündigung» (1.) zusammen. «Nichts blieb dabei übrig vom trinitarischen Aufriss der Vorlage, durch den die Legitimation des Verkündigungsauftrages, begründend und begrenzend, im Kanon beider Testamente verankert worden war.»[35] Auffällig ist die Eliminierung der für Barmen II zentralen pneumatologischen Bestimmung von Kirche. Die Erwähnung der Einheit von Altem und Neuem Testament in Bern (1.) wird in Barmen weiter ausgeführt – mit Erwähnung von Mose und den Propheten – und verstärkt durch die ausdrückliche Zurückweisung eines hierarchischen oder selektiven Bibelverständnisses (II/2.).

Die deutlichste Differenz zeigt sich bei Barmen III «Die Kirche in der Welt», in der das christliche Ethos kirchlicher Praxis entfaltet wird. Die Berner Thesen bieten kein Pendant, Aussagen zur Ethik und kirchlichen Praxis, zum Verhältnis von Staat und Kirche (vgl. V) fehlen vollständig.[36] Das verwundert umso mehr, als die Berner Erklärung nicht zuletzt durch die brisante und brennende Frage motiviert war, was angesichts der politischen Entwicklungen in Deutschland getan werden könne und müsse.

«Die Botschaft der Kirche» (IV) wird reduziert auf die Anerkennung von Jesus Christus als «einzigen Herrn» und die «Rechtfertigung durch den Glauben» (2.). «Wiederum unter vollständigem Verzicht auf die vorgegebene Entfaltung des von der Kirche auszurichtenden Evangeliums, Gottes freie Gnade zu verkündigen (IV/1), hielt sich der Berner Text ausnehmend an die These

---

35 Maiwald, Kirchenkampf (Anm. 1), 47f.

36 Maiwalds Versuch (ders., Kirchenkampf [Anm. 1], 48f.), Barmen III/3 mit der dritten Berner These zu harmonieren, ist hoch artifiziell, geht aber nicht auf. «Die Kirche ist in der Welt unter der Heiligen Schrift. Sie dient dem Menschen und dem Volk, dem Staat und der Kultur, indem sie hinsichtlich ihrer Botschaft und ihrer Gestalt dem ihr vorgeschriebenen Worte Gottes und seinem Heiligen Geist gehorsam zu sein bemüht ist.» Aus dem Verkündigungs- und pneumatologisch fundierten Nachfolgeethos in Barmen wird in Bern ein kirchliches Freiheitspathos: «Die Kirche der Reformation hat für die Freiheit eines Christenmenschen gekämpft. Die geistige Freiheit ist einer evangelischen Kirche auch heute unentbehrlich für die Verkündigung ihrer Botschaft.»

IV/3. dieser Gruppe, die mit der Aufnahme der Rechtfertigungslehre ins Zentrum reformatorischer Predigt wies.»[37]

Das Thema von Barmen V «Die Gestalt der Kirche» wird in der vierten Berner These aufgegriffen, ohne die virulenten Inhalte Auftrag und Ordnung der Kirche (V/1.), kirchliches Amt und seine Dienste (V/2.) und vor allem die Bestimmung des Verhältnisses von Kirche und Staat aus christlicher Sicht (V/4.) anzusprechen.[38] Besondere Brisanz haben die vier Verwerfungssätze von der fünften Barmer These: gegen die Abhängigkeit der «sichtbaren Gestalt» der Kirche von «ihrer eigenen Willkür oder äussere[n] Notwendigkeiten» (V/1.); gegen die Delegierung der Verwaltung der kirchlichen Dienste an den Staat (V/2.); gegen die Begründung nationaler kirchlicher Eigenarten «aus besonderen Offenbarungen Gottes in der Geschichte» und die Beschränkung der Mitgliedschaft und Befähigung zum Dienst «auf die Angehörigen einer bestimmten Rasse» (V/3.) und gegen die Ablehnung des Staates als «höchste[r] oder gar einzige[r] (‹totale[r]›) Form sichtbar-zeitlich gestalteter geschichtlicher Wirklichkeit» (V/4.).

Der skizzenhafte Vergleich verdeutlicht bereits die wesentlichen Differenzen zwischen Barmen und Bern. Nicht zufällig steht in Barmen die Busse am Anfang, während sie in Bern den Schlusspunkt bildet. Die Differenz entspricht auch der Unterscheidung zwischen Absicht und Konsequenz bzw. zwischen einer konzeptionell-verpflichtenden und analysierend-folgernden Perspektive. Barmen entwickelt in fünf Thesen eine Ekklesiologie, zu der es zurückzukehren gilt. Bern bemüht sich dagegen um ein ökumenisches Verständnis von Kirche, das mit ihrer schwierigen Lage in der Welt kompatibel ist. Barmen verortet die Adressaten des «uns» in der *una ecclesia sancta et catholica*, Bern dagegen in der Ökumene real existierender Kirchen. Tatsächlich findet sich in den ekklesiologischen, pneumatologischen, trinitäts- und offenbarungstheologischen Absetzbewegungen sowie in der ethischen Abstinenz von Bern gegenüber Barmen eine Kritik vorgezeichnet, die in den Reaktionen auf die Barmer Theologische Erklärung wenig später geradezu programmatischen Charakter erhält.

Es wäre ein Irrtum, die Auslassungen in den Berner Thesen als Defizite oder irrtümliche Verkürzungen zu lesen. Sie sind – wie Birger Maiwald rekonstruiert – einem ökumenischen Anliegen geschuldet. Fraglich ist aber, ob sein Resümee von dem «grundsätzlichen Einverständnis [...] in der Bewertung der kirchlichen Krisensituation der Gegenwart und des zu ihrer Überwindung

37 Maiwald, Kirchenkampf (Anm. 1), 48.

38 Vgl. Maiwald, Kirchenkampf (Anm. 1), 49.

gebotenen Weges», der innerhalb und ausserhalb der Deutschen Evangelischen Kirche unterschiedlich bewältigt werden musste, zutrifft. Zwei Gründe sprechen unmittelbar dagegen: 1. Die Art und Weise, wie Kirchen von politischen Bedingungen betroffen sind, haben unterschiedliche Formen ihres Engagements zur Folge, nicht aber – jedenfalls nicht selbstverständlich – unterschiedliche theologische Bekenntnisse bzw. Ekklesiologien. 2. Eine ökumenische Perspektive, die ausdrücklich die Einheit der Kirchen im Blick auf die eine «wahre Kirche» betont, kann sich mit einem bloss pragmatischen Konsens (Übereinstimmung bei der Diagnose und Therapie der politischen Krise der Kirche) nicht zufrieden geben.

Aber stimmen die Zielsetzungen und Krisendiagnosen aus Bern und Barmen tatsächlich überein? Die These von der grundlegenden Übereinstimmung trotz der offensichtlichen Unterschiede könnte auf zweierlei Weise verteidigt werden: Die theologischen Auslassungen von Bern gegenüber Barmen sind entweder nur von adiaphorisch-sekundärer Bedeutung oder sie waren durch die Besonderheit der historischen Lage erzwungen. Die theologische Pointe des Verhältnisses von Bern und Barmen besteht darin, dass beiden Thesen aus Berner Sicht zugestimmt werden kann, während ihnen aus Barmer Perspektive entschieden widersprochen werden muss. Das verdeutlicht ein Blick auf die anderen Barmer Thesen.

3. Die Berner Erklärung und die Barmer Theologische Erklärung

Die komplexe Motivlage hinter der Berner Erklärung wird deutlicher im Rahmen der zweiten theologischen Erklärung aus Barmen. Adolf Keller hat die Barmer Theologische Erklärung in einem fulminanten Artikel im Bund vom 10. Juni 1934 kommentiert und damit zugleich eine Leseanweisung der Berner Erklärung geliefert.[39] Im Kern handelt es sich bei dem – wie Klaus Scholder hervorhebt – «ungewöhnlich klugen und nachdenklichen Kommentar»[40] um ein Zwiegespräch des Autors der Berner Erklärung mit Karl Barth, komponiert in fünf Thesen, denen ausführliche Rückfragen folgen, die nicht zufällig an die Thesen-Verwerfungssatz-Konstruktion der beiden Barmer Erklärungen erinnern. Kellers Barmen-Kommentar erfolgt auch unter dem Eindruck des aufbre-

39 Adolf Keller, Entscheidende Wendung in der deutschen Kirchenrevolution: Der Bund 85 (1934), Nr. 263 (Sonntagsausgabe 10. Juni 1934), 1–2.

40 Klaus Scholder, Die Kirchen und das Dritte Reich. Bd. 2: Das Jahr der Ernüchterung 1934. Barmen und Rom, Berlin 1985, 199.

chenden Streits zwischen Barth und Emil Brunner über die natürliche Theologie, in dem sich der Zürcher Theologe einen Monat zuvor mit seiner kurzen Schrift *Natur und Gnade. Zum Gespräch mit Karl Barth* deutlich positioniert hatte. Die Befürchtungen vor und die Abwehr gegenüber dem zu erwartenden *Nein!* Barths, das im Oktober des Jahres folgen sollte, sind in Kellers Barmen-Kommentar mit Händen zu greifen.[41]

Der Sekretär des Kirchenbundes liest die Barmer Theologische Erklärung «als eine Rückkehr zum Formal- und Materialprinzip der Reformation, zur Heiligen Schrift als der alleinigen Quelle der Offenbarung und zur ausschliesslichen Gnadenreligion der Reformation.»[42] Im Mittelpunkt seines Kommentars stehen aber weniger die Thesen selbst als ihre ekklesiologischen, kirchenpolitischen und ökumenischen Konsequenzen. Was folgt aus den Barmer Thesen, die «das *Schisma* der deutschen evangelischen Kirche proklamieren und eine völlige *Absage* an das gegenwärtige Kirchenregiment bedeuten»?[43] Fünf Konsequenzen werden genannt: 1. «das *Ende der Staats- und Volkskirche*», d. h. die Ersetzung «der Fiktion einer christlichen Volksgemeinschaft» durch die «Bekenntnisgemeinschaft; 2. die reformierte Umdeutung des «*Luthertums*» mit der «Betonung der Theologie des Wortes, der Bedeutung der Gemeinde, des Verhältnisses von Staat und Kirche, der Behandlung von Verfassungsfragen als Glaubensfragen»; 3. der Übergang von der dialektischen Theologie zur «*Kirchenpolitik*» in dem Versuch, «eine reine *Kirche des Glaubens* aus ihrem eigenen Wesen aufzubauen»; 4. der historisch einzigartige Versuch einer nationalen Kirche, «das Verhältnis von *Staat und Kirche* [...] aus ihrem Wesen heraus religiös zu bestimmen» und 5. das ökumenische Dilemma, welche Kirche in Deutschland «als die wahre Kirche und *Rechts- und Glaubensnachfolgerin der Reformationskirche*» anzuerkennen sei. Der letzte Punkt nennt eine weitere Konsequenz, die das zuvor Genannte nochmals zuspitzt: «Diese Synode wird damit zum *Angriff auf den säkularistischen Weltprotestantismus* überhaupt.»

41 Vgl. Emil Brunner, Natur und Gnade. Zum Gespräch mit Karl Barth (1934): ders., Ein offenes Wort. Vorträge und Aufsätze 1917–1962, Zürich 1981, 333–375; Karl Barth, Nein! Antwort an Emil Brunner (ThExh 14), München 1934. Adolf Keller hatte eine Woche vor seinem Barmen-Kommentar ebenfalls in der Sonntagsausgabe vom Bund unter dem Pseudonym «Xenos» einen Artikel zum Brunner-Barth-Streit publiziert: Xenos, Streitgespräch zwischen Emil Brunner und Karl Barth (Emil Brunner: Natur und Gnade, Tübingen 1934): Der Bund 85 (1934), Nr. 251 (Sonntagsausgabe 3. Juni 1934), 1f.; vgl. dazu Jehle-Wildberger, Keller (Anm. 9), 367f.

42 Dieses und die folgenden Zitate in: Keller, Wendung (Anm. 39), 1f.

43 Die Frage nach einem Schisma stellte sich aus schweizerischer Sicht bereits im Blick auf die Freie reformierte Synode vom Januar, vgl. dazu Kaiser, Kirchenkampf (Anm. 8), 116–120.

Auf die Punkte 2. bis 4. geht Keller nur kurz ein. Er sympathisiert mit der zweiten Konsequenz, denn «man kann sich nur freuen, wenn – vorläufig – wieder eine evangelische kirchliche Gemeinschaft entsteht, in der sich Lutheraner und Reformierte unbeschadet ihrer eigenen Konfession, friedlich zusammenfinden». Die dritte und vierte Konsequenz hält er zwar für durchaus berechtigt, aber unrealistisch. Eine «Kirche des Glaubens» erscheint im Blick auf die sozialen und kirchenpolitischen Aufgaben genauso wenig durchsetzbar wie die geforderte Trennung von Staat und Kirche angesichts des nationalsozialistischen Anspruchs «auf totalitäre Lebensgestaltung».

Die Brisanz des Barmen-Kommentars steckt in den rahmenden Vorwürfen der Kirchenspaltung – bezeichnenderweise nicht der Vorwurf einer häretischen Theologie – und des Totalangriffs auf den «säkularististischen Weltprotestantismus». Keller versteht darunter das «Staatschristentum», den «Pelagianismus», «die Hierarchie der anglikanischen Kirche», den «amerikanische[n] kirchliche[n] Pragmatismus», «Humanismus», «soziale[n] Idealismus» und «die katholische Werkgerechtigkeit» und begründet seine Kritik in den Punkten 1. und 5. Es lohnt sich die zentralen Passagen zu zitieren, weil sie unmittelbare Rückschlüsse auf das Verhältnis zwischen Bern und Barmen zulassen. Mit der Umstellung von der «Staats-» resp. «Volkskirche» auf die «Glaubenskirche» bzw. «Bekenntnisgemeinschaft» – so die erste Konsequenz –

> «hält notwendigerweise die Theologie und die Intoleranz ihren Einzug in die Kirche. Denn die Theologie kann nicht tolerant sein. Eine Bekenntnisgemeinschaft ist exklusiv. Hier erhebt sich sofort die Frage, wo nun die anderen bleiben. Die Deutschen Christen haben keinen Platz in dieser Kirche. Aber wo bleiben die Liberalen, die wohl die Grundprinzipien der Reformation annehmen können, aber nicht die Herrschaft des Dogmas? Wo bleibt die bisherige tolerante Mitte, die auch bei materieller Zustimmung Zwang und Ausschliesslichkeit religiöser Überzeugung verabscheuen? Wo bleiben die Religiös-Sozialen, die diese Vertheologisierung der Kirche als eine Verkürzung ansehen? Wo bleiben die Modernen? Wo bleibt die Erfahrungstheologie, die die Kirche nicht auf den dogmatischen Ausdruck des 16. Jahrhunderts festlegen will? Wo bleiben die Arbeitermassen, die Millionen, die diese Theologenkirche nicht mehr verstehen oder wenigstens nicht die hinter den Glaubensbekenntnissen bereits schon lauernden theologischen Formulierungen. Werden sie eine eigene Kirche bilden? […] Es ist vorauszusehen, dass mit der Bildung einer Bekenntniskirche andere Kirchenbildungen kommen werden, aber auch dass die deutsche Glaubensbewegung und die Katholische Kirche einen guten Teil derer aufnehmen werden, die in der Bekenntniskirche nun heimatlos werden.»

Die Entgegnungen präsentieren eine Art Querschnitt durch die schweizerische Theologie- und Kirchenlandschaft jener Zeit. Keller mag bei der Aufzählung der theologischen Richtungen an seine Freunde Alfred Deissmann, Hermann Kapler und Friedrich Siegmund-Schultze gedacht haben.[44] Fokussieren diese Einwände auf die von den Barmen-Thesen provozierten theologischen Kontroversen, zielt die Kritik zum fünften Punkt auf die kirchenpolitischen Konsequenzen: «Die Bekenntnissynode stellt das evangelische Ausland vor eine theologische und kirchenpolitische Entscheidung, die für die *ökumenische Bewegung* die grösste Bedeutung bekommen kann.» Denn die ausländischen Kirchen stimmen zweifellos mit dem «Kampf der Opposition um Freiheit und Reinheit der Reformationskirche» überein und müssten deshalb – konsequenterweise – «die Bekenntniskirche als die wahre Kirche und *Rechts- und Glaubensnachfolgerin der Reformationskirche* anerkennen». Gegen diese naheliegende Schlussfolgerung wendet Keller ein:

> «Haben denn die ausländischen Staats- und Volkskirchen, die nicht eigentliche Bekenntniskirchen sind, das innere Recht zu einer solchen Anerkennung? [...] Keine dieser Kirchen ist eine reine Gnadenkirche. Sie sind grundsätzlich und faktisch tief verwurzelt im Staats- und Volksleben, in bestimmter Weltanschauung, in rechtlichen Verhältnissen und einer engen Verbindung zur konkreten Welt, also in einer Lage, die die Bekenntnissynode gerade heftig kritisiert. [...] *Karl Barth* kritisiert einen guten Teil der kirchlichen Opposition ebenso wie den *Reichsbischof* und drängt zum Entscheidungskampf nicht nur zwischen kirchlichen Parteien in Deutschland, sondern zwischen der reinen Glaubenskirche und dem Kulturprotestantismus der ganzen Welt. Die Theologie der anglikanischen Kirche steht grundsätzlich der Theologie der Deutschen Kirche näher als der Theologie der Opposition. Ebenso die soziale Theologie Amerikas.» Und Keller schliesst seinen Beitrag: «Die Bekenntnissynode rollt daher geradezu ein theologischen Kirchenproblem der gesamten evangelischen Welt auf, das gerade in dem eröffneten Gespräch zwischen Barth und Brunner an der Wurzel angefasst wird.»

Im Schlussabschnitt wiederholt Keller seine eine Woche zuvor in der gleichen Zeitung geäusserte Einschätzung, «dass man nicht nur inmitten eines persönlichen Kampfes zwischen den zwei hervorragenden Vertretern der dialektischen Theologie steht, sondern inmitten einer Auseinandersetzung unserer gesamten christlichen Theologie».[45] Mit beharrlicher Vehemenz rekonstruiert der *Kirchenpolitiker* eine eminent *kirchenpolitische* Krise als *dogmatisch-theologischen* Konflikt. Barth wird nicht nur massgeblich für die Misere der dialektischen Theologie verantwortlich gemacht, in der Keller sich selbst – wie er in einem Brief an Brunner vom 17. Juli 1934 bemerkt – «zwischen Ihnen beiden

44 Das vermutet Jehle-Wildberger, Keller (Anm. 9), 366.
45 Zitiert nach Jehle-Wildberger, Keller (Anm. 9), 367.

[... in] einer schmerzlichen Spannung» wiederfindet[46] –, sondern auch für das Schisma, das von der kirchlichen Situation in Deutschland ausgehend die gesamte protestantische Welt bedroht. Kellers doppelter Vorwurf lässt sich so zusammenfassen: Erstens fährt die Barmer Theologische Erklärung die protestantische Ökumene komplett an die Wand. Zweitens zerstört die gegen die Deutschen Christen gerichtete exklusive Ekklesiologie der Barmer Theologischen Erklärung auch die gemeinsame Heimat der verbündeten ausländischen Kirchen, einschliesslich des schweizerischen Protestantismus. Der Kontrapunkt Barmen nivelliert geradezu die *theologischen* Differenzen zwischen den Schweizer Protestanten, der anglikanischen Kirche und dem amerikanischen Protestantismus auf der einen Seite und den Deutschen Christen auf der anderen Seite. Beide Seiten sitzen aus der Kellerschen Optik mehr oder weniger im selben Boot – allerdings nicht in dem mit der Bekennenden Kirche am Ruder.

Vor dem Hintergrund dieser theologisch verursachten kirchenpolitischen Irritationen wird die leitende Absicht hinter der eigentümlichen Gestaltung der Berner Erklärung verständlich: der weitgehende Verzicht auf theologische Sprache und dogmatische Systematisierungs- resp. Begründungsfiguren, die Allgemeinheit der Aussagen versehen mit Herkunftsangaben von grösster Reichweite, die unterlassene Klärung des Verhältnisses von Staat und Kirche, der Verzicht auf eine Ethik im Raum der Kirche, die theologisch freischwebende Verteidigung geistiger Freiheit und schliesslich die humanistisch-egalitaristische Absicherung der beiden Verwerfungssequenzen. Die kompositorischen Eigenarten sind dem Versuch geschuldet, der sehr heterogenen protestantisch-theologischen Kirchenlandschaft eine gemeinsame Grundlage zu liefern. Die Berner Thesen präsentieren eine theologische Substraktionserklärung, die alle kontroversen, konfliktträchtigen und anathematischen Glaubensaussagen um des kleinsten ökumenischen Nenners willen eliminiert. Die empirisch-analytische Erhebung einer ökumenischen Schnittmenge hat mit einem Bekenntnis nichts gemeinsam.

46 Zitiert nach Jehle-Wildberger, Keller (Anm. 9), 368. Keller kritisiert Brunners Position dahingehend, «dass etwas in die ‹reine Glaubensstellung› hinein kommen könnte, dass dieser selbst ‹nicht drin haben› möchte – Nähe zur deutschchristlichen Theologie» (ebd.).

IV. Das «uns» zwischen «Bekenntnis-» und «Volksgemeinschaft»

1. *Politisch-historische Kontextualisierungen*

Maiwald und Jehle-Wildberger begründen den theologischen Reduktionismus der Berner Erklärung mit dem kirchenpolitischen Bemühen des Kirchenbundes und ihres Sekretärs um ein ökumenisch tragfähiges Fundament in weltpolitisch schwieriger Zeit. Gewiss steht dieses Motiv – neben der für Keller schmerzhaften Kontroverse zwischen Brunner und Barth – im Zentrum. Aber das reicht erstens für die Begründung einer kirchenpolitischen Strategie, die das Faktische zur Norm erhebt, nicht aus und wird zweitens Adolf Keller als aufmerksamem internationalen Beobachter und Kommentator der politischen Ereignisse nicht gerecht. Aufschlussreich ist der anonym erschienene Artikel «Protestantismus und deutsche Revolution» vom 5. Mai 1933,[47] in dem Keller – bei aller Unsicherheit, wie er ausdrücklich betont – «eine vorläufige Beurteilung der Lage in Deutschland» versucht. Drei Aspekte werden hervorgehoben:

> «Einmal versucht das deutsche Volk seine nationale Einheit zu gestalten, wie es lange vor ihm Frankreich, Grossbritannien und Italien getan haben [...]. Der zweite Punkt ist der Kampf gegen die zersetzenden Mächte des Marxismus und Bolschewismus. [...] Mit dem raschen Zugreifen ist wahrscheinlich eine kommunistische Revolution im Keime erstickt worden, die in halb Europa einen Riesenbrand entfacht hätte. [...] Die dritte charakteristische Seite an der deutschen Revolution ist die Abschaffung des Parlamentarismus und damit die Ablehnung der Demokratie. Das ist eine interne Angelegenheit des deutschen Volkes, das selbst entscheiden kann, wie es regiert werden will. Aber wenn damit eine Abschaffung der Freiheit verbunden ist, wird doch eine Menschheitsangelegenheit berührt.»[48]

47 [Adolf Keller], Protestantismus und deutsche Revolution: Kirchenblatt für die reformierte Schweiz, 89 (1933) (4. Mai), 130–132. Zur Autorenschaft Kellers vgl. Kaiser, Kirchenkampf (Anm. 8), 181, Anm. 23.

48 [Keller], Protestantismus (Anm. 47), 130f. Vgl. dazu Kaiser, Kirchenkampf (Anm. 8), 178–182, sowie oben Anm. 28. Jehle-Wildberger, Keller (Anm. 9), 350, zitiert aus einem Artikel Kellers über den reformierten Weltbund in Belfast im Kirchenblatt vom Juli 1933, um zu belegen, dass dessen Haltung gegenüber Hitlers programmatischem Antisemitismus bereits im Sommer «entschieden» sei. Tatsächlich rät der Autor dort aber, «den stürmischen Gang der Revolution abzuwarten, auf die Rückkehr normaler Verhältnisse zu hoffen und es den inneren Kräften Deutschlands zu überlassen, sich mit der Revolution auseinanderzusetzen».

Zur Rolle der Kirche in diesem Prozess bemerkt Keller:

> «Es ist allgemeine Überzeugung, dass in einer Neugeburt der Nation die Kirche nicht nebenaus stehen kann. Die nationale Einigung, das Ausfegen von allerlei Parteigeist und moralischem Schmutz kann die Kirche ebenso wenig gleichgültig lassen wie der Kampf gegen die Weltanschauung des Marxismus und Bolschewismus. Es kann für sie nicht zweifelhaft sein, auf welche Seite sie sich hier zu stellen hat.»[49]

Es wäre unangemessen, dem weltbewanderten, ökumenisch versierten und in der nationalen und internationalen kirchlichen Flüchtlingspolitik an vorderster Front engagierten Sekretär des Kirchenbundes zweifelhafte Sympathien für den Nationalsozialismus zu unterstellen. Allerdings kann ihm, der über ständige Kontakte nach Berlin verfügte, genauso wenig politische Naivität oder Unwissenheit attestiert werden. Gerade weil beides nicht zutrifft, sind seine Äusserungen für das Verständnis der komplexen und kontroversen schweizerischen Kirchenlandschaft erhellend. Der Artikel Kellers bietet ein repräsentatives Panorama des kirchlichen Denkens in der Phase des sogenannten Frontenfrühlings jenseits einer Fülle rechter und vereinzelter linker Extrempositionen. Vier Aspekte können hervorgehoben werden:

1. Eine antikommunistisch-kämpferische, nationalstaatsfixierte Denkweise und Rhetorik gehörten zum Standardrepertoire kirchlicher Gruppen und Medien, die sich zugleich als politische Akteure verstanden. Die Berner Erklärung fällt in die Hochphase des sogenannten Frontenfrühlings, an der sich verschiedene kirchliche Fraktionen entweder direkt oder im Rahmen des Alternativprogramms der «geistigen Landesverteidigung» beteiligten.[50]

---

49 [Keller], Protestantismus (Anm. 47), 131.

50 Peter Gilg/Erich Gruner, Nationale Erneuerungsbewegungen in der Schweiz 1925–1940: Vierteljahreshefte für Zeitgeschichte 14 (1966), 1–25; Josef Mooser, Die «Geistige Landesverteidigung» in den 1930er Jahren. Profile und Kontexte eines vielschichtigen Phänomens der Schweizerischen politischen Kultur in der Zwischenkriegszeit: SZG 47 (1997), 685–708; Martin Rosenberg, Der Frontenfrühling und die Erneuerungsbewegungen der dreissiger Jahre, Bern 1970; Walter Wolf, Faschismus in der Schweiz. Die Geschichte der Frontenbewegungen in der deutschen Schweiz, 1930–1945, Zürich 1969. Den frontistischen Erneuerungsbewegungen setzten zunächst links-demokratische, später auch die bürgerlichen Parteien und der Staat das Dispositiv der «Geistigen Landesverteidigung» entgegen. Über die Rolle der Kirchen bemerkt der Bergier-Bericht (Unabhängige Expertenkommission Schweiz, Weltkrieg [Anm. 13], 76f.): «Die Geistige Landesverteidigung hatte zum Ziel, die schweizerische ‹Eigenart› hervorzuheben und damit den Willen zur politischen Unabhängigkeit und zur militärischen Landesverteidigung zu stärken. Damit entsprach sie einem Bedürfnis (und einer Notwendigkeit) zur Abgrenzung nach aussen, insbesondere gegen das ‹Dritte Reich›. Andererseits diente sie aber auch der inneren Stabilisierung der Gesellschaft. [...] Die beiden grossen Landeskirchen, die evangelisch-reformierte (oder protestantische) und

2. Die massive Furcht vor einer bolschewistischen Invasion in Europa, die in der Schweiz durch die seit den 1920er Jahren sich formierende Blockbildung von Bürgerlichen und Linken zusätzliches Gewicht erhielt. Der Nationalsozialismus wurde als antimarxistischer Befreiungskampf gewürdigt, eine Deutung, die Keller häufig wiederholte und an der er länger als andere festhielt.[51] Die Position entsprach derjenigen des Kirchenbundes von 1933, bei dem auffällt, «dass jeweils bei der Erörterung der deutschen Krisensituation sogleich auch auf die russischen Zustände hingewiesen wurde. Damit sollte zwar die deut-

die römisch-katholische, fügten sich in das mentale Verteidigungsdispositiv gewissermassen im Sinn einer ‹geistlichen› Landesverteidigung ein. Kirche und Staat rückten einander näher, was in besonderem Masse der römisch-katholischen Seite zugutekam. Sie profitierte stärker vom antiaufklärerischen Klima als die heterogenere evangelisch-reformierte Seite und konnte sich, in einer Zeit, da grosse Teile der Schweiz sozusagen Urschweiz sein wollten, als die ursprünglichste Kraft des Landes verstehen. [...] Von der bei den politischen Parteien zu beobachtenden Burgfriedenshaltung war im Verhältnis zwischen den beiden Konfessionen allerdings wenig zu spüren. Hier herrschte weiterhin zum Teil scharfe Unduldsamkeit. Auf der evangelisch-reformierten Seite kam noch eine Uneinigkeit durch den Richtungsstreit zwischen den konservativen ‹Positiven› und den ‹Freisinnigen› hinzu. Eine dritte Position bildeten die Anhänger der dialektischen Theologie mit dem bekannten und sehr regierungskritischen Theologen Karl Barth und in der religiös-sozialen Variante mit Leonhard Ragaz.» Vgl. aus theologischer Sicht Luzius Kratzert, «Freund, lass uns geistlich und gerade so real denken!» Barths Streit um die Sache der Theologie mit der Schweizer Liberalen Theologie um 1935: ThZ 70/2014, 193–207; Thomas K. Kuhn, «Geistige Landesverteidigung» und reformierte Theologie in den 1930er Jahren: ZKG 114 (2003), 21–44; ders., Emil Brunner und die ‹Geistige Landesverteidigung› in der Schweiz: Sigrid Leckebusch/Hans-Georg Ulrichs (Hg.), Historische Horizonte. Vorträge der dritten Emder Tagung zur Geschichte des reformierten Protestantismus, Wupertal 2002, 297–310, sowie Martin Sallmann, Die Oxfordgruppe beim Bundesrat und im Parlament in Bern (1935). Konvergenzen religiöser und politischer Überzeugungen bei Bundesrat Minger und der Oxfordgruppe: Ulrich Gäbler/Martin Sallmann/Hans Schneider (Hg.), Schweizer Kirchengeschichte – neu reflektiert. Festschrift für Rudolf Dellsperger zum 65. Geburtstag, Bern, Frankfurt/M. 2011, 307–338.

51 Vgl. Kellers erste Stellungnahme für den Kirchenbund vom 28. März 1933, in der mit Blick auf das deutsche Volk betont wird: «[W]ir können sogar ein beträchtliches Verständnis aufbringen für seinen bedeutsamen Kampf gegen die Mächte des Bolschewismus, Kommunismus und Atheismus.» Und anlässlich eines Termins bei der deutschen kirchlichen Führung in Berlin, bei der Keller im Auftrag des US-amerikanischen Kirchenbundes gegen die gewalttätige Kirchenpolitik intervenierte, erklärt er: «Ich habe selbst in einem früheren Artikel in einer schottischen Kirchenzeitung darauf hingewiesen, dass die deutsche Revolution nicht nur vom Gesichtspunkte des Arierparagraphen aus behandelt werden dürfe und dass die Bekämpfung des bolschewistischen Materialismus und der Gottlosenbewegung für die Beurteilung der deutschen Revolution ebenso bedeutsam sei.» Beide Zitate in: Kaiser, Kirchenkampf (Anm. 8), 182 und 190, Anm. 49.

sche Situation nicht verharmlost werden, immerhin aber erlaubte ein solcher Vergleich, die deutsche Lage in ‹gerechteren› Proportionen zu sehen.»[52]

3. Die tiefe Überzeugung vom Wert der schweizerischen Neutralität als moralpsychologischem Identitätsprogramm, das Keller in einer Gottesdienstansprache zu Beginn des Ersten Weltkrieges skizziert hat:

> «Gott hat unser Volk unter die Weltreiche hineingesetzt […]. [… M]it einer seltenen Selbstbeherrschung hat unser Volk die in Europa einzigartige seelische Kraft aufgebracht, sich den dumpfen Mächten des Blutes und der Rasse zu entringen und auch Widerstrebende zu einer höheren Einheit zusammenzubinden.» Die Schweiz sei «das Gewissen Europas, der barmherzige Samariter einer verwundeten Welt, der treue Freund […], der versteht, der mitträgt, nicht nur das Leid, sondern auch die Schuld der Nation […]. Wir dürfen sie lieben, das ist unsere Aufgabe, unser Vorrecht.»[53]

Die «providentielle Aufgabe» der Neutralität – wie Keller an anderer Stelle formuliert – weist der Schweiz eine genuine Stellung in der Völkergemein-

52 Kaiser, Kirchenkampf (Anm. 8), 220. Vgl. Schweizerischer Evangelischer Kirchenbund, Jahresbericht des Vorstandes des Kirchenbundes über das Jahr 1934/1935 und Protokoll der Abgeordnetenversammlung vom 11. und 12. Juni 1935 in Solothurn, Winterthur 1935, 6–9. Darin begründet der Vorstand in einem Brief an Bundesrat Motta seine Ablehnung der Aufnahme Russlands in den Völkerbund damit, «dass die höchsten Güter der Christenheit, ja der Menschheit überhaupt, dadurch gefährdet seien, könnte er sich niemals stillschweigend damit abfinden, dass der Völkerbund durch sein internationales Ansehen eine Regierung deckt, die die heiligsten Rechte der Menschheit und des christlichen Gewissens mit Füssen tritt». (6) Weil Russland aber inzwischen aufgenommen war, setzte sich der Vorstand für die Einführung eines Artikels für den Schutz der Glaubens- und Kultusfreiheit ein. «Der Vorschlag wurde begründet durch den Hinweis auf die Tatsache, dass heute die Religionsfreiheit in mehreren Ländern bedroht und unterdrückt wird.» (7) Im Blick auf die Verhältnisse in Deutschland formuliert der Vorstand ungleich zurückhaltender. Zwar stelle der «gegenwärtige Konflikt des deutschen Protestantismus […] auch unsere Kirchen vor neue Fragen, mit denen wir uns bisher nicht zu befassen hatten und kann uns gegebenenfalls zu Entscheidungen nötigen, die tief in die alten Beziehungen zwischen der kirchlichen Schweiz und dem deutschen Protestantismus hineingreifen. Es kann sich in der Beurteilung des deutschen Kirchenstreites in keiner Weise um ein Richteramt handeln, das sich irgendeine ausländische Kirche anmassen dürfte. Aber wo die freie Verkündigung des biblischen Wortes und die evangelische Versammlungsfreiheit gefährdet sind, geht es in allen protestantischen Kirchen um ein gemeinsames Gut, das zu verteidigen ist.» (9)

53 Adolf Keller/William Eugène Cuendet, Wir wollen sein ein einzig Volk von Brüdern. Vaterländische Ansprachen in einem gemeinsamen deutsch- und welschschweizerischen Gottesdienst am 9. September 1914 im St. Peter, Zürich, Zürich 1914; zitiert nach Jehle-Wildberger, Keller (Anm. 9), 104f.

schaft zu.[54] Aus dieser Haltung wird nicht nur die Sorge des Kirchenbundes und ihres Sekretärs vor vorschnellen und einseitigen Einmischungen von aussen verständlich, sondern auch die auffällige Abstinenz der politischen Ethik in der Berner Erklärung. Die dringende Frage nach den Grenzen der Neutralität klingt zwar an manchen Stellen an, wird aber – um der Aufrechterhaltung des offiziellen Dialogs willen – zurückgewiesen.

4. Die defensiv-abwartende Haltung gegenüber den Entwicklungen in Deutschland nimmt prototypisch bereits jene Einstellungen vorweg, die später die Diskussionen über die Schweiz im Zweiten Weltkrieg prägen sollten.[55] Der Historiker Georg Kreis unterscheidet vier «Bewährungsdebatten»: «die Verräterdebatte, die Neutralitätsdebatte, die Armeedebatte und die Flüchtlings- und Antisemitismusdebatte».[56] Der Verräter- und Armeetopos verbinden sich in der Feststellung von der Legitimität der nationalen Einheitsbestrebungen Deutschlands auch gegen innere Feinde und in der Beurteilung des Nationalsozialismus als Bollwerk gegenüber der bolschewistischen Gefahr in Europa. Der Neutralitäts-Topos wird mit der Feststellung der staatlichen Souveränität bei der Gestaltung der eigenen politischen Ordnungen bedient. Der Flüchtlings- und Antisemitismus-Topos begegnet schliesslich in der an mehreren Stellen auftauchenden Begründungsfigur, nach der die Opferfrage den politischen Zielen des Staatsaufbaus untergeordnet werden müsse.[57]

54 Adolf Keller, Die psychologische und ethische Seite der Neutralität; zitiert nach Jehle-Wildberger, Keller (Anm. 9), 106.

55 Vgl. Georg Kreis, Die Schweiz der Jahre 1918–1948: Boris Schneider/Francis Phython (Hg.), Geschichtsforschung in der Schweiz. Bilanz und Perspektiven, Basel 1992, 378–396; ders., Vier Debatten und wenig Dissens: SZG 47 (1997), 451–476; ders., Das verpasste Rendez-Vous mit der Weltgeschichte. Zurück in den Zweiten Weltkrieg (Teil III): SZG 54 (2004), 314–330 sowie die in Anm. 15 erwähnte Literatur.

56 Kreis, Debatten (Anm. 8), 451. Die Debatten treten meist in gemischter Form auf: «Das heisst: Sie gelten der zentralen Frage, ob die Schweiz – einzelne Personen, Gruppen oder die Gesellschaft insgesamt – den Anforderungen genügte, die sich aus der historischen Situation (dem Selbsterhaltungs- und Verteidigungsauftrag) und aus den selbstgewählten Idealen (Demokratie, Neutralität, Humanität bzw. Solidarität) ergaben.» (ebd.)

57 Natürlich bedürfte dieser Interpretationsfokus einer eingehenden Betrachtung, auch im Hinblick darauf, dass hier einer anderen Nation zugestanden würde, was später für die eigene Nation in Anspruch genommen wird.

2. Exklusive und inklusive Deutungen des «uns»

Nüchtern betrachtet beruht die Berner Erklärung auf einem Konzessionsentscheid. Ausgelöst wurde er durch einen doppelten Druck der Mitgliedkirchen auf den Kirchenbund. Einerseits forderten diese schon lange von ihm ein klares Wort zur Lage in Deutschland, andererseits bestand die Gefahr, dass einzelne Mitgliedkirchen dem Kirchenbund mit eigenen Aktionen zuvorkommen würden. Im März 1934 mündete diese Anspruchskonstellation in einen handfesten innerkirchlichen Konkurrenzkampf. Neben der Berner Erklärung wurde erstens eine – in Zusammenarbeit mit Karl Barth entstandene – sechs Thesen umfassende «Kundgebung des Verbandes der evangelisch-reformierten Kirchgemeinden des Kantons Solothurn» verabschiedet.[58] Zweitens hatte die «Theologische Arbeitsgemeinschaft des Kantons Bern» unter Leitung von Peter Barth eine Solidaritätsadresse für den Pfarrernotbund formuliert, die mit 610 Unterschriften – einschliesslich der des Kirchenbundpräsidenten – versehen über die Grenze nach Deutschland zu Martin Niemöller geschmuggelt wurde.[59] Das Solothurner Dokument ging an den Kirchenbund mit Bitte um Weiterleitung an die Mitgliedkirchen, blieb dort aber unbearbeitet liegen. Das von Karl Barths Bruder initiierte Solidaritätsschreiben sorgte dagegen für reichlich Unmut und Betriebsamkeit bei Keller und im Kirchenbund.

Die beiden Dokumente sind auch von Interesse, weil sie eine Richtung einschlagen, die der Vorstand des Kirchenbundes ausdrücklich verhindern wollte. Zur Verdeutlichung nur zwei kurze Passagen. Die vierte und fünfte Solothurner These lauten:

> «4. Wir beglückwünschen diese Brüder, die ungeachtet aller Schwierigkeiten sich wehren gegen jegliche Verfälschung der Bibel, und wir bitten sie, weiterhin dem göttlichen Worte Treue zu halten. 5. Für unsere schweizerische Kirche ergibt sich aus den Irrungen der deutschen Schwesterkirche eine ernste Mahnung zur Wachsamkeit. Hüten wir uns vor dem Richtgeist und halten wir uns an die göttliche Frohbotschaft, die will, dass allen Menschen geholfen werde. Vor Gott ist weder Jude noch Grieche, weder Germane noch Romane.»[60]

Und in der Berner Solidaritätsadresse für den Pfarrernotbund heisst es:

> «Es ist uns ein Bedürfnis und eine Pflicht amtsbrüderlicher Solidarität [...]. Wir wissen uns mit Ihnen einig in der Verpflichtung zu einer unverfälschten Predigt des

58 Vgl. Kaiser, Kirchenkampf (Anm. 8), 286–291.

59 Vgl. Kaiser, Kirchenkampf (Anm. 8), 292–297; Maiwald, Kirchenkampf (Anm. 1), 73–93.

60 Zitiert nach Kaiser, Kirchenkampf (Anm. 8), 290.

> Wortes Gottes, im Bekenntnis zu dem einen Herrn und Gebieter seiner Gemeinde. ‹Die heilige christliche Kirche, deren einig Haupt Christus ist, ist aus dem Worte Gottes geboren; darinnen bleibt sie und hört nicht die Stimme eines Fremden.› [...] Ihr und Ihrer Gemeinden Widerstand ist uns und allen ernsthaften evangelischen Christen eine Glaubensstärkung. Sie kämpfen und leiden für die Erhaltung und Erneuerung der Kirche weit über Ihr Vaterland hinaus.»[61]

Die Unterschiede zur Berner Erklärung springen unmittelbar ins Auge. In beiden Dokumenten werden ausdrücklich diejenigen deutschen Pfarrpersonen angesprochen, die dem Druck der offiziellen Reichskirche widerstehen. Auf diesen exklusiven Kreis beschränken sich die Solidarität und der Dank aus der Schweiz. Mit der so charakterisierten Gruppe identifizieren sich die Absender, nicht nur in der Bitte um Fortsetzung des Widerstands, sondern auch in der Feststellung des Vorbildcharakters und stellvertretenden Kampfes der Bekennenden Kirche für die Schweiz. Als Zugehörigkeitskriterium verweist die Berner Solidaritätsadresse kurz und knapp auf die ekklesiologische Bestimmung der ersten Berner These von 1527/28. Das «uns» steht hier für die von ihrem Herrn unter dem Wort Gottes versammelte Gemeinschaft der Heiligen.

Die beiden Dokumente haben bereits formal andere Adressaten als die Berner Erklärung. Die Solothurner Thesen waren für die schweizerischen Kirchen bestimmt, die Solidaritätsadresse für den Pfarrernotbund. Die Berner Erklärung ging dagegen an die Reichskirche. Die Kantonalkirchen forderten und förderten die Solidarität mit den bedrängten Christen in Deutschland, der Kirchenbund war – als nationaler Repräsentant auf internationaler Ebene – an der Aufrechterhaltung und Gestaltung der offiziellen und ökumenischen Beziehungen interessiert. Diese Aufgabenverteilung war auf der einen Seite institutionell vorgegeben. Auf der anderen Seite zeigt sich darin die grundlegende Spannung zwischen – soziologisch gesprochen – einem *exklusiven* und einem *inklusiven* Verständnis des «uns». Wer gehört zu dem «uns» und wer bleibt ausgeschlossen? Die beiden kantonalkirchlichen Dokumente und die Berner Erklärung bieten alternative Normierungskonzepte an: Die Solothurner Thesen und die Solidaritätsadresse definieren das «uns» ekklesiologisch: Das «uns» steht für die Gemeinschaft, die nach Bibel und Bekenntnis Kirche ausmacht. Die Berner Erklärung versucht ihr – implizites – Kirchenverständnis der Heterogenität real existierender kirchlicher Handlungsgemeinschaften anzupassen. Hinter beiden Zugangsweisen stehen unterschiedliche kirchenpolitische und ökumenische Anliegen, die – wie der Widerstand aus dem Kir-

61 Zitiert nach Kaiser, Kirchenkampf (Anm. 8), 293.

chenbund deutlich macht – nicht als komplementäre Strategien verstanden werden dürfen.

Wer aber ist mit dem «uns» in der fünften These der Berner Erklärung gemeint? Drei Referenzkandidaten sind in den vorangegangenen Darstellungen begegnet: die ausländische Ökumene aus der Sicht des Kirchenbundes, Maiwalds und Jehle-Wildbergers, der nationale und internationale Protestantismus in Kellers Barmen-Kommentar und die Bekennende Kirche in den Solothurner Thesen und der Solidaritätsadresse an den Pfarrernotbund. Nur in der dritten Variante wird die Solidarität mit der kirchlichen Opposition in Deutschland zu einem konkreten gemeinsamen Bekennen und einer dringenden kirchlichen Aufgabe auch in der Schweiz. An dieser Stelle wird das «uns» der fünften These aus Bern zum «uns» der Kirche.

Die alternativen Adressaten unterscheiden sich nicht nur im Blick auf ihre theologischen Voraussetzungen, kirchlichen Selbstverständnisse oder Organisationsformen. Vielmehr geht es um die umfassende Praxis der Glaubensgemeinschaft – modern gesprochen um Kirche als Lebensform. Darauf weist Walter Hildebrandt in einem 1934 erschienenen – zu Unrecht nicht beachteten – Text hin. Gegen die verbreiteten Sympathiebekundungen für die Bekennende Kirche gibt er zu bedenken:

> «Denn die Bekenntnisbewegung ist ja das reinste Gegenteil von dem, was die gleiche Presse und Politik im täglichen Gehabe als Religion pflegt und befürwortet. Der Pfarrernotbund, die Bekenntnisbewegung, das sind ja gerade diejenigen Glaubensgruppen, die sich enge an die Heilige Schrift und an die reformatorischen Bekenntnisse anschliessen, die zurückgezogen mit der Bibel in der Hand ihren schlichten Christenglauben gelebt haben, und die man deswegen gerne als rückständig, orthodox und muckerisch verschrie. Diese einfachen Kreise, welche zu keiner Zeit auf Weltkonferenzen grosse Worte zu führen verstanden, sind jetzt auf einmal mit ihrer geistlichen Kraft hervorgetreten, während jene liberalen Wortmacher auf einmal ganz schweigsam geworden sind, soweit sie sich nicht schon den ‹Deutschen Christen› angeschlossen haben. In Tat und Wahrheit liegt die innerliche Sympathie der grossen Politik und Presse wohl ganz anderswo als bei der Bekenntnisbewegung, nämlich bei den ‹Deutschen Christen›, die ja allein die ‹nötige Distanz› von Bibel und Bekenntnis wahren.»[62]

Adolf Keller hat das Dilemma des Schweizerischen Protestantismus klar gesehen: Wie können sich Kirchen, die sich ausdrücklich nicht als Bekenntniskirchen verstehen, zur Bekennenden Kirche in Deutschland verhalten? Worauf sollte ihre Verbindung gründen? Die Berner Erklärung liefert ein Fundament,

62 Hildebrandt, Volk (Anm. 24), 166f.

das ganz bewusst auf die «geistliche Kraft» (Hildebrandt) der Bekenntnisbewegung verzichtet. Es ist kein Zufall, dass sich die Berner Thesen mit der «geistigen Freiheit» begnügen und über das Wirken des Geistes Gottes schweigen. Tatsächlich geraten hier zwei theologische Fundamentalkonzeptionen miteinander in Konflikt. Keller hatte in seinem Barmen-Kommentar die kirchenpolitische Stossrichtung als Versuch beschrieben, «eine reine *Kirche des Glaubens* aus ihrem eigentlichen Wesen aufzubauen mitten in einer Welt in der sie sich mit dem Staat, dem Recht, Organisationsfragen, Finanzproblemen, sozialen Nöten von ihrem Glauben her zurechtfinden muss. Wie dies an den Grenzlinien der Welt gegenüber kompromisslos und ohne Verrat der Glaubenssubstanz geschehen kann in konkretem kirchenpolitischen und sozialem Handeln, ist abzuwarten.»[63] Die Skepsis des Kirchenpolitikers Keller ist berechtigt und hat historisch betrachtet einiges für sich. Noch aussichtsloser präsentiert sich aber sein alternativer Versuch, aus kirchenpolitischen Erwägungen heraus ein «uns» zu konstruieren, das der Not und Notwendigkeit kirchlichen Bekennens gewachsen wäre.

63 Keller, Wendung (Anm. 39), 2.

III. Aktuelle Rezeptionen und Fortschreibungen

Peter Winzeler

Den radikalen «Ruf nach vorn» weiterverdanken!

Die Rezeption von Barmen und des Sozialismus Karl Barths bei Helmut Gollwitzer und Friedrich-Wilhelm Marquardt

«Der Raum wurde frei für das Fragen nach Gott. Endlich.
Die Zeiten fielen auseinander [...]. Einen Augenblick? Eine Ewigkeit?
Müssen wir nun nicht Gottes Wort hören können?
Müssen wir nun nicht Seine Hand bei Seinem Werk sehen können?»
Friedrich Gogarten[1]

«Eben darum darf sie [die Lehre vom Nichtigen] nicht zum System entarten.
Sie muss unter allen Umständen *Erzählung* sein und bleiben.
Sie darf um keine Vollständigkeit und Geschlossenheit,
sie darf nur darum besorgt sein, alles recht zu erzählen».
Karl Barth[2]

«Wenn Sie Herrn Barth sehen, und er es nicht ablehnt,
den Gruss eines Atheisten anzunehmen, so grüssen Sie ihn bitte von mir.
Ich habe keine Lust mehr, deutsche Philosophen von heute zu lesen.
Aber seine Dogmatik, die lese ich.
Das ist die grosse geistige Bewegung Deutschlands».
Georg Lukács[3]

1 Friedrich Gogarten, Zwischen den Zeiten (1920): Jürgen Moltmann (Hg.), Anfänge der dialektischen Theologie, Teil II, Rudolf Bultmann, Friedrich Gogarten, Eduard Thurneysen, München 1963, 100.

2 Karl Barth, Die Kirchliche Dogmatik (KD) III/3, Zürich 1950, 334 (§ 50.1).

3 Mitgeteilt von Hans-Joachim Iwand, Brief an Karl Barth vom 31.12.1959: Hans-Joachim Iwand., Briefe, Vorträge, Predigtmeditationen, hg. von Peter Paul Sänger, Berlin 1979,141f.

I. «Post Carolum locutum» – Vorerwägungen

Es begann mit der Empörung über den Versailler Friedensvertrag und einem Bayernknaben, der in die Ortsgruppe des «Deutsch-nationalen Jugendbundes» eintrat, mit 14 Jahren «Meldejunge» der Lindauer SA, als Adolf Hitler in München verkündete, «kein Jude» sei ein Deutscher. Ein Jahrzehnt später finden wir den eingefleischten Lutheraner an der Seite Karl Barths, als dessen fast lebenslangen Assistenten, womit diese «Erzählung» beginnen möge, hier aus Sicht eines freikirchlichen Pfadfinders vom Zürichberg, der aus seiner Verwunderung nicht herauskam, als er diesen «orthodoxen» Barthianer Gollwitzer politisch predigen hörte (1969–1972), ihm in vollen Hörsälen lauschend (eher in den hinteren Bänken), derweil Marquardt – Gollwitzers Assistent – in der ersten Reihe alles mitschrieb. Statt in Tübingen «ordentlich» zu studieren, blieb ich länger als gedacht in diesem Berlin (von 1976 noch bis zum Mauerfall) und kann gewisse Befangenheiten nicht verschweigen ob der Einladung, diese «Berliner Schule» zu erinnern: diesen Weg von radikaler Barmen-Rezeption, am «Tun und Hören» (Ex 24,7) beider Lehrer, die den «Ruf nach vorwärts» mir eingeimpft[4] und methodologisch[5] vermittelt haben. Wo sollte ihr bibelradikaler Sozialismus denn noch einen Ort haben im Weltdorf, das aus lauter «freien» Individuen besteht? Wie sollte ihre Bindung der evangelischen Freiheit an ein gesellschaftliches Subjekt – das wir die «Gemeinde» nennen – den Gästen von Cyberwelten einleuchten können, die von Chancengleichheit träumen, als ob keine «Klassenherrschaft» mehr bestünde? Angesichts der

4 Vgl. Helmut Gollwitzer, «Das eine Wort für alle». Zur 1. und 6. These der Theologischen Erklärung von Barmen, JK 45 (1984), 451–461 (458). Die stets unselbstverständliche «Botschaft von der freien Gnade an alles Volk» sah er mit der «nichtgeschriebenen These» der Solidarität mit Juden verknüpft (456), so wahr das Zeugnis von Jesus sich «lauter Juden» verdanke, so aber ein «Gericht über die Kirche», in Solidarität mit Israel, den Theologien der Befreiung (These 2) und der «Bruderkirche in der DDR», welche die Thesen 3–5 existenzieller mit Leben erfüllte.

5 Vgl. Friedrich-Wilhelm Marquardt, Verwegenheiten. Theologische Stücke aus Berlin, München 1981, mit dem «Dank an Lehrer», 15–142. Vgl. seinen Dank «Lieber Bruder Schellong»: Jörg Mertin (Hg.), «Mit unsrer Macht ist nichts getan ...», FS Dieter Schellong, Frankfurt a. M. 1993, 17–26, und im selben Band Bertold Klappert, «Zum Streit um die Münchener und Berliner Barth-Deutung», 193–198; ferner Jürgen Moltmann, der zum 50. Jahrestag von Barmen der Bekenntnissynode von Dahlem 1934 gedachte und mir in einem kritischen Augenblick die folgende Publikation ermöglichte: Der Sozialismus Karl Barths in der neuesten Kritik, EvTh 48 (1988), 262–272; des Näheren danke ich J. Christine Janowski und last not least meiner Frau Johanna Hooijsma, vormals Pfarrerin in der Niederländisch-ökumenischen Gemeinde in Ost-Berlin und der DDR.

Brüche, Wagnisse und Krisen ihres gemeinsamen Weges[6] lässt sich auch ihre Lebensgeschichte nur in der Nachfolgeperspektive «erzählen», nicht aber historisieren und in einem System von Wissenschaft einfangen.

1. Den Indikativen und Imperativen der Barmer Theologischen Erklärung haben sie ihre Lebensverbindlichkeit, selten ihre «Werke» gewidmet. Dichte Bezüge Helmut Gollwitzers (1908–1993) aus dem Kirchenkampf[7] weichen dem «... und führen, wohin du nicht willst» des sowjetischen Kriegsgefangenen[8] wie dem Heimkehrer als ethischem Bonner Radikaldemokraten, dem Freund Gustav Heinemanns, der das «mehr Demokratie wagen» Willy Brandts vorexerzierte[9], schliesslich – von Barth misstrauisch beäugt – dem an die «amerikanische» Freie Universität Berlins berufenen Wortführer des christlich-marxistischen Dialogs.[10] Jene Indikative und Imperative lassen sich oft nur implizit[11] und untergründig[12] dingfest machen. Da macht auch Friedrich-

6 Vgl. Friedrich-Wilhelm Marquardt u. a. (Hg.), Helmut Gollwitzer, Ausgewählte Werke, München 1988, im Folgenden zitiert als AW 1–10, mit einer Einführung Marquardts zu «Weg und Werk» in der Gollwitzer-Bibliographie AW 10 (hg. von Christa Haehn), 11–48. Vgl. Helmut Gollwitzer, Skizzen eines Lebens. Aus verstreuten Selbstzeugnissen gefunden und verbunden, hg. von Friedrich-Wilhelm Marquardt, Wolfgang Brinkel und Manfred Weber, Gütersloh 1998, darin: «Der Weg zum Bekenntnis» (67–71) und die Etappen: Thüringen 1936 (83), Berlin 1937–1940 (109), Frankreich 1941–1943 (175), Russland 1943–1949 (215), Bonn 1950 (249), Berlin 1957 (268).

7 Vgl. Helmut Gollwitzer, Die Bedeutung der Bekenntnisbewegung und der Bekenntnissynoden, München 1936; «Zur Frage der Kirchengemeinschaft». Hinweise und Bedenken [zu Bonhoeffer]: EvTh 3 (1936), 398–405; «Coena Domini». Die altlutherische Abendmahlslehre in ihrer Auseinandersetzung mit dem Calvinismus [...] (Diss. bei Karl Barth), München 1937; «Die Freude Gottes». Einführung in das Lukasevangelium, Berlin 1940, und christologisch: Jesu Tod und Auferstehung nach dem Bericht des Lukas (ThExh 77), München 1941, mit bleibender Bedeutung für Gollwitzers «lukanisch»-materialistischen Reich-Gottes-Sozialismus.

8 Im gleichnamigen Buch Gollwitzers: Bericht aus einer Gefangenschaft, München 1951 (Gütersloh ^{5}1994).

9 Vgl. Helmut Gollwitzer, Forderungen der Freiheit. Aufsätze und Reden zur politischen Ethik, München 1962.

10 Vgl. Helmut Gollwitzer, Der Christ zwischen Ost und West (1950/51), AW 7, 125–145, und Helmut Gollwitzer, Die marxistische Religionskritik und der christliche Glaube, München u. a. 1965.

11 Beispielhaft protestiert Helmut Gollwitzer, Reich Gottes und Sozialismus bei Karl Barth (ThExh 169), AW 8, 325–386, gegen die Wendung «Gott Alles, der Mensch Nichts», deren «völliger Unsinn» schon Barth verwarf (359). Ebenso protestierte Gollwitzer gegen die «Anrufung der 6. Barmer These» durch den «Barthianismus», um das «entscheidende Wort» Barmen I in seinen radikalen Evangeliumsfolgen mit politisch «selbständig erwählten Zielen und Zwecken» (KD I/2, 368) zu diskreditieren (340). Er

Wilhelm Marquardt (1928–2002) keine Ausnahme, der als Kindsoldat noch eingezogene Wahl-Marburger, der vom Heidegger- und Bultmannschüler zur Hilfskraft Barths in Basel mutierte (mit «Bruder» Dieter Schellong). Für ihn stand Barmen – mitsamt dem Stuttgarter Schuldbekenntnis (Oktober 1945) – von vorneherein im Horizont eines unsäglichen kirchlichen Versagens und einer «Schuldfrage» ohne konkret benanntes jüdisches Gegenüber, was ihn ein Leben lang bestimmte und quälte[13].

2. Das «unpolitische [...] Politikum» der Barmer Theologischen Erklärung[14] ging als Strukturprinzip in die Kirchliche Dogmatik Karl Barths ein (explizit KD I/2; II/1; IV/3). Es besser zu machen, bestand kein Bedarf, ausser das Magis-

betonte die Einheit von «Botschaft und Ordnung» der Christengemeinde in Barmen III (377), ihr nach aussen «vorbildliches Recht» (345; vgl. KD IV/2 § 67.2), für die kongregationalistisch gefärbte «Ämterlehre» (Barmen IV) die «Unaufmerksamkeit anderer» tadelnd (381), während die «frohe Befreiung» (Barmen II) «aus dem Eingebundensein in das Klassensystem der bürgerlichen Gesellschaft» Barths nachlassender «Aufmerksamkeit» entging (382). War aus dem «Elan des Safenwilers Pfarrers [...] der Dampf heraus» (374)? – Hier ist das ganze Spektrum Barmens abgedeckt.

12 Helmut Gollwitzer, Die kapitalistische Revolution (1973/74):, AW 4, 125–209. Hier geht es mehr um «komparative Kosten» armer Länder zum Vorteil des «Imperialismus» (135–144; 140 Anm. 1), den Vorboten der Globalisierung der «kapitalistischen Produktionsweise» (zu Marx 144–150.184), der die «Individualisierung» der protestantischen Ethik keinen Widerstand bot, was nur «bei den Religiösen Sozialisten, in der Theologie Barths» und in «einigen Anfängen» von ökumenischen Drittwelttheologien erkannt werde (184). «Die Gemeinde (ob volkskirchlich oder freikirchlich) musste auf geistige oder geistliche Bruderschaft reduziert werden», wirklich «herrschaftsfrei» war sie in Bezug auf die Abschaffung der Sklaverei «nicht einmal auf ihrem eigenen Gebiet» (204).

13 Vgl. Friedrich-Wilhelm Marquardt, «Wie die Schuld bei den Evangelischen eine Frage wurde». Politisch-theologische Aspekte kirchlicher Schuldkultur. Vortrag an der Bischöflichen Akademie Aachen 1991: Aktion Sühnezeichen Friedensdienste (Hg.), Was bedeutet «Evangelische Halacha»? Gedenken an Friedrich-Wilhelm Marquardt, Berlin 2005, 87–97; weiter: Andreas Pangritz, «Mich befreit der Gott Israels». Friedrich-Wilhelm Marquardt – eine theologisch-biografische Skizze: Aktion Sühnezeichen Friedensdienste (Hg.), Berlin 2003, 39–62; vgl. Hanna Lehming u. a. (Hg.), Wendung nach Jerusalem. Friedrich-Wilhelm Marquardts Theologie im Gespräch, Gütersloh 1999, darin: Ilk E. Jobatey, Bibliografie Marquardts 1953–1998 (467–509).

14 Vgl. Karl Barth, Texte zur Barmer Theologischen Erklärung. Mit einer Einleitung von Eberhard Jüngel und einem Editionsbericht hg. von Martin Rohkrämer, Zürich 1984, 67–87, und die in KD II/1 rezipierte «kurze geschichtliche Kommentierung» (1937/38), 194–200; mit weiterem Archivmaterial besprochen bei Friedrich-Wilhelm Marquardt, Theologische und politische Motivationen Karl Barths im Kirchenkampf (1973): Verwegenheiten (Anm. 5), 439–469.

tralwerk endlich «im Kontext» auch zu *lesen.*[15] Einer Barmen-Orthodoxie hatte schon Dietrich Bonhoeffer den Kredit verweigert, ihrem antijudaistischen «Judenchristentum»[16] wie dem «Offenbarungspositivismus» der Bekennenden Kirche (weniger Karl Barths[17]), was Gollwitzer und Marquardt schwer auf dem Magen lag. Als zwei selbst vielfach häretisierte Erben Luthers waren sie von Natur kasuistische (exemplarische), nicht «schulmässige», bewusst schulbildende Dogmatiker, die sich eines Feigenblatts Barmen hätten bedienen wollen[18].

3. Der roten Faden aber, der sie durch alle Krisen verband, war das schreiende Auseinanderklaffen von Anspruch und Wirklichkeit, Theorie und Praxis: in der restaurierten Kirchlichkeit von 1945 (Treysa), die – an «1933» anknüpfend – das «Notrecht» von Dahlem annullierte[19], in einer «Wiedergutmachung», die

15 Vgl. Dieter Schellong, «Barth lesen»: Friederich-Wilhelm Marquardt u. a. (Hg.) Einwürfe 3, München 1986, 5–92, sowie Wolfgang Huber, Folgen christlicher Freiheit. Ethik und Theorie der Kirche im Horizont der Barmer Theologischen Erklärung (NBST 4), Neukirchen-Vluyn 1983, und Bertold Klappert, Versöhnung und Befreiung. Versuche, Karl Barth kontextuell zu verstehen, (NBST 14) Neukirchen-Vluyn 1994, der «Barmen – ein Ruf nach vorwärts» (231–251) mit der «Berliner Barth-Deutung» (338–343) verknüpft.

16 Da die Bekennende Kirche nur in getauften Juden die in Christi Blut versöhnten Brüder der Kirche im Staatskörper sah, verwahrte sich Bonhoeffer gegen gesetzlichen «Judaismus» jener Theologen wie Friedrich Gogarten, Emanuel Hirsch, Emil Brunner, die Volkstum oder Nation zum «Staatsgesetz» erhoben, somit «staatenloses» Judentum der Auswanderung, Austilgung oder zionistischen Selbstbehauptung überliessen. Vgl. Peter Winzeler, Christologische Erfüllungs- oder Verzichtstheologie? Jesus unter uns christlichen Gojim: Lehming, Wendung (Anm. 13), 287–302 (300).

17 Nach seinem vergeblichen Pochen auf die Verwerfungssätze der Barmer Theologischen Erklärung in Briefen aus Tegel (5.5. und 8.6.1944): Dietrich Bonhoeffer, Widerstand und Ergebung. Briefe und Aufzeichnungen aus der Haft (DBW 8), hg. von Christian Gremmels u. a., Gütersloh 1998, 413–416.474–483; vgl. Andreas Pangritz, Dietrich Bonhoeffer in der Theologie Karl Barths – eine notwendige Klarstellung (Dahlemer Hefte 9), Berlin 1989.

18 Zu Gollwitzers Irregularitäten vgl. Marquardt, Weg, AW 10 (Anm. 6), 24–29, sowie Friedrich-Wilhelm Marquardt, «Abirren». Zur Erscheinungsform des Häretischen in meiner Theologie: Susanne Hennecke u. a. (Hg.), Abirren. Niederländische und deutsche Beiträge von und für F.-W. Marquardt, Wittingen 1998, 151–174; weiter Peter Winzeler, «Abirrungen» (Nachruf): Zeitensprünge 14 (2002), 576–579 – schon Abraham war ein «abirrender» Aramäer!

19 Peter Winzeler, Widerstehende Theologie. Karl Barth 1921–35 (Diss. FU Berlin 1979). Ich sehe hierin den Grund der «Historisierung» von Barths Kirchlicher Dogmatik, in der auch dieses erste Buch der «Reihe im Lehrhaus», Stuttgart 1982, kirchenhistorisch missverstanden wurde. Umso mehr drängte Rinse Reeling Brouwer, Over kerkeleijke dogmatiek en marxistische filosofie. Karl Barth vergelijkenderwijs gelezen,

mit der christlichen Umkehr zu Israel doch nicht ernst machen wollte, wie in dem uneingelösten Verfassungsanspruch[20] sowohl der Bonner Republik (BRD) wie der «DDR», worin sie in exponierter Weise sich der studentischen Kritik der Achtundsechziger aussetzten. Da brach nicht nur ein Legitimationsproblem der Theologie «im Hause der Wissenschaften» auf[21], sondern ein Generationenkonflikt[22], der auch hermeneutisch die «tiefe Kluft» (Lk 16,26) im Gesellschaftsverständnis und der politischen Kategorienbildung aufriss. Man sprach von der «Zäsur» nicht nur in postmarxistischer Marx-Lektüre[23]. Der neokantianische, von Barth in Marburg erlernte ethische Sozialismus (Hermann Cohen u. a.) war durch Martin Heidegger zerschlagen, der deutsche Idealismus der «Zerstörung der Vernunft» gewichen (Georg Lukács), eine schmale Gruppe der «Kritischen Theorie» (Horkheimer, Adorno, Marcuse) wurde zum Rettungsanker gesellschaftlichen und jüdisch-messianischen Den-

sGravenhage 1988, von der theologischen Biographie (Marquardt, Winzeler) auf systematischen Vergleich, sah doch Friedrich-Wilhelm Marquardt, Theologie und Sozialismus. Das Beispiel Karl Barths, München 1972, im Nachwort «Nach dreizehn Jahren» (^{3}1985), seine Studie «durch die Weimarer Zeit hindurch fortgeführt» und «über mein Buch hinaus – auch systematisch weitergebracht», womit das Verfahren sich «fürs erste bewährt» habe (364f.370). Diese Wahrnehmung wird vernachlässigt bei Michael Beintker u. a. (Hg.), Karl Barth in Deutschland (1921–1935), Zürich 2005, wo nur Georg Pfleiderer, «Inkulturationsdialektik». Ein Rekonstruktionsvorschlag zur modernitätstheoretischen Barthinterpretation (223–244), sie «politisch-theologisch und politiktheoretisch» registriert (236).

20 Während die Deutsche Demokratische Republik die Grundfreiheiten der Weimarer Verfassung übernahm, machte das Bonner «Grundgesetz» die souveräne Verfassung von der Wiedervereinigung «in Freiheit» abhängig, die unter den Augen der vier Mächte freilich nur in neoliberaler «Abwicklung» sozialer Grundfreiheiten stattfand.

21 So die Antrittsvorlesung Helmut Gollwitzers an der Freien Universität Berlin, Die Theologie im Hause der Wissenschaften (1958), AW 8 (Anm. 11), 18–47.

22 Vgl. Friedrich-Wilhelm Marquardt, Studenten im Protest, Frankfurt a. M. 1968; weiter: Wir Theologen in der bürgerlichen Gesellschaft, EvTh 31 (1971), 161–170; und (zu Barths «mehr als Leninismus») Marquardt, Theologie (Anm. 19), 126–160 mit Verweisen auf Lenins «Staat und Revolution» und (127) den Gefährten Bastiaan Wielenga, Lenins Weg zur Revolution. Eine Konfrontation mit Sergej Bulgakov und Petr Struve im Interesse einer theologischen Besinnung, München 1971.

23 Zur posthegelianischen Kategorienbildung und Karl Barth (KD III/2, 464–468) vgl. kantianisch: Karl Korsch, Karl Marx (1967), Frankfurt a. M. 1975, psychoanalytisch: Erich Fromm, Herbert Marcuse (weniger Habermas); im «epistemologischen Bruch» mit marxistischer Geschichtsphilosophie: Louis Althusser, Für Marx, Frankfurt a. M. 1968 und Schüler wie Fernando Belo, Das Markusevangelium materialistisch gelesen, Stuttgart 1980, gefolgt von Helmut Gollwitzer, «Hic et nunc» (1975), AW 8 (Anm. 11), 49–69, und ders., Historischer Materialismus und Theologie. Zum Programm einer materialistischen Exegese (1980), AW 8 (Anm. 11), 70–120.

kens (Walter Benjamin, Gershom Scholem, am Berliner Institut der Zürcher Rabbinersohn Jacob Taubes). Der atmosphärisch wie geistesgeschichtlich hochsensible Gollwitzer saugte im Nu – «Hic et nunc» – die neuen Lektüren auf, ein Arsenal von Methoden, das wir behelfsmässig das «historisch-materialistische» nannten.

4. «*Ubi Lenin, ibi Jerusalem*» (Ernst Bloch)? Was für Marquardt auf Anhieb nur «scheusslich» war[24], öffnete uns Studierenden vielmehr die Augen für das «Prinzip Hoffnung» in den kommunizierenden Röhren des Atheismus im Christentum (Eph 2,12) mit Sozialismus und Zionismus. Anders als im weltanschaulichen Atheismus der Naturwissenschaften hüben wie des «DIAMAT» drüben – seine Dialektik war erfroren – sollte die biblische Landverheissung «auf die Füsse gestellt» und auf die göttliche Landgabe hin radikalisiert werden (Lev 25,23; Dtn 4,1; 26,9): nicht im Raub fremden Eigentums, aber im Geiste der sozialen Utopie des gelobten Landes, wo Sklaven frei werden und akkumuliertes Eigentum in jeder neuen Generation an die arbeitenden Besitzer «heimfällt» (Lev 25,10). Wenn denn auch Jesus in dieses sein «Eigentum» kam (Joh 1,11), bedurfte Barmen III eines real verbürgten Unterpfandes der Gnade (hebr. *chesed*), jenes Erdbodens des freien Lebens in «gerechten Institutionen» (Moses Hess[25]), in den Kibbuzim wie in vielen Aufbruchsbewegungen damals in Tansania, Chile oder Nicaragua – und der Utopie einer wohnlichen «Zukunftsstadt» (Max Frisch)[26].

---

24 Vgl. Friedrich-Wilhelm Marquardt, Christentum und Zionismus (1968), in: ders., Verwegenheiten (Anm. 5), 186, gemässigt nur durch die «Bekehrung» Ernst Blochs (mit Herbert Marcuse) im Juli 1967 hin zu dem «nicht einmal gut gehaltene[n] Köter des amerikanischen Imperialismus» (176). Auch in Streitgesprächen in der ESG Berlin liess Marquardt sich den «theologischen Materialismus» der biblischen Landverheissung Israels niemals abmarkten.

25 Vgl. zur «Geburtsstunde des Zionismus» bei Moses Hess, dem frühen Anreger von Marx: Marquardt, Zionismus (Anm. 24), 196; aus Schriften des «Kommunistenrabbis» zitiert Friedrich-Wilhelm Marquardt, Was dürfen wir hoffen, wenn wir hoffen dürften? Eine Eschatologie, Bd 2., Gütersloh 1994, 226f.

26 Vgl. Marx Frisch, ACHTUNG: Die Schweiz. Ein Gespräch über unsere Lage und ein Vorschlag zur Tat (1954), hg. von Hans Meyer, Bd. III/2, Frankfurt a. M. 1976, 291–340; Harvey Cox, Stadt ohne Gott? (The Secular City. Secularization and Urbanization in Theological Perspective, New York 1965), Stuttgart u. a. ^{6}1971, und das kommende «Jerusalem» in: Friedrich-Wilhelm Marquardt, Eia, wärn wir da – eine theologische Utopie, Gütersloh 1997. Marquardt weigerte sich, die je gescheiterten Alternativen der sozialen Utopien – mitsamt dem «real existierenden Sozialismus» – als rundum historisch «gescheitert» zu sehen; ihr vorläufiges «Scheitern» an unbewältigten inneren wie äusseren Feindschaften sei vielmehr sein dogmatisches Problem (vgl. 13).

5. Viele dieser sozialen Utopien sind mitsamt den Börsenblasen ihrer Gegner geplatzt. In diesen unerlösten Realitäten (Barmen III) kann die Gemeinde Jesu Christi, indem sie am entscheidenden Wort festhält, das ihre bedrohliche Situation auf das Reich Gottes hin «auslegt»[27], dieses «eine Wort» doch nur als das Lebenswort des *Gottes Israels* hören, somit nach Massgabe des *Tenach* (Buber/Rosenzweig-Übersetzung) und der «Jesus-Schriften» (griechisches NT), deren Frohbotschaft drückende Sündenlasten tilgt, die Schuldenbefreiung (*soteria*) in Kraft setzt, die Reichtumsgier «beschneidet» und Arme aus Ohnmacht und Elend befreit (Jes 61,1f. im Munde Jesu in Lk 4,18f.). Es sollte das Reich Gottes als der «Wille Gottes»[28] für die gute Gesellschaft verbindlich werden für jene Zone herrschaftsfreier Kommunikation unter «Schwestern und Brüdern», die in den Umbrüchen der Zeit zu immer neuen Aufbrüchen, Parteinahmen und Bündnissen sich gerufen und in der Jetztzeit gedrängt sieht.[29]

6. Gollwitzer hatte uns lange genug vor dem «Messianismus» im Marxismus gewarnt, dessen «Verderben» er in innerweltlicher Säkularisierung des Fortschrittsglaubens verortete[30]. Ein Referat in der Evangelischen Studierendengemeinde (ESG) warf ihn auf die Frage nach der «Verantwortung» der Christen «für den Messianismus» zurück[31], erst recht im Rausch des freien Marktes – mit Marx und gegen eine schrankenlose Freiheitsutopie. Von den millenaren

27 Nebst der «Amsterdamer Schule» (Kornelis H. Miskotte, Frans Breukelman u. a.) ist hier das «Berliner Lehrhaus» von Ton Veerkamp zu nennen, so auch die aus der Theologie-Kommission der Bundes-ESG erwachsene Zeitschrift «Texte und Kontexte» (www.texteundkontexte.de/Wer.htm). Vgl. Ton Veerkamp/Peter Winzeler, Was verstehen wir unter «Gemeinde Jesu Christi»? Entwurf zu einem verbindlichen Kommentar zur Präambel zur Satzung der ESG in der BRD und Berlin (West): ESG/KSG Göttingen, Alternatives Christsein, Dokumente, Materialien, Diskussionsbeiträge 6 (1975), 14–19.

28 «Der Wille Gottes in Bezug auf die Menschen ist das Reich Gottes», so die recht zwinglisch anmutende These 1.1. bei Helmut Gollwitzer. Vgl. ders., Der Wille Gottes und die gesellschaftliche Wirklichkeit (1972, AW 3, 274–279 (274).

29 Ausgangspunkt für eine «materialistische» Relektüre der Kirchengeschichte «von unten» war Gerhard Ebelings Formel der Kirchengeschichte als «Auslegungsgeschichte der Heiligen Schrift» (1946), exemplifiziert bei Peter Winzeler, Das Täuferreich von Münster 1534/35 und die Theologie Bernhardt Rothmanns. Ansätze zu einer historisch-materialistischen Fragestellung, DaH2 (1972).

30 Vgl. Carl Friedrich von Weizsäcker (in Anlehnung an Friedrich Gogarten), Was ist Säkularisierung?: Die Tragweite der Wissenschaft, Bd. 1+2, Stuttgart ^{6}1999, 173–200.

31 Vgl. Gollwitzer, Skizzen (Anm. 6), 308.

Fanatismen des Mittelalters bis auf die widerchristliche «Geldreligion» des Kapitals[32] zieht sich eine Blutspur durch das christliche Abendland, die notorisch «Juden» angelastet wurde. So befragte Gollwitzer vornehmlich die «systemimmanent» auf die entschwindende Zukunft hin vertröstenden «Fortschritte» der Humanisierung, die die qualvolle Ausbeutung durch Reformismus – statt der Reformation an Haupt und Gliedern – am Leben erhalten[33]. Ist es nicht so, dass die kapitalistische Revolution ihren moralischen Verbesserern nur das rote Schlusslicht eines abgefahrenen Zuges zeigt?

7. Erst «von da aus», in dieser Ernüchterung jeder politischen Ethik, kam bei Gollwitzer die Dogmatik zum Zuge – denn «auf einmal wurde mir die Kritik der politischen Ökonomie» (bzw. ihrer Dogmen) «zum eigentlich wichtigen Thema», über die er als Geisteswissenschaftler sich «vornehm hinweggesetzt hatte».[34] Nach Entdeckung der «Grundrisse» (der mit Ausnahme von Band 1 unvollendeten Kapital-Bände) von Marx[35] galt es nicht nur, alte Irrtümer des Marxismus zu revozieren, sondern die entfesselten Triebkräfte rastloser Warenproduktion mittels Waren zu entschleiern, deren Sachzwänge und Gesetz sich nur «verzaubert» (fetischisiert) in religiösen Überbauten wie akkommodierten Rechtsverhältnissen des Privateigentums auffinden lassen[36], die das Sein der Kirche in inneren wie äusseren Zerreissproben betreffen.

---

32 Richard H. Tawney, Religion und Frühkapitalismus, Bern 1946, 285: Gollwitzer, Revolution (Anm. 12), 206, der eine protestantische Alternative sah zur «innerweltlichen Askese» (Max Weber), die in die «innerweltliche Verschwendung» der Ressourcen als Überlebensbedingung des Kapitalismus geführt habe (147).

33 Vgl. Gollwitzer, Revolution (Anm. 12), 187, der neoliberale «Illusionen der Verbesserbarkeit des Systems [...] mit dem illusionslosen Theologumenon von der Unverbesserlichkeit der Welt» kontrastiert, mit dem Neokonservative die Zukunftsvisionen des demokratischen Sozialismus (als blauäugig) bekämpfen.

34 Vgl. Gollwitzer, Skizzen (Anm. 6), 308. Damit steht in Frage, ob Eberhard Jüngel, Zum Verhältnis von Kirche und Staat nach Karl Barth, ZThK Beiheft 6 (1986), 76–135, den Berlinern zu Recht eine «Ethisierung des Christlichen» am Beispiel Barths (Gerhard Ebeling), die «Überführung der Dogmatik in Ethik» des Reiches Gottes und Marquardt deren «Transformation» in «angewandte Anthropologie» anlastet (81).

35 Vgl. Gollwitzer, Revolution (Anm. 12).

36 Mit Karl Marx, Zur Kritik der Hegelschen Rechtsphilosophie (Einleitung), 1843/44, auf die These von Falk Wagner, Gehlens radikalisierter Handlungsbegriff. Ein theologischer Beitrag zur interdisziplinären Forschung, ZEE 17 (1973), 230–237, dieser würde sich in der «radikalen Autonomie Gottes» bei Karl Barth spiegeln, replizierte Friedrich-Wilhelm Marquardt, «Zu-Sätze zu Falk Wagners Aufsatz [...], Karl Barth betreffend, ZEE 17 (1973), 230–237, es habe der «Monopolkapitalismus» doch wohl mehr zur «theopolitischen» Konzentration Barths beigetragen als irgendein «idealistisch» verabsolutiertes Gedanken-«Prinzip»! Marquardts diesbezügliche Paraphrasen von KD I/2 gehen auf seine

8. Wohlverstanden ging es Gollwitzer und Marquardt um das «Erste Gebot» (bei Zwingli wie auch Luther[37] die Summe der Tora): dieses theologische Axiom von Karl Barth (1933)[38], das den Mammon in die Schranken weist, dessen Raubbau an Erde und Menschen unmöglich Gottes Wille sein kann, sondern von Menschenhand gemacht ist, wenn auch verhüllt in jenem «blinden Naturgesetz» der Konkurrenz, die das Tauschprinzip des Marktes beherrscht[39]. Es gibt dieses «andere Gesetz in unsern Gliedern» (Röm 7,23), das zum Tode führt, dessen Zwänge wir aber stets besser an anderen erkennen, deren «Sünde» wir entlarven, obwohl doch das Gebot Jesu unsere Wahrnehmung befragt: «Was siehst du den Splitter im Auge des Bruders, nicht aber [erkennest und entfernest *zuvor*] den Balken im eigenen Auge?» (Mt 7,3)

9. Dieser «Balken» nahm im Kalten Krieg sehr konkret die Gestalt des «Eisernen Vorhangs» an (so in Churchills Zürcher Rede 1946) und damit die Form der über Berlin-West verhängten Blockade (1948), sinnenfällig verfestigt in der Berliner Mauer (1961–1989), welche die Ausreise in die Wohlstandsinseln beschränkte oder das Unterwandern und Aussaugen des «gottlosen» Bruderstaates hätte hindern sollen, dessen «Obrigkeit» nach Röm 13 kein Gehorsam geschuldet sei (Bischof Otto Dibelius)[40]. Gollwitzer, von Dibelius als christli-

drei Basler-Semester 1951/52 zurück, wie Pangritz, Skizze (Anm. 13), 15f., erkennen lässt. Falk Wagner holte zu einem fundamentalontologischen Gegenschlag aus: ders., «Theologische Gleichschaltung». Zur Christologie bei Karl Barth: Trutz Rendtorff (Hg.), Die Realisierung der Freiheit. Beiträge zur Kritik der Theologie Karl Barths, Gütersloh 1975, 10–43, in welchem Biographie und Schriftauslegung Karl Barths betontermassen keine Rolle mehr spielten, vgl. Winzeler, Theologie (Anm. 19), Einleitung (24) und Kapitel II.7.2.3 (391f.), und Andreas Pangritz, Zur Rezeption der Theologie Karl Barths in Deutschland, Bonn 2006, 3–5.

37 «Christus ist in das erste Gebot gefasst, er ist der Gott, der sie aus Ägypten geführt hat» (Martin Luther, WA 28, 604); Gollwitzer, ‚Zur Einheit von Gesetz und Evangelium (1956), AW 8, 162, weiter Friedrich-Wilhelm Marquardt, Gott oder Mammon. Aber: Theologie und Ökonomie bei Martin Luther: Einwürfe 1, München 1983, 176–216.

38 Karl Barth, Das erste Gebot als theologisches Axiom, Zwischen den Zeiten 11 (1933), 297–314, das Zerwürfnis mit Friedrich Gogarten, Emil Brunner u. a. besiegelnd.

39 Zu den «Metamorphosen» des Mehrwertes in Grundrente, Zins und Profit (MEW 25/26) vgl. Reeling-Brower, Over kerkeleijke dogmatiek (Anm. 19), 217–222, und zur «trinitarischen Formel» (217–222) sowie Marquardt, Eschatologie, Bd. 2 (Anm. 25), 134.

40 Vgl. Otto Dibelius, Obrigkeit? Berlin 1959, der in der DDR (infolge des Militärseelsorgevertrags) als «NATO-Bischof» galt. Zu den hier nicht zu beschönigenden Rechtsproblematiken beider deutschen Staaten vgl. Peter Winzeler, Theologie im Rechtsstreit. Von unserer «theologischen Existenz» an der «Freien Universität»: Störenfriedels Zeddelkasten. FS Marquardt zum 60. Geburtstag, Berlin 1991, 290–304; ferner ders., Und «wenn wir hoffen dürften». Gibt es ein sozialistisches Beharren in

cher «Frontmann» in die geteilte Stadt beordert[41], sah diese Scheidewand anders (Eph 2,14) und den Sündenfall Adams nicht etwa auf den Kommunismus beschränkt. Er erzwang die Mitberufung Marquardts in die Studentengemeinde Dahlem und legte sein Lehramt an der Kirchlichen Hochschule Berlin nieder, als dortige Kollegen Marquardts These – «Karl Barth war Sozialist»[42] – als unannehmbar verwarfen, seine Habilitierung verwehrend, die Gollwitzer im Philosophischen Fachbereich der «amerikanischen» Freien Universität freudig nachvollzog.

II. Der Streit um Bonhoeffer und des Kaisers Barth

Seit jenen Wendejahren blieben «Golli & Marquardt» meine Vordenker, Beispielgeber, Doktorväter und Mentoren, die mir wie vielen, die in andere Berufe, auch in die Politik und den Bundestag, gingen, praktisch verdolmetschten, was es mit dieser rätselhaften «Neo-Orthodoxie» von Barmen auf sich habe. Sie war der Notnagel, auf den Pfarrkolleginnen sich ordinieren liessen: im Sinn kirchlicher Erlaubnis (*exousia*), nicht des die Lutheraner bindenden Bekenntnisses – auch wenn jener gemeinsame Überlebensakt Bekennender Kirche auf mehr drängte, als auch nur in Richtung Mündigentaufe zu realisieren war.

1. Die nerventötende Zerreissprobe von «intakter» Bekenntniskirche und der akut Farbe bekennenden Minderheiten der *ekklesia* von Herausgerufenen blieb das Leiden vieler Pfarrpersonen, die im Amte aufgerieben wurden, in jenem ewigen Hü und Hott zweier Prinzipien des Kircheseins, das Dietrich Bonhoeffer hellsichtig erfasste:

> «Die BK [gemeint als die «intakte», unberührte, vom Staat unbehelligte Bischofskirche, PW] nun hat weithin den Barth'schen Ansatz überhaupt vergessen und ist vom Positivismus in die konservative Restauration geraten [...]. Bultmann scheint nun Barth's Grenze irgendwie gespürt zu haben, aber er missversteht sie [...] und verfällt

Friedrich-Wilhelm Marquardts Wegfindung der Dogmatik?: Andreas Pangritz (Hg.) «Biblische Radikalitäten». Judentum, Sozialismus und Recht in der Theologie Friedrich-Wilhelm Marquardts (Studien des Bonner Zentrums für Religion und Gesellschaft 6), Würzburg 2010, 69–90.

41 Vgl. Gollwitzer, Skizzen (Anm. 6) 268.

42 Vgl. Marquardt, Theologie (Anm. 19), 39. Vgl. dazu auch Emil Brunner, «Wie soll man das verstehen?» Offener Brief an Karl Barth (1948): Karl Barth, Offene Briefe 1945–68 (GA 15), hg. von Diether Koch, Zürich 1984, 149–158 (154).

daher in das typisch liberale Reduktionsverfahren (die ‹mythologischen› Elemente des Christentums werden abgezogen und das Christentum auf sein ‹Wesen› reduziert). Ich bin nun der Auffassung, dass die vollen Inhalte einschliesslich der ‹mythologischen› Begriffe bestehen bleiben müssen – [...] diese Mythologie (Auferstehung etc.) ist die Sache selbst! – aber dass diese Begriffe nun in einer Weise interpretiert werden müssen, die nicht die Religion als Bedingung des Glaubens (vgl. die περιτομή bei Paulus!) voraussetzt. Erst damit ist meines Erachtens die liberale Theologie (durch welche auch Barth [vgl. KD I/2, § 17], wenn auch negativ, noch bestimmt ist) überwunden, zugleich aber ist ihre Frage wirklich aufgenommen und beantwortet (was im Offenbarungspositivismus der BK *nicht* der Fall ist!)» (Tegel, 8.6.44).[43]

2. Bonhoeffers alttestamentlich gedachte «nicht-religiöse Interpretation» führte Gollwitzer[44] in den Streit mit Gerhard Ebelings Vereinnahmung seines Lehrers, ebenso wie mit Wolfhart Pannenberg, dem Begründer der Münchener Schule, als noch eine Streitkultur des Aufeinander-Hörens im Dissens bestand. Im Gespräch mit Dorothee Sölle, einer Schülerin Gogartens, erwuchs ihm ein feministischer Widerpart der Theologie «nach dem Tode Gottes», der – nach meinem Empfinden – hundert Lehrstühle aufwog, die sich um «Auschwitz» nicht scherten (ihr selber wurde nie ein solcher verliehen). Dieser Dialog[45] wurde ihm – ausser von Barth[46] – kaum gedankt. In München wurde vielmehr

43 Bonhoeffer, Widerstand (Anm. 17), 481f. Barth hatte in KD I/2 die Religion als «Unglaube» verneint (§ 17.2), aber liess Zwinglis Begriff der «wahren Religion» gelten (§ 17.3), sofern der Name Jesus Christus sie rechtfertigt – und ginge es um buddhistische Religion! Hieran schloss Marquardts Verständnis der nicht-christlichen Religionen an und der «Christus peregre proficiscens» (Mt 25,14), der «ausser Landes» zu Moslems und Hindus, Philosophen und Marxisten «auswandert»: Friedrich-Wilhelm Marquardt, Das Bekenntnis zu Jesus, dem Juden. Eine Christologie, Bd. 1, München 1990, 11–105.

44 Für Gollwitzer, Religionskritik (Anm. 10), entspricht marxistische Gottesverneinung der Absage Karl Barths an die sogenannte natürliche Theologie, somit einer neuen Stellung der «Gottesfrage» im Gespräch mit Atheisten (Gollwitzer, Die Existenz Gottes im Bekenntnis des Glaubens [1963], AW 2), rückgewendet in die Frage des Gottes Israels nach dem Menschen – «Adam, wo bist du?» (Gen 3,9), vgl. Peter Winzeler, Zur Einführung, in: Gollwitzer, AW 3, 7–23.

45 Helmut Gollwitzer, Von der Stellvertretung Gottes. Christlicher Glaube in der Erfahrung der Verborgenheit Gottes. Zum Gespräch mit Dorothee Sölle (1967), AW 3, 112–268.

46 «Diesmal sitzt alles ...», so Barth belobigend an Gollwitzer: Karl Barth, Briefe 1961–1968 (GA 6), hg. von Hinrich Stoevesandt u. a., Zürich 1975, 445, worauf Marquardt, Einführung, AW 8, 10, verweist. Nimmt man nämlich zu dieser Christologie Gollwitzers Predigtbände als ekklesiologische Geisteslehre hinzu («Vortrupp des Lebens», 1975), als Prolegomena aber seinen Dialog mit dem Philosophen Wilhelm Wei-

Gogartens Kritik des «autoritären» Theologen Barth aufbereitet[47] und in neoliberale Radikalkritik umgemünzt, als sei Karl Barth in ein dem faschistischen «verwandtes» (positionelles) Denken verfallen (Falk Wagner), was Pannenberg bizarr mit Dorothee Sölle zu verteidigen suchte: «[...] wie die Geschichte des christlichen Antijudaismus» zeige, sei Barths Christologie «notwendig totalitär»[48]. Man wusste nicht recht, wird hier der Sack (Marquardt) oder der Esel (Barth) geschlagen[49]? Wenn zwei dasselbe sagen, meinen sie nie differenzlos dasselbe. Es freut sich nur der Dritte, der sich des «Sozialistischen» bei Barth mittels des «totalitären» wie des «faschistischen» Missverständnisses zu entledigen sucht. Im Elend dieser modernitätstheoretischen Erforschung Karl Barths hatte für die überparteilich sich gebärdende «theo-

schedel zu «Denken und Glauben» (1965), als Versöhnungslehre «Krummes Holz – aufrechter Gang. Zur Frage nach dem Sinn des Lebens» (München 1970), sind alle Themen der Dogmatik behandelt, ausser der Eschatologie, «mit einer Verteidigung der Allversöhnung», auf die «wir lange voll Hoffnung gewartet» haben. Vgl. Marquardt, AW 10, 27. Die von Eberhard Jüngel (unten Anm. 47) angemahnte immanente Trinitätslehre hat Marquardt, Utopie (Anm. 26) in seiner Eschatologie nachgereicht, im Zukunftsraum der noch ausstehenden Ver-«Einigung» des Gottes Abrahams, Isaaks und Jakobs mit Israel, Jesus und den Völkern (§ 9.3 d).

47 Mit Heinz Zahrnt, Die Sache mit Gott, München 1966, dessen Karikatur des «himmlischen Glockenspiels» der Trinitätslehre Karl Barths (KD I/1) meine ganze Generation prägte. Deren Rehabilitierung durch Eberhard Jüngel, Gottes Sein ist im Werden. Verantwortliche Rede vom Sein Gottes bei Karl Barth – eine Paraphrase (1965), Tübingen [4]1986, führte indessen nicht aus dem Barth fremden existenzialanthropologischen Engpass hinaus: Winzeler, Theologie (Anm. 19), 388–390. Jüngel distanzierte sich in den Vorworten zur 2. und 3. Auflage deutlich schroffer von Marquardts «sozialistischen» als von den in München ausfindig gemachten «faschistischen Strukturen», die nur eine Sünde seien «wider den guten Geschmack».

48 Den Hinweis verdanke ich Klappert, Streit (Anm. 5), 191f., zu Wolfhart Pannenberg, Systematische Theologie, Bd. 2, Göttingen 1999, 477f. (Anm. 102). Das Bonhoeffer nahestehende Sölle-Zitat (aus: Dorothee Sölle, Stellvertretung. Ein Kapitel Theologie nach dem Tode Gottes, Stuttgart 1965) lässt Pannenberg in «ähnlichem Sinne» mit Falk Wagner, Theologische Gleichschaltung (Anm. 36), von «theologischer Gleichschaltung» reden. Was er in dieser Spezialdiskussion um die «inklusive», allumfassende Stellvertretung «verschweigt», Klappert, Streit, 193f., ist das gemeinreformatorische *peccatorem auferri* – in und mit seiner Sünde wird auch der Sünder in seiner Existenz «aufgehoben» (nicht aber, wie Sölle meinte, ersetzt).

49 Vgl. Jüngel, Kirche (Anm. 34), der Gerhard Ebelings Barth-Schelte mit Marquardts sozialistischem «Gottesbegriff» bei Barth zu einem spiegelbildlichen «par nobile fratrum!» vereinigt (81, Anm. 11) und der empfundenen Geschmacklosigkeit von Friedrich Wilhelm Graf, «Der Götze wackelt»? Erste Überlegungen zu Karl Barths Liberalismuskritik, EvTh 46 (1986), 422–441, mit einem «Bene, Bene, optime!» (angesichts von «hagiographischen Tendenzen» bei Winzeler und Schellong) ins historische «Gewissen» redet: «Muss die Kritik der Liberalismuskritik – so illiberal ausfallen?» (119).

logische Theologie» Tübingens auch die «religiös-sozialistische» Wegbereitung als untheologische[50] auszuscheiden.

3. Im Kern ging es um die Frage, ob Barth und Barmen für eine Utopie des demokratischen Sozialismus zu instrumentalisieren seien, die die evangelische Freiheit in einen marxistischen Denk- und «Aktionszwang» bringen würde, der Barmen diametral widerstreite. War in dieser Praxis von Partnergemeinden der ESG – trotz DDR-Zensur von Marquardts Schriften – nichts weniger als der Untergang[51] des christlichen Abendlandes angesagt?

4. Marquardt erhob die περιτομή des Paulus zum zentralen Kritikpunkt einer «judenfreien» Kirche, die sich von der Tora verabschiedet und noch gar nicht erahnt, dass sie ohne «beschnittene» Glieder am Leibe Christi nicht mehr Gemeinde «von Juden und Heiden» sein würde (Röm 2f.; 9–11; 15,1–7;

50 Nachdem Klappert, Streit (Anm. 5), in Barths explizitem «Vorrang des Subjektes vor dem Prädikat» (Jüngel) implizit die «historisch-biografische Interdependenz von gesellschaftlicher Praxis und theologischem Erkenntnisfortschritt» (nach Gollwitzer) gut «aufgehoben» sah (196), liess auch Eberhard Jüngel, Provozierende Theologie. Zur theologischen Existenz Karl Barths: Beintker u. a. (Hg.), Barth in Deutschland (Anm. 19), 41–55, keinen Zweifel, dass die so gewonnene, in der Theologie «gefallene» Entscheidung «per se politisch» sei, also nicht säkularer oder hagiographischer Versatzstücke bedürfe (51) – was meine Kernthese war. Vgl. Peter Winzeler, Der Gott Israels als Freund und Bundesgenosse des Menschen im Kampf gegen das Nichtige. Zum Verhältnis von Dogmatik und Ethik im Werk Karl Barths, ZDTh 1 (1985), 57–73, und Peter Eicher, Gottes Wahl: Unsere Freiheit. Karl Barths Beitrag zur Theologie der Befreiung: Einwürfe 3 (Anm. 15), 215–236. Die «Grundzüge» dieser These (222, Anm. 14) wurden von Sabine Plonz, Die herrenlosen Gewalten. Eine Relektüre Karl Barths in befreiungstheologischer Perspektive, Mainz 1996, wie von Timothy Gorringe, Karl Barth. Against Hegemony, Oxford 1999 kontextuell fortgeführt. Von «allgemeiner» Durchsetzung der gesellschaftspolitischen Entdeckungszusammenhänge spricht u. a. Bruce L. McCormack, Theologische Dialektik und kritischer Realismus. Entstehung und Entwicklung von Karl Barths Theologie 1909–1936, Zürich 2006.

51 Jüngel, Gottes Sein (Anm. 47), 123–138, erinnerte löblich an «mein» und Barths «Vorurteil, Dogmatik sei konsequente Exegese» (123), aber hielt das «Diktat der klassischen Metaphysik» für «vergleichsweise harmlos» gegenüber dem «Joch» oder «vortheologischen […] Postulat eines gesellschaftlichen Begriffs von Wirklichkeit Gottes», dessen «Denkzwang […] sich in einem Aktionszwang entlädt, dem dann mit Argumenten schlechterdings nicht mehr beizukommen ist» (129). Marquardt als geistiger «Terrorist»? lautete meine Rückfrage, Winzeler, Theologie (Anm. 19), 122. Eine vergleichbare Metaphysik des Privateigentums, unter dem Joch des «Klassenkampfes von oben», wurde für Gollwitzer im «Lehrstück Chile» (1973) real, AW 5, 203–208, als einer Ankündigung von globaler Bedeutung für faschistische Strukturen des Neoliberalismus. – «Was geistig zu Hitler führte, ist noch da», Marquardt, Utopie (Anm. 26), 573.

Eph 2,11–16)[52]. Eine mündige Christengemeinde kann jüdische «Beschneidung» nicht schlechthin fernhalten, «ersetzen» oder totalitär enterben (wie Sölle nicht grundlos befürchtete), sondern sie nur im Geiste der Tora *pars pro toto* zu vertreten suchen, damit dereinst «ganz Israel» aus den Völkern zusammen komme (Röm 11,25) und seinen Gott preise.[53]

5. Christliches «Pharisäertum» war wiederum dem Barth von 1968 völlig fremd, der sich im «Celler Manifest» revolutionärer Theologiestudierenden an seinen Safenwiler «Marxismus» erinnert fühlte, in welchem er die «nicht-religiöse Interpretation» doch längst vorweggenommen habe.[54] Der rote Pfarrer von Safenwil trat 1915 der von Lenin in der Zimmerwalder Konferenz mitgeprägten SPS bei, die sich 1919 der Arbeitsgemeinschaft unabhängiger sozialistischer Parteien der von Barth so genannten «2½ Internationale» anschloss[55], und erst 1932, da ohnehin vielfach als «Sozi» angegriffen, der Weimarer SPD, die Gollwitzer als «eingeschlafenen Spiesserverein»[56] empfand. Er habe seinen «Marxismus» mit Barth (1933) nur zurückgestellt, um *mit Konservativen* wie Hans Asmussen den Weg der Kirche zum Bekenntnis zu gehen.[57]

52 «Er leistete das, was Dietrich Bonhoeffer 1941 in seinem Schuldbekenntnis des kirchlichen Versagens der Nazizeit nur als Aufgabe skizzieren konnte», Martin Stöhr, Vorwort: Friedrich-Wilhelm Marquardt, Auf einem Weg ins Lehrhaus. Leben und Denken mit Israel. Aufsätze, hg. von Martin Stöhr, Frankfurt a. M. 2009, 11, mit dem Marquardt-Vortrag «Vom Rechtfertigungsgeschehen zu einer Evangelischen Halacha» (149–179) im Gedenken Karl Barths.

53 Vgl. Barth, KD II/1, 329f. Das störrische «jüdische» Element in Barths Kirchenbegriff (KD II/2, 259), das in der Teilhabe an Christus die Erwählung Israels – nicht der Kirche! – sichert (vgl. 294.311) erfasst Friedrich-Wilhelm Marquardt, Die Gegenwart des Auferstandenen bei seinem Volk. Ein dogmatisches Experiment (1967/8), München 1984.

54 Vgl. Eberhard Busch, Meine Zeit mit Karl Barth. Tagebuch 1965–1968, Göttingen 2011, Einträge 14.11.68 (676) und 2.5.1967 (307), zu den von Marquardt 1971 im Barth-Archiv entdeckten «Sozialistischen Reden», deren Publikation Gollwitzer, Reich Gottes (Anm. 11), Vorwort (AW 8, 325) unverzüglich anmahnte. Von Marquardt kommentiert, partiell vorgestellt: Verwegenheiten (Anm. 5) Erster Bericht über Karl Barths «Sozialistische Reden» (470–490), gelangten sie mit Hans Anton Drewes (Hg.) in Verbindung mit Friedrich-Wilhelm Marquardt an die Öffentlichkeit: Karl Barth, Vorträge und kleinere Arbeiten 1914–21, GA 48, Zürich 2012, rezensiert von Peter Winzeler, «Gott an der Arbeit», Neue Wege 107 (2013),70–75.

55 Vgl. Gollwitzer, Reich Gottes (Anm. 11), 384; Winzeler, Gott (Anm. 54), 75.

56 Vgl. Gollwitzer, Skizzen (Anm. 6), 64, der Barth zudem «ein Wort von Rosa Luxemburg» entgegenhielt.

57 Vgl. Gollwitzer, Skizzen (Anm. 6), 68–70. Was er von Luxemburg gelesen hatte, ist fraglich. Das Scheitern von John M. Keynes in Versailles (Wortführer der britischen Krone) erinnert erst Gollwitzer, Revolution (Anm. 12), 125.170 – im Verein mit Johann

Die Synodalen, welche die Ermächtigung des «Führers» begrüsst hatten, würden sich nur entsetzt haben vor dem Gespenst eines Räte-Kommunismus (wie 1923) oder der aus Frankreich drohenden Volksfront[58]. So wurde der helvetische Zwinglianer Karl Barth in der Bekennenden Kirche mehr geduldet als geliebt, die sein föderal-demokratisches Grundverständnis nicht zu teilen vermochte, erst recht nicht, als er den Bonner Lehrstuhl verlor (1935) und den Freund Hromadka in Prag aus Basel zum bewaffneten Widerstand rief (1938)[59].

6. Hier sah ich mich von Marquardt persönlich ermutigt, den zwinglischen Hintergründen dieser «Schweizer Stimme» auf den Grund zu gehen[60] – in einem Klima unvergesslich freier Kommunikation, die auf geistiges Eigentum keinen Wert legte, auch wenn uns allen klar war: Die Zumutung, die Barmen für den «totalen Staat» bedeutete, hing am seidenen Faden von calvinistischen Zugeständnissen[61] und wurde nur von einer kleinen Minderheit als Zumutung an den noch bestehenden Rechtstaat verstanden, der – wenn er am Gegenüber der Kirche seine «natürliche Grenze» fände – «totaler Staat» gar nicht sein kann[62]. «Ein Wörtlein kann ihn fällen» (Luther im Lied, KGB 32,3),[63] nur nicht

Galtung (39) und Joan Robinson (48) – an Rosa Luxemburgs «Alternative vom Anfang unseres Jahrhunderts: Sozialismus oder Barbarei», die sich als prophetisch erwiesen habe (67).

58 Vgl. Karl Barth, Eine Schweizer Stimme. 1938–1945, Zürich 1946, wo Barth öfters marxistische Gesichtpunkte und «Theorien» (341) erwägt und «Linien» zieht (395), die in seiner Zeitanalyse seit 1914 oder 1919 mitgelaufen sind. Meine ökonomische Fundierung – Winzeler, Theologie (Anm. 19) Teil I, – blieb in der Diskussion (Anm. 49.50) seltsam unbeanstandet. Die stupende Fähigkeit Barths, unbefangen in solchen Kategorien zu denken (wie jenen von Zwingli und Rousseau, denen er 1922/23 und 1932/33 Vorlesungen widmete), darf auch im Kirchenkampf unterstellt werden wie in «Christengemeinde und Bürgergemeinde» (1946), wo er sich (Nr. 17) die ganze Palette der «sozialistischen Möglichkeiten» offen hält.

59 Vgl. den Brief an Professor Hromadka in Prag (1938): Barth, Stimme (Anm. 58), 58f.

60 Marquardts Sensorium warf mich auf den eigentlichen Mangel der «Widerstehenden Theologie» (Anm. 15) zurück, den erst die Habilitationsschrift abzuarbeiten suchte: «Tut um Gottes Willen etwas Tapferes!» Die Vorsehungslehre bei Ulrich Zwingli und Karl Barth, Freie Universität Berlin 1985.

61 Zu Calvin als Barths «idealen Unionstheologen» vgl. Rohkrämer, Texte (Anm. 14), 224: «Aber ich war nicht schuld. Ich habe nicht diesen Calvinismus hineingebracht» (Gespräch mit Tübinger Studenten 1964). Wohl habe man gemunkelt, «ja, dieser Mann da aus der Schweiz, dieser Demokrat, könnte es vielleicht so [hochpolitisch] verstanden haben, aber wir nicht!» (Gespräch zum 30. Jahrestag Barmens 1963), 215.

62 Vgl. Karl Barth, Theologische Existenz heute! München 1933, nach einer Erinnerung von Helmut Traub laut Gollwitzer, Reich Gottes (Anm. 11), 385, verfasst im

ohne das Zutun, das Bonhoeffer in Person «wahr» gemacht habe, ohne dass die Bekennende Kirche ihm öffentlich gefolgt wäre.[64] Diese Schande grub sich wie ein Brandmal in die Biographie Gollwitzers ein, zumal er selbst zu feige gewesen sei, den Wehrdienst zu verweigern. All dieses Psychische spielte 1968 eine Rolle, als ein neues Fenster der Hoffnung sich auftat und Rudi Dutschke sich mit Gollwitzer anfreundete, der sich unversehens an die Spitze der Rebellion katapultiert sah, die nun auch Marquardt – den Pfarrer Benno Ohnesorgs – in die öffentliche Verantwortung ihrer «theologischen Existenz – heute»! rief.

III. Das «Exemplum» Gollwitzer und sein Knecht

Ganz so schnurgerade, wie Barth es sich wünschte, verlief diese «Nachfolge» nicht. Gollwitzer wurde (1962) in Basel abgelehnt – Gott sei Dank, wie manche munkeln. Gar nicht zu denken, was aus der «Berliner Schule» geworden wäre, wäre Marquardt seiner königlichen Berufung nach Amsterdam gefolgt! Ihre Wege schweissten beide zusammen. Nach Niemöllers Verhaftung selbst ein «illegaler» Hilfsprediger in Dahlem, als Sanitäter in die Wehrmacht eingezogen, kehrte Gollwitzer so indoktriniert aus Russland heim, dass Barth den vermuteten Antikommunisten mit tiefen Sorgenfalten «auf Kurs» zu bringen

hellen Zorn: «Da habt ihr eure gleichgeschaltete theologische Existenz!», nachdem Charlotte von Kirschbaum und Helmut Traub ein erstes «ganz politisches, unerhört scharfes Manifest» aus Rücksicht auf den Drucker sich verbeten hätten. Die Erinnerung ist nicht nachprüfbar – *si non e vero e bon trovato* – aber für Gollwitzer bezeichnend. Klaus Scholder, Die theologische Grundlage des Kirchenkampfes, EvTh 44 (1984), 505–524 (517f.), hob auf die Gestapo und das Empfinden der Synodalen ab, eine Gefahr der Gleichschaltung bestehe nicht, da «die erste Reichsbekenntnissynode im Dritten Reich in voller Freiheit tagen konnte». Im Barmen-Vortrag Hans Asmussens konnte man sich im Wunsch bestätigt fühlen, das Dritte Reich würde mit Humanismus, Liberalismus und Sozialismus der letzten «200 Jahre» aufräumen – was Karl Barth wohl schon in Bonn (vgl. KD I/2, 745) zur Verteidigung der «Freistätte» eines Kirchenasyls für den «Geist von 1789 und 1848» nötigte.

63 Im selben Sinne meinte Barth, Stimme (Anm. 58), 395f., die Deutschen hätten «nicht lauter Helden» sein müssen, wären nur genug aufrechte Frauen und Männer, Presbyter, Katecheten, Offiziere, Staatsdiener, Kleriker und Laien bei ihrer zuvor als rechtmässig erkannten Wahrheit geblieben!

64 Karl Barth, KD IV/2, 604.611f., setzt Zwinglis Ermutigung «Tut um Gottes Willen etwas Tapferes!» so in den Kontext der «Nachfolge» Bonhoeffers, dass er meint: «[...] ich [könnte] wohl versucht sein [...], sie [sc. das gleichnamige Buch von 1937] hier einfach als grosses Zitat einzurücken».

suchte.[65] Doch Gollwitzer sprengte alle Schemen. Mit den fortlebenden «Bruderschaften» der Bekennenden Kirche trat er gegen Restauration, Remilitarisierung und NATO-Beitritt an. Gegen die Atomrüstung griff er in seine scholastische Schatztruhe des «Naturrechtes», das nach «menschlicher Einsicht» (Barmen V) jeden «gerechten Krieg» unter Androhung von Massenvernichtungsmitteln ausschliesse; ohne den *status confessionis* Karl Barths im Namen von Vater, Sohn und Geist (1958)[66]! Diese Auflehnung gegen das «Friss Vogel – oder stirb» vermittelte eine Evangeliumsfreiheit Martin Luthers, die sich an keinen erstarrten «Bekenntnisstand» band – und wäre es die Confessio Augustana!

1. Mit seinem Doktoranden[67] wurde Gollwitzer zum Pionier der «Jüdisch-christlichen Arbeitsgemeinschaft» am Deutschen Evangelischen Kirchentag (1959/61), wo Christen lieber *mit* überlebenden Juden redeten als mit Karl Barth *über* sie. Kein Wunder, dass Marquardt das Nicht-Herrschen «der einen über die andern» (Barmen IV) in das *Entdecken* der anderen für die einen zu übersetzen begann: am Beispiel von Barths Entdeckung des *postbiblischen Judentums* für christliche Theologie. Es sei doch das eine Wort so «im Fleische» Jude geworden (Joh 1,14), dass auch solche Juden mit ihm als dem «grossen Bruder» leben könnten[68], die schon beim «Vater» sind[69]. In der gan-

65 Die Gollwitzer zugedachte Schrift Karl Barths, Die politische Entscheidung in der Einheit des Glaubens, ThEx 34 (1952), wird implizit auch gegen später geäusserte Befürchtungen Barths angeführt, er könne den «schnurgeraden» Kurs verlassen.

66 Vgl. Helmut Gollwitzer, Die Christen und die Atomwaffen (1958): Gollwitzer, Forderungen (Anm. 9), 289–302. Wie schon Karl Barth, Gotteserkenntnis und [politischer] Gottesdienst nach reformatorischer Lehre (Gifford Lectures über das Schottische Bekenntnis 1560), Zürich 1938, konnte er von naturrechtlichen Kriterien des «gerechten Krieges» Gebrauch machen und das Gespräch mit dem Atomphysiker Carl Friedrich von Weizsäcker (siehe Anm. 30) suchen.

67 Marquardts erste, zu sehr «heideggernde» Bonner-Dissertation wurde von Hans-Joachim Iwand und Gollwitzer abgewiesen, legte aber den Grund für die «Kehre» seines Denkens.

68 Martin Buber, Zwei Glaubensweisen, Gerlingen 1994, 15; vgl. David Flusser, Jesus in Selbstzeugnissen und Bilddokumenten, Hamburg 1968; ders. Das Christentum – eine jüdische Religion, München 1990.

69 Diese Entdeckung Franz Rosenzweigs (Brief an Rudolf Ehrenberg, 31.10.1913: ders., Briefe und Tagebücher. Bd. I: 1900–1918, hg. von Rachel Rosenzweig und Edith Rosenzweig-Scheinmann unter Mitwirkung von Bernhard Casper, Haag 1979, 132–137) liess Friedrich-Wilhelm Marquardt, Die Entdeckung des Judentums für die christliche Theologie. Israels im Denken Karl Barths, München 1967, eine bislang unbekannte Seite Barths erfragen, mit Barths Selbstverwunderung und der Buber-Rosenzweig-Medaille bedacht; weiter: Friedrich-Wilhelm Marquardt, Die Juden im Römerbrief (ThSt

zen Befremdlichkeit, in der Jesus uns *geschichtlich* als ein «Jude» begegnet[70], sollten wir *Gojim* uns «auch» (Röm 3,29) zu den «Fremdlingen» des Imperiums hinzugesellen (1Petr 1,1), die – verschrien als *atheoi* – sich den Götzendiensten nicht beugen, aber Zuflucht finden im Gemeinwesen Israels (*politeuma* – Eph 2,12.19), um mit Juden solidarisch das neue Jerusalem zu erwarten. So sehr Barth sich verwunderte, was alles er schon gewusst und gelehrt haben sollte[71], sprach doch der Geist seiner Dogmatik von dem (im Messias Jesus) unkündbaren Israel-Bund, dem Gott auch im finstersten Gericht seiner erwählenden und vorsehenden Gnade (KD III/3 § 49.3) die ewige Bundestreue hält[72]. Und wenn Barth eine tief unordentliche Taufpraxis des Staatskirchentums beklagte[73], wie sollten unsere in der Synagoge getauften Brüder und Schwestern – auch wenn nicht «im Namen» Jesu getauft – unsere Feinde heissen und sein, statt «Feinde um unsretwillen» (= euretwillen, Röm 11,28)[74]

107), Zürich 1971, das Zusammensein mit Anderen als Fokus der «Rechtfertigungslehre» herausarbeitend, analog ders.: Das christliche Bekenntnis zu Jesus, dem Juden. Eine Christologie Bd. 1, München 1990 (§ 3.). Tastende Fragen an Rosenzweig blieben seiner Utopie (Anm. 26), 557, vorbehalten.

70 Albert Schweitzer, Geschichte der Leben-Jesu-Forschung, Tübingen ^{2}1913.

71 Barth, Briefe 1961–1968 (Anm. 47), 419–423 (420). Da die Kirchliche Dogmatik kein «Geländer» sei, an dem man sich ewig festhalten dürfe, sah Barth nicht ohne Sorge, was da kommen werde, wenn der gelehrige Schüler das Geländer loslassen müsse. «Incidit in Scyllam, qui vult vitare Charybdin»! Mit einem oft zitierten Goethe-Wort Barths, von dem Marquardt in einem Video erzählt: «Sei ein Mann – und folge mir nicht nach!» Vgl. Karl Barth, Die Theologie Schleiermachers 1923/24. Vorlesung Göttingen 1923/24 (GA 11), hg. von Dietrich Ritschl, Zürich 1978, 7, dank eines persönlichen Hinweises von Hans-Anton Drewes.

72 Diese «Bundestreue» bildete im Entwurf der Versöhnungsethik in KD IV/4 den «roten Faden», wie Karl Barth, Das christliche Leben, KD IV/4, Fragmente aus dem Nachlass 1959–1961 (GA 7), Zürich 1976, hg. von Hans-Anton Drewes und Eberhard Jüngel, im Vorwort (X) und Anhang zeigt (477). Dank einer Selbstkorrektur ist sie der «Anrufung» des Namens Gottes in der tätigen Jüngerschaft gewichen, die den ersten drei Bitten des Vaterunser um die Namensheiligung, das Kommen des Gottesreiches und das Geschehen seines Willens im «Kampf um die menschliche Gerechtigkeit» entspricht, im Eifer um die Ehre Gottes (§ 77) wie im Aufstand gegen die Unordnung der «herrenlosen Gewalten» (§ 78). Wenn das die Ethisierung des Christlichen wäre, die Jüngel, Kirche (Anm. 34) beklagte, hätte der Meister ihn selber «zur Ordnung» gerufen.

73 Karl Barth, Die kirchliche Lehre von der Taufe, Zürich 1943.

74 Friedrich-Wilhelm Marquardt, «Feinde um unsretwillen». Das jüdische Nein und die christliche Theologie: ders., Verwegenheiten (Anm. 5), 324–338.

genannt zu werden, also Zeugen der Bundesgnade und nicht nur die «Zeugen des Gerichtes»[75]?

2. In Zwinglis Bundestheologie stand fest, dass wir christlich nicht «im Namen» Gottes getauft sind (des Dreieinigen), sondern hinein getaucht «in den Namen» des Bundesgottes Israels, dessen Gebote Jesus uns (*gojim*) im Gottesgeist zu halten lehrt (Mt 28,19). Die Säuglingstaufe hatte Zwingli als Äquivalent der Bundesgnade der Beschneidung Israels befürwortet, aber nicht als zwanghaftes «Eintrittsbillet» für Judenkinder[76] in die christliche Gesellschaft (Heinrich Heine). Diese Unart war für Barth so problematisch geworden – eine neue Art der περιτομή –, dass er gegen Zwinglis «sterile» Kindertauflehre (KD IV/4, 141f.) die frei gewählte Mündigentaufe bevorzugte. «Zusammengefasst: Ein Mensch tritt in seiner Taufe als tätiges Glied hinein in das heilige Volk Israel, das nach Jes 42,6 zum Bundesmittler unter den Völkern bestellt ist.»[77]

3. Auch die unvollendete Abendmahlslehre lässt zwinglische Strukturen des dankbaren, nicht-sakramentalen Gedenkens des Passahmahles Jesu erkennen. Aber *Kyrie eleison*! Warum müssen immer wieder 40 bis 70 Jahre ins Land gehen, bis die Lernprozesse aus Barmen bei uns ankommen? Warum braucht das «hohe C» auch in der Politik so viel Zeit, um in der Niederkunft zu den Entrechteten den neuen Menschen zu gebären?

IV. «Jedem das Seine» (Barmen V)

In seiner Abschiedsvorlesung «Befreiung zur Solidarität» ging Gollwitzer noch ein Stück weiter mit Barmen über Barmen hinaus, als einer, der den christlich-marxistischen Dialog «schon hinter sich»[78] habe. Für das christlich-jüdische

75 Vgl. die Struktur von KD II/2, § 34, und Friedrich-Wilhelm Marquardt, Von Elend und Heimsuchung der Theologie. Prolegomena, München 1988: «Deine Sprache verrät dich» (§ 3.5) – auch an die Adresse des Lehrers!

76 Immerhin war auch der Gerichtsprophet Karl Marx ein christlich zwangsgetauftes Judenkind.

77 Karl Barth, KD IV/4, 221. Mit Zwinglis Taufbüchlein (1526) stützt Barth seine «neo-zwinglianisch» labellierte Sakramentenlehre (141f.) auf die Johannestaufe Jesu am Jordan ab.

78 Vgl. Helmut Gollwitzer, Befreiung zur Solidarität. Einführung in die Evangelische Theologie, München 1978 (hier nach Lektionen zitiert), mit einem ausführlichen «Gespräch mit Marx», Lektion IX Gnade und Dank (171), auf dem Hintergrund von

Verhältnis wird auch das Schema der «zwei Religionen» oder Wege von Judentum und Christentum befragt (Lektion VII), die sich ewig konkurrenzieren müssten. Das «eine Wort Gottes» zielt auf «frohe Befreiung» auch aus gottlosen Bindungen der Apartheit der zwei oder drei abrahamitischen Offenbarungsreligionen. Barmen II sollte kein Alibi von Befreiungstheologien gegen Israels Zions-Hoffnung sein. Barmen II war von Hans Asmussen gegen den Geist der Aufklärung und der Französischen Revolution eingebracht worden, mithin gegen den «jüdischen Geist», was Karl Barth zur eminenten Judenerklärung (noch in Bonn?) veranlasste, dass es Christen zugemutet sei, sich auf Jüdisches nicht nur einzulassen, sondern im «letztlich entscheidenden Sinn selbst Juden zu werden».[79] An diesem Reibungspunkt, in dieser bundestheologischen Geschwisterlichkeit der «Jüngerschaft», im gemeinsamen Aufbruch zum «Reich Gottes» (Lektionen VIII/X), fand Gollwitzer in Lektion XI zu Barmen V erst jene Synthese, die das *Suum cuique* allen Beteiligten gesondert zuspricht, in der freien «Rechtsgewährung» und rechten «Freiheitsgewährung», die «jedem das Seine» zuerkennt[80].

1. Es ging staatsrechtlich um das Komplementäre von «Recht und Frieden», das in keiner Konkurrenz zu gewährleisten ist, nicht in Gleichschaltung der Märkte mit dem staatlichen Gewaltmonopol. Kirchen, Genossenschaften und Staatenbünde benötigen einander im notwendigen Gegenüber. Völkerrechte und Religionenfriede müssen sich gegenseitig in Schranken halten, um nicht den gefrässigen «Götzen» zu verfallen, die Barth als «herrenlose Gewalten»

---

ders., Krummes Holz – aufrechter Gang. Zur Frage nach dem Sinn des Lebens, München 1970, 13.

79 Karl Barth, KD I/2, 566, vgl. Eberhard Busch, Unter dem Bogen des einen Bundes. Karl Barth und die Juden 1933–1945, Neukirchen-Vluyn 1996, 274–277.288–297, mit Marquardt, Motivationen (Anm. 14), 279f. In scharfer Wendung gegen die Immanenz des Theologischen im Politischen (Carl Schmitt) verneint Barths «Immanenz des Politischen im Theologischen» (280) die rechtlichen wie «historischen Voraussetzungen» des NS-Systems. Es kranke auch die «liberale Lösung» der Judenfrage an Nichtüberwindung des «Antisemitismus» (290), der mit dem Judesein Jesu auch «Gott selbst [...] verwirft» (297). Kraft der «Immanenz des Jüdischen im Christlichen» stehe vielmehr der Realgrund von Gottes Handeln in der Geschichte auf dem Spiel, sofern alle Menschheit in der jüdischen Existenz «sich selbst» wiederzuerkennen habe (296). Die theopolitische Grundentscheidung gegen den klügsten Juristen des Dritten Reiches hätte nicht deutlicher ausfallen können.

80 «Von jedem nach seinen Fähigkeiten, für jeden nach seinen Bedürfnissen», so verteidigt Jean Ziegler die moralische Essenz der «Nächstenliebe» Jesu bei Karl Marx gegen den von Christoph Blocher – mit Recht und Unrecht – beanspruchten «Karl Barth», Tagesanzeiger, Zürich, 7.6.2014.

beschrieb[81]. Die Allerwelts-Freiheit des Marktes wird in Barmen V abgewiesen, wie die Hypostase «Staat», die losgelöst über allen Köpfen schwebt. «Der Staat sind wir», deren innere Freiheit (*freedom*) nach äusseren Freiheiten der Gesellschaft (*liberties*!) ruft[82], für je besondere zivile und soziale Sphären der Gerechtigkeit, in Rechtsverträgen und Bündnissen, die von der «freien Gnade» (hebr. *chesed*/Solidarität!) für alles Volk getragen sind (Barmen VI). Nicht «schnurgerade» (Zwingli), aber in dieser «Richtung und Linie» der *Gleichnisfähigkeit* von Christen- und Bürgergemeinde (Barth 1946) wollte Gollwitzer nun auch den «Vortrupp des Lebens» ins Recht setzen, also jene vorpreschenden Nachfolgegruppen, die sich Gottes Appell solidarisch unterziehen, um in der Gesellschaft Widerhall zu finden, damit in zähen Kämpfen die «Volkssouveränität» erlangt werde, die es «noch in keinem Land unseres Jahrhunderts» gab[83].

2. Dieses Beispiel einer Wegfindung möge genügen, warum der Knecht des Puntila[84], als welcher Marquardt, der «Friedel», mir oft genug erschien, so unendlich wachsam an des Meisters Lippen hing. Im Weitsprung Gollwitzers von Barmen zu Marx war ja auch der kategorische Imperativ enthalten, die «Ware Arbeitskraft» aus ihrer baren Zweckdienlichkeit zu befreien, mitsamt dem «Produktionsmittelbesitzer, der mehr erhält, als ihm zusteht», sodass das *suum cuique* in der ganzen Gesellschaft Schaden leide[85]. Und nicht nur sein Freund Weischedel – ein Denker des Nihilismus in dürftiger Zeit – zeigte sich verwundert ob dieser leibhaftigen Paradoxie von gelebter «Freiheit des Christenmenschen», die manchen Reformierten hätte zur Schamröte treiben können.

81 Worunter alle «absoluten» (losgelösten) entfesselten Gewalten fallen, vgl. Barth, Das christliche Leben (Anm. 72), § 78,

82 Gollwitzer, Befreiung (Anm. 78), 199, in der Nähe zu den Bürgerrechtsbewegungen und kommunitaristischem Denken in den USA (ungenannt: Michael Walzer, Sphären der Gerechtigkeit. Ein Plädoyer für Pluralität und Gerechtigkeit, Frankfurt a. M. 1994).

83 Gollwitzer, Befreiung (Anm. 78), 204; ich wäre hier als Schweizer versucht, den ganzen Absatz 3 zum Bonner «Grundgesetz» als Zitat einzurücken.

84 Frei nach dem Drama Bertolt Brechts *Puntila und sein Knecht.*

85 Gollwitzer, Befreiung (Anm. 78), 200–202 – vgl. Arthur Rich, Wirtschaftsethik, Bd. 2, Gütersloh 1990, befragt von Klappert, Versöhnung (Anm. 15), 305–322, und Peter Winzeler, Zwinglis sozialökonomische Gerechtigkeitslehre – heute wiedergelesen: Festschrift Gottfried W. Locher, Zwingliana 1991/2–1992/1 Band XIX/Teil 1, 427–444 (www.zwingliana.ch).

V. Friedrich-Wilhelm Marquardt, mein Dolmetscher und Pionier neuer «Dogmatik»

Das «Friss Vogel oder stirb», das mir auch an Gollwitzers Paradoxien noch stets unverdaulich blieb, bedurfte eines Interpreten, der den Mut des «epistemologischen Bruches» besass[86], um mit der Barth-Orthodoxie zu brechen und in neuen Paradigmen das Politische im Theologischen zu entziffern, damit es herrschaftsfrei kommunizierbar werde. Zur Kirchlichen Dogmatik Karl Barths gehört auch das Spiel mit *politisch* «offenen Karten», wie Torsten Meireis es einfordert[87]. Dieses rühmte Marquardt an Barth, sowohl was das *initium* des Blumhardt'schen Reich-Gottes-Sozialismus betraf, die Voraussetzung eines «voraussetzungslosen» theologischen Denkens (Barths 2. Römerbrief), wie auch verschwiegene Motive, die Barth nicht wie Perlen unter die Säue warf. Ist Christus nicht das «Licht der Welt», das alles in allem neu beleuchtet und verändert?[88] Und gibt es nicht dennoch Situationen, wo Wahrheit zur Lüge würde, wenn sie profan zu Markte getragen wird – oder im Gestapo-Verhör gar zum mörderischen Verrat?

Das danke ich Marquardt, dass er dieses Arkanum von Barths Gottdenken freilegte: diesen ungeheuren Freiraum, der dem lebendigen Gott keine Schranke auferlegt,[89] diesen Hoffnungsraum wahrt, wo ungeniert mit Thomas von Aquin, aber auch mit Marx, Krapotkin, Marcuse und Freud operiert werden durfte, gar auch mit Jean-Paul Sartre und Simone de Beauvoir[90], als gehörten ihre Gedanken mit hinein ins Spektrum der «freien Liebe» Gottes im Zentrum des *Gottesbegriffs* Barths.

86 Dieser von Althusser, Marx (Anm. 23), reichlich strukturalistisch eingebrachte Begriff lässt sich bibeltheologisch spezifiziert auf die hermeneutischen Kehrtwendungen Bonhoeffers, Miskottes, Gollwitzers und Marquardts übertragen, vgl. die Einleitung zu Winzeler, Theologie (Anm. 19), 21–37 (36), und die soziologische Methodendiskussion Kapitel I.2.1. (107).

87 Vgl. den Beitrag von Torsten Meireis in diesem Band.

88 Dass «Geheimdiplomatie» nicht überall vom Bösen ist, wie u. a. Helmut Thielicke gegen Barths Analogienmodell einwandte (so wahr auch Bonhoeffer von ihr Gebrauch machte), entkräftet nicht Barths Vorbehalt gegen alles in der Welt, was das Licht des Tages scheut.

89 Karl Barth, KD II/1, § 28.1–3, erkennt die Gottheit als die «Liebende in der Freiheit», deren «Sein in der Tat» sich ewig keiner Tyrannei oder Profanierung unterwirft.

90 Vgl. *pars pro toto* den Exkurs Karl Barth, KD III/3, § 50.4, zu Jean-Paul Sartre (383–402) und die Würdigung von Simone de Beauvoir (dank Charlotte von Kirschbaums) KD III/4, 179f., die nicht ohne das Ja im Nein zu lesen sind – und für die 1950er Jahre äusserst provokant.

1. In diesem Begreifen der «Revolution Gottes» in der Offenbarung sind – wie Gollwitzer bekräftigt – auch Marxens Thesen zu Feuerbach mitgedacht: in der praktischen und gegenständlichen Wahrheit der «Alle und in Allem Alles nicht nur neu beleuchtenden, sondern real verändernden Tatsache, dass Gott ist» (KD II/1, 289). Das Provozierende Marquardts bestand weniger im «und» von Theologie und Sozialismus (bzw. Rechtfertigung und Recht), als vielmehr in der Einwohnung des Sozialistischen in der *Gotteslehre* Karl Barths, die mit ihrem Gegenstand nie fertig wird – kraft der «Revolution» in Gott selbst, der sich der Menschheit erbarmt, als sei die ganze bürgerliche Welt vom Umsturz bedroht und Gott auf einen realisierbaren – nicht den uns bekannten! – Sozialismus «vereidigt» (Falk Wagner)[91]. In München fehlte es nur am Vermögen, dieses «Begreifen» im geschichtlichen Augenblick[92] von «Gott selbst» zu unterscheiden, dessen Transzendenz doch auch für Barth so leicht nie zu bedrohen war. Manche Zeitgeister fürchteten eine «von links» unterwanderte Philosophische Fakultät, die Marquardt und seine Zöglinge theologisch habilitieren würde. Man erdachte sich eine Art theologischer «Binnenwährung»[93], die sich jeder kritischen Aussenansicht (bzw. Fremdwährung) entzieht. Sollte Barmen aber das «Politikum» sondergleichen sein, müsste sich dieses auch untheologisch kommunizieren lassen, so wahr die politischen Stellungnahmen Barths sowohl Folge der theologischen Existenz als auch Anstoss zur besseren Exegese und kritischen Reflexion sind (im Hören – Sehen – Urteilen – Handeln), also Praxis auf immer neue Praxis hin.

2. Hier also die «Schule», um die es geht, die Marquardt auf einen «jüdischen Schulweg» des Lernhauses (von Evangelischer Halacha) brachte. Ein Wahrheitsmonopol derer, die Barth «von links» lesen (Dieter Schellong)[94], war nie intendiert, auch die Wahrheit im Dissens sucht im Dissens nach einigender

91 Vgl. Wagner, Gleichschaltung (Anm. 36), 39f.

92 Vgl. Friedrich-Wilhelm Marquardt, Der Christ in der Gesellschaft 1919–1979. Geschichte, Analyse und aktuelle Bedeutung von Karl Barths Tambacher Vortrag, (ThExh 206), München 1980.

93 Till Wilsdorf, Theologie als Binnenwährung oder der Versuch einer exegetischen Zeitschrift außerhalb des Common Sense, Stuttgart 1984. Dieser Migrant aus der DDR, Freund Marquardts, Veerkamps und von mir, Assistent von Paul Feyerabend (ETH Zürich), war Mitbegründer der Zeitschrift «Texte und Kontexte», Editor der «Reihe im Lehrhaus», dem ich nicht zuletzt den Titel und Druck der «Widerstehenden Theologie» zu verdanken habe.

94 Vgl. Dieter Schellong, Barth von links gelesen – ein Beitrag zum Thema «Theologie und Sozialismus», ZEE 17 (1973), 238–250, von der Warte eines Sozialismusskeptischen Marquardt-«Bruders»!

Wahrheit. Karl Barth, auf die Barmer Synode erst gar nicht eingeladen, nahm stumm an ihr teil und sah den Synodenbeschluss als Wunder von Geistesgegenwart, ein «Werk» des Heiligen Geistes, nicht sein eigenes Werk. Die Kirchliche Dogmatik nahm die Form des «reformierten» Kommentars in ökumenischer Absicht an, zu dem wir unsere «Fussnoten» zu schreiben gedachten – die grösste wuchs zu sieben Bänden von Marquardts Dogmatik im christlich-jüdischen Verhältnis an! Gollwitzer verzichtete auf die Monologe und setzte seine Diplomatie für die Leuenberger Konkordie (1973) mit den Zwingli-Reformierten ein, da ein dialogisches Denken die grössere Tiefenschärfe und Eintracht (jenseits falscher Gegensätze[95]) zu gewinnen vermöge. Umso mehr ermutigte er Marquardt, sich an sein Dogmatikprojekt zu wagen, eine Neulanderkundung – *post Carolum locutum*[96] –, die mir noch stets als die einzige «heute» weiterführende erscheint[97].

95 Vgl. Helmut Gollwitzer, Zur Auslegung von Joh 6 bei Luther und Zwingli: AW 8, 216–246.

96 In Erinnerung an Gollwitzers Streitgespräch mit Herbert Braun, «Post Bultmann locutum» (Mainz 1964), AW 3, 42–85, das seinen Ausruf «Horribel» erweckte (71), als Braun den «Gott der Juden» (Joh 8) zum Teufel schickte.

97 Anstelle eines Ausblicks (VI.) des «Woraufhin» sei hier auf Marquardt, Utopie (Anm. 26) verwiesen: § 9.4 («Noch einmal: Nach Auschwitz») und mein suchendes Weiterverdanken: Winzeler, Theologie im Rechtsstreit (Anm. 40), was denn wäre, «wenn wir hoffen dürften» – im Zukunftsraum des auf uns zukommenden Herrn.

Katrin Kusmierz

Zeugnis ablegen im Konflikt

Das Bekenntnis von Belhar und die Barmer Theologische Erklärung

I. «A document as important for today's crisis in South Africa as the Barmen Declaration was for Nazi Germany»

«Ein Dokument, so wichtig für die heutige Krise in Südafrika wie die Barmer Erklärung für Nazi Deutschland» – so ist es auf dem Titelblatt des Sammelbandes «A Moment of Truth. The Confession of the Dutch Reformed Mission Church 1982» zu lesen, der 1984 als Begleitschrift zum ersten Entwurf des Bekenntnisses von Belhar erschien.[1] Belhar ist ein Ort in der näheren Umgebung von Kapstadt; die Zeit – die 1980er Jahre – ist noch geprägt von Apartheid, wie auch von dem sich intensivierenden Widerstand dagegen. Das Bekenntnis von Belhar[2] ist ein wichtiger Teil des kirchlichen Widerspruchs gegen das System der Rassentrennung. Das genannte Zitat zeigt bereits an, dass jene, die in die Erarbeitung des Bekenntnisses von Belhar involviert waren, sich dabei explizit in der Traditionslinie von Barmen verorteten. Die endgültige Fassung des Bekenntnisses wurde 1986 von der Generalsynode der damaligen Dutch Reformed Mission Church (DRMC), der reformierten Kirche für sogenannt farbige Südafrikaner und Südafrikanerinnen, nach einem vierjährigen Konsultationsprozess in den Gemeinden verabschiedet.

Das Bekenntnis von Belhar ist – so spitzt es der südafrikanische reformierte Theologe und Mitverfasser des Bekenntnisses Dirkie Smit noch weiter zu – «*the product of a conversation* with the Barmen Declaration. Without Barmen there would have been no Belhar, in its present form».[3] Ohne Barmen kein

1 G. D. Cloete/Dirkie J. Smit (Hg.), A Moment of Truth. The Confession of the Dutch Reformed Mission Church 1982, Grand Rapids 1984.

2 Für den vollständigen Text siehe beispielsweise: http://reformiert.de/tl_files/ reformiert.de/oekomene/Dokumente/Belhar%20dt.pdf (ohne Begleitbrief); die offizielle Englische Version inklusive Begleitbrief findet sich unter http://www.vgksa.org.za/documents/The%20Belhar%20Confession.pdf (aufgerufen am 03.12.2014).

3 Dirkie J. Smit, Barmen and Belhar in conversation – a South African perspective, in: Nederduitse Gereformeerde Teologiese Tydskrif (NGTT) 47/1+2 (2006), 291–301 (291). In derselben Nummer der NGTT sind weitere Beiträge abgedruckt, die alle

Belhar: Im Folgenden soll den Bezügen und Verbindungslinien zwischen Erklärung und Bekenntnis nachgegangen und es sollen Unterschiede und Gemeinsamkeiten expliziert werden.

Beide Dokumente entstanden in einer Zeit der Krise und des Konflikts. Dieser Konflikt bezieht sich auf eine bestimmte politische Situation, die jedoch in besonderer Weise als Krise der *Kirche* und der Theologie empfunden wurde. Die Bekennende Kirche und die Barmer Theologische Erklärung wurden zum historischen Vorbild, zur Identifikationsmöglichkeit gerade für jene südafrikanischen Theologen und Theologinnen, die der reformierten Tradition angehörten. Ähnlich wie im Falle der Barmer Theologischen Erklärung ist das Anliegen von Belhar nicht primär eine Auseinandersetzung mit dem politischen System oder eine Kritik desselben, sondern eine Kritik der dieses System legitimierenden Theologie und eine Auseinandersetzung mit der «weissen» Schwesterkirche, der Dutch Reformed Church (DRC), die in vielfältiger Art und Weise mit dem Apartheid-Staat verflochten war. Die der Ideologie von Apartheid zugrunde liegende Theologie soll im zweiten Teil dieses Beitrags skizziert werden. In einem dritten Abschnitt wird das Bekenntnis von Belhar näher vorzustellen sein, damit in einem vierten Teil nach Bezugspunkten und Differenzen zwischen Barmen und Belhar gefragt werden kann.

II. Die Theologie in der Apartheid-Ideologie

Apartheid[4] kann beschrieben werden als ein politisches, ökonomisches und soziales System zur Kontrolle der schwarzen Bevölkerungsmehrheit durch eine weisse Minderheit. Dieses System wurde gestützt durch eine ausgefeilte Apartheidgesetzgebung, die die soziale und räumliche Trennung zwischen weissen, sogenannt farbigen, schwarzen und indischstämmigen Bevölkerungsteilen in allen Lebensbereichen reglementierte. Mit der Machtübernahme durch die Nationale Partei im Jahr 1948 – der Partei, zu deren Stammwählern vornehmlich die weisse, holländisch-stämmige Bevölkerung gehörte –, wurde Apartheid zur offiziellen Staatspolitik. Die per Gesetz verordnete Rassentren-

anlässlich einer Tagung zum Verhältnis von Barmen und Belhar im Oktober 2004 in Belhar gehalten wurden, so z. B. H. Russel Botman, Barmen to Belhar: A contemporary confessing journey: NGTT 47/1+2 (2006), 240–249, und Wolf Krötke, Barmen and Belhar in conversation – German Perspective: NGTT 47/1+2 (2006), 276–282.

4 Zur Geschichte Südafrikas siehe beispielsweise: Christoph Marx, Südafrika. Geschichte und Gegenwart, Stuttgart 2012; William Beinart, Twentieth-Century South Africa, Oxford 2001 oder Leonard Thompson, A History of South Africa, New Haven/London 1990.

nung bezog sich auf alle Lebensbereiche – Wohnen, Arbeit, Bildung, Beziehungen, Sexualität – wie auch auf öffentliche Orte wie Restaurants, Parks, Kinos, Transportmittel, bis hin zu öffentlichen Toiletten.

War die Nationale Partei die Partei, die die Interessen der sogenannten Afrikaaner, der Weissen holländischer Abstammung, vertrat, so war die weisse reformierte Kirche – oder präzisier die weissen reformierten Kirchen, von denen die Niederländisch reformierte Kirche bzw. Dutch Reformed Church[5] die grösste ist – ihre geistliche Heimat. Afrikaaner-Identität war untrennbar verbunden mit der Zugehörigkeit zur reformierten Kirche. Diese enge Verschmelzung von Religion und ethnischer Identität nahm ihren Anfang lange vor der Apartheid. Einer ihrer Ursprünge liegt im Konflikt zwischen Briten und Holländern um die Abschaffung der Sklaverei, der dazu führte, dass eine grosse Gruppe von Afrikaanern aus der Kapregion bis in die Gegend des heutigen Johannesburg und nach Kwa-Zulu-Natal hinein zog. Die Deutung dieses Auszugs als Exodus-Geschehen stärkte unter Afrikaanern das Bewusstsein, ein von Gott auserwähltes Volk zu sein, dem trotz der erlittenen Entbehrungen eine grosse Zukunft verheissen sei.

Zu Beginn des 20. Jahrhunderts führte eine Reihe von Faktoren zu einem Erstarken des Afrikaaner-Nationalismus: Dazu gehörten z. B. die vernichtende Niederlage der Afrikaaner gegen die Briten im South African War von 1899–1902[6], die rasche Industrialisierung und Urbanisierung und das damit verbundene Problem einer wachsenden Armut unter der weissen Bevölkerung[7]. In dieser Situation fielen nationalistische Ansichten, die teilweise auch von Südafrikanern, die in den 1930er Jahren in Deutschland studierten, nach Südafrika gebracht wurden, auf fruchtbaren Boden.[8] Aufkommendes freiheitliches und humanistisches Gedankengut wurde zunehmend als Bedrohung der Ordnung

5 Über Geschichte und Theologie der reformierten Kirchen in Südafrika informieren beispielsweise: Johann Kinghorn, Modernization and Apartheid. The Afrikaner Churches: Elphick, Richard/Davenport, Rodney (Hg.), Christianity in South Africa. A Political, Social and Cultural History, Cape Town/Oxford 1997, 135–154 und vor allem Christoff Pauw, Anti-Apartheid Theology in the Dutch Reformed Family of Churches. A Depth-Hermeneutical Analysis, Doktorarbeit, Freie Universität Amsterdam 2007, http://dare.ubvu.vu.nl//handle/1871/10880 (aufgerufen am 05.12.2014), auf dessen Untersuchung der folgende Abschnitt weitestgehend beruht. Zum Afrikaaner-Nationalismus allgemein siehe: Christoph Marx, Im Zeichen des Ochsenwagens. Der radikale Afrikaaner-Nationalismus in Südafrika und die Geschichte der Ossebrandwag (Studien zur Afrikanischen Geschichte 22), Münster 1998.

6 Pauw, Anti-Apartheid Theology (Anm. 5), 109.

7 Kinghorn, Modernization (Anm. 5), 139.

8 Pauw, Anti-Apartheid Theology (Anm. 5), 110.

und Stabilität der Gesellschaft angesehen.[9] Religion sollte folglich dazu beitragen, die soziale Ordnung in Familie, Gesellschaft und Nation wieder herzustellen. Die Dutch Reformed Church wurde zur Volkskirche der Afrikaaner.

Grundlegend für eine theologische Unterfütterung des Afrikaaner-Nationalismus und in der Folge auch für die Segregation der ethnischen Gruppen in Südafrika wurde unter anderem der Gedanke, dass die Verschiedenheit der Völker und Nationen als Teil der Schöpfungsordnung gottgegeben und gottgewollt waren. Die Unterschiede zwischen den Ethnien und Kulturen muss nach diesem Verständnis unbedingt bewahrt werden, da sie so von Gott intendiert seien. Jede ethnische Gruppe sollte in dem ihr bestimmten Bereich verbleiben und sich gemäss ihres eigenen Standards und Niveaus entwickeln können. In einem Synodebericht der DRC im Transvaal von 1951 ist dies beispielsweise folgendermassen formuliert:

> «According to the Word of God the idea that Christianity ought to diminish differences in race, nation and status ist most certainly wrong. [...] There is a just, God-pleasing hierarchy of power in the family and the state and between nations, as well as a God-ordained obedience to authority. According to God's Word, therefore, social justice does not mean the equal treatment of all people but rather [...] that everyone receives what God had ordained for him according to his own status level.»[10]

Den weissen, gemäss ihrem Selbstverständnis weiter entwickelten Bevölkerungsgruppen kam dabei die Aufgabe zu, die anderen in ihrem Fortschritt zu unterstützen.[11] So konnte Apartheid als ein System legitimiert werden, das letztlich dem Wohle und dem Weiterkommen der verschiedenen Bevölkerungsteile diente. Damit verbunden ist ein besonderes Verständnis von sozialer Gerechtigkeit (siehe Zitat), dem – wie wir sehen werden – im Bekenntnis von Belhar ein ganz anderes Verständnis von sozialer Gerechtigkeit entgegengestellt wird.

Die Einheit der Kirche wurde entsprechend verstanden als Einheit im Geiste, die sich nicht in sichtbaren Strukturen manifestiert bzw. manifestieren sollte. Im Gegenteil: Die Kirche als sichtbares Zeichen des Reiches Gottes war dazu aufgerufen, diese gottgewollte Trennung zwischen den «Nationen» aufrechtzuerhalten.

Zur Untermauerung dieser Theorien griffen südafrikanische reformierte Theologen unter anderem auf Abraham Kuyper zurück, der schon im 19. Jahr-

9 Marx, Zeichen (Anm. 5), 182.

10 Zitiert in Kinghorn, Modernization (Anm. 5), 144: aus der «Agenda van die 22ste Sinode van die Ned. Geref. Kerk van Suid-Afrika» (1951), 184.187.

11 Kinghorn, Modernization (Anm. 5), 145.

hundert mit seinem Konzept des Neo-Calvinismus ähnliche, wenn auch nicht identische Ideen propagierte. Abraham Kuyper ging es primär um die Einheit zwischen Theologien und Kirchen calvinistischen Ursprungs[12]. In Südafrika wurden seine Theorien auf die Grundlegung des Afrikaaner Nationalismus bezogen. Besonders einflussreich wurde in Südafrika jedoch seine Theorie der verschiedenen «Sphären» oder Ordnungen: Kirche, Familie, Ethnien oder Nationen: jeder dieser Bereiche sei durch die ihm eigenen Gesetze und Hierarchien geordnet; jede Sphäre sei eigenständig, souverän; allen gemeinsam und sie verbindend sei, dass sie unmittelbar Gott unterstehen.[13] Aufgrund ihrer Eigenständigkeit und Souveränität verbiete sich jeder Gedanke, diese zu mischen: die Vielfalt der Schöpfung solle und müsse beibehalten werden. Diese Idee der Vielfalt der Schöpfung und die daraus abgeleitete Notwendigkeit der Bewahrung dieser Vielfalt wurde zum zentralen Argument in der theologischen Begründung von Apartheid wie auch der Notwendigkeit verschiedener, ethnisch organisierter Kirchen. Christoff Pauw resümiert: In der zweiten Hälfte des 20. Jahrhunderts – in der Zeit, in der die Nationale Partei der Afrikaaner die Regierung übernommen hatte – waren Kirche und Staat nahezu identisch geworden.[14] Er hält weiter fest:

> «Through the religious justification of racial segregation most Afrikaners felt satisfied that they were not in the wrong to support apartheid. Many were truly upset by the strong confrontation to apartheid from abroad and locally, and felt that they were misunderstood and misrepresented. They believed that theirs was not a racist policy, but a just policy that sought the development of all.»[15]

III. Das Bekenntnis von Belhar

1. Der Weg zum Bekenntnis von Belhar: kirchlicher Widerstand und der status confessionis

Aus dem oben Geschilderten ist deutlich geworden, mit welcher Dringlichkeit sich das Problem der Apartheid den Kirchen als ein *theologisches Problem* stellte. Apartheid wie auch ihre theologische Rechtfertigung blieben denn auch

12 Pauw, Anti-Apartheid Theology (Anm. 5), 112.
13 Pauw, Anti-Apartheid Theology (Anm. 5), 113.
14 Pauw, Anti-Apartheid Theology (Anm. 5), 115.
15 Pauw, Anti-Apartheid Theology (Anm. 5), 115.

nicht unwidersprochen. Widerstand formierte sich zunächst in den sogenannten englisch-sprachigen Kirchen, die im South African Council of Churches (SACC) zusammengeschlossen waren[16]. Der SACC wurde – zusammen mit der Südafrikanischen Bischofskonferenz – zu einem der Hauptakteure der kirchlichen Anti-Apartheid-Bewegung.[17] Allerdings artikulierte sich die theologische Kritik an Apartheid erst über einen längeren Zeitraum hinweg. Es bestand keineswegs von Beginn an ein Konsens über die Notwendigkeit eines Widerspruchs. Auch innerhalb der verschiedenen Konfessionen gingen die Meinungen diesbezüglich auseinander.

Diese komplexe Geschichte der Entwicklung einer kirchlichen und theologischen Kritik an Apartheid wurde schon andernorts geschildert.[18] Sie darzulegen, würde den Rahmen dieses Beitrages sprengen. Etwas ausführlicher wird im Folgenden auf apartheidkritische Tendenzen innerhalb der reformierten Tradition einzugehen sein, aus denen das Bekenntnis von Belhar entwachsen ist. Widerstand gegen Apartheid formierte sich vornehmlich in den farbigen und schwarzen «Tochterkirchen», der Dutch Reformed Mission Church *und der* Dutch Reformed Church in Africa. Es dauerte länger, bis sich diese apartheidkritischen Stimmen innerhalb der reformierten Kirchenfamilie gegen die Dominanz der weissen Mutterkirche und deren theologische Legitimation der Apartheidideologie artikulieren konnten. Das Bekenntnis von Belhar ist jedoch Ausdruck dessen, dass letztlich gerade die reformierte Theologie in besonderer Weise herausgefordert war, angesichts ihres Missbrauchs zu politischen Zwecken ihren Glauben neu zu bezeugen. Es ging also im Kern – wie im Falle der Barmer Theologischen Erklärung – um theologische Fragen: um die Glaubwürdigkeit des Evangeliums selbst und um den Widerspruch gegen ein «Pseudo-Gospel»[19].

So heisst es im Begleitbrief zum Bekenntnis von Belhar:

16 Hierbei handelt es sich, vereinfacht gesagt, um jene Kirchen, die aus und mit der Britischen Besiedelung Südafrikas entstanden waren, also Presbyterianer, Anglikaner, Baptisten, Methodisten u. v. m.

17 Siehe dazu Tristan Anne Borer, Challenging the State. Churches as Political Actors in South Africa, Notre Dame 1998.

18 Beispielsweise: John W. de Gruchy/Steve de Gruchy, The Church Struggle in South Africa (25th anniversary edition), London 2004; James R. Cochrane, Servants of Power: the Role of English-Speaking Churches in South Africa, 1903–1930, Johannesburg 1987 oder Peter Walshe, Prophetic Christianity and the Liberation Movement in South Africa, Pietermaritzburg 1995.

19 Pauw, Anti-Apartheid Theology (Anm. 5), 190.

«We are deeply conscious that moments of such seriousness can arise in the life of the Church that it may feel the need to confess its faith anew in the light of a specific situation. We are aware that such an act of confession is not lightly undertaken, *but only if it is considered that the heart of the gospel is so threatened as to be at stake.* In our judgment, the present church and political situation in our country and particularly within the Dutch Reformed church family calls for such a decision.»[20]

Eine in ihrer Bedeutung kaum zu überschätzende Schlüsselfigur in diesem Prozess der Ausbildung eines apartheidkritischen Bewusstseins innerhalb der reformierten Kirchen war Christiaan Frederick Beyers Naudé. Als Pfarrer und Moderator der Synode der DRC im Transvaal hatte er an der Cottesloe-Konferenz von 1960 teilgenommen, die der WCC zusammen mit seinen südafrikanischen Mitgliedkirchen einberufen hatte. Die Konferenz diskutierte und verabschiedete eine Resolution gegen Apartheid. In dem Dokument hiess es unter anderem: «No one who believes in Jesus Christ may be excluded from any church on the grounds of his colour or race. The spiritual unity among all men who are in Christ must find visible expression in acts of common worship and witness [...]».[21] Auch die (weissen) reformierten Delegierten hatten dieses aus ihrer Sicht nahezu revolutionäre Dokument unterschrieben, wurden jedoch vom damaligen Premierminister Henrik Verwoerd dafür gemassregelt und mussten ihre Zustimmung wieder zurückziehen. Beyers Naudé weigerte sich, dies zu tun, aus der Überzeugung, dass Apartheid letztlich nicht mit biblischen Grundsätzen vereinbar sei. 1963 gründete er das Christian Institute, eine Organisation, deren Zweck es sein sollte, auf eine gerechtere Gesellschaft in Südafrika hin zu arbeiten und vor allem innerhalb der weissen reformierten Kirche eine Bewusstseinsänderung zu erwirken. Dabei orientierte er sich vor allem in der ersten Zeit am Vorbild der Bekennenden Kirche in Deutschland, wie auch an deren theologischen Exponenten[22]; später wurde das Christian Institute zu einem wichtigen Forum für die südafrikanische Black Theology. Beyers Naudé war jedoch der erste, der für die Notwendigkeit einer Bekennenden Kirche in Südafrika plädierte.[23]

---

20 Aus dem Begleitbrief zum ersten Entwurf des Bekenntnisses: Cloete/Smit, A Moment of Truth (Anm. 1), 4. Hervorhebung KK.

21 De Gruchy/De Gruchy, The Church Struggle (Anm. 18), 64.

22 Nico Koopman, The Reception of the Barmen Declaration in South Africa: Ökumenische Rundschau 61/1 (2009), 60–71 (62) and John W. de Gruchy, Towards a Confessing Church. The implications of a heresy, in: ders./Charles Villa-Vicencio, Apartheid is a Heresy, Cape Town u. a. 1983, 75–93 (75f.).

23 De Gruchy, Towards a Confessing Church (Anm. 22), 75. Für eine ausführlichere Schilderung der Diskussion um eine Bekennende Kirche in Südafrika siehe ebd., 76ff.

1975 äusserte zum ersten Mal die Synode der Dutch Reformed Church in Africa Kritik an Apartheid und am paternalistischen Verhältnis zwischen der weissen und der schwarzen reformierten Kirche. Kurz zuvor hatten farbige und schwarze reformierte Theologen und Pastoren den sogenannten Broederkring gegründet, als ein «seriously considered and concerted effort to organise for a biblical, Reformed and relevant witness in the struggle for justice, liberation and reconciliation within the DRC family context».[24] Der Broederkring stand in engem Austausch mit dem Christian Institute und war prinzipiell offen für Theologen aus allen reformierten Kirchen. Kircheneinheit war denn auch die erklärte Vision[25] neben dem Bestreben, Apartheid zu überwinden[26]. Der Broederkring bot einen geschützten Rahmen, in dem Erfahrungen mit Apartheid theologisch reflektiert wurden, dies auch unter Aufnahme von Impulsen aus der Black Theology, African Theology und der Befreiungstheologie. 1983 änderte der Broederkring seinen Namen in Belydende Kring (Bekennender Kreis)[27], um zu signalisieren, dass es sich dabei nicht um eine Vereinigung exklusiv für Männer und Pfarrer handelte. Man wollte zudem jeden Anklag an den Broederbond vermeiden, einem Geheimbund innerhalb der weissen reformierten Pfarrerschaft mit erheblichem politischen Einfluss. Nicht zuletzt sollte der Name die Aufgabe der Kirche bekräftigen, ihren Glauben zu bezeugen und aller Form von Ungerechtigkeit zu widerstehen, auch dies explizit in Erinnerung an die Bekennende Kirche und die Barmer Theologische Erklärung, wie das folgende Zitat zeigt:

> «The expression ‹Belydende› in our name quite naturally also reminds one of the ‹Confessing church› (Bekennende Kirche) in Germany at the time of Hitler. The BK very clearly is not a confessing church, but the parallels with the German situation are obvious and need some elaboration. In this year [1984] of celebrating the 50th anniversary of the Barmen Declaration it is fitting to ask what it means for our situation in South Africa, especially in the N. G. [D. R.] Churches. [...] [The Barmen Declaration of 1934] is a clear affirmation of the Lordship of Christ over every area of life [...] and a clear rejection of any Christian theology or practice which allows narrow group interests to share [sic, shape] church and society.»[28]

24 Pauw, Anti-Apartheid Theology (Anm. 5), 179.

25 Pauw, Anti-Apartheid Theology (Anm. 5), 179.

26 Pauw, Anti-Apartheid Theology (Anm. 5), 180.

27 Pauw, Anti-Apartheid Theology (Anm. 5), 182.

28 J. N. J. Kritzinger, «From Broederkring to Belydende Kring. What's in a name?»: S. P. Govender (ed.), Unity and Justice. The witness of the Belydende Kring, Braamfontein 1984, 10; zitiert in Pauw, Anti-Apartheid Theology (Anm. 5), 182.

Auch an der Synode der DRMC von 1978 erhielten die apartheidkritischen Stimmen innerhalb der Kirche deutlichen Aufschwung[29]: Unter dem Eindruck der jüngeren Ereignisse, insbesondere der studentischen Proteste gegen Afrikaans als Hauptunterrichtssprache an den Schulen und der gewaltsamen Niederschlagung dieser Proteste durch die Polizei im Jahr 1976, sprach sich die Synode zum ersten Mal deutlich gegen Apartheid aus. Anlass zur Sorge und zur Kritik gab unter anderem auch die laufende Umsetzung des Group Areas Act, aufgrund dessen die Bevölkerung ganzer Ortsteile umgesiedelt werden sollte; ein Prozess, der auch für die Kirchgemeinden der DRMC einschneidende Konsequenzen hatte.

Wegweisend für das Bekenntnis von Belhar wurde besagter Entscheid der Synode, sich gegen Apartheid als Unrechtssystem auszusprechen. Den Boden für diese Entscheidung bereitete – so berichtet es Russel Botman[30] – ein Seminar am Theologischen Seminar der DRMC an der University of the Western Cape. Unter dem Eindruck der sich ausweitenden Studentenproteste an der Hochschule wurden die Studierenden durch ihren Professor Jaap Durand dazu ermutigt, theologisch über das Problem der Apartheid nachzudenken. «He [Jaap Durand, KK] refused to accept our legal (‹apartheid is a crime against humanity›), political (‹apartheid is undemocratic›) and economic (‹apartheid is an exploitation of human and natural resources›) condemnations of apartheid.»[31] Als Kern einer theologischen Kritik an Apartheid identifizierten die Studierenden den Gedanken, dass Apartheid der von Gott in Jesus Christus intendierten und ermöglichten *Versöhnung* fundamental widerspreche, da sie die Unversöhnlicheit der Menschen zu ihrem zentralen Prinzip mache. Dieser Gedanke wurde bestimmend für die weitere kirchliche Kritik an Apartheid, insbesondere auch für das Bekenntnis von Belhar.

Die Studierenden dieses Seminars legten der Synode ein Diskussionspapier vor, das, leicht überarbeitet, von dieser verabschiedet wurde. Darin wird die Unvereinbarkeit der Apartheid mit dem Evangelium konstatiert und expliziert:

> «The DRMC reconfirms its deepest conviction that the Church ought not design or prescribe party political policy. According to its prophetic calling the Church is however obliged to criticise and object when a government follows a policy or policies that cannot uphold the demands of the gospel, especially if the government claims to be a Christian government. *The Church wants to express its conviction that*

29 Pauw, Anti-Apartheid Theology (Anm. 5), 183.
30 Botman, Barmen to Belhar (Anm. 3), 240.
31 Botman, Barmen to Belhar (Anm. 3), 240.

the apartheid policy and/or separate development, as maintained by the government, is contrary to the gospel:
1) because over and against the gospel of Christ's directedness on *the reconciliation of human beings with God* and with one another, the forced separation of people on grounds of race and colour is based at the deepest level on the conviction of the fundamental irreconcilability between people who are thus separated;
2) because the system that has arisen out of such a policy necessarily had to and did lead to an increasing polarisation between people, especially since the practice has irrefutably shown that within the system one population group, namely the whites, is advantaged and that consequently the gospel's demand of justice for all is not fulfilled; and
3) because thereby the human dignity of not only the disadvantaged populations, but the human dignity of all involved is affected.»[32]

Auf Bestreben von Vertretern der «farbigen» und «schwarzen» reformierten Kirchen wurde Apartheid 1982 auf die Traktandenliste der Generalversammlung des damaligen Reformierten Weltbundes in Ottawa gesetzt. Diese Geschichte ist wohl hinlänglich bekannt. Der Reformierte Weltbund erklärte in der Folge angesichts jeglicher apartheidlegitimierenden Theologie den *status confessionis*. Der südafrikanische Theologe Allan Boesak nahm dabei eine zentrale Rolle ein; er war als Präsident der Alliance of Black Reformed Christians in South Africa (ABRACSA)[33] zur Generalversammlung eingeladen und in deren Verlauf zum Präsidenten des Reformierten Weltbundes gewählt worden. Schon zuvor hatte er die apartheidskritische Diskussion in den reformierten Kirchen Südafrikas wesentlich mitbestimmt.

Der Reformierte Weltbund erklärte, «that this situation constitutes a *status confessionis* for our Churches, which means that we regard this as an issue on which it is not possible to differ without seriously jeopardizing the integrity of our common confession as Reformed churches».[34] Weiter hielt die Versammlung fest, dass Apartheid Sünde sei und ihre theologische Legitimation «a travesty of the gospel and, in its persistent disobedience to the Word of God, a theological heresy»[35]. Als zentrales theologisches Problem der Apartheid wurde auch hier das Grundprinzip der Unversöhnlichkeit der Menschen benannt,

32 Zitiert in Pauw, Anti-Apartheid Theology (Anm. 5), 185.

33 Niko Koopman weist darauf hin, dass auch ABRECSA stark von Barmen beeinflusst war: Koopman, Reception (Anm. 22), 63.

34 World Alliance of Reformed Churches (WARC), «Racism and South Africa», Statement adopted by the General Council in Ottawa on 25 August 1982, beispielsweise in: John de Gruchy/Charles Villa-Vicencio, Apartheid is a Heresy, Cape Town/Johannesburg 1983, 168–173 (170).

35 WARC, Racism and South Africa, (Anm. 34), 170.

«thus rendering ineffective the reconciling and uniting power of our Lord Jesus Christ»[36]. In der Folge wurden die Dutch Reformed Church und die Nederdutise Gereformeerde Church von ihrer Mitgliedschaft suspendiert.

Die Entscheidung des Reformierten Weltbundes wurde an der kurz darauf folgenden Synode der Dutch Reformed Mission Church, die im September 1982 in Belhar tagte, aufgenommen und diskutiert. Es wurde vorgeschlagen, dass sich die Synode die Verlautbarung des Reformierten Weltbundes zu eigen mache, was in der Folge auch geschah[37]. Die DRMC folgte dem Reformierten Weltbund in seiner Erklärung eines *status confessionis.* In der von der Synode verabschiedeten Resolution wird ebenfalls auf die Unvereinbarkeit der Apartheid mit dem Anspruch der Versöhnung und auf ihre fatalen Konsequenzen für die Einheit der Kirche verwiesen:

> «Because the secular gospel of apartheid fundamentally threatens the reconciliation in Christ as well as the unity of the church of Jesus Christ, the NGSK [DRMC, KK] in South Africa declares that fort the church of Jesus Christ a status confessionis exists.»[38]

Auf Initiative von G. Bam, Pfarrer und Mitglied der Synode, setzte diese eine Kommission ein[39], die einen Entwurf für ein Bekenntnis ausarbeiten sollte. Der *status confessionis* verlange, so Bam, dass die Kirche ihren Glauben angesichts der falschen Lehre neu bekenne. Auch Bam bezog sich dabei explizit auf die Barmer Theologische Erklärung. Die Synode stimmte seinem Vorschlag ohne Gegenstimme zu und beauftragte eine Kommission mit der Erarbeitung eines Entwurfs. Ein Blick in die Synodendokumente könnte klären, ob es eine Diskussion darüber gegeben hat, *ob* überhaupt ein neues Bekenntnis verfasst und nicht etwa nur eine Erklärung abgegeben werden sollte. Letztlich schien wohl die Form des Bekenntnisses der Situation angemessen, auch wenn dies (oder gerade weil dies) eine bleibende und bindende Form der Äusserung darstellte. Die Kommission, zu der die Theologen I. J. Mentor, A. A. Boesak, D. J. Smit, J. J. F. Durand and G. Bam gehörten, legte der Synode einige Tage später, am 6. Oktober, noch während derselben Sitzungsperiode einen Entwurf für ein Bekenntnis vor; dazu wurde ein Begleitschreiben verfasst, das – so die Verfasser – immer zusammen mit dem Bekenntnis gelesen werden sollte. Entwurf und Begleitschreiben wurden in den folgenden Jahren in einem langen Vernehmlassungsprozess in den Gemeinden diskutiert. Wie schon er-

36 WARC, Racism and South Africa, (Anm. 34), 171.
37 Pauw, Anti-Apartheid-Theology (Anm. 5), 193.
38 Zitiert in Kinghorn Modernization (Anm. 5), 153.
39 Pauw, Anti-Apartheid-Theology (Anm. 5), 193.

wähnt, wurde es in der darauffolgenden Synode von 1986 als offizielles Bekenntnis der Dutch Reformed Mission Church angenommen.

2. *Begleitbrief und Bekenntnistext*

Der *Begleitbrief* legt die Rahmenbedingungen des Bekenntnisses und des Bekennens als eines kirchlichen Akts fest:

Der *erste Abschnitt* bestimmt das Bekenntnis als eine notwendige Reaktion auf die damalige Krise in Gesellschaft und Kirche («the present church and political situation») und den daraus resultierenden *status confessionis.* Der Akt des Bekennens wird, wie schon erwähnt, als eine Angelegenheit von grosser Dringlichkeit und unausweichlicher Notwendigkeit beschrieben: «[...] we make this confession not as a contribution to a theological debate [...], but as a cry from the heart, as something we are obliged to do for the sake of the gospel in view of the times in which we stand.» Es folgt ein Schuldbekenntnis, dass man nicht frühzeitg und in ausreichender Weise ein klares Zeugnis gegen Apartheid und ihre theologische Begründung abgelegt habe.

Abschnitt zwei erklärt sodann, dass ein solches Bekennen nur auf der Basis der Autorität der Schrift geschehen könne («the holy scriptures as the Word of God»). Nur die Schrift, keine anderen Motive und Beweggründe könnten ein solches Bekennen rechtfertigen. «As solemnly as we are able, we hereby declare before everyone that our only motive lies in our fear that the truth and power of the gospel itself is threatened in this situation.»

Im *dritten Abschnitt* des Begleitbriefes wird betont, dass dieses Bekenntnis sich nicht *gegen* eine bestimmte Bevölkerungsgruppe oder Kirche wende, sondern gegen eine falsche Lehre, die eine Bedrohung für das Evangelium selbst darstelle. Die Autoren anerkennen die Tatsache, dass viele Christen in Südafrika nicht willentlich dieser falschen Lehre gefolgt, sondern gutgläubig einer Täuschung unterlegen seien. «Therefore it is that we speak pleadingly rather than accusingly. We plead for reconciliation, that true reconciliation which follows on conversion and change of attitudes and structures.» Sie sind sich der eigenen Schuld und Mitverantwortung bewusst und verstehen das Bekenntnis als Anlass dazu, sich gemeinsam immer wieder einer Gewissensprüfung zu unterziehen: «it is certainly not intended as an act of self-justification and intolerance».

Der *vierte Abschnitt* verleiht schliesslich der Hoffnung Ausdruck, dass das Bekenntnis nicht dazu beitragen möge, die Trennung zwischen den Kirchen zu verfestigen, sondern Versöhnung und Einheit ermöglichen solle. Dieser Prozess wird unweigerlich, so die Autoren, ein schmerzlicher sein, geprägt von

Umkehr, Reue und dem Ringen um ein Neuwerden. «We pray that our brothers and sisters throughout the Dutch Reformed Church family, but also outside it, will want to make this new beginning with us, so that we can be free together, and together may walk the road of reconciliation and justice.»

Das eigentliche *Bekenntnis* ist gegliedert in fünf Abschnitte, wobei der erste und der letzte relativ kurz sind und als Rahmung, sozusagen als liturgische Eröffnung und Schluss, der drei Hauptteile verstanden werden können. Der erste der drei mittleren Teile widmet sich dem Problem der Einheit der Kirche, der zweite der Versöhnung und der dritte der sozialen Gerechtigkeit. Nach den bisherigen Ausführungen zur «Theologie» der Apartheid wie auch zur Kritik an der Apartheid dürfte die Auswahl dieser drei Stossrichtungen kaum überraschen: Es wurde deutlich, dass die *Trennung* der Kirche wie auch die dadurch verunmöglichte *Versöhnung* als Kernproblem von Apartheid angesehen wurden. Im dritten Abschnitt wird dem Apartheid zugrunde liegenden Verständnis von *Gerechtigkeit* als einer Gerechtigkeit, die jedem nach dem ihm bestimmten Masse zukommen solle, ein fundamental anderes Verständnis als *soziale Gerechtigkeit* entgegengestellt und damit das ethische Handeln einer Kirche grundlegend charakterisiert und definiert. Nicht ins Feld geführt werden dagegen theologisch anthropologische Argumente, die auf die Gottebenbildlichkeit und eine daraus abzuleitende Menschenwürde rekurrieren würden.

Die drei grossen mittleren Abschnitte sind jeweils unterteilt in affirmative Aussagen («wir glauben ...») und einen oder mehrere Verwerfungssätze. Auch hier ist eine strukturelle Ähnlichkeit zur Barmer Theologischen Erklärung unschwer zu erkennen.

Der *erste Paragraph* des Bekenntnisses von Belhar lautet:

> 1) Wir glauben an den Dreieinigen Gott, Vater, Sohn und Heiligen Geist, der durch sein Wort und seinen Geist seine Kirche versammelt, schützt und erhält, wie er es von Anfang an getan hat und bis zum Ende tun wird.

Belhar setzt also ein mit einem Bekenntnis zum dreieinigen Gott – und schon damit ist ein erster unterschiedlicher Akzent gegenüber der Barmer theologischen Erklärung gesetzt, die dezidiert mit dem Bekenntnis zu Jesus Christus als dem einen Wort Gottes beginnt. Diese trinitarische Ausrichtung zieht sich durch das Dokument hindurch. Gott versammelt seine Kirche nicht nur durch das Wort, sondern ebenso durch seinen Geist. Belhar erweitert also die christologische Zuspitzung von Barmen.

Es fällt sogleich auf, dass Belhar sich hier stark – bis in die Wortwahl hinein – auf die 54. Frage des Heidelberger Katechismus («Was glaubst Du von der ‹heiligen allgemeinen christlichen Kirche›»?) bezieht[40] und damit seinen inhaltlichen Schwerpunkt bezeichnet: Belhar ist ein Bekenntnis der Kirche und damit auch eine Selbstvergewisserung über Form, Grundlegung, Lehre und Handeln der Kirche in einer Zeit der Krise. Es ist also, könnte man sagen, ein Bekenntnis mit einem stark ekklesiologischen Einschlag.

Der *zweite Paragraph* von Belhar hält sodann auch fest, dass die zunächst unsichtbare Kirche, die Gott als Gemeinschaft der Heiligen sammelt, eine sichtbare Form annehmen muss; die Einheit zwischen den Kirchen gehört zu dieser Sichtbarkeit der Kirche, sie ist demnach Gabe und Aufgabe. Es wird zudem ausgeführt, wie sich die Einheit und Gemeinschaft von Christen und Christinnen konkretisieren soll:

> 2) Wir glauben eine heilige allgemeine christliche Kirche, die Gemeinschaft der Heiligen, die aus dem ganzen Menschengeschlecht berufen ist.
> Wir glauben, dass das Versöhnungswerk Christi in der Kirche sichtbare Gestalt annimmt als Glaubensgemeinschaft derer, die mit Gott und untereinander versöhnt sind;
> dass die Einheit der Kirche Jesu Christi darum Gabe und Aufgabe zugleich ist;
> dass sie eine verbindende Kraft ist durch das Wirken des Geistes Gottes, gleichzeitig aber auch eine Wirklichkeit, die gesucht und ernsthaft verfolgt werden muss;
> eine Aufgabe, für die das Volk Gottes immer wieder bereit gemacht werden muss;
> dass diese Einheit *sichtbar werden muss, auf dass die Welt glaube.*

Die Kirche muss also zum sichtbaren Zeugnis der Versöhnung werden, «auf dass die Welt glaube». Dahinter steht natürlich die Erfahrung, dass dadurch, dass die reformierten Kirchen ihre Zersplitterung in Kirchen für Menschen unterschiedlicher Hautfarbe zugelassen und z. T. aktiv befördert haben, ihre Botschaft in höchstem Masse unglaubwürdig geworden ist. Offen blieb – und es wäre im Rahmen einer Lektüre von Belhar für die heutige Zeit zu fragen –, welche Konsequenzen diese starke Betonung der sichtbaren Einheit der Kirche für die Zersplitterung der einen Kirche in die verschiedenen Konfessionen hätte. Dies hatte Belhar jedoch nicht im Blick. Das grosse Anliegen war, die Kirchen reformierten Bekenntnisses wieder in einer Gemeinschaft zusammenzuführen. Die Einheit der Kirche wird möglich durch Christi Versöhnung, dadurch dass, wie im folgenden Abschnitt ausgeführt wird,

40 «Ich glaube, dass der Sohn Gottes aus dem ganzen Menschengeschlecht sich eine auserwählte Gemeinde zum ewigen Leben durch seinen Geist und Wort in Einigkeit des wahren Glaubens von Anbeginn der Welt bis ans Ende versammelt, schützt und erhält und dass auch ich ein lebendiges Glied dieser Gemeinde bin und ewig bleiben werden.» (www.heidelberger-katechismus.net aufgerufen am 13.05.2014).

Trennung, Feindschaft und Hass zwischen einzelnen Menschen und zwischen Völkern in Christus bereits überwundene Sünde sind und dass folglich alles, was diese Einheit bedroht, in der Kirche Jesu Christi keinen Platz haben darf, sondern bekämpft werden muss.

Kirche wird damit nicht nur als religiöse Organisationseinheit verstanden (obwohl Fragen der Kirchenstruktur und der Kirchenverfassung eminent wichtig sind, wie Apartheid gezeigt hat), sondern als tätige, aktive Gemeinschaft von Brüdern und Schwestern, «die einen Gott und Vater haben, von einem Geist durchdrungen sind, mit einer Taufe getauft» und von «einem Brot essen und aus einem Kelch trinken». Angesichts der Tatsache, dass letzteres seit langem in den reformierten Kirchen Südafrikas nicht mehr möglich war, erhält diese Bekenntnis zum gemeinsamen Feiern, zum einen Tisch des Herrn grosse Bedeutung.

[Wir glauben ...]
dass diese Einheit des Volkes Gottes auf vielfältige Art sichtbare Gestalt annehmen und sich auswirken muss, dadurch dass wir:
uns lieben,
Gemeinschaft miteinander erfahren, einüben und aufrechterhalten, verpflichtet sind, uns willig und freudig zum Nutzen und zum Segen anderer hinzugeben,
einen Glauben und eine Berufung teilen,
eines Herzens und eines Sinnes sind,
einen Gott und Vater haben,
von einem Geist durchdrungen sind,
mit einer Taufe getauft sind,
von einem Brot essen und aus einem Kelch trinken,
einen Namen bekennen, einem Herrn gehorsam sind,
für eine Sache eifern,
eine Hoffnung miteinander teilen,
gemeinsam die Höhe und Breite und Tiefe der Liebe Christi kennenlernen,
gemeinsam an der Gestalt Christi uns ausrichten lassen zu neuen Menschen,
gemeinsam die gegenseitigen Lasten kennen und tragen und so das Gesetz Christi erfüllen,
einander brauchen und einander aufbauen,
einander ermahnen und einander trösten,
miteinander für die Gerechtigkeit leiden,
gemeinsam beten,
gemeinsam Gott in dieser Welt dienen,
gemeinsam gegen alles kämpfen, was diese Einheit zu behindern oder zu bedrohen vermag,
dass diese Einheit ausschliesslich in Freiheit und nicht unter Zwang Gestalt annehmen kann.

Es folgen die ausdrückliche Anerkennung und Wertschätzung der Vielfalt der verschiedenen Gaben, Kulturen und Überzeugungen innerhalb derselben Kirchengemeinschaft:

> [Wir glauben ...]
> dass die Vielfalt geistlicher Gaben, Möglichkeiten, Umstände und Überzeugungen wie auch die Vielfalt der Sprachen und Kulturen kraft der in Christus geschehenen Versöhnung Gelegenheit zum gegenseitigen Dienst bieten und eine Bereicherung sind für das eine sichtbare Volk Gottes.

Schliesslich folgt die Bekräftigung, dass einzig und allein «wahrer Glaube an Jesus Christus Voraussetzung für die Mitgliedschaft in dieser Kirche ist». Implizit heisst das natürlich vor dem Hintergrund der Apartheid, dass weder Hautfarbe, noch Bildungsstand, noch Beruf zum Kriterium der Kirchenzugehörigkeit oder -nichtzugehörigkeit erhoben werden können.

Nun folgt der Verwerfungsartikel zu Paragraph 2:

> *Wir verwerfen darum jede Lehre, die die natürliche Vielfalt oder die sündhafte Trennung in einer Weise verabsolutiert, dass dadurch die sichtbare und tätige Einheit der Kirche behindert wird oder zerbricht oder sogar zur Gründung einer separaten Kirche führt,*
> *die vorgibt, dass diese geistliche Einheit durch das Band des Friedens garantiert sei, während gleichzeitig Gläubige desselben Bekenntnisses aufgrund von Verschiedenheit und Unversöhnlichkeit voneinander entfremdet sind;*
> *die nicht wahrhaben will, dass es Sünde ist, wenn die sichtbare Einheit nicht als eine kostbare Gabe angestrebt wird;*
> *die explizit oder implizit behauptet, dass Herkunft oder irgendein anderer menschlicher oder gesellschaftlicher Faktor für die Mitgliedschaft in der Kirche mitbestimmend sei.*

Der *dritte Paragraph* umschreibt die Gabe und Aufgabe der Versöhnung:

> 3) Wir glauben, dass Gott seiner Kirche die Botschaft von der Versöhnung in und durch Christus anvertraut hat;
> dass die Kirche aufgerufen ist, das Salz der Erde und das Licht der Welt zu sein;
> dass die Kirche selig gepriesen wird, weil sie Friedensstifterin ist;
> dass die Kirche in Wort und Tat Zeugin ist des neuen Himmels und der neuen Erde, in denen Gerechtigkeit wohnt;
> dass Gott durch sein lebenschaffendes Wort und seinen lebenschaffenden Geist die Macht der Sünde und des Todes und damit auch die Macht der Unversöhnlichkeit und des Hasses, der Bitterkeit und der Feindschaft überwunden hat;
> dass Gott durch sein lebenschaffendes Wort und seinen lebenschaffenden Geist sein Volk befähigt, in neuem Gehorsam zu leben und dadurch neue Lebensmöglichkeiten für das Zusammenleben in der ganzen Welt zu eröffnen vermag;

dass diese Botschaft unglaubwürdig und ihre segensvolle Wirkung verhindert wird, wenn sie in einem Land verkündigt wird, das den Anspruch erhebt, christlich zu sein, aber in dem die erzwungene Trennung der Menschen aus rassischen Gründen gegenseitige Entfremdung, Hass und Feindschaft fördert und immer weiter fortsetzt; dass jede Lehre, die eine solche erzwungene Trennung aus dem Evangelium zu legitimieren versucht und die sich nicht auf den Weg des Gehorsams und der Versöhnung wagt, sondern aus Vorurteil, Furcht, Eigensucht und Unglauben von vornherein die versöhnende Macht des Evangeliums leugnet, Ideologie und Irrlehre ist.

Wir verwerfen darum jede Lehre, die im Namen des Evangeliums oder des Willens Gottes die erzwungene Trennung von Menschen nach Rasse oder Hautfarbe gutheisst und dadurch von vornherein den Zuspruch und die Erfahrung der Versöhnung in Christus abschwächt und verhindert.

Hier wird ein Verständnis von Versöhnung entfaltet, das, ausgehend von der Versöhnung in und durch Christus, im versöhnenden Handeln der Kirche und der Menschen untereinander seinen Ausdruck findet. Die Kirche hat die Botschaft der Versöhnung anvertraut bekommen und soll besorgt darum sein, dass diese Versöhnung sichtbar wird in ihrem Handeln an der Welt. Sie ist aufgerufen, Zeugin zu sein von einem neuen Himmel und einer neuer Erde, Salz und Licht der Welt. Es wird weiterhin konsequenterweise festgestellt, dass dieses Zeugnis an Glaubwürdigkeit verliert in einem Land, in dem die institutionalisierte Segregation zwischen Menschen unterschiedlicher Hautfarbe Versöhnung verunmöglicht und Konflikte schürt. Dies ist der einzige implizite Hinweis auf die politische Situation, die den Anlass zum Bekenntnis gab. Der Verwerfungssatz am Schluss macht nochmals deutlich, dass die Rassentrennung mit der Lehre der Versöhnung in Christus nicht vereinbar ist.

Versöhnung ist schon vor Belhar zu einem zentralen theologischen Topos geworden[41], der kontroverse Diskussionen ausgelöst hat, vor allem zur Frage, ob und wie Versöhnung angesichts der im Lande herrschenden Ungerechtigkeit überhaupt möglich sei. Die Frage «Reconciliation without justice?» bewegte die Gemüter; vor allem schwarze Theologen warnten davor, die Frage der Versöhnung zu schnell von der Frage der Gerechtigkeit zu entkoppeln. Diesen Standpunkt nimmt das Bekenntnis von Belhar nicht ein, Versöhnung wird auch nicht an die Bedingung von Gerechtigkeit geknüpft. Mit seinem stark ethischen Verständnis von Versöhnung, wie auch mit dem vierten Paragraphen zu sozialer Gerechtigkeit als Massstab kirchlichen Handelns erinnert es jedoch daran, dass das Geschenk der Versöhnung in Christus überfliesst,

41 Vgl. Thomas O. H. Kaiser, Versöhnung in Gerechtigkeit: das Konzept der Versöhnung und seine Kritik im Kontext Südafrika, Neukirchen-Vluyn 1996.

überfliessen muss in das Handeln der Kirche, dass insofern Versöhnung und Gerechtigkeit tatsächlich nicht zu trennen sind.[42]

Das versöhnende Handeln Gottes und der Kirche wird im vierten Paragraphen noch einmal expliziert und begründet:

> 4) Wir glauben, dass Gott sich selbst als der Eine geoffenbart hat, der Gerechtigkeit und wahren Frieden unter den Menschen herbeiführen will;
> dass er in einer Welt voller Ungerechtigkeit und Feindschaft in besonderer Weise der Gott der Notleidenden, der Armen und der Entrechteten ist und dass er seine Kirche aufruft, ihm darin zu folgen;
> dass er den Unterdrückten Recht schafft und den Hungrigen Brot gibt;
> dass er die Gefangenen befreit und die Blinden sehend macht;
> dass er die Bedrängten unterstützt; dass er die Fremden beschützt;
> dass er den Waisen und Witwen hilft und den Weg der Gottlosen versperrt;
> dass reiner und unbefleckter Gottesdienst für ihn heisst, die Witwen und Waisen in ihrem Leid zu besuchen;
> dass er sein Volk anleiten will, Gutes zu tun und nach Recht zu streben;
> dass die Kirche darum leidenden und bedürftigen Menschen beistehen muss und darum auch gegen jede Form von Ungerechtigkeit Zeugnis ablegen und streiten soll, damit das Recht ströme wie Wasser und die Gerechtigkeit wie ein nie versiegender Bach;
> dass die Kirche als Eigentum Gottes dort stehen muss, wo Gott selbst steht, nämlich an der Seite der Entrechteten, gegen alle Formen der Ungerechtigkeit;
> dass die Kirche in der Nachfolge Christi Zeugnis ablegen muss gegen Mächtige und Privilegierte, die selbstsüchtig ihre eigenen Interessen verfolgen und dabei über andere verfügen und sie benachteiligen.
> *Wir verwerfen darum jede Ideologie, die Ungerechtigkeit – in welcher Form auch immer – legitimiert; und wir verwerfen jede Lehre, die nicht gewillt ist, einer solchen Ideologie vom Evangelium her zu widerstehen.*

Laut Smit löste dieser Absatz des Bekenntnisses am meisten Diskussionen aus, insbesondere der Satz, dass Gott «in einer Welt voller Ungerechtigkeit und Feindschaft in besonderer Weise der Gott der Notleidenden, der Armen und Entrechteten ist». Einige Synodenmitglieder äusserten Zurückhaltung gegenüber dem Gedanken, dass Gott auf der Seite der Armen sei und befürchteten tatsächlich allzu deutliche Anklänge an politische Theologien, bzw. an die Befreiungstheologie. Dirkie Smit entgegnet diesen Einwänden, «that those expressions were avoided precisely in order not to create the impression of a class struggle in which God would as it were choose sides for a certain group

42 Vgl. Dirkie Smit, «In a special way the God of the Destitute, the Poor and the Wronged»: Cloete/Smit, A Moment of Truth (Anm. 1), 53–65 (55f.).

and against another group. That which is expressed in the draft confession is simply the basic, historic biblical and Christian conviction that God is the help of the helpless.»[43]

Es ist unschwer zu erkennen, dass sich in der Bestimmung Gottes als dem, der in einer Welt voller Ungerechtigkeit und Feindschaft in besonderer Weise der Gott der Notleidenden, der Armen und der Entrechteten ist, befreiungstheologische Positionen anklingen. Dies lässt sich auch nach Ansicht von Dirkie Smit nicht von der Hand weisen. Paragraph 4 ist jedoch vor allem als eine deutliche Antwort auf die alltägliche Erfahrung der farbigen und schwarzen Südafrikanerinnen und Südafrikanern zu lesen, in einer Gesellschaft zu leben, die ihnen die grundlegendsten Rechte verweigerte. «From the point of ‹black experience›, the moral and theological justification of the ideology of separation is nothing more than the attempt to defend an unrighteous society on Christian or biblical grounds.»[44] Das Bekenntnis von Belhar anerkennt damit, dass Apartheid nicht nur die Rassentrennung zementierte, sondern ebenso erhebliche soziale und ökonomische Ungerechtigkeit zur Folge hatte. Das Bekenntnis hält fest, dass diese Fragen nicht nur Fragen der politischen Organisation und des politischen Systems sind, sondern theologische Kernthemen, an denen sich Kirche-Sein entscheidet.

Tatsächlich lassen sich befreiungstheologische Einflüsse auf die Diskussion politischer Theologien und insbesondere der Schwarzen Theologie in Südafrika aufzeigen. Der Gedanke, dass Gott nicht ein Gott auf der Seite der Mächtigen ist – der Kolonialherren, der Apartheidpolitiker –, sondern im Gegenteil sich in Jesus Christus als Gott der Ohnmächtigen gezeigt hat, hat in Südafrika eine ungemein befreiende Wirkung entfaltet. Damit wurde es möglich, dass schwarze Theologen sich die biblische Botschaft, anstatt sie als Machtinstrument der Unterdrücker zu verwerfen, zu Eigen machen konnten. Die Relektüre der Bibel und die Entdeckung neuer Dimensionen Gottes eröffneten die Möglichkeit zur theologischen Auseinandersetzung mit der Theologie der Apartheid.

Das Bekenntnis schliesst mit den Worten:

> 5) Wir glauben, dass die Kirche aufgerufen ist – im Gehorsam gegenüber Jesus Christus, ihrem einzigen Herrn – all dies zu bekennen und zu tun, auch wenn die Obrigkeiten und die Gesetze der Menschen sich dagegen stellen und Strafen und Leiden damit verbunden sein sollten.

43 Smit, In a special way (Anm. 42), 58.
44 Smit, In a special way (Anm. 42), 53.

Jesus ist der Herr. Dem einen Gott, Vater, Sohn und Heiligem Geist, sei Ehre und Herrlichkeit in Ewigkeit.

III. Die Fäden zusammennehmen: Bezüge zwischen Belhar und Barmen

Vielfältige Bezüge zwischen Belhar und Barmen sind bereits angeklungen – sie sollen abschliessend noch einmal gebündelt werden.

1. Die Bekennende Kirche und die Barmer Theologische Erklärung als Inspiration und Leuchtturm in der Zeit der Krise

Die vielfältigen genannten Referenzen zeigen deutlich, wie wichtig die Bekennende Kirche, ihre Protagonisten und die Barmer Theologische Erklärung für jene wurden, die die Notwendigkeit einer Kritik an der Apartheid bzw. an einer Theologie der Apartheid erkannten. Die Bekennende Kirche stand als Modell einer Gemeinschaft von Gleichgesinnten vor Augen, die gemeinsam die Anfeindungen und durchaus nicht zu unterschätzenden Repressionen seitens der Apartheid auszuhalten half. Karl Barth, Dietrich Bonhoeffer und andere wurden zu theologischen Gewährsmännern, die angesichts der doktrinalen Dominanz einer Apartheid legitimierenden Theologie der kritischen Gegenseite Gewicht verschaffen konnten. Dies gilt in besonderer Weise für Karl Barth, der mit seiner Wort-Gottes-Theologie einer Schöpfungstheologie Kuyperischer Prägung, bzw. einer natürlichen Theologie entgegengesetzt werden konnte.[45]

Die Barmer Theologische Erklärung konnte vor allem auch als Grundlegung und Orientierung für ein kirchliches Engagement gegen Apartheid dienen. Wenn in der dritten Barmer These hervorgehoben wird, dass die Kirche «allein sein Eigentum ist», so wird damit einer Vereinnahmung der Kirche durch den Staat die Eigenständigkeit und Unabhängigkeit der Kirche entgegengesetzt. Daran schliesst auch der fünfte Barmer Verwerfungssatz an, der sich sowohl gegen die Gefahr, dass der Staat sich die Aufgabe der Kirche an-

45 Botman, Barmen to Belhar (Anm. 3), 243. Zur Rezeption Karl Barths in Südafrika siehe vor allem Charles Villa-Vicencio, On Reading Karl Barth in South Africa, Grand Rapids 1988.

eignet, wie auch umgekehrt die Kirche zur Handlangerin des Staates wird, ausspricht.

Beide, Barmen und Belhar, sind – wie schon erwähnt – ein kräftiger Widerspruch gegen eine Theologie und ein Selbstverständnis der Kirche, die in Gefahr stehen, anderen «Ereignisse[n] und Mächte[n], Gestalten und Wahrheiten» als dem einen Worte Gottes (1. Barmer These) in ihrem Umfeld Gehorsam zu leisten. An Barmens Kontrapunkt gegen die «natürliche Theologie» der Deutschen Christen konnten Theologen in Südafrika anknüpfen: «Anyone who knows the history of the church struggle in South Africa, knows that this fundamental theological conflict, between forms of natural theology and pleas for a christological theology based on the Word alone, was at the heart of our struggle as well.»[46] Auch in Apartheid-Südafrika wurde das Evangelium der Konstruktion von afrikaanischer Volksidentität sowie der Legitimiation einer politischen Herrschaftsideologie dienstbar gemacht. Dem stellt Belhar im Gefolge Barmens den Anspruch der Rückbesinnung auf das eine Wort Gottes, bzw. die Autorität der Schrift (im Begleitbrief) sowie die Verpflichtung der Kirche zum «Gehorsam gegenüber Jesus Christus, ihrem einzigen Herrn» (5. Abschnitt) entgegen.

Auch für die Rolle und Aufgabe der Kirche in dieser Situation bietet die Barmer Erklärung Orientierung: In der fünften These klingt das Wächteramt der Kirche an: Die Kirche erinnert an «Gottes Reich, an Gottes Gebot und Gerechtigkeit und damit an die Verantwortung der Regierenden und Regierten». In der Tradition dieses Wächteramtes konnten und mussten Theologen in Südafrika dem Apartheid-Staat den Spiegel vorhalten und Kritik üben sowohl an seiner Vorstellung von Frieden und Gerechtigkeit – der Apartheidstaat nahm ja durchaus für sich in Anspruch, für Recht und Frieden zu sorgen – als auch an den Mitteln der Gewalt, die er dazu verwendete.

2. *Barmen und Belhar sind Reaktionen auf eine Krise der Kirche inmitten eines politischen Konflikts*

Beide Dokumente geben Antwort auf und sind bedingt durch eine tiefe Krise von Gesellschaft, Politik *und* Kirche. Beide verzichten jedoch darauf, ihren politischen Kontext, den Nationalsozialismus oder den Apartheidstaat, direkt zu thematisieren. Wie Dirkie Smit in Bezug auf Belhar betont, war dieser Verzicht gewollt und intendiert.[47] Barmen und Belhar sind damit keine politischen

46 Smit, Barmen and Belhar (Anm. 3), 294.

47 Smit, Barmen and Belhar (Anm. 3), 292.

Stellungnahmen im engeren Sinne (implizit sind sie das natürlich); es sind Bekenntnisse, bzw. bekenntnishafte Texte, die sich umso pointierter gegen eine *falsche Lehre* wenden, die die Kirche von *innen* bedroht. Dirkie Smit hält fest, dass Belhar wie auch Barmen sich in erster Linie an die Kirche selbst richten: «In characteristic confessional style, Barmen (like Belhar) speaks in the first place to the speakers themselves, to the church who utters these words [...]».[48] Dass beide Dokumente darüber hinaus trotzdem eine eminent politische Wirkung entfaltet haben, ist evident.

Durch den (fast vollständigen) Verzicht auf explizite Bezüge zum politischen Kontext – wobei diese bei Belhar noch etwas stärker sind als bei Barmen – war Belhar zumindest darauf ausgerichtet, als Bekenntnis auch für spätere Zeiten und für andere Kirchen der reformierten Familie annehmbar zu sein[49]. Tatsächlich ist das Bekenntnis von Belhar noch heute ein wichtiger Grundlagentext für eine lebhafte Diskussion über die öffentliche Rolle der Kirchen in Südafrika, bzw. für eine öffentliche Theologie, während das etwa zeitgleich veröffentlichte Kairos-Dokument[50] die theologische Diskussion in Südafrika kaum mehr zu bestimmen scheint. Zudem spielt das Bekenntnis eine eminent wichtige Rolle in den Bestrebungen, die Kirchengemeinschaft zwischen den Reformierten Kirchen in Südafrika wieder herzustellen – ein Prozess, der aus unterschiedlichen Gründen mit einigen Schwierigkeiten verbunden ist. Nicht zuletzt geht es dabei auch darum, ob die weisse reformierte Kirche sich das Bekenntnis von Belhar zu eigen machen kann oder nicht.[51]

Inzwischen haben auch verschiedene reformierte Kirchen weltweit das Bekenntnis von Belhar als für sie verpflichtendes Dokument angenommen. Die

48 Smit, Barmen and Belhar (Anm. 3), 293.

49 Smit, Barmen and Belhar (Anm. 3), 292.

50 Rudolf Hinz/Franz Kürschner-Pelkmann, Christen im Widerstand. Die Diskussion um das südafrikanische KAIROS Dokument, Stuttgart 1987.

51 2012 wurde von der Uniting Reformed Church und der Dutch Reformed Church *ein* Memorandum of Agreement unterzeichnet, in dem beide Kirchen darin übereinkommen, die Kircheneinheit anzustreben. Im Memorandum wird auch festgehalten, dass das Bekenntnis von Belhar zur Grundlage der neuen Kirchengemeinschaft werden soll (http://www.vgksa.org.za aufgerufen am 14.12.2014). Dazu müssten jedoch die Gemeinden der DRC sich auf das Bekenntnis von Belhar verpflichten. Es scheint, dass dieser Prozess nur zögerlich vonstatten geht und dass ein signifikanter Teil der Gemeinden/Pfarrpersonen das Bekenntnis nicht annehmen wollen; siehe Ian Nell/ Johan Cilliers, Seeking a Safe Heaven? The Interactions between Religious and Social Transformations within Dutch Reformed Traditions in South Africa: Wilhelm Gräb/ Lars Charbonnier (Hg.), The Impact of Religion on Social Cohesion, Social Capital Formation and Social Development in Different Cultural Contexts. Entering the Field in International and Interdisciplinary Perspectives, Zürich/Münster 2014, 93–108 (105).

Uniting Reformed Church in Southern Africa sucht aktiv den Dialog mit anderen reformierten Kirchen über das Bekenntnis von Belhar. An diesem Beispiel stellt sich dennoch die Frage, welche Wirkungen ein solches Bekenntnis, das aus einem bestimmen *kairos*, aus der Situation eines *status confessionis* heraus formuliert wurde, in anderen Kontexten, Räumen und Zeiten entfalten kann und entfalten soll. Trotz intendierter Kontextfreiheit ist eine gewisse Kontextgebundenheit nicht von der Hand zu weisen. Der Kontext der Apartheid, die damit verbundene soziale und ökonomische Ungerechtigkeit, die Zerrissenheit der (reformierten) Kirche in Südafrika prägen den Inhalt des Bekenntnisses. Dies erhält dadurch eine ganz spezifische Ausrichtung: es bekennt die Notwendigkeit der kirchlichen Einheit, expliziert den Auftrag der Kirche, dem Versöhnungshandeln Christi konkrete Gestalt zu geben, und deklariert das Bemühen um soziale Gerechtigkeit als Wesensmerkmal der Kirche, ohne das Kirche nicht Kirche ist. Belhar ist damit deutlich ekklesiologisch orientiert und macht Fragen der Ethik, insbesondere Fragen der Gerechtigkeit, zum Gegenstand des Bekennens[52]. Gerade damit hat Belhar aber eine Richtung vorgegeben, die in verschiedenen anderen Kirchen weltweit auf Resonanz gestossen ist. So spielte es beispielsweise eine wichtige Rolle innerhalb der Weltgemeinschaft der reformierten Kirchen und im *processus confessionis* zu Fragen wirtschaftlicher Gerechtigkeit. [53]

3. Ekklesiologische Orientierung, ethische Fokussierung und trinitarische Grundlegung

In seiner ekklesiologischen Orientierung[54] steht Belhar ebenfalls in der Tradition Barmens. Dirkie Smit sieht eine der wesentlichen inhaltlichen Anknüpfungspunkte darin, dass es beiden, Barmen und Belhar, um die *sichtbare* Kirche geht, die in ihrer Gestalt, Ordnung und Verkündigung Zeugnis ablegt vom Evangelium bzw. davon, dass sie zu Jesus Christus und keinem anderen Herrn

52 Krötke, Barmen and Belhar (Anm. 3), 279 und Botman, Barmen to Belhar (Anm. 3), 242.

53 So beispielsweise auch im vom (damaligen) reformierten Weltbund 2004 verabschiedeten Bekenntnis von Accra, das allerdings noch dezidierter um das Bemühen um ökonomische Gerechtigkeit erweitert wird. Das Bekenntnis von Accra findet sich beispielsweise unter http://wcrc.ch/accra/ (aufgerufen am 07.12.2014), dort ist auch weiterführende Literatur zu finden. Es lassen sich direkte Verbindungslinien von Belhar nach Accra ziehen. Siehe Koopman, Reception (Anm. 22), 68ff. und vor allem Botman, Barmen to Belhar (Anm. 3), 244–247.

54 Krötke, Barmen and Belhar (Anm. 3), 277.

gehört – oder wie es Dirkie Smit im Anschluss and Barmen III formuliert: «The church belongs to Jesus Christ, and this should be reflected in its order, in its visible form and structure as well. [...] The truth and the form, the message and the social structure of the church belong inextricably together [...]».[55] Dieser Anspruch, dass Lehre und Form der Kirche in Übereinstimmung sein müssen, ist, wie wir gesehen haben, auch Grundanliegen des Bekenntnisses von Belhar.

Russel H. Botman charakterisiert den Unterschied zwischen Barmen und Belhar in der Weise, dass für ihn Barmen eine dogmatische Sprache, Belhar jedoch eine ethische Sprache spreche. Obwohl natürlich auch bei Barmen ein Schwerpunkt auf dem Handeln der Kirche liegt und mit der dritten These «Gottes kräftigerer Anspruch auf unser ganzes Leben» proklamiert wird, haben Fragen der Ethik im Bekenntnis von Belhar ein deutlich grösseres Gewicht. So geht Belhar in der Konkretisierung des ethischen Handelns der Kirche und der Bestimmung von Kirche-Sein in der Welt deutlich über Barmen hinaus. Die Kirche ist Salz der Erde und Licht der Welt, Friedensstifterin, «in Wort und Tat Zeugin [...] des neuen Himmels und der neuen Erde, in denen Gerechtigkeit wohnt» (Abschnitt 3), sie steht auf der Seite der «Entrechteten, gegen alle Formen der Ungerechtigkeit» (Abschnitt 4). Die Kirche bekennt einen Gott, der «durch sein lebenschaffendes Wort und seinen lebenschaffenden Geist sein Volk befähigt, in neuem Gehorsam zu leben und dadurch neue Lebensmöglichkeiten für das Zusammenleben in der ganzen Welt zu eröffnen vermag» (Abschnitt 3). Der Öffentlichkeitsauftrag der Kirche wird damit zum integralen Wesensmerkmal der Kirche. Kirche ist nur dann Kirche, wenn sie diesen Auftrag zur aktiven Mitgestaltung menschlicher Lebenszusammenhänge wahrnimmt – im Sinne von Frieden, Versöhnung und Gerechtigkeit.

Wie schon erwähnt, besteht ein weiterer wesentlicher Unterschied zwischen beiden Dokumenten darin, dass die Barmer Theologische Erklärung christologisch fundiert ist, während das Bekenntnis von Belhar trinitarisch orientiert ist. So im Bekenntnis zum dreieinigen Gott zu Beginn wie auch in der Doxologie am Ende des Bekenntnisses. Nicht «nur» das Wort Gottes orientiert und erhält die Kirche, sondern ebenso der Geist. Gott wirkt durch sein «lebenschaffendes Wort» und durch seinen «lebenschaffenden Geist».

55 Smit, Barmen and Belhar (Anm. 3), 294.

4. *Ein Gestus der Versöhnung*

Kennzeichnend für Belhar ist letztlich ein ausgeprägter Gestus der *Versöhnung*, der sich beispielsweise in der Anerkennung der gemeinsamen Mitverantwortung und Schuld an der Apartheid zeigt, im Verzicht auf direkte Schuldzuweisung und im Wunsch, die Möglichkeit zur Versöhnung offen zu halten und anzubahnen. Dies wird besonders deutlich, wenn der Begleitbrief zusammen mit dem Bekenntnis gelesen wird. Die Verwerfungen, so stellt beispielsweise Wolf Krötke fest, scheinen nicht mit der Intention verfasst worden zu sein, dass jene, die eine entsprechende Ideologie oder Theologie vertreten, aus der Kirche ausgeschlossen werden[56]. Belhar versteht sich als Aufruf zu einer kontinuierlichen Selbstkritik und einem weiterführenden Prozess der Versöhnung. «And so, the rejections in Belhar leave some room for dialogue on the correction of the erroneous views *inside* the church. The Barmen Theological Declaration did not leave this option open to the German Christians, and that was a good thing at the time [...]».[57]

V. Ausblick

Weder die Barmer Theologische Erklärung noch das Bekenntnis von Belhar scheinen in Gefahr zu stehen, nur noch als historisch informative Dokumente gelesen zu werden. Beide beschäftigen und inspirieren weiterhin Christen und Christinnen auf der ganzen Welt. Das Bekenntnis von Belhar lädt nach wie vor dazu ein, über Gestalt, Zeugnis und Handeln der Kirche «in der Welt» nachzudenken. Mehr noch: als Bekenntnis, das das ethische Handeln der Kirche ins Zentrum rückt, verpflichtet es dazu, dieses Handeln ernst zu nehmen und es als sichtbares Zeugnis, als «Verkörperung» des Evangeliums, zu verstehen. Insofern liefert es – und dieser Überzeugung sind auch viele südafrikanische Theologen und Theologinnen heute – eine wichtige Grundlage für ein gesellschaftliches Engagement der Kirche bzw. für eine öffentliche Theologie.

56 Krötke, Barmen und Belhar (Anm. 3), 278.
57 Krötke, Barmen und Belhar (Anm. 3), 278.

Matthias Zeindler

«Wir verwerfen die falsche Lehre ...»

Häresie im Horizont von Ökumene und Pluralismus[1]

I. Häresie heute

Im Laufe dieses Semesters haben wir die sechs Thesen der Barmer Erklärung untersucht, wir haben uns mit ihren profan- und theologiegeschichtlichen Umständen vertraut machen lassen und eine Reihe von Fragestellungen, die mit Barmen impliziert sind, vertieft diskutiert. In diesen Zusammenhängen sind neben den Affirmationen immer auch die Verwerfungen in den Blick genommen worden, die am Ende jeder These folgen und einen integrierenden Bestandteil davon ausmachen. Auf diese Verwerfungen, genauer: auf den Sprechakt des Verwerfens, soll am Schluss dieser Reihe noch ein eingehender Blick geworfen werden.

«Wir verwerfen die falsche Lehre ...», lesen wir nach jeder der sechs Affirmationen. Es heisst nicht «Wir lehnen ab» oder gar «Wir sind nicht der Meinung, dass ...», sondern «Wir verwerfen die falsche Lehre ...». Mit dieser Formulierung ist ein präzis umrissener sprachlicher Vorgang des Glaubens bezeichnet. Durch sie wird nicht lediglich eine theologische Differenz markiert, vielmehr wird eine *Irrlehre* verworfen und damit ein als unbedingt abzulehnender Lehrbestand angezeigt. Unbedingt abzulehnen ist die Irrlehre deshalb, weil – nach Meinung der Sprechenden – die Kirche, würde jene Lehre weiterhin ihr Wesen treiben, unabsehbaren Schaden nähme, mehr noch, eine Kirche, in welcher diese Irrlehre Geltung hat, aufhörte, Kirche Christi zu sein. In der Unterscheidung von Lehre und Irrlehre geht es um nicht weniger als um das Sein oder Nichtsein der Kirche. Genau dies ist nach Auffassung der in der Barmer Bekenntnissynode Versammelten der Fall – dass nämlich bei Geltung der deutschchristlichen Voraussetzungen «die Kirche nach allen bei uns in Kraft stehenden Bekenntnissen» aufhört, «Kirche zu sein».[2] Bezeichnet wird mit dem Verwerfungssatz die Häresie, und er ist damit die stärkstmögliche

1 Der Vortragsstil des Beitrags wurde beibehalten.

2 Theologische Erklärung zur gegenwärtigen Lage der Deutschen Evangelischen Kirche, Einleitung.

Form der Distanzierung von abweichenden Glaubensgehalten in der Kirche. So schreibt Paulus unmissverständlich an die Galater:

> «Selbst wenn wir oder ein Engel vom Himmel euch etwas als Evangelium verkündigten, das dem widerspricht, was wir euch als Evangelium verkündigt haben: Verflucht [*anáthema*] sei er» (Gal 1,8).

Nun hat es die Häresie heute nicht gerade leicht.[3] Die Geschichte der Häretisierungen und der Ketzerverfolgungen wird allgemein kritisch beurteilt und hat ihren Ort nach verbreiteter Ansicht zu weiten Teilen in der «Kriminalgeschichte des Christentums».[4] Es gehört zu den bemerkenswerten Vorgängen der jüngeren Mentalitätsgeschichte, dass sich im Rahmen des modernen Wertekanons die Bewertungen zwischen rechter Lehre und Häresie verkehrt haben. Diese Umkehrung geht bekanntlich auf Gottfried Arnolds «Unparteiische Kirchen- und Ketzerhistorie» (1697) zurück,[5] in der die Häretiker nicht mehr als gottlose Feinde der Wahrheit dargestellt werden, sondern als die im Grunde wahren Christen, während die sie verfolgende Kirche nun in den Verdacht zu stehen kommt, lediglich ihre Macht verteidigen zu wollen. Dieselbe Wertung ist auch in Walter Niggs «Buch der Ketzer» (1949)[6] leitend. Für Nigg gelten die Ketzer als «Pioniere, oft waren sie Heilige, meinetwegen verunglückte Heilige, nichts desto weniger jedoch Heilige».[7] Im Gegensatz zum Rechtgläubigen oder zum Kirchenmann ist der Ketzer bei Nigg «der unabhängige Mensch, der die Haltung des Einzelnen verkörperte und sich für seine eigene, christliche Überzeugung einsetzte».[8] Mit dieser Charakterisierung als eigenständigem, von keinen Mehrheitsmeinungen und Parteiinteressen vereinnahmtem Geist passt der Ketzer sich nahtlos in das Selbstverständnis des modernen Menschen ein. Der Ketzer, die Ketzerin geniesst grundsätzlich einen Bonus, gerne äussert man «ketzerisch» etwas – meist ohne damit viel zu ris-

---

3 Zur Häresie als Selbstverständigung von Religionsgemeinschaften über ihr Zentrum und ihre Grenzen vgl. Einleitung: Irene Pieper/Michael Schimmelpfennig/Joachim von Soosten (Hg.), Häresien. Religionshermeneutische Studien zur Konstruktion von Norm und Abweichung, München 2003, 9–20 (9–12).

4 Karl-Heinz Deschner, Kriminalgeschichte des Christentums, 10 Bde., Reinbek 1986–2013.

5 Gottfried Arnold, Unparteiische Kirchen- und Ketzerhistorie vom Anfang des Neuen Testaments bis auf das Jahr Christi 1688, 4 Bde., Hildesheim 2008.

6 Walter Nigg, Das Buch der Ketzer. Von Simon Magus bis Leo Tolstoi, Zürich 2011.

7 Walter Nigg, Ein Wörtlein über meine Bücher und weitere autobiographische Texte, hg. von Barbara Hallensleben und Uwe Wolff, Basel 2010, 90.

8 Nigg, Wörtlein (Anm. 7), 91.

kieren. Dabei wird unterschlagen, dass keine Zeit und keine Gesellschaft ohne ihre Unterscheidungen auskommt, zu denen auch die Ausgrenzung dessen gehört, womit die Grundlagen der gesellschaftlichen Kohärenz in Frage gestellt werden – und nichts anderes ist die Häresie. Keine Zeit und keine Gesellschaft deshalb ohne Häresie. Selbst unter den ganz und gar Toleranten hört die Toleranz auf gegenüber der Intoleranz.

Freilich ist das Unterscheiden von wahr und unwahr in Religionssachen in den letzten Jahren grundsätzlich in die Kritik geraten. Schon 1978 stimmte der Philosoph Odo Marquard sein «Lob des Polytheismus» an[9], in welchem er die These vertrat, dass der polymythisch in verschiedenen Geschichten lebende Mensch «durch die jeweils eine Geschichte Freiheit von der jeweils anderen et vice versa» erhalte[10], der Polytheismus also seiner Natur gemäss tolerant und der Monotheismus folglich intolerant sei.[11] Öffentlichkeitswirksam ist diese These vom Ägyptologen Jan Assmann in seinem Buch «Moses der Ägypter» entwickelt worden.[12] Darin und in späteren Publikationen beschreibt Assmann jenen religionsgeschichtlichen Einschnitt, den er als «Mosaische Unterscheidung» bezeichnet, als «die Unterscheidung zwischen wahr und falsch in der Religion, zwischen dem wahren Gott und den falschen Göttern, der wahren Lehre und den Irrlehren, zwischen Wissen und Unwissenheit, Glaube und Unglaube».[13] Die normativen Konsequenzen aus der Assmann'schen Aufstellung zieht schliesslich in aller Deutlichkeit der Soziologie Ulrich Beck, wenn er in seinem Buch «Der eigene Gott» den Nachweis zu führen versucht, friedensfähig könne eine Religion nur in dem Masse sein, in dem sie ihre Geltungsansprüche zurückschraube:

> «Der eigene Gott der individualisierten Religiosität kennt [...] keine Ungläubigen, denn er kennt keine absoluten Wahrheiten, keine Hierarchie, keine Ketzer, keine

9 Odo Marquard, Lob des Polytheismus. Über Monomythie und Polymythie: ders., Abschied vom Prinzipiellen. Philosophische Studien, Stuttgart 1981, 91–116.

10 Marquard, Lob (Anm. 9), 98.

11 Eine These, die bereits David Hume aufgestellt hat: The Natural History of Religion, Writings on Religion, hg. von Anthony Flew, LaSalle/IL 1992.

12 Jan Assmann, Moses der Ägypter. Entzifferung einer Gedächtnisspur, München/Wien 1998.

13 Jan Assmann, Die Mosaische Unterscheidung oder der Preis des Monotheismus, München/Wien 2003, 12f. Vgl. Rolf Schieder (Hg.), Die Gewalt des einen Gottes. Die Monotheismus-Debatte zwischen Jan Assmann, Micha Brumlik, Rolf Schieder, Peter Sloterdijk und anderen, Köln 2014.

Heiden, keine Atheisten. Im subjektiven Polytheismus des ‹eigenen Gottes› haben viele Götter Platz.»[14]

Damit ist die Frage gestellt, ob eine Religion, die an der Unterscheidung von Lehre und Irrlehre, von Orthodoxie und Häresie, festhalte, überhaupt pluralismus- und friedensfähig und damit zivilisationsfähig sei.

Von hier aus lässt sich das Problemfeld der folgenden Überlegungen abstecken. Von der Häresie können wir offenkundig nicht sprechen, ohne ihre Problematisierungen mit zu thematisieren. Die *gesellschaftliche* Problematisierung wurde soeben angesprochen, sie lautet: Darf eine Kirche angesichts der gesellschaftlichen (und von dort aus dann auch der innerkirchlichen) Pluralität überhaupt noch an der Unterscheidung von Lehre und Irrlehre, von Wahrheit und Irrtum, festhalten? Ist eine solche Unterscheidung nicht in jedem Fall ein Verstoss gegen das für eine moderne Gesellschaft unverzichtbare Toleranzgebot? Dazu gesellt sich die *kirchliche* Problematisierung der Häresie: Ist es unter der Voraussetzung der Ökumene noch an der Zeit, an der Unterscheidung von Lehre und Irrlehre und damit an der Möglichkeit der Häretisierung anderer Kirchen festzuhalten? Ist die blosse Möglichkeit einer solchen Unterscheidung nicht bereits ein ökumenefeindlicher Akt, auf den heute prinzipiell verzichtet werden sollte? In einer Vorlesungsreihe, die sich mit der Barmer Theologischen Erklärung befasst, muss darum die Frage gestellt werden: Können und dürfen wir heute noch bestimmte theologische und kirchliche Positionen als Irrlehren, als Häresien verwerfen? Ich werde die These zu begründen versuchen, dass eine Kirche nicht Kirche sein kann, ohne in bestimmten Situationen auch – wie Barmen – ein Verwerfungsurteil auszusprechen.

II. Häresie bei Karl Barth

Zur Erarbeitung dieser These setzen wir sinnvollerweise bei Karl Barth ein.[15] Barth hat sich nicht lange nach Abfassung der Barmer Theologischen Erklä-

14 Ulrich Beck, Der eigene Gott. Friedensfähigkeit und Gewaltpotential der Religionen, Frankfurt a. M. 2008, 164. Vgl. auch die grundsätzliche Bestreitung der Friedensfähigkeit monotheistischer Religionen bei Hans Saner, Ist der Offenbarungsglaube friedensfähig?: ders., Identität und Widerstand. Fragen in einer verfallenden Demokratie, Basel 1988, 79–97. Zum theologischen Umgang mit dem Gewaltvorwurf an die Religion Martin Hailer, Theologische Religionskritik als Gewaltkritik. Ein altes Vorurteil und ein bleibendes Problem: Marco Hofheinz/Raphaela J. Meyer zu Hörste-Bührer (Hg.), Theologische Religionskritik. Provokationen für Kirche und Gesellschaft (Forschungen zur Reformierten Theologie, Bd. 1), Neukirchen-Vluyn 2014, 133–150.

rung grundsätzlich zur Frage der Häresie geäussert. Allerdings hat diese Frage bei Barth keinen selbständigen Rang, vielmehr behandelt er sie im Kontext der *Bekenntnis*thematik.[16] Die Häresie, so ist zu interpretieren, ist eine Dimension des Bekennens, und zum Bekennen gehört immer auch die negative Seite der Verwerfung. Als Bekenntnis oder als Konfession definiert Barth «eine auf Grund gemeinsamer Beratung und Entschliessung zustande gekommene Formulierung und Proklamation der der Kirche in bestimmtem Umkreise gegebenen Einsicht in die von der Schrift bezeugte Wahrheit».[17] Wenn wir in dieser Definition manche Züge der Barmer Synode zu erkennen meinen, dann dürfte das kein Zufall sein. Wir können diesen dichten Satz hier nicht *en detail* exegesieren, wir beschränken uns auf die für unsere Fragestellung relevanten Aspekte. Dazu gehört *erstens* Barths Feststellung, dass das Bekenntnis immer nur Kommentar zur Schrift – «nicht mehr als Kommentar zur Schrift»[18] – sein kann. Mit seiner prinzipiellen Schriftgebundenheit eignet dem Bekenntnis eine prinzipielle Unselbständigkeit. Zum Bekenntnis gehört laut Barth *zweitens* seine Kirchlichkeit: «Es geht in der kirchlichen Konfession um die Aussprache einer der *Kirche* gegebenen Einsicht.»[19] Das Subjekt öffentlichen Bekennens sind nicht Einzelne, sondern die Gemeinschaft der Kirche, oder die Einzelnen nur in der Form der kirchlichen Beratung. Schliesslich geht es *drittens* «in der kirchlichen Konfession um eine der Kirche *gegebene* geschenkte Einsicht».[20] Das Bekenntnis ist mit andern Worten nicht menschliches Werk, sondern göttliches. Der Satz ergibt sich zwanglos aus der vorgelagerten Einsicht, dass das Bekennen sich der Erkenntnis der Schrift verdankt – eine Erkenntnis, die ja in jedem Fall Werk des Heiligen Geistes ist. Die in der Konfession sich materialisierende Erkenntnis in die Schrift hat dabei *viertens* ihren Ort in einer Drucksituation:

---

15 Vgl. Konrad Elmer-Herzig, Das Wesen der Häresie. Untersuchungen zum Häresieverständnis Karl Barths im Zusammenhang seiner theologischen Erkenntnislehre, Diss. Halle 1981.

16 Kirchliche Dogmatik (KD) I/2, 693–740.902–908; ausserdem: Das Bekenntnis der Reformation und unser Bekennen (1935): ders., Theologische Fragen und Antworten. Gesammelte Vorträge 3. Band (1927–1942), Zollikon-Zürich 1957, 257–281.

17 KD I/2, 693.

18 KD I/2, 695.

19 KD I/2, 695. Hervorhebung dort.

20 KD I/2, 697. Hervorhebung dort.

> «Aus einer Not der Kirche, aus einem der Kirche in dieser Not durch Gottes Wort auferlegten Zwang und aus der diesem Zwang sich fügenden Glaubenserkenntnis wird das echte Credo geboren.»[21]

Noch einmal nimmt Barth hier den Anteil menschlicher Subjektivität am Entstehen des Bekenntnisses zurück, wenn er von Not und von Zwang spricht. Nicht die Kirche sucht das Bekenntnis, das Bekenntnis sucht die Kirche, damit sie durch dieses in einer jeweiligen historischen Pression von Gott bewahrt werde.

An diesem Punkt angelangt, muss Barth nun *fünftens* auch auf die Irrlehre zu sprechen kommen. Das Bekenntnis oder die Konfession «ist noch immer in einem bestimmten Gegensatz oder Kampf entstanden».[22] Mit der im Bekenntnis sich äussernden Schriftauslegung grenzt sich die Kirche ab von «einer bestimmten, vielleicht neu aufgetauchten angeblichen Schriftauslegung oder einer angeblich aus der Schrift sich ergebenden oder doch angeblich mit ihr vereinbaren Lehre».[23] Es geht in der Differenz zwischen den konkurrierenden Lehren um konkurrierende Interpretationen der gemeinsamen Schrift, und in dieser Auseinandersetzung rekurriert das Bekenntnis «auf die heilige Schrift als auf den *Richter* der entstandenen Kontroverse».[24]

Damit hat Barth festgestellt, «dass das Bekenntnis explizit oder implizit immer eine *Polemik*, eine Negation, ein damnamus enthält»[25], dass mit dem in der Konfession gesprochenen Ja «zugleich ein bestimmtes Nein hinsichtlich der sie veranlassenden Gegenlehre ausgesprochen» wird.[26] Barth unterstreicht dabei deutlich, dass das Nein der Verwerfung unumgänglich und ein Bekenntnis ohne dieses nicht zu haben ist, ja, er kann die Bereitschaft zur Verwerfung zum eigentlichen Kriterium der Berechtigung zum Bekennen erklären. In explizitem Bezug auf Barmen schreibt er:

> «Getraut man sich nicht (oder getraut man sich doch nicht ausdrücklich) *damnamus* zu sagen, dann möge man das *credimus, confitemur, docemus* fürs erste nur fein unterlassen und statt dessen fernerhin Theologie studieren, wie man es zuvor getan hat. Die Sache ist dann gewiss nicht bekenntnisreif!»[27]

21 KD I/2, 698.
22 KD I/2, 702.
23 KD I/2, 703.
24 KD I/2, 703. Hervorhebung dort.
25 Barth, Bekenntnis der Reformation (Anm. 16), 262.
26 KD I/2, 704.
27 KD I/2, 705.

So spiegelt sich für Barth im fehlenden Mut zum Häretisieren der fehlende Mut zum Bekenntnis. Wer nicht Nein sagen will, will offenkundig auch nicht wirklich Ja sagen!

III. Häresie dogmatisch

1. Glaube und Häresie

Soweit Karl Barths Reflexionen zu Bekenntnis und Verwerfung, die man wie gesagt immer auch als Kommentar zu dem, was im Mai 1934 im Vorfeld und dann auf der Barmer Synode geschehen ist, zu hören hat. In einem nächsten Schritt nehmen wir die Barth'schen Überlegungen in einer Reihe von eigenen dogmatischen Bemerkungen zur Frage der Häresie auf.

Barth begreift die Verwerfung als integrierende Kehrseite des Bekennens: Jedes Bekenntnis enthält als das Ja zu Gott implizit oder explizit ein Nein zu dem, was nicht Gott ist. In der Vorlesung zur ersten These haben wir von Magdalene Frettlöh gelernt, dass sich in dieser ersten These das wiederholt, was bereits im ersten Gebot des Dekalogs geschieht, nämlich die Unterscheidung von wahrem Gott und den Götzen.[28] Damit wird klar, der Glaube ist immer dies, ein Unterscheidungsgeschehen zwischen wahrem Gott und falschen Göttern. Wenn Israel am Sinai als Erstes daran erinnert wird, dass sein Gott derjenige sei, der es aus der Sklaverei befreit hat, und dass es befreites Volk nur bleiben könne, solange es sich an diesen Gott halte, dann wird damit Glaube definiert als ein Unterscheiden – ein tägliches Unterscheiden zwischen der von Gott gewährten Freiheit und der selbst verschuldeten Unfreiheit. Glauben hat grundsätzlich diese innere Dynamik, er ist weit entfernt von einem gesicherten Ruhen in Gott. Unruhig ist unser Herz, weil es «zwischen den Zeiten» nicht aufhören kann zu unterscheiden, und wenn es einst ruhen wird in Gott, dann deshalb, weil die anderen Götter durch das endgültige Offenbarwerden Christi als versuchliche Mächte aufgehört haben zu sein. Bis dahin aber gilt es zu unterscheiden.

Die christliche Kirche entspricht dem ersten Gebot durch ihr Bekenntnis: «Jesus Christus ist der Herr.» Nun ist, wer das Wort Christi hört und darauf vertraut, nach Johannes «hinübergegangen aus dem Tod ins Leben» (Joh. 5,24). Im Unterscheiden zwischen Christus und anderen Herren geht es damit um

28 Vgl. den Beitrag von Magdalene L. Frettlöh in diesem Band.

den höchstmöglichen Einsatz, den zwischen Leben und Tod. Im Vertrauen auf ihn gewinnen wir das Leben, wo wir unser Herz an anderes hängen, verlieren wir dasselbe und wählen den Tod. Bevor wir in Toleranz- und Intoleranzdebatten eintreten, müssen wir uns dieses Szenario vor Augen halten: Ob im Alten oder im Neuen Testament, am Sinai oder in der Begegnung mit dem Auferstandenen, immer geht es um eine letzte, in ihrer Grundsätzlichkeit und Dramatik nicht mehr zu überbietende Entscheidung, die Unterscheidung zwischen dem Leben, das Gott gibt, und dem Tod im Getrenntsein von Gott. In diesem Szenario befindet sich Paulus, wenn er den Galatern sein *anáthema* entgegenschleudert.

2. Kirche – Bekenntnis – Häresie

Kein Bekenntnis ohne Häresie, lehrt uns Barth, was umgekehrt aber auch bedeutet, dass es keine Häresie ohne Bekenntnis gibt. Wie das Bekennen implizit stets ein Verwerfen enthält, so das Verwerfen immer ein implizites Bekennen.

Damit ist weiter gesagt, dass das Verwerfen kein selbständiger Sprechakt ist, sondern ein sekundärer, abständiger. Das Verwerfen dient dem Bekennen. Nur unter dieser Voraussetzung können wir Wesen und Ziel der Häretisierung angemessen verstehen. Das Bekenntnis aber zielt auf die Klarheit des Evangeliums, das Heil der Glaubenden und die Einheit der Kirche. Alle drei gehören zusammen, denn nur als klares Wort von der Gnade Gottes ist das Zeugnis der Kirche ein Wort, das Menschen das Heil zuspricht, und nur wo es dies tut, entsteht auch wirkliche Einheit der Kirche. Die «Einheit der Deutschen Evangelischen Kirche» ist gemäss Barmer Bekenntnissynode «aufs schwerste gefährdet».[29] Wird die Einheit der Kirche in dieser Weise an das Ergehen des Wortes von Gottes Gnade zurückgebunden, ist auch festgestellt, dass die Einheit der Kirche nicht das Ergebnis menschlichen Handelns ist, sondern wie die Kirche selbst ein Geschöpf des Wortes Gottes.

Diesen weitreichenden Zusammenhängen entnehmen wir an dieser Stelle vor allem *einen* Hinweis, nämlich den auf den kirchlichen Umgang mit der Häresie bzw. den Häretikerinnen und Häretikern. Denn wenn es richtig ist, dass das Bekenntnis der Einheit der Kirche dient, dann muss dies auch das Verwerfen tun. Auch das Verwerfen zielt auf kirchliche Einheit, und zwar nicht etwa dadurch, dass die störenden Elemente aus der Kirche entfernt wür-

29 Theologische Erklärung (Anm. 2), Einleitung.

den – selbst wenn dies vorübergehend geschehen muss. Letztlich zielt auch das Verwerfen dergestalt auf die Einheit der Kirche, dass es in der Hoffnung geschieht, den Abweichenden werde sich das Evangelium wieder erschliessen. Bekenntnis wie Verwerfung haben eine Klarheit zum Ziel, die *allen* zur Orientierung dienen soll. Auch jene, die – um nochmals die Terminologie des ersten Gebotes zu borgen – den andern Göttern anhangen, sollen wieder für den Gott gewonnen werden, der Israel aus dem Sklavenhaus befreit hat.

Dies freilich hat eine Konsequenz, die heute trivial erscheinen mag, die aber nach der hinter uns liegenden Geschichte des Umgangs mit Ketzern erwähnt werden muss: Sollen jene, deren Gesinnung mit der Verwerfung ausgeschlossen wird, für das Evangelium wiedergewonnen werden, dürfen sie nicht vernichtet werden. «Die Einigkeit der evangelischen Kirchen Deutschlands kann nur werden aus dem Worte Gottes im Glauben durch den Heiligen Geist», heisst es im Votum an die Kirchen vor dem Text der Barmer Erklärung. Damit ist für die Kirche jegliche gewaltsame Antwort auf jene, die verwerfliche Positionen vertreten, ausgeschlossen und ist sie an die Macht des göttlichen Wortes gewiesen, getreu der Wendung aus der Augsburger Konfession: *sine vi humana, sed verbo,* «ohne menschliche Gewalt, sondern allein durch Gottes Wort».[30] Damit ist nicht nur physische, sondern auch jene psychische oder verbale Gewalt gemeint, mit der heute in der veröffentlichten Meinung – um dieses Beispiel zu nennen – Existenzen oft gnadenlos zerstört werden.[31]

Wir sagen dasselbe, wenn wir daran erinnern, dass die Theologie der Rechtfertigung eine Differenzierung vornimmt zwischen Person und Werk: durch Kreuz und Auferstehung Christi nimmt Gott *sola gratia* den Sünder, die Sünderin an, verwirft aber in diesem Akt die Sünde als solche. Dieselbe Differenzierung muss bei der Häresie im Auge behalten werden: Selbst wenn die Kirche in Bekenntnis und Verwerfung vor der Entscheidung für Leben oder Tod steht, so hat sie doch beim Häretiker, bei der Häretikerin die Person von ihrer Glaubensposition abzuheben. Die Position gilt es zu verwerfen, die Person aber um jeden Preis zu würdigen. Wir kommen darauf zurück.

---

30 Unser Glaube. Die Bekenntnisschriften der evangelisch-lutherischen Kirche, Gütersloh 1986, 110.

31 Gottfried Bachl spricht von einer «Lust am Tribunal» in der gegenwärtigen Öffentlichkeit: «Das Jüngste Gericht in unserer Gegenwart ist ein Gericht absoluter Gnadenlosigkeit. Es wird nicht vergessen und nicht verziehen» (Gottesbeschreibung. Reden und Lesestücke, Innsbruck/Wien 2002, 24.26).

3. *Verwerfung als göttliches und menschliches Geschehen*

Das Bekenntnis, so Karl Barth, ist «eine der Kirche *gegebene* geschenkte Einsicht», und entsprechend glauben auch die Delegierten der Bekenntnissynode gewiss, «dass ihnen das gemeinsame Wort in den Mund gelegt worden ist».[32] Wenn der innere Zusammenhang zwischen Bekennen und Verwerfen gilt, dann muss auch von der Häretisierung die riskante Aussage gewagt werden, dass sie beides ist, ein menschliches *und* ein göttliches Geschehen. Auch sie ist dann eine der Kirche von Gott gegebene Einsicht, auch sie ein Wort, das ihr in den Mund gelegt worden ist.

Riskant ist die Aussage, bei der Verwerfung handle es sich auch um ein göttliches Geschehen, weil sie zur Verwechslung bzw. zur Identifikation menschlicher Urteile mit göttlichen führen kann. Es gehört zur Schwachheit des sich mit der menschlichen Subjekthaftigkeit verbindenden Geistes Gottes, dass er in dieser Weise usurpierbar ist.[33] Richtig verstanden muss freilich das Wissen um das In- und Miteinander göttlichen und menschlichen Handelns im Verwerfen gerade demütig und vorsichtig machen. Als menschliche Akte sind Bekennen und Verwerfen wie alles Menschliche fehlbare und immer auch sündige Akte, Akte also, mit denen Menschen nicht die Ehre Gottes, sondern die eigene suchen. Glaubensvollzüge sind von dieser Möglichkeit nicht ausgenommen.[34] Die Kirche ist deshalb nie davor gefeit, mit der Verwerfung nicht etwa die sie gefährdende falsche Lehre auszugrenzen, sondern gerade jenes Wort, das sie eigentlich zu hören hätte. Die Verwerfung kann statt der gebotenen Selbstreinigung immer auch die *ecclesia incurvata in se* im Vollzug sein, jene Kirche, die sich das richtende und aufrichtende Evangelium erst recht vom Leibe hält. Und der scheinbare Mut zum *anáthema* kann deshalb auch der Unmut über die unangenehme Wahrheit und der Übermut einer sich vom göttlichen Zuspruch und Anspruch emanzipierenden Kirche sein.

Das aber bedeutet: Wichtiger noch, als im Bekennen und Verwerfen göttliches und menschliches Handeln zusammenzuschauen, ist, die beiden Dimensionen zu unterscheiden. Denn das menschliche Handeln wird auch in den

32 Bekenntnissynode der Deutschen Evangelischen Kirche, an die Evangelischen Gemeinden und Christen in Deutschland.

33 Rudolf Bohren spricht von der Verwechselbarkeit des Heiligen Geistes: «Der Geist wird anonym, ist kaum mehr zu identifizieren, er mischt sich mit dem Menschlichen» (Dass Gott schön werde. Praktische Theologie als theologische Ästhetik, München 1975, 60).

34 Vgl. Matthias Zeindler, Theologische Religionskritik als Kirchenkritik: Hofheinz/ Meyer zu Hörste-Bührer (Hg.), Theologische Religionskritik (Anm. 14), 179–205.

beiden hier zu diskutierenden Glaubensakten grundsätzlich die Tendenz haben, sie gegen Gott für die eigene Sache zu instrumentalisieren. Und in dem Masse, da Bekennen und Verwerfen göttliche Akte sind, werden diese deshalb in erster Linie menschliches Handeln zu kritisieren und zu korrigieren haben, damit Konfession und Häretisierung aus sündigem Menschendienst zu Gottesdienst transformiert werden.

Gotteswerk und Menschenwerk zu unterscheiden, soll zwar demütig und vorsichtig machen, gerade dadurch aber am Ende auch wieder zum Bekennen und damit zum Verwerfen ermutigen. Bekennen und Verwerfen geschehen grundsätzlich nach bestem Wissen und Gewissen, nicht mehr und nicht weniger. Trotzdem kann die Kirche auf diese Akte nicht verzichten, wäre sie doch sonst Kirche ohne Bekenntnis und damit nicht Kirche. Und da sie die Verheissung hat, dass Gott durch diese menschlichen Akte immer wieder sein eigenes Werk vollziehen wird, darf die Kirche erst recht nicht darauf verzichten, zu bekennen und zu verwerfen, in der Gewissheit auf Gottes kritisierende, korrigierende und orientierende Begleitung ihres Handelns.

4. *Status confessionis*

Zu bekennen und zu verwerfen, darauf macht Karl Barth ebenfalls aufmerksam, haben ihre Zeit und ihren Ort. Es gibt ein Bekennen, das dem Leben der Kirche zu Grunde liegt und das in jedem ihrer Praxisvollzüge stattfindet, im Gottesdienst, in der Katechese, in Diakonie und Seelsorge. Bekennen und Verwerfen aber als ausdrückliche öffentliche Akte, wie dies in Barmen der Fall war, sind nicht jederzeit an der Zeit, der *status confessionis* liegt nicht immer vor. Die Konfession, so Barth, wird grundsätzlich aus einer Not, einer Kampfsituation geboren. Dies ist wohlgemerkt eine Notsituation, wo die Kirche *als Kirche* gefährdet ist, wo ihre Loyalität zum ihr anvertrauten Evangelium in Frage steht. (Es gibt ja daneben Drucksituationen, in denen die Kirchen ihrem Auftrag gerade näherkommen und ihr Kirchesein in besonderer Weise bewähren.) Die Kirche steht nicht jederzeit in einer derartigen Notsituation. Weiter, so Barth, entspringt das Bekenntnis – und dann auch die Häretisierung – einer der Kirche von Gott *gegebenen* Einsicht. Die Notsituation selbst ist so gesehen nicht der primäre Anlass zu Bekennen und Verwerfen, sondern das auf diese Gefährdung bezogene Handeln Gottes. Der *status confessionis* liegt also dann und erst dann vor, wo beides gegeben ist, die Notsituation und ein sich darauf beziehendes Handeln Gottes. Denn erst dort handelt es sich in Bekennen und Verwerfen um beides, um menschliches *und* göttliches Handeln, um göttliches *im* menschlichen Handeln. Wo diese Situation nicht besteht, dort – auch diese Möglichkeit erwähnt Barth – wird sich dies an der Zögerlichkeit der betroffenen Kirche zeigen. Diese Zögerlichkeit soll eine Kirche dann auch ernstnehmen als Zeichen dafür, dass ihr der Auftrag zum Bekennen im Moment offenkundig nicht gegeben ist.

Es war besonders die reformierte Kirche, die sich seit dem Zweiten Weltkrieg immer wieder mit der Frage des *status confessionis* konfrontiert sah. Dies hat mit dem spezifisch reformierten Bekenntnisverständnis zu tun, demzufolge das Bekennen den Kirchen immer aufgegeben ist und die Bekenntnisbildung entsprechend nicht zu einem bestimmten Zeitpunkt und in Gestalt eines fest umrissenen Bekenntniskanons abgeschlossen worden ist.[35] Markante Beispiele aus diesen stets wieder aufflammenden Diskussionen sind die kirchlichen Positionierungen gegenüber der nuklearen Aufrüstung in den 1980er Jahren oder die Auseinandersetzungen um den Bekenntnisstatus der Accra Confession von 2004. In beiden Fällen standen übrigens nicht Lehrfragen in einem engeren Sinne zur Debatte, sondern ethische und/oder politische Entscheidungen. Darin spiegelt sich eine Entwicklung des Bekenntnisverständnisses, die in dem von Willem Visser't Hooft eingeführten Begriff der «ethischen Häresie» Ausdruck fand:[36] Das Kirchesein einer Kirche, so das Argument Visser 't Hoofts, artikuliert sich nicht nur in ihrem kodifizierten Bekenntnisstand, sondern auch in ihrem Handeln; auch das kirchliche Handeln hat einen konfessorischen Gehalt, der genauso wie die kirchliche Lehre Gegenstand der Kritik und allenfalls der Abgrenzung werden kann.

IV. Häresie und Pluralismus

Häresie und gesellschaftlichen Pluralismus in einen Gegensatz zu setzen, basiert zunächst einmal auf einer begrifflichen Unschärfe, denn selbstverständlich geht es bei den Sprechakten des Bekennens und der Verwerfung um die

35 Ernst Saxer, Bekenntnis, Bekenntnisschriften und Kirchenordnung in der reformierten Reformation: Pierre Bühler/Emidio Campi/Hans Jürgen Luibl (Hg.), «Freiheit im Bekenntnis». Das Glaubensbekenntnis der Kirche in theologischer Perspektive, Zürich/Freiburg i. Br. 2000, 47–73 (69f.); Matthias Wüthrich, Der Heidelberger Katechismus als reformierte Bekenntnisschrift: Martin Ernst Hirzel/Frank Mathwig/Matthias Zeindler (Hg.), Der Heidelberger Katechismus – ein reformierter Schlüsseltext (reformiert! Bd. 1), Zürich 2013, 339–356 (348f.).

36 Wolfgang Huber, Art. Häresie III. Systematisch-theologisch: TRE, Bd. 14, 1985, 341–348 (344f.).

Klärung *innerkirchlicher* Gemengelagen. In Frage stehen dabei die Biblizität, die Kirchlichkeit, die Christlichkeit von Lehrbeständen. Paulus hat sich in Galatien nicht gegen den Mithraskult oder die Stoa gewandt, sondern gegen die Beschneidung als Bedingung für das Christsein. Die Gnosis in der Alten Kirche oder die Deutschen Christen wurden häretisiert, weil sie Auslegungen der Bibel und mögliche – oder gar die wahren – Ausdrucksgestalten des christlichen Glaubens zu sein beanspruchten.

Nachzudenken haben wir mithin über die innerkirchliche Pluralität. Es ist wiederum eine banale Feststellung, dass sich in den Akten des Bekennens und der Verwerfung eben eine innerkirchliche Vielfalt von Auslegungen der Bibel spiegelt und dass die beiden Akte eine der Möglichkeiten darstellen, diese Vielfalt zu strukturieren. Christlichen Glauben gibt es nur in der Pluralität seiner Auslegungen, ebenso klar ist aber, dass diese Vielfalt nicht beliebig sein kann, sondern dass im Falle bestimmter Auslegungen dieser Glaube seiner Identität verlustig geht. Das Bekenntnis kann von hier aus als jener Akt der Kirche verstanden werden, in welchem diese angesichts einer durch die Vielfalt von Auslegungsgestalten bedrohten Identität des christlichen Glaubens diese Identität wieder herzustellen versucht. Die Bedrohung der Identität des christlichen Glaubens durch eine Vielfalt von Auslegungsgestalten ist der *status confessionis.* Wenn wir festgestellt haben, dass der *status confessionis* nicht jederzeit und an jedem Ort gegeben ist, dann bedeutet dies, dass es in der Kirche eine Pluralität von Auslegungen der Bibel gibt, die die Identität des christlichen Glaubens nicht bedroht.

Seit der Reformation findet sich die Kirche in Europa in einer konfessionellen Vielfalt vor; auf diese werden wir noch zu sprechen kommen. Jede der nachreformatorischen Kirchen lebt aber ihrerseits in einer inneren Pluralisierung, die sich beispielsweise seit dem 19. Jahrhundert in den sogenannten kirchlichen Richtungen niedergeschlagen hat.[37] Die theologische Beurteilung dieser inneren Vielfalt ist nochmals vielfältig, einig ist man sich mindestens darin, dass sie ein nicht hintergehbares Faktum darstellt und deshalb als Bedingung aktuellen Kircheseins zu akzeptieren ist. Dabei ist mit angenommen, dass die jeweils voneinander abweichenden Auslegungsgestalten des christlichen Glaubens diesen nicht verraten und damit nicht als Häresien zu bekämpfen sind. Bei Adolf Keller sind wir allerdings in diesem Semester auch der Auffassung begegnet, dass die innere Pluralität von Glaubensauslegungen es der Kirche verbietet, bestimmte Positionen durch Bekenntnis und Verwerfung auszuschliessen. Mit der Bekenntnisgemeinschaft, so Keller im «Bund», «hält

37 Eduard Buess, Die kirchlichen Richtungen (ThSt 36), Zollikon-Zürich 1953.

notwendigerweise die Theologie und die Intoleranz ihren Einzug in der Kirche. Denn die Theologie kann nicht tolerant sein. Eine Bekenntnisgemeinschaft ist exklusiv […]».[38] Das Bekenntnis mit der dazugehörigen Verwerfung, so Keller, stellt die Möglichkeit kirchlicher Einheit in Frage, das Bekenntnis ist ein die Einheit der Kirche zerstörender Akt.[39]

Damit sind wir bei der im Titel dieses Vortrags angedeuteten Frage: Stellt die innere Vielfalt der Kirche die Möglichkeit der Verwerfung, wie sie in Barmen geschehen ist, nicht grundsätzlich in Frage? Haben wir hier nicht einen Akt der Intoleranz vor uns, der nicht nur antimodern, sondern auch unchristlich ist? Wir wollen es uns mit der Frage nicht zu einfach machen. Man könnte das Verfahren abkürzen und auf das uns schon vertraute Faktum hinweisen, dass die Häretisierung lediglich die Kehrseite des Bekennens sei und ohne Bekennen keine Kirche zu haben sei. Stattdessen wollen wir die Frage zum Anlass für einen kurzen Reflexionsgang über Pluralität und Toleranz im christlichen Glauben nehmen.

Denn es gibt in der Kirche eine Vielfalt von Auslegungsgestalten des Glaubens, die nicht nur als leider nicht zu beseitigender Zustand achselzuckend zu akzeptieren, sondern kraft theologischer Einsicht entschieden zu bejahen ist. Es gibt in der Kirche eine nicht nur legitime, sondern notwendige Vielfalt von Auslegungsgestalten des Glaubens. Ihren Grund hat diese Vielfalt in der Treue Gottes, die stets eine individualisierte, an der jeweiligen Existenz der einzelnen Menschen orientierte Treue ist. Die freie Gnade Gottes ist für verschiedene Orte, Zeiten und Menschen zwar *als Gnade* immer dieselbe, gerade weil sie Gnade ist, deshalb aber auch immer eine andere. Gott spricht jeden Menschen immer genau mit dem Wort an, das dieser Mensch in seiner jeweiligen Situation braucht. Auch diese Vielfalt ist freilich nicht unbegrenzt, und auch dies wieder aus dem einen Grund, dass es sich dabei um die Individualisierung der *Gnade* handelt. Um mit dem paulinischen Bild (1Kor 12,12–30) zu sprechen: Die Kirche besteht nicht nur aus vielen Gliedern, die vielen Glieder bilden zusammen auch den Leib Christi. Indem Gott sich in seiner Treue der einzelnen Menschen annimmt, führt er sie auch aus ihrer Vereinzelung heraus und zur Gemeinschaft zusammen. Die Vielfalt der Kirche ist eine Vielfalt in der Einheit, ihre Einheit eine Einheit in der Vielfalt.

Nun wissen wir aus eigener Erfahrung, dass man die Vielfalt von Auslegungsgestalten des Glaubens zwar grundsätzlich bejahen mag, dass das Leben in dieser Vielfalt aber ausserordentlich beschwerlich sein kann. Der konkrete

38 Der Bund, Nr. 263, 10. Juni 1934, S. 1.

39 Vgl. den Beitrag von Frank Mathwig in diesem Band.

Vollzug der kirchlichen Vielfalt in Einheit erfordert deshalb Toleranz im Sinne der Wortwurzel *tolerare*, erleiden. Wenn wir von Toleranz sprechen, dann ist die Einsicht wichtig, dass damit dem christlichen Glauben nicht von aussen etwas auferlegt wird, das ihm im Grunde seines Wesens fremd ist – eine solche Sicht insinuieren die anfangs zitierten Positionen von Marquard, Assmann und Beck, der Monotheismus sei als solcher intolerant. Dem ist entgegenzuhalten, dass christlicher Glaube in sich grundsätzlich toleranter Glaube ist (oder zumindest sein könnte). Die Begründung dafür liegt in der Unverfügbarkeit des Glaubens: Die Gewissheit des Glaubens verdankt sich dem Wirken Gottes im Heiligen Geist, sie ist deshalb bei den andern Glaubenden zunächst einmal als meinem Verfügen entzogen zu respektieren. Die Vielfalt des Glaubens ist so gesehen, wie der Tübinger Systematiker Christoph Schwöbel in mehreren Arbeiten zeigt, «unhintergehbar».[40] Das aber bedeutet, dass die Achtung anderer Positionen nicht im Widerspruch zur eigenen Überzeugung steht, sondern aus ihr hervorwächst: «Die Unverfügbarkeit der eigenen Glaubensgewissheit begründet den Respekt vor der Unverfügbarkeit anderer Glaubensgewissheiten.»[41] Anders als dies Ulrich Beck behauptet, ist in diesem Fall eine feste Glaubensüberzeugung kein Hindernis für Toleranz, sondern deren Ermöglichung. Mit der Unverfügbarkeit ihrer Begründung sind die unterschiedlichen Glaubenshaltungen freilich nicht dem Diskurs entzogen.

> «Nicht die unverfügbare Konstitution der Gewissheit, sehr wohl aber die in ihr basierten Wahrheitsansprüche, die auf ihrer Basis entfaltete Wirklichkeitsinterpretation und die durch sie informierten Formen der Lebensgestaltung sind im Dialog öffentlich bestreitbar.»[42]

Damit wird wiederum der Glaube nicht seiner selbst entfremdet, vielmehr wird sein «eigener übersubjektiver Wahrheitsanspruch kommunikativ ernstgenommen und im Dialog erprobt».[43] Damit ist auch gesagt, dass das eigentliche Medium, in welchem in der Kirche mit den unterschiedlichen Positionen umgegangen wird, der Diskurs sein muss.

Und für unsere Frage entscheidend ist, dass auch das Bekenntnis – und von da her die Verwerfung – nicht der Abbruch des innerkirchlichen Diskurses

40 Christoph Schwöbel, Pluralismus und Toleranz aus der Sicht des Christentums. Eine protestantische Perspektive: ders., Gott im Gespräch. Dogmatische Studien zur Gegenwartsdeutung, Tübingen 2011, 91–112 (93).

41 Schwöbel, Pluralismus (Anm. 40), 107.

42 Christoph Schwöbel, Toleranz – eine unmögliche Tugend für religiöse Gemeinschaften: ders., Gott im Gespräch (Anm. 40), 113–141 (139).

43 Schwöbel, Toleranz (Anm. 42), 139.

sein darf, sondern ein Moment in diesem Diskurs bildet. Auch das Bekenntnis und die Verwerfung, so haben wir gesehen, dienen der Einheit der Kirche. Zwar wird mit der Verwerfung eine bestimmte Auslegung der Schrift abgelehnt, dies geschieht aber im Bestreben, der Wahrheit des Glaubens als der Ermöglichungsbedingung der kirchlichen Gemeinschaft nicht die Basis zu entziehen. Danach muss das Gespräch weitergehen.

V. Häresie und Ökumene

Innerkirchliche Pluralität schliesst Bekenntnis und Häretisierung nicht aus. Wie aber verhält es sich mit der Ökumene? Wir wissen, dass die Kirchenspaltungen der Reformation ihren Ursprung in gegenseitigen Häresieurteilen hatten. Heisst dies dann nicht, dass wir vom Konzept der Häresie überhaupt Abstand nehmen müssen, soll Ökumene möglich sein?

Nun gibt es die Ökumene nur, weil es getrennte Kirchen gibt, und die getrennten Kirchen gibt es, weil diese Kirchen sich nicht bloss zu einem bestimmten Zeitpunkt in der Geschichte, sondern nach wie vor durch so gravierende Lehrdifferenzen unterschieden sehen, dass beide Seite die für die Feststellung der Einheit notwendige Übereinstimmung nicht wahrnehmen können. Dass es diese Differenzen gibt und dass sie bearbeitet und nicht bloss handstreichartig als ungültig erklärt werden können, ist die unbestrittene Voraussetzung der bisherigen Geschichte der Ökumene. Die Formel «Die Lehre trennt, aber das Dienen verbindet» der ersten Konferenz für Praktisches Christentum 1925 in Stockholm hat diese Überzeugung nicht korrigieren können.

So geht das Bemühen in ökumenischen Prozessen denn auch nicht dahin, die Verwerfungen einfach abzuschaffen, sondern sie besser verstehen zu lernen und von dort her allenfalls auch abbauen zu können. Nehmen wir als Beispiel die Leuenberger Konkordie von 1973, mit welcher die protestantischen Kirchen ihre Trennungen aus der Reformationszeit zu Gunsten einer Kanzel- und Abendmahlsgemeinschaft umfassenden Kirchengemeinschaft überwunden haben. Nachdem in der Konkordie das gemeinsame Verständnis von Rechtfertigungsbotschaft und Sakramenten umrissen worden ist, handelt man von den Verwerfungsurteilen der Reformationszeit, die zwischen Lutheranern und Reformierten die Abendmahlslehre, die Christologie und die Prädestinationslehre betrafen. In Art. 17 lesen wir: «Wir nehmen die Entscheidung der

Väter ernst»[44], d. h. wir betrachten sie nicht als irrtümlich oder als überholt. Im Folgenden werden dann gemeinsam vertretbare Formulierungen für die drei Lehrbereiche aufgestellt und danach wird ausgesagt, dass dort, wo diese Feststellungen anerkannt werden, die reformatorischen Verwerfungen den heutigen Stand der Lehre nicht mehr treffen. «Damit werden die von den Vätern vollzogenen Verwerfungen nicht als unsachgemäss bezeichnet, sie sind jedoch kein Hindernis mehr für die Kirchengemeinschaft» (Art. 27)[45]. Wo noch Differenzen bleiben, haben diese keinen kirchentrennenden Charakter mehr.

Wir stellen fest: Der Prozess, der zur Leuenberger Konkordie geführt hat, setzt die grundsätzliche Gültigkeit von zwischenkirchlichen Verwerfungen voraus. Er setzt auch voraus, dass es sich dabei nicht bloss um ein Relikt aus – wie man heute gerne sagt – «mittelalterlichen» Zeiten handelt, sondern um eine nicht zu leugnende Realität zwischen den Kirchen. In dem Masse, in dem das Evangelium und damit die Lehre in den Kirchen zentralen Stellenwert haben, kann und wird es zwischen den Kirchen zu Lehrdifferenzen kommen. Der einzige Weg, sie zu überwinden, ist, an ihnen zu arbeiten. Ein zweites Beispiel dafür ist in Deutschland der Weg evangelischer und katholischer Theologen im Ökumenischen Arbeitskreis, dessen Ergebnisse schliesslich zur *Gemeinsamen Erklärung zur Rechtfertigungslehre* 1999 geführt haben.[46] Die dort praktizierte Methodik des Umgangs mit Lehrdifferenzen war ohne Zweifel bahnbrechend und für die gesamte ökumenische Bewegung bedeutsam.

Ich nenne hier nur einige für unsere Thematik bedeutsame Gesichtspunkte. Der wichtigste ist, dass auch in diesem Prozess die historischen Lehrverurteilungen in ihrer bleibenden Geltung zunächst einmal nicht bestritten waren. Bei der leitenden Fragestellung, inwiefern die Lehrverurteilungen aus der Reformationszeit in der Gegenwart noch kirchentrennenden Charakter haben, wurden sie wiederum vorausgesetzt.[47] An diese Lehrverurteilungen trat man nun

44 Die Leuenberger Konkordie von 1973: Georg Plasger/Matthias Freudenberg (Hg.), Reformierte Bekenntnisschriften. Eine Auswahl von den Anfängen bis zur Gegenwart, Göttingen 2005, 246–258 (253).

45 Leuenberger Konkordie (Anm. 44), 255.

46 Friedrich Hauschildt/Udo Hahn/Andreas Siemens (Hg.), Die Gemeinsame Erklärung zur Rechtfertigungslehre: Dokumentation des Entstehungs- und Rezeptionsprozesses, Göttingen 2009.

47 «Richtig ist jedoch, dass die alten Gegensätze, wie sie in den Verwerfungsurteilen der Kirchen gegeneinander ihren zugespitzten Ausdruck gefunden haben, formell weiterbestehen» (Wolfhart Pannenberg, Können die gegenseitigen Verwerfungen zwischen den Reformationskirchen und Rom aufgehoben werden?: Karl Lehmann [Hg.], Lehrverurteilungen – kirchentrennend? II, Materialien zu den Lehrverurteilungen und zur Theologie der Rechtfertigung, Freiburg/Göttingen 1989, 17–31 [19]).

aber mit der Fragestellung heran, inwiefern sie zwischen den heutigen Kirchen noch – wie zur Reformationszeit – trennenden Charakter haben. Leitend waren dabei die Fragen, «inwieweit sie schon damals die Gegenseite wirklich getroffen haben, wo ihnen zeitbedingte und inzwischen überholte Auffassungen der kontroversen Sachthemen zugrunde liegen, wo blosse Missverständnisse der Gegenseite, und inwieweit sie auf den heutigen katholischen oder evangelischen Partner noch zutreffen oder aber formell als ihn nicht mehr betreffend zu beurteilen sind».[48] Man nutzt mit andern Worten die Tatsache, dass man aufgrund des zeitlichen Abstandes und dank historischer und theologischer Forschung die damaligen Differenzen anders beurteilen und dabei ihre Grenzen und ihre perspektivischen Verzerrungen besser oder überhaupt erst wahrnehmen kann. Nochmals: Die Lehrverurteilungen werden nicht negiert und auch nicht bloss relativiert, sie werden revidiert. Und erst wo dies möglich ist, können die Lehrverurteilungen als nicht mehr gültig taxiert werden.

Das Wort Häresie gehört trotz alledem nicht mehr ins ökumenische Vokabular. Nicht weil es die Irrlehre nicht mehr gibt, sondern weil wir uns in der Ökumene in einer anderen Situation befinden. Nicht um die durch den *status confessionis* bedingte unvermeidliche Trennung geht es, sondern darum, Wege zur Überwindung der Trennung zu finden. Die Verwerfung haben wir hier nicht vor uns, sondern hinter uns, und die Aufgabe ist nun, die Geltung der Verwerfung zu überprüfen. Oder nochmals anders gesagt: Die Verwerfung dient der Einheit durch – unvermeidliche – Trennung, die Ökumene dient der Einheit durch Überwindung der Trennung.

VI. Häresie praktisch

Nach all diesen Überlegungen ergibt sich demnach folgendes Fazit: Auf das Verwerfen als die Kehrseite des Bekennens kann die Kirche auch heute nicht verzichten, ja, kann sie nicht verzichten, so lange sie Kirche ist. Ein solcher Verzicht wäre nur möglich um den Preis des Verzichts auf das Bekennen, und damit hörte Kirche sofort auf, Kirche zu sein. Das ist das Eine. Auf der andern Seite nötigen uns die Geschichte der Häretisierungen, die Entwicklungen hin zu einem theologischen Verständnis von Pluralismus und Toleranz und die Erfahrungen der Ökumene dazu, mit dem Verwerfen zurückhaltend umzugehen. Was dies im Einzelnen für die Praxis der Kirche bedeuten könnte, soll zum Schluss noch an einer Reihe von praktischen Fragen durchgespielt werden.

48 Pannenberg, Verwerfungen (Anm. 47), 19.

1. Die Zeit der Verwerfung

Wann spricht die Kirche eine Verwerfung aus? Vergegenwärtigen wir uns nochmals Barmen – die Synode hat im Bewusstsein einer göttlichen Nötigung gehandelt, damit verbunden aber auch in der dankbaren Überzeugung, von Gott in einer historischen Drucksituation mit einer besonderen Erkenntnis beschenkt worden zu sein. Ein vergleichbares Gefühl der Nötigung hat die Verfasser des Belhar-Bekenntnisses beseelt.[49] Bekennen und Verwerfen, heisst das einmal, erfolgen in einer Ausnahmesituation. Sie erfolgen weiter nicht aus eigener Initiative. Sicher, es sind am Ende immer Menschen, die die entsprechenden Sprechakte vollziehen. Aber die Sprechakte sollten nicht vollzogen werden, ohne dass jene, die dies tun, sich ernsthaft der Frage stellen, ob dafür eine Nötigung, ein Müssen vorliege. Es darf, wo bekannt und verworfen wird, um nichts weniger gehen als um das Kirchesein der Kirche. Bekennen und insbesondere das Verwerfen, die Häretisierung, sind zu ernsthafte Akte, als dass sie kirchlicher Alltag sein könnten. Und sie sind theologisch zu bedeutsam, als dass sie zum normalen Mittel innerkirchlicher Auseinandersetzungen werden dürften. (Als einer, der selbst am Bekenntnisprozess des Schweizerischen Evangelischen Kirchenbunds 2009/2010 mitgewirkt hat, frage ich mich heute kritisch, ob dafür die Nötigung, die hier als Kriterium des Bekenntnisses angeführt wird, wirklich bestanden hat. Der Rücklauf aus den Landeskirchen in der Vernehmlassung war mager, und dies könnte als Zeichen dafür gewertet werden, dass ein neues Bekennen zu diesem Zeitpunkt auch aus theologischen Gründen nicht an der Zeit war.[50])

2. Das Subjekt der Verwerfung

Wer spricht die Verwerfung aus? Wir bleiben bei Barmen: Nicht die universitäre Dogmatik hat hier gesprochen – gegen den Verdacht von Adolf Keller –, erst recht nicht ein einzelner Theologe, und auch nicht bloss eine kirchliche Gruppierung, den Sprechakt der Verwerfung hat «die Kirche» vollzogen. Auch dies ist wieder eine riskante Äusserung, und trotzdem kommen wir nicht um sie herum. Faktisch wird immer nur ein Teil der Kirche das Subjekt der Verwerfung sein, auch aus dem schlichten Grund, weil das Verworfene seinerseits

49 Vgl. den Beitrag von Katrin Kusmierz in diesem Band.

50 Als Grundlage für die Vernehmlassung diente: Matthias Krieg (Hg.), Reformierte Bekenntnisse. Ein Werkbuch, Zürich 2009.

Teil der Kirche zu sein beansprucht. Wir werden auch hier wieder kriteriologisch sprechen müssen: Ein Verwerfungsurteil darf dann und nur dann ergehen, wenn die Sprechenden der Überzeugung sind, damit für die Kirche und um der Kirche willen zu sprechen. Konkret muss sich dies in der Überzeugung zeigen, dass das eigene Bekenntnis die rechte Auslegung der Schrift ist, das Verworfene dagegen eine die Kirche in Frage stellende Auslegung. Wo dies der Fall ist, haben wir es in den Verwerfenden nicht in einem numerischen Sinne mit dem Ganzen der Kirche zu tun, wohl aber in einem sachlichen Sinne mit denjenigen, die für das einstehen, was in der Kirche als Evangelium von Jesus Christus zu gelten hat. Es liegt auf der Hand, dass es mit dieser Umschreibung nicht möglich ist, die Berechtigung zum Bekennen und Verwerfen formell festzuschreiben. Bekennen und Verwerfen, haben wir gesehen, werden der Kirche gegeben, und dabei muss offenbleiben, auf welchem Wege dies geschieht. Wer wann und auf welchen Dienstwegen berechtigt ist, zu bekennen oder zu verwerfen, lässt sich in keiner Kirchenordnung und keinem Organisationsreglement festschreiben. «Der Geist weht, wo er will» (vgl. Joh 3,8), auch dafür ist die Barmer Synode ein aussagekräftiges Beispiel.

3. Die Adressaten der Verwerfung

Gegen wen ergeht die Verwerfung? In Barmen erging sie gegen einen anderen Teil der Kirche, in Belhar gegen eine andere Kirche, die freilich zur reformierten Kirchenfamilie im eigenen Land gehörte. Wendet sich das Häresieurteil gegen Positionen und nicht Personen, dann leuchtet ein, warum es sich in aller Regel auf Gruppen und nicht auf Einzelpersonen bezieht. Nicht nur eignet der Einzelperson für die Kirche ein geringeres Gefährdungspotenzial als einer Gruppe, in Gestalt einer Gruppe hat eine abweichende Position auch bereits die Form einer alternativen Gemeinschaft und damit einer andern Kirche zu beanspruchen begonnen. Eine Verwerfung gegenüber Einzelpersonen ist heute in evangelischen Kirchen nur da denkbar, wo diese einen Öffentlichkeitsauftrag wahrnehmen, dort also, wo sie mit einem Verkündigungsamt betraut sind. Warum? Die Kirche wird durch die Verkündigung des Evangeliums begründet und erhalten, und wo Trägerinnen und Träger des *ministeriums Verbi Divini* dieses nicht mehr auftragsgemäss wahrnehmen, kann die Kirche in ihrem Sein gefährdet sein. Aus diesem Grund kennen viele deutsche Landeskirchen ein sogenannte Lehrzuchtverfahren für Geistliche.[51] In den reformierten Kirchen der Schweiz gibt es Vergleichbares nicht.

4. Die Konsequenzen der Verwerfung

Was sind die Konsequenzen einer Verwerfung? Wenn die Verwerfung die Grenze zwischen Evangelium und Dysangelium zieht, dann beansprucht sie, die Grenze der Kirche zu ziehen. Die Konsequenz der Verwerfung kann deshalb nichts anderes sein als die Aufkündigung der Kirchengemeinschaft. Wer unter dem Häresieurteil steht, mit dem oder der können Glieder der Kirche nicht Abendmahl halten. Die Dinge so klar auszudrücken soll wiederum vor allem dazu dienen zu zeigen, wie viel Zurückhaltung bei der Verwerfung angezeigt ist.

5. Die Vorläufigkeit der Verwerfung

Wie *endgültig* ist die Verwerfung? Bei dieser Frage vor allem gilt es im Auge zu behalten: So sehr wir beim Bekennen und Verwerfen hoffen, dass Gott darin handelt, so sehr bleibt beides ein menschliches und damit ein begrenztes und irrtumsfähiges Handeln. Die Endgültigkeit des Verwerfens steht deshalb grundsätzlich unter dem Vorbehalt besserer Belehrung.

Aus einem weiteren Grund ist das Verwerfen prinzipiell ein vorläufiges. Nochmals sei daran erinnert, das Verwerfen steht nicht auf eigenen Beinen, sondern dient dem Bekennen. Das Verwerfen will bei denen, deren Position verworfen wird, Umkehr und erneuertes Bekennen bewirken. Die Aufkündigung der Kirchengemeinschaft steht im Dienst neuer Gemeinschaft und ist deshalb grundsätzlich reversibel. Das Belhar-Bekenntnis und besonders der dazugehörige Begleitbrief sind dafür ein Lehrstück. Katrin Kusmierz hat auf den versöhnlichen Duktus des Dokumentes hingewiesen. «Wir sprechen werbend und nicht verurteilend», schreiben die Autoren, und weiter: «Wir werben für Versöhnung.»[52] Und im Schlussabschnitt des Begleitbriefes geben die Autoren ihrer Hoffnung Ausdruck, dass ihr Bekenntnisakt «versöhnend und

51 Martin Daur, Art. Lehrverpflichtung: TRE, Bd. 20, 1990, 628–638 (630–635).
52 Begleitbrief Nr. 3.

vereinend» wirken werde.[53] Bekenntnis und Verwerfung zielen auf neue Gemeinschaft.

VII. Häresie und Gnade

Ich möchte meinen Vortrag zum Thema Verwerfung nicht schliessen, ohne ihm – gleichsam als Schlusscoda – noch eine kurze Überlegung zum Zusammenhang von Häresie und Gnade anzufügen. Wir wissen, die Kirche hat im Zusammenhang mit der Häresie grosses Leid verursacht und damit nicht zuletzt sich selbst verletzt,[54] und der Grund dafür dürfte immer gewesen sein, dass man die in Jesus Christus erschienene Gnade Gottes zu wenig hat gelten lassen.

Es wurde schon erwähnt, der Umgang der Kirche mit denen, die sie als Häretikerinnen und Häretiker meint verwerfen zu müssen, muss dem Grundsatz *sine vi humana, sed verbo* folgen. In diesem Grundsatz kommt zum einen zum Ausdruck, dass Gott selbst kein anderes Mittel als sein Wort hat, um uns für die Gemeinschaft mit ihm zu gewinnen, und dass deshalb auch uns als Menschen keine anderen Mittel dafür zur Verfügung stehen. Die Kirche muss in dieser Hinsicht prinzipiell gewaltlos sein. Der Grundsatz *sine vi sed verbo* bringt zum andern zum Ausdruck, dass Gott auch an denen, die wir als Ungläubige meinen beurteilen zu müssen und die es vielleicht auch sind, dass Gott selbst an diesen Menschen festhält und für sie eine Zukunft bereithält. Anders als gewaltlos mit denen umzugehen, die von einem Verwerfungsspruch der Kirche betroffen sind, würde bedeuten, diesem Vorrang der Gnade Gottes zu widersprechen.[55]

Der Vorrang der Gnade Gottes muss demnach die Mittel vorgeben, die der Kirche im Umgang mit jenen zur Verfügung stehen, von denen sie sich durch ihr Verwerfungsurteil hat trennen müssen. Die Mittel heissen: nicht abreissende Gesprächsbereitschaft, stets neue Hoffnung auf bessere Einsicht, Lernbereitschaft und Bussbereitschaft auf der eigenen Seite, in all dem Geduld

53 Begleitbrief (Anm. 52), Nr. 4.

54 Arnold Angenendt, Toleranz und Gewalt. Das Christentum zwischen Bibel und Schwert, Münster ³2007, 232–294.

55 Eberhard Jüngel sagt dasselbe, wenn er die Autorität Christi und analog dazu die Autorität der Kirche angemessen nur in der Sprachform der Bitte ausgedrückt findet: Die Autorität des bittenden Christus. Eine These zur materialen Begründung der Eigenart des Wortes Gottes. Erwägungen zum Problem der Infallibilität in der Theologie: ders., Unterwegs zur Sache. Theologische Bemerkungen, München 1972, 179–188.

und – das sei nicht vergessen – Gelassenheit und Humor. Mit diesen, aber nur mit diesen Mitteln kann die Kirche gegenüber anderen Zeugnis ablegen vom Evangelium, das ihr anvertraut ist.

Als Letztes sei an das Gleichnis vom Unkraut im Weizen erinnert[56]: Es ist Gott vorbehalten, die eschatologische Unterscheidung zwischen wahr und unwahr zu vollziehen. Selbst die Unterscheidungen, die durch die Akte des Bekennens und des Verwerfens erfolgen, geschehen nicht für das Eschaton, sondern für das Zeitliche, und es geht dabei um die Kirche, nicht um das Reich Gottes. Auch deshalb soll der Umgang mit den Irrlehren zwar ernsthaft, dabei aber pragmatisch und gelassen sein.

Zuletzt erinnert das Gleichnis vom Unkraut im Weizen immer auch daran, wir wissen nicht, wer wer ist. Als Glaubende haben wir den Unglauben nie hinter uns. Das Volk, das aus Ägypten herausgeführt wurde, tanzte bald schon um das goldene Stierbild. Das Häresieurteil, das wir heute sprechen, kann uns morgen selber treffen. Die Geschichte enthält genug Beispiele, dass einstige Irrlehrer zu Lehrern der Kirche wurden. Die Möglichkeit zur Verwerfung hält der Kirche deshalb in erster Linie ihre eigene Irrtumsfähigkeit vor Augen. Und das bedeutet: Gerade dort, wo die Kirche sich durch das Anathema von bestimmten Positionen trennen muss, bedarf sie selbst am meisten der Gnade.[57]

56 Mt 13,24–30.

57 Karl Gerhard Steck geht so weit, die Regel aufzustellen, dass «ein Häresieurteil nur in Frageform vorgebracht werden» könne (Die christliche Wahrheit zwischen Häresie und Konfession [ThExh NF 181], München 1974, 44). Die Konsequenz von solcher Urteilsenthaltung wäre dann freilich, dass das Häresieurteil nicht mehr vollzogen werden könnte – oder aber allein von den Häretikern selbst.

Bibelstellen

Autorinnen und Autoren

Alfred Bodenheimer: *1965; Prof. Dr., Ordinarius für Religionsgeschichte und Literatur des Judentums und Leiter des Zentrums für Jüdische Studien der Universität Basel. Neuere Veröffentlichungen in Auswahl: Bitten, Loben, Klagen – Formen religiöser Rede in der Gegenwartsliteratur, hg. mit Jan-Heiner Tück, Ostfildern 2014; Lesarten der Freiheit: Zur Deutung und Bedeutung von Emmanuel Lévinas' Difficile Liberté, hg. mit Miriam Fischer Geboers, Freiburg i. Br. 2015; Sebastian Münster, Der Messias-Dialog: Der hebräische Text in deutscher Übersetzung, hg. von A. Bodenheimer, Basel 2017; Jüdische Migration nach, in und aus Europa, in: Regina Polak/Wolfram Reiss (Hg.): Religion im Wandel: Transformation religiöser Gemeinschaften in Europa durch Migration – Interdisziplinäre Perspektiven, Göttingen 2015, 389–396; Kommentar zu Arnold Zweig, in: Birgit Erdle/Werner Konitzer (Hg.), Theorien über Judenhass – eine Denkgeschichte: kommentierte Quellenedition (1781–1931), Frankfurt, New York 2015, 316–325; Rabbi Klein-Kriminalromane: Kains Opfer, München 2014; Das Ende vom Lied, München 2015; Der Messias kommt nicht, München 2016; Du sollst den Fremden lieben, München 2017.

Magdalene L. Frettlöh: *1959; Prof. Dr. theol., VDM, Ordinaria für Systematische Theologie/Dogmatik und Religionsphilosophie an der Theologischen Fakultät der Universität Bern. Neuere Veröffentlichungen in Auswahl: Gott Gewicht geben. Bausteine einer geschlechtergerechten Gotteslehre, Göttingen ^{3}2017; «Mutuum colloquium ...». Gehörige Wechsel- und Widerworte Gottes und der Menschen. Und eine Dialogvorlesung mit Andreas Krebs, Uelzen 2016; Vergeben und vergessen. Eine theologisch und philosophisch-bedachte Zwillingswendung im Umgang mit Schuld eschatologisch perspektiviert, in: Julia Enxing (Hg.), Schuld. Theologische Erkundungen eines unbequemen Phänomens, Ostfildern 2015, 40–57; Von weisheitlicher Theanthropologie und vergnügten TheologInnen – oder: der Heilige Geist als Tanzlehrer. Notizen zu Karl Barths Einführung in die evangelische Theologie, in: Michael Beintker/Georg Plasger/Michael Trowitzsch (Hg.), Karl Barth als Lehrer der Versöhnung (1950–1968): Vertiefung – Öffnung – Hoffnung, Zürich 2016, 417–448.

Martin Heimbucher: *1955; Dr. theol., Kirchenpräsident der Evangelisch-reformierten Kirche mit Sitz in Leer (Ostfriesland). Neuere Veröffentlichungen: Zugänge zum Heidelberger Katechismus. Geschichte – Themen – Unterricht, Ein Handbuch für die Praxis mit Unterrichtsentwürfen auf CD-Rom, hg. mit

Christoph Schneider-Harpprecht und Aleida Siller, Neukirchen-Vluyn 2013; Verbindende Theologie, Perspektiven der Leuenberger Konkordie, hg. mit Michael Beintker, Neukirchen-Vluyn 2014; Wie auch wir vergeben unseren Schuldnern ... Geld – Glaube – Zukunft (Erkenntnis und Glaube, Schriften der Evangelischen Forschungsakademie Bd. 45), hg. mit Alfred Krabbe und Martin Quilisch, Leipzig 2014.

Matthias Käser-Braun: *1988; Wiss. Assistent und Doktorand am Institut für Systematische Theologie/Abt. Dogmatik und Religionsphilosophie an der Theologischen Fakultät der Universität Bern; Studium der evangelischen Theologie in Bern und Wien, 2013 bis 2017; vorher Berufslehre zum Polygrafen und dreijährige Berufstätigkeit in der graphischen Branche.

Katrin Kusmierz: *1972; Dr. theol., VDM, Wissenschaftliche Geschäftsführerin des Kompetenzzentrums Liturgik an der Theologischen Fakultät der Universität Bern. Neuere Veröffentlichungen in Auswahl: Politischer Gottesdienst?!, hg. mit David Plüss, Zürich 2013; «Mitten unter ihnen ...». Gottesdienste in Institutionen und an Orten öffentlichen Lebens, hg. mit Isabelle Noth, Zürich 2014; Theology in Transition. Post-Apartheid Public Theologies (Theology in the Public Square), Münster 2016; Gottesdienst in der reformierten Kirche, hg. mit David Plüss u. a., Zürich 2017.

Gottfried W. Locher: *1966; Ph. D., M. B. A., Dr. theol., Dr. h.c., Präsident des Rates des Schweizerischen Evangelischen Kirchenbundes; Co-Präsident der Gemeinschaft Evangelischer Kirchen in Europa. Neuere Veröffentlichungen in Auswahl: «Werden Brod und Wein der wesentlich Leib und Blut Christi?». Zur Abendmahlstheologie des Heidelberger Katechismus, in: Martin Ernst Hirzel/Frank Mathwig/Matthias Zeindler (Hg.), Der Heidelberger Katechismus – ein reformierter Schlüsseltext, Zürich 2013, 119–142; Zu «Kirche und Kirchengemeinschaft». Bemerkungen aus evangelisch-reformierter Sicht zum Bericht der Internationalen Römisch-Katholisch – Altkatholischen Dialogkommission, in: Wolfgang W. Müller (Hg.), Kirche und Kirchengemeinschaft. Die Katholizität der Altkatholiken. Zürich 2013, 105–128; Gottfried W. Locher/Frank Mathwig, Liturgie als Heimat. Zur Frage der Bedeutung von Liturgie für reformierte Identität, in: Luca Baschera/Angela Berlis/Ralph Kunz (Hg.), Gemeinsames Gebet. Form und Wirkung des Gottesdienstes. Zürich 2014, 99–119.

Frank Mathwig: *1960; Prof. Dr. theol., Beauftragter für Theologie und Ethik beim Schweizerischen Evangelischen Kirchenbund (SEK) und Titularprofessor für Ethik an der Theologischen Fakultät der Universität Bern. Neuere Veröffentlichungen in Auswahl: Freundschaft. Zur Aktualität eines traditionsreichen Begriffs, hg. mit Marco Hofheinz und Matthias Zeindler, Zürich 2014; Macht der Fürsorge? Moral und Macht im Kontext von Medizin und Pflege, hg. mit Torsten Meireis u. a., Zürich 2015; Fehlbarkeit und Nichtschadensprinzip. Ein Dilemma im Gesundheitswesen, Zürich 2016; Heimat(en)? Beiträge zu einer Theologie der Migration, hg. mit Amélé Adamavi-Aho Ekué und Matthias Zeindler, Zürich 2017; Worum sorgt sich Spiritual Care? Bemerkungen und Anfragen aus theologisch-ethischer Sicht, in: Isabelle Noth/Claudia Kohli Reichenbach (Hg.), Palliative und Spiritual Care. Aktuelle Perspektiven in Medizin und Theologie, Zürich 2014, 23–41.

Torsten Meireis: *1964; Prof. Dr. theol.; Professor für Systematische Theologie mit Schwerpunkt Ethik und Hermeneutik an der Theologischen Fakultät der Humboldt-Universität Berlin. Neuere Veröffentlichungen in Auswahl: Soziales Europa? (Jahrbuch Sozialer Protestantismus, Bd. 7), hg. mit Traugott Jähnichen u. a., Gütersloh 2014; Handbuch der Evangelischen Ethik, hg. mit Wolfgang Huber u. a., München 2015; Dritter Weg? Arbeitsbeziehungen in Kirche und Diakonie (Jahrbuch Sozialer Protestantismus, Bd. 8), hg. mit Traugott Jähnichen u. a., Gütersloh 2015; Nachhaltigkeit (Jahrbuch Sozialer Protestantismus, Bd. 9), hg. mit Traugott Jähnichen u. a., Gütersloh 2016; Rechtfertigung – folgenlos? (Jahrbuch Sozialer Protestantismus, Bd. 10), hg. mit Traugott Jähnichen, Gütersloh 2017.

Peter Opitz: *1957; Prof. Dr. theol., VDM, Lehrstuhl für Kirchen- und Dogmengeschichte von der Reformation bis zur Gegenwart, Leiter des Instituts für Schweizerische Reformationsgeschichte an der Theologischen Fakultät der Universität Zürich. Neuere Veröffentlichungen in Auswahl: The Myth of the Reformation, Göttingen 2013; Die Wirkungsgeschichte des Heidelberger Katechismus in der deutschsprachigen protestantischen Schweiz. Ein Überblick, in: Christoph Strohm/Jan Stievermann (Hg.), Profil und Wirkung des Heidelberger Katechismus, Gütersloh 2015, 207–225; Humanistische «Rationalität» und evangelische Theologie in den Anfängen der Zürcher Hohen Schule, in: Herman J. Selderhuis/Ernst-Joachim Waschke (Hg.), Reformation und Rationalität, Göttingen 2015, 175–192; Ulrich Zwingli. Prophet, Ketzer, Pionier des Protestantismus, Zürich 2015; Zwingli lesen. Zentrale Texte des Zürcher Reformators in heutigem Deutsch, hg. mit Ernst Saxer, Zürich 2017.

Christiane Tietz: *1967; Prof. Dr. theol., ordentliche Professorin für Systematische Theologie am Institut für Hermeneutik und Religionsphilosophie der Universität Zürich. Neuere Veröffentlichungen in Auswahl: Dietrich Bonhoeffer. Theologe im Widerstand, München 2013; Kirche für alle und durch alle. Volkskirche in der Postmoderne aus systematisch-theologischer Perspektive, in: Claudia Kohli Reichenbach/Matthias Krieg (Hg.), Volkskirche und Kirchenvolk (denkMal 8), Zürich 2015, 57–67; The Spiritualität and Materiality of the Sacraments in the Lutheran Tradition, in: Sacrality and Materiality. Locating Intersections, hg. von Rebecca A. Giselbrecht und Ralph Kunz, Göttingen 2016, 137–153; «Das Gebet ist nirgends so kräftig und stark, als wenn der ganze Haufen einträchtig miteinander betet.» Lutherische Aspekte zur Leiblichkeit des Gebets, in: Ingolf U. Dalferth/Simon Peng-Keller (Hg.), Beten als verleiblichtes Verstehen. Neue Zugänge zu einer Hermeneutik des Gebets (Quaestiones Disputatae 275), Freiburg/Basel/Wien 2016, 230–245; mit Simon Peng-Keller, Gebet als Resonanzereignis. Annäherung im Horizont von Spiritual Care (Theologische Anstöße), Göttingen 2017.

Klaus Wengst: *1942; Prof. Dr. theol., Professor für Neues Testament und Judentumskunde an der Evang.-Theol. Fakultät der Ruhr-Universität Bochum, seit 2007 im Ruhestand. Neuere Veröffentlichungen in Auswahl: Christsein mit Tora und Evangelium. Beiträge zum Umbau christlicher Theologie im Angesicht Israels, Stuttgart 2014; Blicke aus meiner Mitarbeit an der «Bibel in gerechter Sprache» auf die Lutherbibel und ihre Revisionen, in: Melanie Lange/Martin Rösel (Hg.), «Was Dolmetschen für Kunst und Arbeit sei». Die Lutherbibel und andere deutsche Bibelübersetzungen. Beiträge der Rostocker Konferenz 2013, Leipzig 2014, 291–305; Mirjams Sohn – Gottes Gesalbter. Mit den vier Evangelisten Jesus entdecken, Gütersloh 2016; Tora, in: Paul Petzel/Norbert Reck (Hg.), Von Abba bis Zorn Gottes. Irrtümer aufklären – das Judentum verstehen, Ostfildern 2017, 174–176.

Peter J. Winzeler: *1948; Dr. theol., VDM, Honorarprofessor für Systematische Theologie an der Theologischen Fakultät der Universität Bern, bis 2013 Pfarrer in Bern und Biel. Neuere Veröffentlichungen in Auswahl: Anfechtungen des «Christseins nach Auschwitz». Friedrich-Wilhelm Marquardt zum 10. Todestag: Neue Wege 106 (2012), 58–60; Phantomschmerzen des Klassenkampfes – Piketty und Marx, Neue Wege 6 (2015), 183–187; Reformation im Brennpunkt – auf zum ökumenischen Zwinglidenken! Zur neuen Zwingli-Biografie von Peter Opitz, in: Neue Wege 110, 4 (2016), 21–25.

Matthias D. Wüthrich: *1972; Prof. Dr. theol., VDM, Assistenzprofessor für Systematische Theologie an der Theologischen Fakultät der Universität Zürich. Neuere Veröffentlichungen in Auswahl: Raum Gottes. Ein systematisch-theologischer Versuch, Raum zu denken (FSÖTh 143), Göttingen 2015; Ekklesiologie der Volkskirche. Theologische Zugänge in reformierter Perspektive (Praktische Theologie im reformierten Kontext 14), hg. mit David Plüss und Matthias Zeindler, Zürich 2016; Leben für immer – prolongiertes Diesseits und die Frage nach dem natürlichen Tod, in: Hermeneutische Blätter 1/16 (2016), 193–204.

Matthias Zeindler: *1958; Prof. Dr. theol., VDM, Titularprofessor für Systematische Theologie/Dogmatik an der Theologischen Fakultät der Universität Bern und Leiter des Bereichs Theologie der Reformierten Kirchen Bern-Jura-Solothurn. Neuere Veröffentlichungen in Auswahl: Freundschaft. Zur Aktualität eines traditionsreichen Begriffs, hg. mit Marco Hofheinz und Frank Mathwig, Zürich 2014; Gibt es ein reformiertes Lehramt? Ein Bericht aus der kirchlichen Praxis, in: Marco Hofheinz/Georg Plasger/Annegreth Schilling (Hg.), Verbindlich werden. Reformierte Existenz in ökumenischer Begegnung. Festschrift für Michael Weinrich zum 65. Geburtstag, Neukirchen-Vluyn 2015, 245–260; Sühne für Gottes Zumutungen? Zu einer neueren Diskussion um den Opfertod Jesu, in: EvTh 76 (2016), 101–110; Ekklesiologie der Volkskirche. Theologische Zugänge in reformierter Perspektive (Praktische Theologie im reformierten Kontext 14), hg. mit David Plüss und Matthias Wüthrich, Zürich 2016; Heimat(en)? Beiträge zu einer Theologie der Migration, hg. mit Amélé Adamavi-Aho Ekué und Frank Mathwig, Zürich 2017.